Joyce Tyldesley

Töchter der Isis

Die Frau im alten Ägypten

Aus dem Englischen von
Christa Broermann und Andrea Kann

WILHELM HEYNE VERLAG
MÜNCHEN

HEYNE SACHBUCH
19/629

Titel der englischen Originalausgabe:
DAUGHTERS OF ISIS. WOMEN OF ANCIENT EGYPT
Erschienen 1994 bei Viking, London

Umwelthinweis:
Dieses Buch wurde auf
chlor- und säurefreiem Papier gedruckt.

Ungekürzte Taschenbuchausgabe im
Wilhelm Heyne Verlag GmbH & Co. KG, München

http://www.heyne.de
Printed in Germany 1998
Umschlagillustration: Archiv für Kunst und Geschichte, Berlin
Umschlaggestaltung: Atelier Bachmann & Seidel, Reischach
Gesamtherstellung: Presse-Druck Augsburg

ISBN 3-453-14850-9

Für Steven und Anne Snape

Inhalt

Einführung: Geographischer und historischer Hintergrund

> Wie die Ägypter einen Himmel haben, der besonders ist, und einen Fluß, der eine andere Art hat als die übrigen Flüsse, so haben sie sich auch in fast allen Stücken Gewohnheiten und Sitten zugelegt, die denen anderer Menschen grad entgegengesetzt sind. So gehen bei ihnen die Frauen auf den Markt und handeln, die Männer aber sitzen zuhaus und weben… Lasten tragen die Männer auf den Köpfen, die Frauen auf den Schultern… Die Söhne brauchen ihre Eltern nicht zu ernähren, wenn sie keine Lust haben, aber die Töchter müssen es, auch wenn sie keine Lust haben.
> Herodot berichtet von den Wundern Ägyptens

Als der griechische Historiker Herodot kurz vor Ende der dynastischen Epoche Ägypten bereiste, versetzten ihn das Land und seine Bewohner, die auf den ersten Blick so ganz anders waren als alles, was er kannte, in helles Erstaunen. Ohne Frage war Ägypten ein höchst eigenartiges Land. Das Klima konnte nur als außergewöhnlich bezeichnet werden, der Nil unterschied sich von allen anderen Flüssen der Antike, und die Beziehungen zwischen den Geschlechtern waren einfach beispiellos. Herodot, dem nie zuvor Frauen begegnet waren, die sich allem Anschein nach genauso frei bewegten wie ihre Männer, zeigte sich fasziniert von ihrem

Auftreten. Während er durchs Land reiste, machte er detaillierte Aufzeichnungen über all seine Beobachtungen und ergriff jede Gelegenheit, am lokalen Brauchtum teilzunehmen und, wo immer möglich, mit den Einheimischen zu plaudern. Wieder in Griechenland, hielt er seine Erfahrungen in einem Werk fest, das nicht nur Reiseführer für und Geschichtsstudie über Ägypten, sondern auch das erste Buch überhaupt war, das die europäischen Leser mit dem exotischen und geheimnisvollen Land der Pharaonen bekannt machte.[1]

Herodot hob völlig zu Recht die länglich-schmale Form Ägyptens als entscheidenden Faktor für die kulturelle Entwicklung des ägyptischen Volkes hervor. Der Nil, der durch einen engen Streifen kultivierten Landes nach Norden fließt, wo er sich in die einzelnen Flußarme des Deltas teilt, beherrschte in jeder Hinsicht das Leben der dynastischen Zeit, und man kann keinen Einblick in das Denken und Handeln der Ägypter gewinnen, wenn man kein Verständnis für das Land, in dem sie lebten, aufbringt. Wie bereits Herodot in einem häufig zitierten Satz bemerkte, ist »Ägypten ein Geschenk des Nils«.

Ägypten ist ein afrikanisches Mittelmeerland mit engen geographischen Verbindungen zu Palästina und dem Nahen Osten. Der erste Nilkatarakt, unmittelbar südlich der modernen Stadt Assuan, läßt noch die ursprüngliche Südgrenze Ägyptens erkennen, die allerdings in Zeiten der größten Ausdehnung des Reichs weiter nach Süden bis hinein nach Nubien verschoben wurde. Meist wird diese südliche Region als »Oberägypten« und das nördliche Gebiet mit dem Nildelta als »Unterägypten« bezeichnet. Im Norden grenzt Ägypten ans Mittelmeer. Da nur ein schmaler Streifen fruchtbares Land zur Verfügung stand, konnte die Bevölkerung sich in der dynastischen Zeit im Grunde kaum über das Ost- und Westufer des Nils hinaus ausbreiten, wenngleich die Bodenschätze der Wüsten nach Bedarf ausgebeutet wurden. Zu seinen unmittelbaren Nachbarn – Nubien im Süden, Syrien und Palästina im Osten – unterhielt Ägypten gute wirtschaftliche Beziehungen, und durch den Kontakt zu ferneren Ländern wie Mesopotamien, Anatolien und Kreta war die ägyptische Gesellschaft mediterranen und nahöstlichen Einflüssen ausgesetzt. Dank seiner reichlich vorhandenen Bodenschätze und seiner geographisch bedingten nahezu völligen Abgeschlossenheit blieb Ägypten jedoch während seiner langen Geschichte ein im wesentlichen unabhängiges und autarkes Land.

Die Ägypter nannten den außerordentlich wichtigen Gürtel sehr fruchtbaren Bodens, der das Nilufer säumte, das »Schwarze Land«. Dieses kultivierte Schwarze Land wird vom »Roten Land«, der unfruchtbaren Wüste und den nur zum Bau von Grabstätten und Königsgräbern geeigneten Felsen, eingeschlossen. Die Grenze zwischen dem fruchtbaren Schwarzen Land und dem unfruchtbaren Roten Land war zu allen Zeiten klar und ausgeprägt, und viele Ägyptenreisende haben festgestellt, daß es buchstäblich möglich ist, gleichzeitig mit einem Fuß im Wüstensand und mit dem anderen in einem grünen Feld zu stehen. Diese ständige Erinnerung an den starken Kontrast von Leben und Tod, Fruchtbarkeit und Ödnis hinterließ unauslöschliche Spuren im weltlichen und religiösen Denken, und der gleichbleibende Kreislauf von Geburt, Tod und Wiedergeburt wurde zum ewig wiederkehrenden Thema im ägyptischen Leben.

Es lebe der Gott Hapi, der aus der Erde quillt, um das Land zu bewässern!
Du aus der Unterwelt, dunkel bei Tagesanbruch, der von allen gepriesen wird.
Der die Felder benetzt, die Re erschuf, und allen Durstigen seinen Trank darreicht.

Hymne aus dem Mittleren Reich an Hapi,
den Gott der Nilschwelle

Der Nil als zuverlässiger Wasserlieferant zum Trinken, Kochen, Waschen und zur Abfallentsorgung erlaubte den ersten Ägyptern, sich erfolgreich in einem ansonsten völlig ausgedörrten Teil Nordafrikas anzusiedeln. Solange es we-

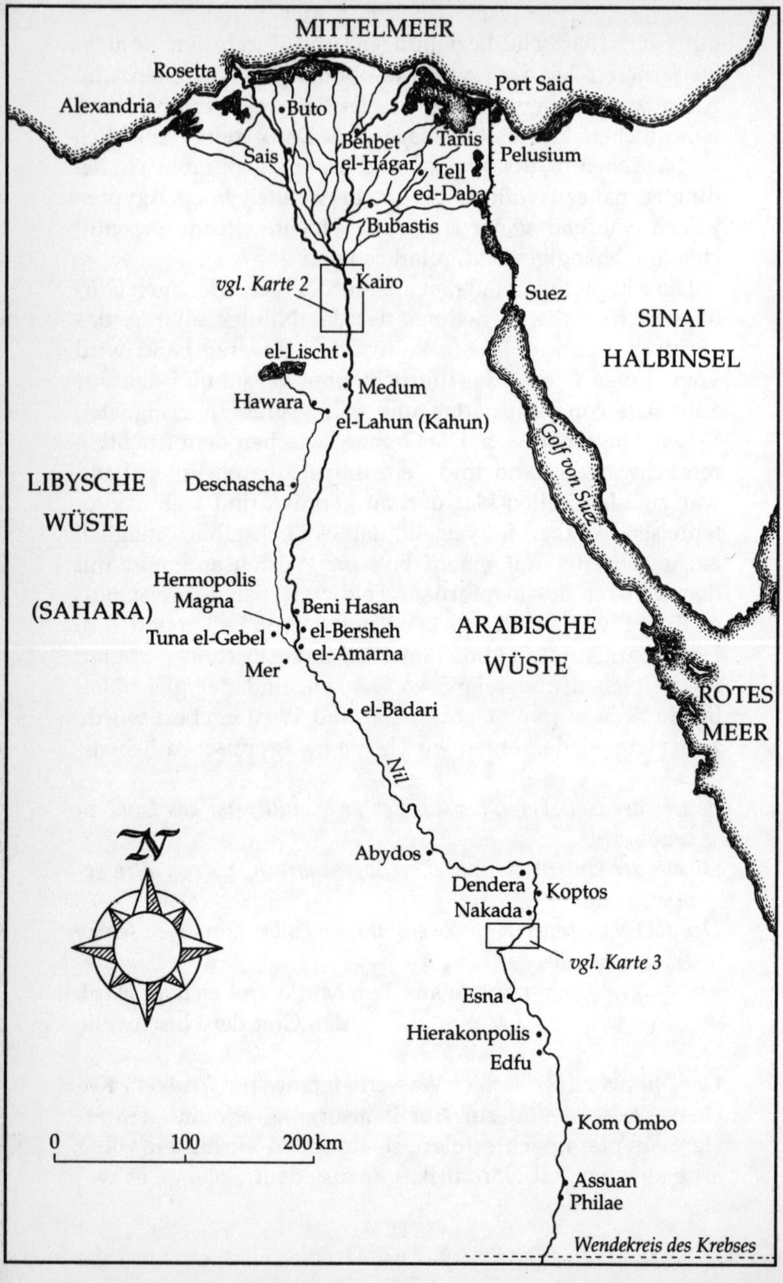
MITTELMEER
Rosetta
Alexandria
Buto
Sais
Behbet
el-Hagar
Tanis
Port Said
Pelusium
Tell
ed-Daba
Bubastis
vgl. Karte 2
Kairo
Suez
SINAI
HALBINSEL
el-Lischt
Medum
Hawara
el-Lahun (Kahun)
Golf von Suez
LIBYSCHE
WÜSTE
Deschascha
(SAHARA)
Hermopolis
Magna
Beni Hasan
el-Bersheh
Tuna el-Gebel
el-Amarna
Mer
ARABISCHE
WÜSTE
ROTES
MEER
el-Badari
Nil
N
Abydos
Dendera
Koptos
Nakada
vgl. Karte 3
Esna
Hierakonpolis
Edfu
Kom Ombo
0
100
200 km
Assuan
Philae
Wendekreis des Krebses

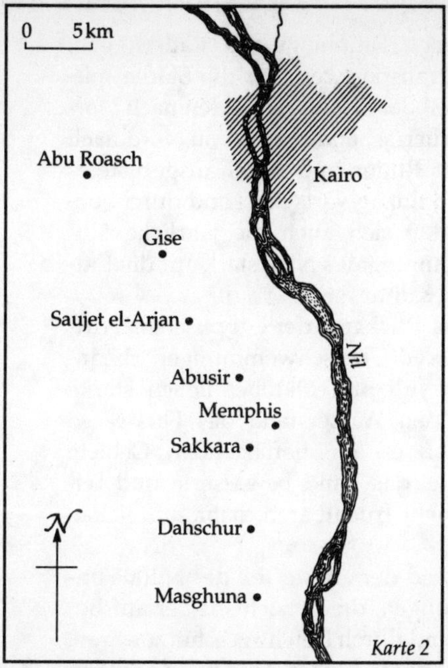

Karte 2

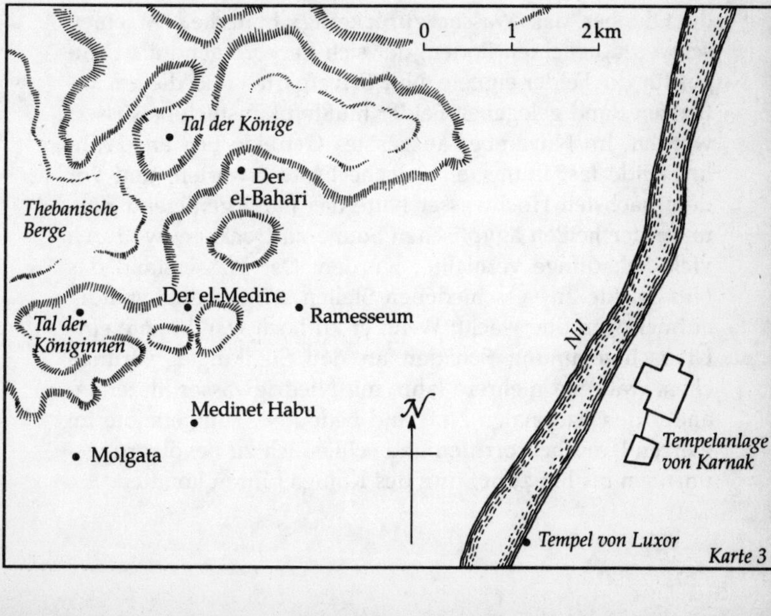

Karte 3

der befestigte Straßen noch Fahrzeuge mit Rädern gab, diente der Nil als Haupttransportweg, der die Städte miteinander verband, und weil der Strom von Süden nach Norden floß, während der vorherrschende Wind von Nord nach Süd blies, konnte ein mit Ruder und Segel ausgerüstetes Boot mühelos flußauf- und flußabwärts das Land durchqueren. Und schließlich wirkte sich auch die jährliche Nilschwelle, die Überschwemmung des Nils, stark auf die Entwicklung der ägyptischen Kultur aus.

Die Landwirtschaft, das Rückgrat der ägyptischen Wirtschaft, war völlig von diesen Überschwemmungen abhängig. Jedes Jahr zwischen Juli und Oktober ließen starke Regenfälle in Äthiopien den Wasserstand des Flusses so dramatisch ansteigen, daß er alle tiefliegenden Gebiete Ägyptens überschwemmte, das Land bewässerte und reinigte und eine dicke Schicht fruchtbaren, nährstoffreichen Schlamms ablagerte.

Während dieser Zeit stand der größte Teil des Niltals unter Wasser, und die Siedlungen, die vorsichtshalber auf Bodenerhebungen errichtet und durch Deiche geschützt waren, wurden zu kleinen Inseln, die sich über den Fluten erhoben und durch Stege miteinander verbunden wurden. Wenn Ende Oktober das Wasser zurückging, hinterließ es einen schweren, feuchten Boden, der sich hervorragend als Dünger für die Felder eignete. Nur Privatgärten und die am äußersten Rand gelegenen Felder mußten künstlich bewässert werden. Im November ausgesätes Getreide ließ am Frühlingsende fast immer eine reiche Ernte erwarten, und vor dem nächsten Hochwasser hatte das Land genügend Zeit, unter der heißen ägyptischen Sonne zu trocknen, wodurch viele Schädlinge vernichtet wurden. Der Wasserstand des Nils wurde an verschiedenen Stellen seines Laufs ständig aufmerksam überwacht: Wenn er zu hoch war, konnte eine Überschwemmung Schäden an den Siedlungen verursachen, während mehrere Jahre mit Niedrigwasser hintereinander den nationalen Notstand bedeuten, Hungersnöte im ganzen Land hervorrufen und schließlich zu Bevölkerungsunruhen bis hin zum Sturz des Königs führen konnten.

Im Westen von Theben errichtete er als Denkmal für seinen Vater Amun, den Gott der Throne der Beiden Länder, einen prachtvollen Tempel, der als unvergängliches Monument alle Ewigkeiten überdauern sollte. Er war aus prächtigem Sandstein gebaut und durch und durch in Gold gearbeitet. Seine Fußböden waren aus reinem Silber und seine Türen aus Gold. Er war sehr breit und groß und auf Dauer angelegt.

Auszug aus der Stele des Königs Amenophis III.,
Neues Reich[2]

Geographie und Klima des Niltals wirkten sich entscheidend auf die damalige Bauweise aus. Im allgemeinen bauten die Ägypter nur ihre Tempel und Gräber aus Stein und verwendeten für ihre Paläste und Häuser einfache Lehmziegel. Angesichts des heißen und trockenen Klimas, des im Überfluß vorhandenen Nilschlamms und der unerschwinglich hohen Kosten für Steinbauten war die Wahl dieses Materials durchaus sinnvoll. Ein solide gebautes Haus aus Lehmziegeln besaß eine natürliche Isolierung, war im Winter warm und im Sommer kühl, außerdem billig und leicht zu erhalten, und überdauerte mit Sicherheit einige Generationen. Leider verzerrt gerade diese unterschiedliche Verwendung von Stein und Lehmziegeln unseren Eindruck von der ägyptischen Kultur, soweit er auf archäologischen Funden beruht. Im Lauf der Jahrhunderte sind die Ziegelbauten allmählich in sich zusammengesackt, eingestürzt und zu riesigen Haufen von höchst fruchtbarem Boden zerfallen, den die Kleinbauern der Umgebung, die von seiner archäologischen Bedeutung keine Vorstellung hatten, nutzten, bis vor nicht allzu langer Zeit Schutzgesetze erlassen wurden. Viele historische Stätten sind einfach abgetragen und auf die benachbarten Felder gestreut worden.

Im Gegensatz dazu sollten die Gräber aus robusten Steinblöcken, für ihre Inhaber »Wohnstätten für die Ewigkeit«, und die soliden Tempel, »Häuser für Millionen Jahre«, im wahrsten Sinne des Wortes alle Zeiten überdauern. Obwohl die Mehrzahl der Gräber ausgeraubt und übel zugerichtet und das Mauerwerk vieler Tempel von nachfolgenden Generationen zweckentfremdet wurde, blieben diese Bauwerke wesentlich besser erhalten als die Häuser und Paläste. Folglich galt ihnen auch das Hauptaugenmerk der Ägyptologie.[3] Die einseitige Ausrichtung bei der archäologischen Spurensicherung hat leider dazu geführt, daß sich die Forschung zwangsläufig auf Informationen aus Grabstätten der oberen Gesellschaftsschichten stützen muß; zwar sind diese Zeugnisse absolut zulässig, jedoch in keiner Weise typisch für die Gesamtbevölkerung; aus Material wie den Grabschätzen Tutanchamuns kann man kaum auf das Alltagsleben im alten Ägypten schließen.

Glücklicherweise gibt es aber auch auf dem Gebiet der Archäologie noch vieles zu entdecken, und einige weitläufige Wohnanlagen blieben erhalten und werden jetzt freigelegt. Die Pyramidenstadt von Kahun und die Arbeitersiedlungen von Amarna und Der el-Medine waren spezielle Wohnkomplexe für die an großen königlichen Projekten arbeitenden Bevölkerungsgruppen.[4] Diese Gemeinwesen bestanden nicht nur aus den Handwerkern und ihren Aufsehern, sondern schlossen auch deren Frauen, Kinder, Diener und Haustiere sowie all jene ein, die Dienstleistungen für die Haushalte erbrachten, wie etwa Wäscher, Hebammen und Töpfer. Zwar waren diese in unwirtlichen und trockenen Gebieten errichteten Siedlungen, die eher von Facharbeitern als von Kleinbauern bewohnt wurden, keineswegs typische ägyptische Dörfer oder Städte, aber wir verdanken ihnen eine Menge wesentlicher Details über das Alltagsleben der Menschen.

Die Priester sagen, daß Menes der erste König Ägyptens und derjenige gewesen sei, der einen Damm errichtet habe, der Memphis vor den Überschwemmungen des Nils schützte… Indem er den Fluß an der ungefähr zwölf Meilen südlich von Memphis gelegenen Biegung zuschüttete und ein neues Flußbett grub, legte er das alte trocken…

Herodot berichtet über die Geschichte Ägyptens

Die in diesem Buch behandelte Zeitspanne ist ungeheuer groß. Sie erstreckt sich vom Anbruch des dynastischen Zeitalters um 3000 v. Chr. bis zur Eroberung Ägyptens durch das griechische Heer unter Alexander dem Großen im Jahr 332 v. Chr. In der Geschichte Europas entspräche das einem Zeitraum, der hundert Jahre vor der Gründung Roms beginnen und mit dem heutigen Tag enden würde, und in der Geschichte Amerikas zwölfmal hintereinander der Zeit vom Unabhängigkeitskrieg bis zu Präsident Clinton. Diese Epoche umfaßt einunddreißig königliche Dynastien, Aufstieg und Fall eines gewaltigen und einflußreichen Reiches und Phasen des Chaos, der Anarchie und der Fremdherrschaft. Niemand kann ernsthaft erwarten, daß ein blühender und dynamischer Staat über 2500 Jahre auf dem gleichen kulturellen Niveau verharrt, und tatsächlich vollzogen sich in allen Bereichen des ägyptischen Lebens kontinuierlich leise Veränderungen. Dennoch ist es erstaunlich, wie wenig sich das Wesen der ägyptischen Gesellschaft während dieser langen Zeit gewandelt hat. Insbesondere der theologische Überbau blieb unangetastet und bestimmend für die ägyptische Lebensweise, wenn es auch gewisse Nuancen im religiösen Denken und Akzentverschiebungen bei verschiedenen Kulten und Bestattungsriten gab. Die gleiche Beständigkeit zeigt sich bei der Betrachtung des Alltagslebens. Die Bäuerin aus dem Alten Reich mag andere Kleidung getragen haben als ihre Nachkommen im Neuen Reich, und ihr Mann mußte vielleicht beim Bau einer Pyramide statt bei der Anlage eines Felsgrabes schuften, aber ihr Lebensstil und ihre Anschauungen ähnelten einander sehr. Diese Kontinuität des Denkens und Glaubens rechtfertigt eine solche Langzeitstudie.

Der Überlieferung nach wurde Ägypten zu Beginn der dynastischen Epoche vom Kriegerkönig Menes vereinigt, der mit seinen Truppen aus dem Süden gegen die traditionellen Feinde im Norden vorrückte, sie bezwang und ein vereintes Königreich gründete. Realistischer scheint jedoch, daß Ägypten allmählich und schrittweise entstand, als die wachsenden agrarischen Gemeinschaften entlang des Nils die Vorteile eines politischen Zusammenschlusses zu erkennen begannen. Wie sich die Vereinigung auch immer vollzog, der entstandene Staat war eindeutig zu groß, um als eine Verwaltungseinheit regiert zu werden, und so wurden mächtige ortsansässige Gouverneurs- oder Fürstenfamilien zu Aufsehern über die Provinzen ernannt, die zu allen Zeiten ihre Unabhängigkeit bis zu einem gewissen Grad bewahrten.

Vom Zeitpunkt der Vereinigung an gliedert sich die ägyptische Geschichte nach den unterschiedlich langen Dynastien der jeweiligen Herrscherfamilien. Die Dynastien selbst werden im allgemeinen in die drei »Reiche« und die sogenannte »Spätzeit« eingeteilt, unterbrochen durch drei Zwischenzeiten von unterschiedlicher Länge und Bedeutung. Das geschieht durchaus nicht, um den Laien zu verwirren; die Ägypter selbst haben nie so etwas wie unseren modernen Kalender entwickelt, sondern zogen es vor, ihre Daten nach den Regierungsjahren des jeweiligen Herrschers anzugeben. So wurden zum Beispiel Weinkrüge im Grab Majas aus dem Neuen Reich gefunden, die die Aufschrift »Jahr 9« trugen; den Namen des Königs (Haremhab) hinzuzufügen, war überflüssig, weil damals jeder wußte, wer gemeint war. Dieses komplizierte System zwang die Ägypter, eine lange, sehr präzise chronologische Liste all ihrer Herrscher einschließlich deren Regierungsdauer zu führen, um ihre eigene Geschichte zu verstehen. Glücklicherweise blieben einige dieser sogenannten Königslisten erhalten, so daß wir heute auch weit zurückliegende Ereignisse ziemlich genau der Regierungszeit eines bestimmten Königs zuordnen können.

Auf die frühdynastische Zeit der Vereinigung und Festigung Ägyptens (1. und 2. Dynastie) folgte das Alte Reich (3. bis 6. Dynastie), eine Zeit strenger Feudalherrschaft mit einem gottähnlichen König, dem als rechtmäßig anerkanntem Eigentümer der gesamten materiellen Besitztümer alle überschüssigen Erträge zustanden. Die Machtpositionen im Land hingen unmittelbar von der Entscheidung des Königs ab, und in den meisten Fällen setzte sich die politische und religiöse Führungsschicht, die die Geschicke Ägyptens im Alten Reich lenkte, aus engsten Familienmitgliedern des Pharaos zusammen. Der Sonnengott Re wurde bald darauf zum höchsten Gott im Staat, und es entwickelte sich ein einflußreicher Priesterstand mit Sitz im antiken Heliopolis (heute ein Vorort von Kairo), während der König sein Land vom nahen Memphis aus regierte. Die für diese Epoche charakteristischen Pyramiden dienen als imposante Symbole der königlichen Macht und der Funktion des Pharaos als Gottkönig und zeigen, in welchem Ausmaß die Mittel des Landes in bestimmte Monumente flossen, die die Stellung des Königs betonen sollten. Niemand weiß, was den chaotischen, fast anarchischen Zerfall des Alten Reichs verursacht hat, aber mit Sicherheit trug eine Serie niedriger Nilwasserstände, die zu Ernteausfällen und Hungersnöten führte, zu den wachsenden Bevölkerungsunruhen und dem darauf folgenden Zusammenbruch der staatlichen Autorität bei.

Das Aufkommen einer neuen staatlichen Ordnung nach der Zerrissenheit der Ersten Zwischenzeit (7. bis 10. Dynastie) kennzeichnet den Beginn des Mittleren Reichs (11. bis 13. Dynastie), einer Epoche des Friedens und der Ruhe für das ganze Land. Das wiedervereinigte Reich wurde von mehreren mächtigen Königen in Folge von der neuen Hauptstadt Itj-Taui aus regiert, die irgendwo zwischen der Mündung des Faijum und Memphis, der Hauptstadt des Alten Reichs, lag, und die Macht der lokalen Gouverneursfamilien wurde durch die Neuordnung der Provinzregierungen in der 12. Dynastie wesentlich eingeschränkt. Die 12. Dynastie überstand die Ermordung ihres Gründers Amenemhet I., wurde zu einer Phase ausgesprochener innerer Stabilität und zur Blütezeit für Literatur und Kunst. Neue Bauwerke entstanden, und die Pharaonen ließen sich auch weiterhin eindrucksvolle pyramidenartige Grabstätten errichten, wenn diese auch nicht die Größe der Pyramiden von Gise oder der Sphinx erreichten. Die Außenpolitik jener Zeit wurde selbstbewußter, und Ägypten begann sein Reich nach Süden auszudehnen, während es gleichzeitig die Beziehungen zu seinen östlichen Nachbarn vertiefte.

Letzten Endes trug die Masseneinwanderung der Semiten ins fruchtbare Nildelta zur allmählichen Destabilisierung des Mittleren Reichs bei. Die staatliche Autorität brach in sich zusammen, und das Land zerfiel langsam in einige wenige, geographisch getrennte Enklaven, die einander befehdeten: die aus Palästina eingedrungenen »Hyksos« und ihre ägyptischen Vasallen im Norden, das nubische Königreich von Kerma im äußersten Süden und ein kümmerlicher Rest unabhängiger ägyptischer Herrscher, die, wie schon zu Beginn des Mittleren Reichs, ihren Sitz in Theben hatten. Die Hyksos beherrschten Ägypten ungefähr einhundert Jahre lang und führten asiatische Errungenschaften wie den Streitwagen, den senkrechten Webstuhl oder die Pferdehaltung ein und zogen sich erst wieder zurück, als sie in einer Serie von Feldzügen unter Führung Ahmoses, des tatkräftigen Begründers der 18. Dynastie, besiegt wurden.

Das Neue Reich (18. bis 20. Dynastie) erholte sich rasch von der kurzen Phase schmählicher Fremdherrschaft und entwickelte sich bald zu einer Epoche des größten Reichtums und Wohlstands, die durch Frieden im Innern und weitere Eroberungen im Umland gekennzeichnet war. Die hohen militärischen Maßstäbe, die Ahmose gesetzt hatte, wurden von seinen Nachfolgern beibehalten, und das von der nördlichen Hauptstadt Memphis aus regierte ägyptische Reich dehnte sich immer weiter aus, bis es sich vom Sudan im Süden bis zum Euphrat im Nordosten erstreckte. Durch diese Politik erhielt Ägypten Zugang zu vielen wertvollen Bodenschätzen und konnte problemlos neue Handelswege nach Afrika, Westasien und Griechenland erschließen. Der neuerworbene ägyptische Reichtum zeigte sich in großangelegten steinernen Monumenten wie den prachtvollen Tempeln von Karnak und Luxor und in kostbaren Kunstgegenständen wie dem sensationellen Goldschatz aus dem Grab des Tutanchamun. Zu jener Zeit wurden Armee und Beamtenschaft erheblich aufgestockt; man brauchte jetzt Bürokraten aus der Mittelschicht, um die gewaltige Staatsmaschinerie am Laufen zu halten.

Die Blütezeit Ägyptens setzte sich in der 18. und 19. Dynastie fort. Unter der Herrschaft Ramses III. wurde das Land jedoch durch umtriebige »Seevölker«, die in Horden aus dem südlichen Europa einfielen, um sich im Nahen Osten niederzulassen, schwer bedrängt. Zwar gelang es den Ägyptern, diese Angreifer abzuwehren, aber das Reich war geschwächt. In der 20. Dynastie ging das asiatische Imperium verloren, und die innere Struktur Ägyptens begann sich wieder aufzulösen.

Während der gesamten Dritten Zwischenzeit (21. bis 25. Dynastie) zerfiel Ägypten in zahlreiche unabhängige Einheiten. Die beiden wichtigsten unterstanden den Hohenpriestern des Amun, die den größten Teil des Südens beherrschten, und den Königen der 21. Dynastie, die in der unmittelbaren Umgebung von Tanis im östlichen Nildelta regierten. Die Beziehungen zwischen diesen beiden Regierungen waren anfangs relativ freundschaftlich und kooperativ. Der Zerfall ihrer Macht war jedoch nicht mehr aufzuhalten; in der 22. bis 24. Dynastie tauchten plötzlich ortsansässige Stammeshäuptlinge – häufig aus Soldatenfamilien libyscher Herkunft – auf und erklärten sich zu Pharaonen. Die staatliche Autorität wurde in Ägypten erst wiederhergestellt, als ein nubischer König vom Sudan aus nach Norden marschierte, das Land wieder einte und die 25. Dynastie gründete, eine Epoche verhältnismäßiger Stabilität, die allerdings nur etwa fünfzig Jahre währte, bis eine assyrische Armee unter Assurbanipal weit in den Süden bis nach Theben vordrang und Ägypten zu einer Provinz des assyrischen Großreichs degradierte.

Vor allem eine einflußreiche und wohlhabende Familie lokaler Machthaber in der Stadt Sais im westlichen Nildelta zeigte sich zur Zusammenarbeit mit den Assyrern bereit. Diese saitischen Herrscher gewannen allmählich an Macht, bis sie sich aus der Abhängigkeit von den Assyrern befreien und Ägypten zu Beginn der Spätzeit (26. bis 31. Dynastie) erneut vereinigen konnten. Die anschließende saitische Phase war die letzte Blütezeit der ägyptischen Kultur, und die Kunst kehrte wieder zu ihren Wurzeln, dem klassischen Stil des Alten Reichs, zurück. Diese starke Betonung alles Ägyptischen scheint ein bewußter politischer Schachzug gewesen zu sein, um den besonderen Rang des einstmals mächtigen Reichs, das innerhalb kurzer Zeit zum Statisten auf der internationalen Bühne abgestiegen war, wieder hervorzuheben. Der ganze Nahe Osten war zu jener Zeit gefährlich instabil, und Ägyptens durch ständige innere Machtkämpfe geschwächte Nachbarn waren selbst in hohem Maße angreifbar geworden. Im Jahr 539 v. Chr. eroberte die persische Armee unter Kyros II. Babylon, 525 v. Chr. drang Kambyses, der Sohn des Kyros, in Ägypten ein und gründete die persische 27. Dynastie.

Die 28. und 29. Dynastie herrschten in einer Zeit der Unruhen und der inneren Zerrissenheit, die vermutlich auf den Widerstand der Einwohner gegen die persische Fremdherrschaft zurückzuführen waren. In der 30. Dynastie wurde Ägypten wieder von einem ägyptischen Herrscher regiert – es sollte das letzte Mal sein. Nektanebos II., dem letzten König dieser Dynastie, gebührte die zweifelhafte Ehre, bis zum Amtsantritt von Staatspräsident Nasser der letzte einheimische Herrscher des vereinigten Landes gewesen zu sein. Er wurde schließlich Richtung Süden nach Nubien abgedrängt – welche Rolle die eindringenden Perser dabei spielten, die kurz darauf die 31. Dynastie gründeten, ist historisch nicht belegt. Die anschließende kurze Zeit persischer Herrschaft fand wiederum ihr Ende, als Alexander der Große im Jahr 332 v. Chr. Ägypten eroberte, es seinem makedonischen Reich einverleibte und seinen Feldherrn Ptolemaios zum Statthalter ernannte. Dieser Sieg markiert das Ende der Dynastien und den Beginn der griechisch-römischen Herrschaft, denn nach Alexanders Tod stieg Ptolemaios zum König des eroberten Landes auf. Seine griechischen Nachkommen regierten Ägypten, bis es durch die Unterwerfung der berühmten Königin Kleopatra jegliche

Unabhängigkeit verlor und zu einer Provinz des Römischen Reichs wurde.

Verschone deinen Sohn nicht mit Arbeit, so es dir möglich ist... Lehre deinen Sohn schreiben, pflügen, Vögel fangen und Fallen stellen, damit er, falls der Nil einmal niedriges Wasser führt, Nutzen ziehen kann aus dem Erlernten.

Rat eines Schreibers an Eltern aus der Spätzeit

Ägypten blieb während seiner langen Geschichte immer eine starre, pyramidenförmig aufgebaute Gesellschaft. Ganz oben an der Spitze der sozialen Hierarchie thronte der König oder Pharao, ein als Halbgott anerkannter Herrscher, dem das ganze Land gehörte und der gleichzeitig das Oberhaupt von Priesterschaft, Armee und Verwaltung war. Tief unter ihm stand die Oberschicht, eine auserlesene Schar privilegierter Familien, die ihre hohe Stellung der königlichen Protektion verdankten und fast alle mit dem König verwandt waren. Diese wenigen Auserwählten unterstützten als hochrangige Priester, Generäle und hohe Beamte die Regierung des Landes und erhielten große Ländereien als Lohn. Noch weiter unten auf der gesellschaftlichen Stufenleiter sammelten sich die gebildeten Mittelschichten, die – des Lesens und Schreibens kundig – als Schreiber und Buchhalter in die Verwaltung eintreten konnten, während die Handwerker aus der direkt unter ihnen angesiedelten unteren Mittelschicht, die nur wenig oder gar nicht lesen und schreiben konnten, als Tischler, Töpfer, Bildhauer oder Künstler arbeiteten. Zur niedrigsten und größten Gesellschaftsschicht zählten Söldner, Diener und vor allem die Kleinbauern, die das Land, das entweder dem König, privaten Grundbesitzern oder religiösen Einrichtungen gehörte, bearbeiteten. Die wenigen Sklaven, die es während der dynastischen Zeit gab, bildeten eigentlich zu keiner Zeit eine bedeutende oder selbständige soziale Klasse.

Natürlich wird mit diesem Pyramidenmodell die äyptische Gesellschaft etwas zu schematisch dargestellt, und es gab viele Abweichungen von dem oben beschriebenen

Grundmuster. Dennoch veranschaulicht es das eigenartig statische und unveränderliche Wesen des dynastischen Lebens in Ägypten. Es gab außergewöhnlich wenig soziale Mobilität, und es war für jeden – ob Mann oder Frau – sehr schwer, aus einer Gesellschaftsschicht in eine höhere aufzusteigen. Das lag, wenigstens zum Teil, an der traditionellen ägyptischen Erziehungs- und Ausbildungsweise; Väter schickten ihre Söhne durchweg in ihrem eigenen Gewerbe oder Beruf in die Lehre, so daß im allgemeinen die Laufbahn eines Jungen bereits vor dessen Geburt feststand und ganze Kasten von Ärzten, Wäschern, Schilfschneidern oder Bürokraten entstanden. Der Werdegang junger Mädchen war sogar noch fester vorgezeichnet, denn es wurde automatisch angenommen, daß alle Töchter heiraten und Kinder bekommen würden. Ohne die Errungenschaften der modernen Medizin waren die Mädchen in hohem Maße durch die Biologie in ihrer freien Entfaltung eingeschränkt – was sowohl durch die kulturellen Bedingungen als auch durch den Mangel an modernem Komfort, der das Führen des Haushalts zu einer Vollzeitarbeit machte, noch verstärkt wurde. Die überwältigende Mehrheit von Frauen blieb deshalb in allem, was nicht den Haushalt betraf, unausgebildet.

Auch wenn die ägyptischen Frauen eine ungewöhnlich große Freiheit genossen, wäre es also naiv, sie als den voll emanzipierten Prototyp der modernen Karrierefrau zu betrachten. Tatsächlich deuten alle Zeugnisse darauf hin, daß Männer und Frauen ein sehr unterschiedliches Leben führten. Die Ägypter, ein von Natur aus konservatives Volk, das großen Wert auf das Bewahren von Traditionen legte, akzeptierten bereitwillig, daß jeder und jede seine oder ihre besondere und vorbestimmte Rolle zu spielen hatte, damit die natürliche Ordnung und Stabilität gewahrt bleibe. Diese unerschütterliche Überzeugung war von fundamentaler Bedeutung für die ägyptische Denkweise. Für ein Volk, das sich stets nachdrücklich seiner Bindungen zur Vergangenheit versicherte und das zu allen Zeiten eine ungewöhnlich tiefe Verbundenheit mit seinen Vorfahren empfand, waren die Gegebenheiten einer unveränderlichen Sozialstruktur ungeheuer beruhigend und wurden kaum als beengend empfunden. So wenig jemand auf die Idee gekommen wäre, die ungleiche Verteilung von Reichtum und Status innerhalb der Gemeinschaft in Frage zu stellen, so wenig wurde auch jemals am Erbfolgerecht des Pharaos gezweifelt, denn diese traditionellen und bewährten gesellschaftlichen Schranken waren – und das leuchtet völlig ein – nötig, um den Status quo aufrechtzuerhalten. Die ägyptischen Frauen sahen einem Leben, das sich kaum von dem ihrer Mütter und Großmütter unterschied, voller Freude entgegen, denn sie deuteten diese Kontinuität als Zeichen, daß in Ägypten – und deshalb auf der Welt – alles seine Ordnung hatte.

1
Frauenbilder

> Wohin du auch gehst, hüte dich vor den Frauen.
>
> Rat eines Schreibers aus dem Alten Reich

Die Frauen des alten Ägypten erregten einiges Aufsehen in der antiken Welt. In den Augen ihrer Zeitgenossen führten diese glücklichen Frauen ein aufregend unabhängiges Leben voller Verlockungen, denn die Gesetze bewahrten sie vor der strengen männlichen Überwachung, der die Ehefrauen und Töchter in stärker patriarchalisch strukturierten Gesellschaften unterworfen waren. In einem Land mit fremden und ungewöhnlichen Bräuchen, wo sich der König wie ein Gott verehren ließ, die Götter Tiergestalt annahmen und die gesamte Bevölkerung vom Tode besessen schien, galt das Auftreten der Frauen als besonders merkwürdiges Phänomen. Ihre unverwechselbare exotische Schönheit und phantastische Gerüchte über ihre lockeren Sitten und ihre Freizügigkeit erhöhten noch ihren Zauber und inspirierten Schriftsteller und Dichter in Griechenland und Rom. Moderne Autoren, angefangen bei Shakespeare, haben diese Vorstellung der dekadenten ägyptischen Frau weitergetragen, so daß auch heute noch die Namen Nofretete und Kleopatra das Bild der *femme fatale* heraufbeschwören.

Aber entspricht dieses Porträt der aktiven, unabhängigen und sexuell freizügigen ägyptischen Frau überhaupt der Wirklichkeit? Welches Bild machten die Ägypter sich von ihren Frauen? Und wie sahen die Frauen sich selbst?[1]

Abb. 1 Gabenträgerin

Manchmal fällt es uns schwer, die Glaubensüberzeugungen und kulturellen Verhältnisse, die dem Geschehen der Vergangenheit zugrunde lagen, zu verstehen. Archäologische Funde, die bei der Beurteilung wesentlicher Kulturerscheinungen von unschätzbarem Wert sind und die Grundlage der folgenden Kapitel dieses Buches bilden, gewähren uns nur selten Einblicke in antike Denkprozesse. So kann die Archäologie uns zwar darüber aufklären, daß ägyptische Küchen sich stets im hinteren Teil der Häuser befanden, und liefert uns eine Fülle sachlicher Details über die verschiedenartigen Öfen und Kochgeräte; sie vermag uns jedoch nicht zu erklären, wer für das Kochen zuständig war, ob Kochen als untergeordnete Arbeit verachtet wurde, oder ob Köche beziehungsweise Köchinnen angesehene, für ihr Geschick geehrte Mitglieder des Haushalts waren.

Glücklicherweise bleibt uns jedoch die Möglichkeit, die Einstellung der Ägypter gegenüber Frauen aus zwei grundverschiedenen Blickwinkeln zu betrachten. Mit einer Analyse der zeitgenössischen Kunst (Malerei, Bildhauerei und Literatur) können wir untersuchen, wie sich die Ägypter der Welt zeigen wollten, und bekommen so eine Vorstellung vom damaligen Frauenideal. Auf einer ganz anderen Ebene erfahren wir durch die Betrachtung des Rechtssystems und der rechtlichen Stellung der Frau, wie Frauen tatsächlich innerhalb der Gemeinschaft behandelt wurden. Wenn wir diese beiden höchst unterschiedlichen Quellengattungen miteinander verknüpfen, bekommen wir einen besseren Eindruck von der Stellung der Frau in der ägyptischen Gesellschaft.

Der Tor, der einer Frau Beachtung schenkt, gleicht einer blutsaugenden Mücke. *Papyrus Insinger*, erstes Jahrhundert n. Chr.

Der repräsentativen Kunst mit ihren steinernen Kolossalstatuen, lebhaften Grabmalereien und kunstvoll gemeißelten Reliefs verdanken wir nicht nur einige der unvergänglichsten Frauenbildnisse aus der dynastischen Epoche, sondern auch die Möglichkeit, unser Wissen über die ägyptische Gesellschaft zu vertiefen, indem wir die Formen, in denen Männer, Frauen und Kinder von ihren Zeitgenossen abgebildet wurden, untersuchen und miteinander vergleichen. Die ägyptische Kunst unterschied sich allerdings in Stil und Funktion erheblich von ihrem modernen westlichen Gegenstück, und ohne eine Vorstellung von den damaligen Konventionen, die einen großen Einfluß auf das Werk der zeitgenössischen Künstler ausübten, lassen sich die zahllosen Gemälde und Statuen nicht angemessen interpretieren.

Die Kunst des alten Ägyptens war keine »Kunst um ihrer selbst willen«; Kunstwerke wurden immer in Auftrag gegeben, um einem bestimmten Zweck zu dienen, und sämtliche Bilder und Statuen erfüllten eine wohlerwogene und klar definierte Funktion. Ästhetische Erwägungen waren weder für den Künstler noch für seinen Auftraggeber jemals alleiniges oder auch nur vorrangiges Anliegen. Ausgehend von dieser rein utilitaristischen Sichtweise betrachteten die Ägypter ihre Maler und Bildhauer weniger als Künstler, sondern vielmehr als Handwerker, die ihre Aufgabe in ganz bestimmten, genau definierten Umgebungen, meist Tempeln oder Gräbern, erfüllten. Die standardisierten und formellen Szenen, auf die wir an diesen Orten immer wieder stoßen, waren keine bloßen Verschönerungsmaßnahmen, sondern leisteten einen wichtigen Beitrag zur religiösen und/oder politischen Bedeutung des Bauwerks. Großflächige Reliefzyklen an Tempelmauern, auf denen siegreiche Schlachten des Königs gegen den Erzfeind geschildert wurden, verwiesen zum Beispiel nicht nur auf die Macht des Herrschers, sondern untermauerten gleichzeitig dessen Autorität, während eine Szene mit der Abbildung eines Toten, der die Wonnen des Lebens im Jenseits genießt, dem Verstorbenen in seinem Bestreben, das Binsengefilde zu erreichen, zusätzliche magische Kräfte verlieh. Ähnlich verhielt es sich mit Wandgemälden in Privathäusern. Wirklichkeitsgetreue künstlerische »Schnappschüsse« aus dem Familienleben der dynastischen Epoche waren äußerst selten, fast alle Gemälde im privaten Bereich aus dieser Zeit enthalten eine unmittelbare religiöse oder magische Aussage.

Es erstaunt nicht, daß diese bewußte Betonung der Funktion eines Gemäldes jeden experimentellen und kreativen Impuls erstickte und statt dessen zur Herausbildung starrer künstlerischer Konventionen und zu einem Repertoire beständig wiederholter Themen führte, was auch durchaus der ägyptischen Liebe zu Tradition und Kontinuität entsprach. Auch wenn es während der gesamten dynastischen Zeit zu vielen, fast unmerklichen Veränderungen in den Kunststilen kam und sich nirgendwo zwei völlig identische Gemälde an den Grabmauern finden, stoßen wir immer wieder auf die gleichen, tradierten Szenen mit nur ganz geringfügigen inhaltlichen Abweichungen.

Die wichtigsten Frauengestalten in offiziellen Gemälden, meist Ehefrauen oder Töchter der Oberschicht, wurden aufgrund ihrer Beziehung zu einem bestimmten Mann in die Szene einbezogen; das heißt, sie treten fast nur als Angehörige im Grab ihres Ehemannes, Vaters oder Sohnes, aber nicht als eigenständige Grabinhaberinnen auf. Es überrascht nicht, daß diese Frauen dem Klischee von der ägyptischen Frau als passiver Unterstützerin ihres Ehemannes oder Vaters entsprechen. Frauen spielen im Geschehen eine Nebenrolle; selbst wenn sie aktiv und anerkannt sein mögen, stehen sie offensichtlich immer hinter den männlichen Grabinhabern zurück. Frauen werden meistens hinter ihrem Gatten stehend abgebildet, häufig auch in kleinerem Maß-

Abb. 2 Königin Meresanch und ihre Mutter, Königin Hetepheres, bei einer Bootsfahrt in den Marschen.

stab. Inwieweit diese offizielle Darstellung die wirkliche Beziehung zwischen Männern und Frauen widerspiegelt, läßt sich nur vermuten, aber ganz offensichtlich wollten die ägyptischen Ehemänner in ihren Gräbern das traditionelle Bild des Mannes als Haushaltsvorstand aufrechterhalten.

Die wenigen Ausnahmen in diesem Reigen passiver Frauengestalten finden wir in den Gräbern ägyptischer Königinnen. Mehrere dieser ausschließlich von Frauen belegten Grabstätten enthalten Szenen, in denen Frauen unabhängig von Männern auftreten; so zeigt zum Beispiel das Grab der Königin Meresanch (»Die das Leben Liebende«) aus der 4. Dynastie die Königin beim Pflücken von Lotusblüten während einer zwanglosen Bootsfahrt mit ihrer Mutter.[2]

Einen noch verblüffenderen Gegensatz zur konventionellen Abbildung passiver Frauen liefert die Darstellung einer belagerten asiatischen Stadt, die an der Mauer eines Grabes aus dem Alten Reich in Deschascha entdeckt wurde. Diese einzigartige Szene zeigt deutlich, wie die Frauen des Ortes ihre Häuser mit Messern und bloßen Händen gegen feindliche ägyptische Bogenschützen verteidigen. Ob die Szene als Würdigung des Mutes der dortigen (nichtägyptischen) Frauen oder als wenig schmeichelhafter Kommentar zum Heldenmut der Männer verstanden werden sollte, ist bis heute ungeklärt.[3]

Ich war ein geschickter Künstler in meinem Fach und unerreicht in meiner Gelehrsamkeit ... Ich kannte das Gehen einer Männerfigur und die Haltung einer Frauengestalt ... Niemand kann diese Dinge so vollendet darstellen, nur ich und mein ältester Sohn.

Inschrift des Bildhauers Iriirusen

Die Künstler statteten die Hauptfiguren ihrer Gemälde meist mit einem perfekten Körperbau aus. In ihren Darstellungen sind sie, soweit es sich um Privatpersonen handelt, leuchtend weiß gekleidet, mit kostbaren Edelsteinen geschmückt und strotzen nur so vor Gesundheit. Die Frauen, deren Weiblichkeit durch wohlgeformte Brüste, ein rundes Gesäß und eine schwächer ausgeprägte Muskulatur betont wurde, waren ausnahmslos bildschön. Jeder Zug ihres vollendet dargestellten Körpers wurde von seiner besten oder typischsten Seite gezeigt, und einige gestellt und verrenkt wirkende Posen sind den Anstrengungen des Künstlers zuzuschreiben, sein Modell so zu malen, daß der Kopf im Profil, das eine sichtbare Auge mit der Augenbraue jedoch, genau wie der Rumpf, von vorn, die Hüfte von der Seite und beide Beine in Schrittstellung zu sehen waren.

In unseren Augen, die an wirklichkeitsgetreue Bilder und die heute übliche perspektivische Darstellung gewöhnt sind, erscheint diese Stilisierung als gekünstelte und naive Maltechnik, an der man alle zweidimensionalen ägyptischen Kunstwerke auf den ersten Blick erkennen kann. Für die Ägypter jedoch, die schematisierte statt impressionistischer Formen sehen wollten, war diese Art der Darstellung eine notwendige Sicherheitsvorkehrung, denn sie schlossen

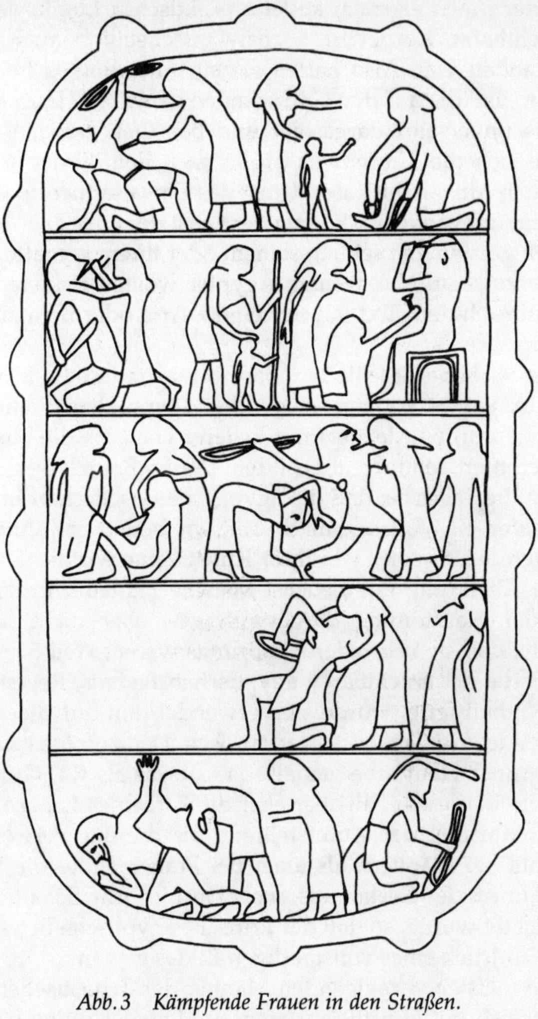

Abb. 3 Kämpfende Frauen in den Straßen.

mit der ihnen eigenen, äußerst praktischen Logik, daß ein unsichtbarer Körperteil höchstwahrscheinlich auch nicht vorhanden war. Also hatten sie ein unbedingtes Interesse daran, daß die auf den Grabwänden gemalten Hauptakteure als unversehrt dargestellt und begriffen wurden, denn sollte sich die körperliche Hülle nach dem Tod durch irgendein Mißgeschick der Kunst des Einbalsamierers widersetzen und verwesen, könnte der Geist des oder der Verstorbenen gezwungen sein, in seinem oder ihrem gemalten Bild weiterzuleben. Nur wenige Ägypter wollten riskieren, das Leben nach dem Tod mit nur einem Arm oder Bein zu führen.[4]

Das »schöne Geschlecht«, das normalerweise im Haus arbeitete, wo es vor der sengenden ägyptischen Sonne geschützt war, wurde stets mit hellerer Haut als die eher okkergetönten Männer abgebildet. Dieser Brauch verkannte völlig die Tatsache, daß die ägyptische Gesellschaft in allen Schichten ein Völkergemisch war; wie bereits erwähnt, verlangten die Ägypter von ihrer Kunst keine wirklichkeitsgetreue Abbildung des Lebens. Manche Frauen wurden mit dunkler Hauttönung dargestellt, was aber nicht heißen mußte, daß sie negroiden Ursprungs waren. Weil Schwarz, die Farbe des fruchtbaren ägyptischen Bodens, Regeneration symbolisierte, wurde sie verwendet, um auf die zu erwartende Wiedergeburt zu verweisen. Demzufolge galt eine mit grüner Hautfarbe gemalte Frau zwar als tot, Grün bedeutete in diesem Fall aber eher die Farbe des Lebens (d.h. die Erwartung der Auferstehung) als die der Verwesung. Sowohl bei Männern als auch bei Frauen füllte die Farbe den Umriß der Gestalt aus, wobei auf jegliche Schattierung verzichtet wurde, so daß der kritische ägyptische Betrachter den Eindruck eines vollständigen Bildes gewann.

Die meisten vermögenden Männer der dynastischen Zeit ließen sich mit künstlichen, ungesund aussehenden Fettrollen, die schlaff von ihren nicht unbeträchtlichen Taillen herunterhingen, darstellen. Diese etwas plumpe Konvention sollte den Reichtum des Betreffenden unterstreichen, denn natürlich konnten es sich nur die reichsten Ägypter leisten, große Mengen an Nahrung zu verzehren, ohne diese Kalorien durch schwere körperliche Arbeit wieder zu verbrauchen. Fett wurde offensichtlich mit Macht gleichgesetzt, was besonders in Grabszenen deutlich wird, wo ausgezehrte Handwerker und Arbeiter aus der Unterschicht neben ihren übergewichtigen Herren zu sehen sind. In manchen Fällen mag der traditionelle Oberschichtwanst der Wirklichkeit entsprochen haben. Reiche Ägypter waren leidenschaftliche Esser und Trinker, und die mumifizierten Körper vieler Pharaonen aus dem Neuen Reich, darunter Thutmosis II. und Ramses II., weisen große schlaffe Hautfalten in der Bauchgegend auf, was auf lebenslange Gewichtsprobleme hindeutet.[5]

Im Gegensatz dazu waren beleibte Ägypterinnen eine Seltenheit, und die den Grabinhabern zugesellten Ehefrauen, Töchter und Schwestern waren stets von angenehm schlankem Wuchs, der durch ihre modisch enganliegende Kleidung noch betont wurde. Vermutlich wirkten die füllige Königin von Punt, die anscheinend einen Fettsteiß hatte, und ihre dicke Tochter in den Augen der Handwerker, die den Auftrag hatten, sie auf den Wänden des Tempels der Königin Hatschepsut in Der el-Bahari abzubilden, unnatürlich und unweiblich. Ob diese weibliche Magerkeit einfach künstlerischen Konventionen entsprach oder als bewußter Ausdruck der untergeordneten Rolle der Frauen interpretiert werden sollte, ist unklar. Auf jeden Fall bedeutet die Tatsache, daß die Künstler sich dafür entschieden, alle Frauen schlank darzustellen, mit Sicherheit nicht, daß sie es tatsächlich auch waren.

Die weniger bedeutenden Frauengestalten der gemalten Szenen brauchten dem Klischee von der schlanken und passiven Frau nicht unbedingt zu entsprechen. Weil diese Randfiguren nur einen relativ kleinen und unwichtigen Bestandteil des ganzen Gemäldes bildeten, nahmen sich die Künstler bei ihrer Darstellung gewisse Freiheiten heraus, verwarfen die dem Grabinhaber und seiner Frau angemessenen künstlichen und gezwungenen Posen und orientierten sich statt dessen an einem naturalistischeren und heitereren Stil. Häßliche, alte, schlechtgekleidete und dicke Frauen beleben den Hintergrund der eher förmlichen Szenen, und wenn wir diese ungezwungenen Figuren bei ihrem geschäftigen Treiben oder auch bei einer Ruhepause betrachten, erhalten wir einen anschaulichen und weitaus typischeren Eindruck von den unterschiedlichsten Aspekten des Alltagslebens der dynastischen Zeit. Junge Mädchen im heiratsfähigen Alter tanzen mit schwungvollen Drehungen und lassen ihre Musikinstrumente zur Unterhaltung ihrer Herren erklingen, während gesetztere Mägde unzählige Scheffel Korn mahlen und sich alte Bauersfrauen auf den Feldern bei der Flachsernte und beim Auflesen von Getreideähren plagen.

Wie die ägyptische Malerei war auch die Bildhauerei von ihrer Konzeption her ganz und gar zweckbestimmt. Alle Statuen galten automatisch als mit magischen oder religiösen Kräften ausgestattet und konnten, wenn nötig, wirkliche Menschen vertreten oder ersetzen. Abstrakte oder »unnötige« Skulpturen waren deshalb in Ägypten unbekannt, und Künstler oder Handwerker beschränkten sich auf die Darstellung von Göttern, Königen und wohlhabenden Privatleuten. All diese Werke waren letzten Endes als Stellvertreter für Menschen oder Götter in Tempeln oder Gräbern gedacht.

Im Alten Reich dienten fast alle Statuen von Privatleuten als Grabbeigaben. Sie boten der Seele des Verstorbenen einen günstigen Aufenthalt, um Opfergaben zu empfangen, und konnten, wie die zweidimensionalen Gemälde, dem Geist als Zufluchtsort dienen, falls der ursprüngliche Körper verwesen sollte. Im Mittleren Reich dagegen wurden die meisten Privatskulpturen in den Höfen der großen Tempel aufgestellt, wo sie als angemessene Vertreter der abwesenden Verehrer den Nutzen, den sie aus ihrer Nähe zum jeweiligen Gott zogen, an diese weitergeben konnten. Diese Tradition setzte sich während des gesamten Neuen Reiches fort und nahm solche Ausmaße an, daß die meisten Haupttempel eigene Steinmetzbetriebe gründeten. Dort konnten fromme Pilger, die außerstande waren, eine Statue aus ihrer Heimat mitzubringen, eine Figur nach ihren Wünschen kaufen – von zentimeterhohen bis zu lebensgroßen Modellen – und sie mit ihrem Namen versehen lassen. Diese andächtigen Stellvertreter wurden in starren, schweigenden Reihen mit dem Gesicht zum Heiligtum aufgestellt. Wenn der Tempelvorhof überfüllt war, wurden sie einfach entfernt und in einer großen Grube innerhalb des heiligen Tempelbezirks verscharrt.

Ägypter, die sich eine ansehnliche Statue aus Stein leisten wollten, mußten entweder wohlhabend oder einflußreich sein. Deshalb erstaunt es nicht, daß die wiedergefundenen Statuen ein Spiegelbild der höheren Gesellschaftsschichten liefern. Die meisten von ihnen stellen relativ wohlhabende Männer dar, entweder als Einzelfiguren oder, um die Kosten zu senken, gemeinsam mit anderen männlichen Familienangehörigen. Auch Skulpturen von Ehepaaren oder ganzen Familien einschließlich der Kinder waren keine Seltenheit, wobei die Frau hier fast immer als Stütze ihres Mannes zu sehen ist, wie sie in traditionell weiblicher Haltung ihren Arm um seine Schulter legt. Ob das als unterwürfige Pose oder als Zeichen der Familienzusammengehörigkeit zu deuten ist, wird auch heute noch diskutiert. Statuen von Königen und Königinnen zeigen die Frau stets in wesentlich kleinerem Maßstab als ihren Mann. Auch wenn dies den jeweiligen Stellenwert der Eheleute widerspiegelt, entspricht eine solche Darstellung doch eher dem Unterschied zwischen einem Gott und einem Sterblichen als dem zwischen Mann und Frau; andere Familienstatuen bilden das Paar mehr oder weniger maßstabsgerecht ab, und wenn eine Frau mit einem Zwerg verheiratet war, ist der Ehemann eindeutig kleiner als seine Frau dargestellt. Die Frau trägt stets enganliegende Kleidung, was dem Künstler ermöglicht, ihre Weiblichkeit durch die Hervorhebung der Brüste zu betonen. Skulpturen von einzelnen Frauen, Frauengruppen oder Gruppen, in denen eine Frau die vorherrschende Rolle spielt, sind sehr selten, was den Schluß nahelegt, daß Frauen, sei es aufgrund eigener Entscheidung, ökonomi-

Abb. 4 Statue eines Ehepaares.

scher Gründe oder gesellschaftlicher Zwänge, kein Geld in Statuen investierten.

Wer irgend etwas gegen die Person meiner Konkubine tun sollte, der ist gegen mich, und ich bin gegen ihn. Seht, dies ist meine Konkubine, und es ist bekannt, wie man die Konkubine eines Mannes behandelt … Ertrüge es denn einer von euch, wenn seine Frau bei ihm denunziert würde? Soll ich es denn ertragen?

Brief des Priesters Hekanacht

Diesen Brief schrieb Hekanacht, ein untergeordneter Priester aus der Zeit des Mittleren Reiches, an seine Familie.[6] Er offenbart Unstimmigkeiten und Zwietracht innerhalb der Familie ebenso deutlich wie manche Briefe unserer Zeit, und der beunruhigende Unterton in dieser aufgebrachten Nachricht inspirierte Agatha Christie sogar zu ihrem bekannten Kriminalroman *Rächende Geister,* der im Ägypten der Pharaonen spielt.[7]

Gebildete Ägypter waren unermüdliche Schreiber, und in der trockenen Wüste blieben monumentale Grabinschriften ebenso erhalten wie brüchige Papyrus- und Lederrollen, die uns nicht nur unpersönliche königliche Verlautbarungen, offizielle religiöse Schriften und recht langweilige Geschäftspost, sondern auch private Rechtsfälle, romantische Liebesgedichte und vertrauliche Familienbriefe offenbaren und so den manchmal eher trockenen archäologischen Problemen ein menschliches Antlitz verleihen. Ostraka (*Sing.* Ostrakon: Kalkstein- und Tonscherben, die als Schreibmaterial verwendet wurden) wurden als Notizzettel benutzt, wenn die Ägypter weniger wichtige Dinge aufschreiben und dafür nicht den teuren Papyrus verschwenden wollten. Berge von Ostraka sind erhalten und vermitteln uns eine Ahnung vom eher eintönigen Alltagsleben des Volkes. Vielleicht sollten wir nicht zu überrascht sein, wenn wir feststellen, daß sich die persönlichen Beziehungen im alten Ägypten kaum von den heutigen unterscheiden; es gab liebevolle und in Eintracht lebende Familien, aber auch, wie schon die Korrespondenz des Hekanacht andeutet, erbitterte innerfamiliäre Streitereien über Geld und Ansehen. Zu allen Zeiten waren Klatsch und Sticheleien gang und gäbe, und Gerüchte über unmoralisches Verhalten anderer Menschen stießen, wie könnte es anders sein, auf allgemeines Interesse.

Jedoch müssen all diese schriftlichen Belege mit angemessener Vorsicht behandelt werden. Man sollte sich immer vor Augen halten, daß unsere Befunde unvollständig und zufällig sind – daß, obwohl viele Originale erhalten geblieben sind, erheblich mehr zerstört wurden und damit ganze Bereiche des Lebens einfach nicht in den Aufzeichnungen dokumentiert sind. Die erhaltenen Texte stellen uns vor zahlreiche Interpretationsprobleme. Auch wenn wir viele von den Ägyptern gebrauchte Ausdrücke wörtlich übersetzen können, haben wir doch nicht denselben kulturellen und gesellschaftlichen Hintergrund, und genau wie ein nur mit einem Wörterbuch ausgerüsteter Besucher vom Mars Schwierigkeiten hätte, den Radiokommentar eines Fußballspiels oder den Inhalt eines Popsongs zu begreifen, entgehen uns vielleicht die subtileren Nuancen und umgangssprachlichen Ausdrücke, die dem Adressaten leicht verständlich waren. Das trifft insbesondere auf romantische Liebeslieder sowie Märchen und Sagen zu, in die bewußt Metaphern und Zweideutigkeiten eingeflochten wurden, um ihnen heitere oder überraschende Wendungen zu geben. Die Angewohnheit der Ägypter, bei der Beschreibung glorreicher Taten, wie wir sie etwa in Grabinschriften finden, nicht nur zu übertreiben, sondern sie sogar einfach zu erfinden, erhöht noch unsere Verwirrung; für die Ägypter allerdings gab es keinen Grund, weshalb sie sich nicht der Monumente und eben auch der Taten ihrer ruhmreichen Vorfahren bemächtigen sollten.

Vor allem darf nicht vergessen werden, daß Lesen und Schreiben auf einen kleinen, fast ausschließlich aus männlichen Mitgliedern der Mittel- und Oberschicht bestehenden Teil der Bevölkerung beschränkt war. Die erhaltenen Dokumente behandeln daher vor allem Angelegenheiten, die einen engbegrenzten Kreis der Gesellschaft betrafen, und wurden nicht nur aus männlicher Sicht, sondern auch für den zeitgenössischen männlichen Leser geschrieben. Selbst wenn ein Text den Eindruck erweckt, von einer Frau zu stammen – wie etwa die erhaltenen Liebesgedichte aus der Sicht eines jungen Mädchens –, ist er häufig von einem Mann verfaßt worden und offenbart uns daher die männliche Auslegung der einer Frau unterstellten Gefühle. Da die meisten Frauen weder lesen noch schreiben konnten, waren viele Themen, die nur Frauen interessierten, von der schriftlichen Überlieferung schlicht ausgeschlossen.[8]

Ahmose, Befehlshaber des Schiffes und Sohn von Abana, der Gerechten, spricht und sagt: »Ich spreche zu euch allen. Ich spreche, um euch Kunde zu geben von der Gunst, die mir gewährt worden ist. Ich wurde im Angesicht des ganzen Landes sieben Mal mit Gold belohnt und ebensooft mit männlichen und weiblichen Sklaven. Außerdem wurde ich mit sehr vielen Feldern bedacht. Der Name des Tapferen lebt in seinen Taten weiter, und das Land wird ihn niemals vergessen.«

Aus der Autobiographie des Ahmose,
des Sohns der Abana, Neues Reich[9]

Gemäß einer im Alten Reich entstandenen Tradition führten viele hochrangige Ägypter aus angesehenen Familien eine Art Tagebuch über ihre Tätigkeiten und Leistungen. Diese langatmigen und stilisierten »Autobiographien« wurden an den Mauern ihrer Gräber überliefert. Üblicherweise handeln sie ausführlich von Taten und Triumphen im Leben der Verstorbenen, und obwohl sie in einem übertriebenen und für den heutigen Geschmack ziemlich prahlerischen Stil geschrieben sind, bieten sie jedem, der sich für ägyptische Geschichte interessiert, eine große Fülle an Informationen über das Leben ihrer Verfasser. Bedauerlicherweise haben uns die Frauen, die ebenfalls in diesen Gräbern bestattet sind, nur selten solche Informationen hinterlassen. Wir verfügen nicht über Autobiographien von Frauen, die wir mit denen der Männer vergleichen könnten,[10] und die Beinamen, mit denen eine verstorbene Frau üblicherweise gepriesen wird, wie »Die von den Menschen Gerühmte« oder »Die Beschützerin des Herzens eines Waisenkindes«, sind ziemlich nichtssagend.

Rezept zum Schutz einer Frau, deren Vagina beim Gehen schmerzt: Du sollst sie danach fragen, was sie riecht. Antwortet sie dir: »Ich rieche Gebratenes«, so weißt du, daß es sich um das Nemsu-Symptom handelt. Du kannst ihr helfen, wenn du sie mit allem, was sie unter Gebratenem versteht, einräucherst.

Zitat aus dem medizinischen *Papyrus Kahun*

Nur eine Gattung von Dokumenten läßt uns den züchtigen Schleier anheben, hinter dem die ägyptische Frau in ihrer Zurückgezogenheit lebte, und einen Blick auf ihr wahres

Leben werfen. Die sogenannten medizinischen Papyri[11] – Handbücher, in denen alle bekannten Symptome und empfohlenen Behandlungsmethoden für die unterschiedlichsten verbreiteten Leiden und Unfälle aufgeführt sind – bieten uns, in Verbindung mit Knochenfunden aus Beisetzungen und mumifizierten Überresten, einen aufregenden Einblick in den Alltag des ägyptischen Arztes und seiner Patienten. Diese wissenschaftlichen Belege verraten uns, daß die normale einheimische Ägypterin von relativ kleiner Statur und dunkelhaarig war sowie dunkle Augen und eine hellbraun getönte Haut hatte. Ihre durchschnittliche Lebenserwartung betrug annähernd vierzig Jahre, vorausgesetzt, sie überlebte die Kindheit und ihre zahlreichen Schwangerschaften.

Die idyllischen Szenen an vielen Grabwänden vermitteln den Eindruck, die Ägypter seien ein vitales und gesundes, von Krankheiten verschontes Volk gewesen. Dieser Eindruck steht in krassem Widerspruch zu medizinischen Dokumenten über unterschiedlichste Schwächezustände und lebensbedrohliche Krankheiten, angefangen bei Lepra und Pocken bis hin zu *spina bifida* und Kinderlähmung, denen die Bevölkerung ausgeliefert war. Selbst weniger ernste Beschwerden wie Durchfall, Husten oder Schnittwunden konnten ohne moderne Arzneimittel zum Verhängnis werden, und die Mehrheit der Bevölkerung litt zumindest zeitweise unter schmerzhaftem Gelenkrheumatismus oder verheerenden Zahnentzündungen. Der *Papyrus Edwin Smith* aus der 18. Dynastie schildert in leuchtenden Farben die Gefahren, die den Mitgliedern einer Gesellschaft drohten, in der riesige Bauprojekte bei minimalen Sicherheitsvorkehrungen durchgeführt wurden und Krieg beinahe zum Alltag gehörte. Dieser Papyrus, ein Fachtext über die Behandlung entsetzlicher, durch Arbeitsunfälle herbeigeführter Verletzungen, enthält einige typische Krankengeschichten: »Klaffwunde am Kopf, zersplittert ist sein Schädel«, oder, ein noch ernsterer Fall: »Klaffwunde am Kopf, die bis zum Knochen reicht, zersplittert ist sein Schädel, aufgebrochen ist das Gehirn seines Schädels.« Daß letzteres unter die Rubrik »nicht behandelbare« Leiden fiel, überrascht nicht im geringsten.

Auf der Rückseite des *Papyrus Edwin Smith* finden wir Informationen, die für eine Studie über Frauen von größerem Interesse sind. Ägyptische Schreiber oder Ärzte haben diese Rückseite irgendwann einmal benutzt, um darauf ein kurioses Sammelsurium aus magischen Texten und Rezepten für die unterschiedlichsten Beschwerden zu notieren; darunter ein »Rezept gegen Frauenbeschwerden«, zwei Verschreibungen »für einen gesunden Teint« und ein Rezept »gegen bestimmte Leiden am Anus und Umgebung«. Diese Texte zeigen in ihrer scheinbar zufälligen Mischung aus praktischem Ratschlag, wissenschaftlichen Kenntnissen und Aberglauben, wie wenig antike Medizin von Magie getrennt war. In der Tat unterschieden die ägyptischen Ärzte weder zwischen der Wirksamkeit von rein wissenschaftlichen Behandlungsmethoden und magischen oder übernatürlichen Heilverfahren, noch zwischen medizinischen Beschwerden und Problemen wie hartnäckigen Schuppen und Gesichtsfalten, mit denen wir uns heute eher an einen Kosmetiker als an einen Arzt wenden würden. Statt dessen vertraten sie die Ansicht, daß alle Menschen gesund zur Welt kämen und Krankheit oder Gebrechlichkeit, sofern nicht unmittelbare Folge eines Unfalls, entweder durch in den Körper eingedrungene Parasiten oder durch einen bösen Geist hervorgerufen würden. Deshalb erschien es ihnen sinnvoll, praktische Maßnahmen zur Linderung unangenehmer physischer Symptome zu ergreifen und sich daneben auf magischen Zauber zu verlassen, der den bösen Geist vertreiben und so die Krankheit kurieren oder beseitigen würde.

Das wissenschaftlich vielleicht fortschrittlichste medizinische Dokument aus Ägypten ist der ebenfalls aus der 18. Dynastie stammende medizinische *Papyrus Ebers.* Er ist inhaltlich weniger spezifisch als der *Papyrus Edwin Smith,* enthält aber in bezug auf die Behandlung von in Ägypten weitverbreiteten Leiden, inneren Krankheiten und allgemeinen Gebrechen wie Kahlheit oder Brustbeschwerden dieselbe Mischung aus geheimnisvoll wirkender Magie und guten Ratschlägen. Der ausschließlich männlichen Beschwerden gewidmete Abschnitt ist sehr kurz und geht nur auf vier besondere Krankheiten (Juckreiz, Priapismus, Impotenz und Gonorrhöe) ausführlich ein. Der wesentlich längere Teil über die Belange von Frauen beschäftigt sich in erster Linie mit der Fortpflanzung und damit verbundenen Problemen wie Empfängnisverhütung, Stillen und Kinderpflege. Für ein Land, dessen Bestattungsriten das Sezieren der Toten erforderlich machten, war das Wissen über die inneren Vorgänge im weiblichen Körper erstaunlicherweise ziemlich begrenzt. Die Gynäkologie bildete kein ärztliches Spezialgebiet, und in bezug auf die Funktionen der weiblichen Organe gab es einige sonderbare Fehlschlüsse. Obwohl die Gebärmutter bekannt war, werden zum Beispiel nirgends die Eierstöcke erwähnt, und von der Gebärmutter selbst wurde angenommen, sie schwebe frei beweglich im weiblichen Körper. Weil man befürchtete, eine wandernde Gebärmutter könne der Patientin schaden, wurden unterschiedliche Methoden entwickelt, um das umherschweifende Organ zur Rückkehr ins Becken zu bewegen – die gebräuchlichste war das Einräuchern der unglücklichen Patientin mit getrockneten menschlichen Exkrementen.

Rezept um die Gebärmutter einer Frau zu veranlassen, an ihren ordnungsgemäßen Platz zurückzukehren: Teer von Schiffsplanken wird mit dem Bodensatz eines ausgezeichneten Bieres vermischt und der Patientin zum Trinken gegeben.

Zitat aus dem medizinischen *Papyrus Ebers*

Auch nahm man irrtümlich an, daß bei einer gesunden Frau ein freier Durchgang die Gebärmutter mit den übrigen Teilen des Körpers verbinde, eine Hypothese, die später auch von der griechischen Medizin vertreten wurde. Um jede empfängnisverhütende Verstopfung in diesem Durchgang zu lokalisieren, wurden zahlreiche Fruchtbarkeitstests erfunden. So empfahl beispielsweise der medizinische *Papyrus Kahun*, der Patientin ein Gemisch aus Dattelmehl und Bier zu verabreichen: Bei einer fruchtbaren Frau müsse diese Behandlung zum Erbrechen führen, wobei die Zahl ihrer Würgeanfälle mit großer Genauigkeit die Zahl möglicher

Schwangerschaften anzeige. Zu einer ähnlichen Behandlungsmethode riet der medizinische *Papyrus Berlin*. Als Alternative bot sich ein später auch von Hippokrates durchgeführter Versuch an, bei dem ein Knoblauch- oder Zwiebelpessar in die Vagina eingeführt wurde, wo es über Nacht blieb; roch morgens der Atem der Patientin nach Knoblauch, galt sie als fruchtbar. Zuweilen gelang es den Ärzten aber auch, die wirkliche Ursache der weiblichen Unfruchtbarkeit festzustellen: Als sich der König der Hethiter mit der Bitte um die Dienste eines ägyptischen Arztes, der der kinderlosen Ehe seiner Schwester abhelfen sollte, an seinen Verbündeten Ramses II. wandte, wies dieser in seinem Antwortschreiben mit mehr Offenheit als Taktgefühl darauf hin, daß nur geringe Aussichten auf Heilung bestünden, da die fragliche Dame annähernd sechzig Jahre alt sei.

Darauf sagte der Bauer zu seiner Frau: »Höre, ich reise nach Ägypten, um von dort Speise für meine Kinder zu holen. Geh in die Scheune und miß die Reste der Gerste vom letzten Jahr ab.« Seine Frau wog hundertzwanzig Kilo Gerste für ihn. Da sagte der Bauer zu seiner Frau: »Siehe, neunzig Kilo Gerste behältst du als Nahrung für dich und deine Kinder. Für mich aber mache Brot und Bier aus diesen dreißig Kilo Gerste, als Wegzehrung für die Reise.«

Aus der *Geschichte vom beredten Bauern* aus dem Mittleren Reich

Erst relativ spät entstanden auch ägyptische Erzählungen. Ganz allmählich, fast unmerklich, entwickelten sich die im Alten Reich beliebten einfachen und handlungsreichen Heldengeschichten im Mittleren und Neuen Reich zu komplexeren und anspruchsvolleren Gleichnissen. Frauen traten jedoch während der gesamten dynastischen Epoche in den Geschichten höchstens am Rande des Geschehens auf. Frauen und Töchter durften zwar für das leibliche Wohl ihrer unerschrockenen Männer sorgen, waren aber nie bei deren Abenteuern dabei und begnügten sich anscheinend damit, zurückzubleiben und den Haushalt zu führen. Angesichts des äußerst männerorientierten Inhalts der Stücke und ihrer großen Beliebtheit beim männlichen Publikum kann man sich in der Tat kaum des Eindrucks erwehren, daß die erhaltene ägyptische Prosa nur jene Geschichten repräsentiert, die sich die Männer untereinander erzählten. Vielleicht liegt es daran, daß die entsprechenden, bei Frauen beliebten Geschichten nie aufgeschrieben worden sind; das würde sicherlich erklären, weshalb kaum romantische Prosa und überhaupt keine Details über häusliche Tätigkeiten, für die sich Männer vermutlich nicht interessierten, überliefert sind. Die einförmige Schilderung loyaler, aber passiver und offensichtlich unwichtiger Ehefrauen und Töchter in den erhaltenen Erzählungen bestätigt den bereits durch die Gemälde und Skulpturen erweckten Eindruck, daß Männer und Frauen in grundsätzlich unterschiedlichen Lebenskreisen mit völlig verschiedenen, wenn auch einander ergänzenden Aufgaben zu Hause waren.

Mit der ägyptischen Tradition, Frauen als rechtschaffen, aber ziemlich unbedeutend darzustellen, wurde jäh gebrochen, als gegen Ende der dynastischen Epoche der Einfluß von außen wuchs und die Schreiber dazu übergingen, realistische Frauenfiguren mit guten und schlechten Charaktereigenschaften zu schildern.[12] Allerdings dominierten in den Geschichten schon nach kurzer Zeit die boshaften Frauen. Dieser abrupte Einstellungswandel fällt nicht nur in den Märchen auf, sondern auch in den schriftlichen Unterweisungen, die als Lehrbücher in ägyptischen Schulen dienten. Was der Schreiber Anch-Scheschonki aus der Spätzeit über Frauen dachte, läßt vermuten, daß er kein sehr glückliches Familienleben genossen hat:

Zeige deiner Frau deinen Reichtum, aber vertraue ihn ihr nicht an... Öffne deiner Frau nicht dein Herz, denn was du ihr im stillen mitteilst, werden die Leute auf der Straße wiederholen... Wenn eine Frau den Besitz ihres Mannes nicht begehrt, liebt sie einen anderen.

Anch-Scheschonkis Einstellung gegenüber Frauen war zwiespältig, denn im selben Werk äußerte er seine Bewunderung für die redliche Frau von edlem Charakter, die für ihn »wie Nahrung in Zeiten von Hungersnöten« war. Gab es in seinen Augen nur wenige unbescholtene Frauen? Oder waren seine Bemerkungen über unzuverlässige Ehefrauen einfach nur das antike Äquivalent zu den abfälligen »Schwiegermutter«-Witzen, die bei bestimmten männlichen Witzbolden auch heute noch so beliebt sind?

Verschiedene fiktive Frauengestalten wurden in eindeutig ungünstigem Licht dargestellt. So erzählt die *Geschichte von zwei Brüdern* aus der 19. Dynastie, wie es zwischen den Brüdern Anubis und Bata zum Bruch kam, weil die intrigante Gattin des Anubis zuerst versuchte, ihren Schwager zu verführen, und ihn dann, als er ihre Annäherungsversuche zurückwies, der versuchten Vergewaltigung beschuldigte:

Als nun die Frau seines älteren Bruders es mit der Angst zu tun bekam, griff sie zu Fett und Talg und gab sich das Aussehen, als sei sie geschlagen worden, damit sie ihrem Mann sagen konnte: »Dein jüngerer Bruder hat mich verprügelt.« Als der Mann wie gewohnt am Abend nach Hause zurückkehrte und sein Haus betrat, fand er seine Frau sichtlich krank daniederliegen. Anders als sonst goß sie ihm kein Wasser in die Hände, und Feuer hatte sie ihm auch keines angezündet. Sein Haus war dunkel, und seine Frau lag danieder und erbrach sich …

Anubis war so dumm, seiner treulosen Frau Glauben zu schenken, und brach unverzüglich auf, um den Bruder zu töten, der – auf wundersame Weise von seiner sprechenden Lieblingskuh vorgewarnt – zur Flucht und einem dramatischen Leben voller Gefahren und Abenteuer gezwungen war. Aber leider täuschte auch Bata sich im weiblichen Wesen und wurde am Ende von einer treulosen Frau verraten.

Von einer ähnlich boshaften Frau handelt die *Geschichte von Wahrheit und Lüge*. Der eher einfältige »Wahrheit«, der infolge Verrats durch seinen hinterhältigen Bruder »Lüge« das Augenlicht verloren hatte, wurde von einer bezaubernden, aber selbstsüchtigen Dame verführt. Obwohl diese

Frau ihm einen Sohn gebar, behandelte sie ihren ehemaligen Geliebten sehr schlecht und erniedrigte ihn, indem sie ihn zum Pförtner ihres Hauses machte. Erst als der Sohn älter wurde und sich nach seinem Vater erkundigte, wurde »Wahrheit« die ihm angemessene Stellung in der Familie eingeräumt.

Bei deinem Anblick leuchten meine Augen, und ich dränge heran, um dich, Geliebter ohnegleichen und Verführer meines Herzens, anzuschauen. Oh, würde doch das Glück dieser Stunde ewig währen! Seit ich mit dir geschlafen habe, ist mein Herz erwacht. Verlaß mich nie! Liebeslied aus dem Neuen Reich

Schwärmerische Liebeslieder und romantische Gedichte waren während der dynastischen Epoche stets sehr beliebt. Indem diese fast erotischen Verse mit ihren zahlreichen mehr oder minder unverblümten Anspielungen auf Geschlechtsakt und Liebesspiele betonten, eine Frau könne einen Mann genauso begehren wie umgekehrt ein Mann eine Frau, erlaubten sie den jungen ägyptischen Mädchen, ihre eigenen sexuellen Bedürfnisse auszudrücken. Zwar besteht immer die Gefahr, daß die Verse männliches Wunschdenken verkörpern, das wehmütig die verzauberten Bilder einer nichtexistenten, von sexuell willigen Frauen bevölkerten Welt heraufbeschwört, aber sie lassen zumindest erkennen, daß die ägyptische Gesellschaft eine ungewöhnlich lockere Einstellung gegenüber von beiden Partnern gewünschten Beziehungen zwischen zwei ungebundenen Individuen hatte und es anscheinend durchaus akzeptierte, wenn Frauen innige und leidenschaftliche Gefühle äußerten.

Halte deine Frau stets nieder und von der Macht fern ... Auf diese Weise bringst du sie dazu, in deinem Haus zu bleiben.
An junge Männer gerichteter Rat eines Schreibers aus dem Alten Reich

Die Rolle der Frau in Kunst und Literatur der dynastischen Epoche entspricht also größtenteils dem überkommenen

Frauenbild, in dem die Männer befangen waren. Während die Frau in der Literatur ihrem abenteuerlustigen Gatten eine verläßliche Stütze ist, verkörpert sie in Malerei und Bildhauerei die pflichtbewußte Ehefrau, Tochter und Mutter. Stets ist sie passiv und ergeben; über ihr Privatleben und ihre persönlichen Gedanken wissen wir fast nichts. Auch wenn uns die Zeugnisse der Kunst ein gewisses Verständnis für die ägyptische Familienhierarchie vermitteln – wir können zum Beispiel feststellen, daß sich der ägyptische Ehemann eindeutig für den Haushaltsvorstand hielt, und vermuten, daß Männer keine Ahnung vom Alltag der Frauen hatten –, bleiben die Frauen weiterhin hinter den Schleiern unzähliger Konventionen und Traditionen verborgen. Dieses idealisierte Bild der Frau und der Ehe in Ägypten läßt sich etwas geraderücken, wenn wir betrachten, wie Frauen tatsächlich in der Gesellschaft behandelt wurden.

Bedauerlicherweise blieb kein ägyptisches Gesetzbuch erhalten. Dennoch gibt es genügend Dokumente in Form von Gerichtsakten und juristischer Korrespondenz, die beweisen, daß zur dynastischen Zeit Männer und Frauen innerhalb ihrer jeweiligen Schicht – wenigstens theoretisch – vor dem Gesetz gleich waren. So konnte die ägyptische Frau, ob sie verheiratet oder ledig war, rechtmäßig und nach Belieben Eigentum und Sklaven vererben, kaufen und verkaufen. Sie konnte rechtsgültige Verträge abschließen, Güter borgen oder ausleihen und sogar Prozesse anstrengen. Und, was vielleicht am wichtigsten war, sie durfte allein, ohne männlichen Vormund, leben. Zu einer Zeit, als die Frauen aller anderen bedeutenden Kulturen zusammen mit Kindern und geistig Behinderten als von Natur aus minderwertig im Vergleich zu den Männern galten und sich ihnen daher unterordnen mußten, war das eine aufregende Neuerung. Sowohl das damals geltende Recht in Mesopotamien als auch die späteren Gesetze von Griechen und Römern hielten am Grundsatz der männlichen Überlegenheit fest, so daß in der Antike die nahezu unbeschränkte Verfügungsgewalt der Männer über die Frauen als normal und selbstverständlich akzeptiert wurde.[13]

Der *Kodex Hammurabi* aus Mesopotamien, eine babylonische Gesetzessammlung aus der Zeit um 1750 v. Chr., enthielt zahlreiche Vorschriften in bezug auf das Verhältnis zwischen Frau und Mann und das ordnungsgemäße Führen einer Ehe. Vor allem betonte er die völlige Herrschaft des Mannes in der Familie und unterstellte Frauen und Kinder als Besitz des Ehemannes dessen Verfügungsgewalt. Obwohl den Frauen bestimmte, überaus wichtige gesetzliche und ökonomische Rechte, wie das Anrecht auf eigenen Besitz und einen schützenden und verbindlichen Ehevertrag, zugestanden wurden, blieben diese Rechte deutlich eingeschränkt. So war es zum Beispiel für eine Frau sehr schwer, sich von einem unzulänglichen Ehemann scheiden zu lassen, und unmöglich, über ihre Mitgift zu verfügen, die nach ihrem Tod auf ihre Söhne überging.[14]

Womöglich noch stärker war die Unterdrückung der Frauen in Griechenland, wo Gesetze und Sitten alle Ehefrauen und Töchter zu dauerhafter und erstickend enger Isolation verurteilten.[15] Angesehene griechische Frauen, die faktisch vom öffentlichen Leben ausgeschlossen waren, besaßen kaum gesetzlich verankerte Rechte, wenn sie ohne Zustimmung ihres Familienvorstands oder ihres rechtmäßigen männlichen Vormunds handelten. So fristeten viele Frauen der Oberschicht ein unbefriedigendes, auf die eigenen vier Wände beschränktes Schattendasein und verbrachten endlose Tage am Webstuhl oder mit der Haushaltsführung. Nur in Sparta war es Mädchen gestattet, Sport zu treiben, ja sie wurden sogar ausdrücklich ermuntert, nicht all ihre Zeit mit Weben zu verbringen; solche Toleranz wurde im ultrakonservativen Athen als anstößig mißbilligt. Nach dem strengen Athener Recht gehörten Frauen faktisch ihrem Vater oder dem für sie ausgewählten Ehemann, der auch allein über ihre Mitgift verfügte. Frauen konnten weder über ihr Erbe bestimmen noch rechtsgültige Verträge abschließen, und ihre Kinder gingen in den Besitz des Mannes und seiner Familie über.

Auch von der römischen Frau, die ein nicht ganz so zurückgezogenes Leben führen mußte, wurde sittsames und bescheidenes Benehmen erwartet. Sie durfte aber durchaus mit männlichen Gästen dinieren, Geschäfte und Tempel besuchen und – in Grenzen – die Karriere ihres Mannes fördern. Griechische Männer, die Rom besuchten und zum ersten Mal erlebten, daß an den Banketten auch die Damen des Hauses teilnahmen, stürzte ein solches Verhalten in arge Verlegenheit. Trotz dieser größeren Freiheit blieb die römische Frau jedoch bis zu ihrer Hochzeit unter der rechtlichen Gewalt ihres Vaters. Erst dann konnte dieser seine Vormundschaft auf den neuen Ehemann übertragen, wodurch die Braut die gleichen gesetzlich verankerten Rechte wie jede Tochter des Bräutigams erhielt. Falls der Vater von dieser Möglichkeit keinen Gebrauch machte, blieb er finanziell für seine Tochter, die weiterhin dem Gesetz nach seinem Haushalt angehörte, verantwortlich. Aber was auch geschah, die Frau brauchte in allen juristischen Belangen die Einwilligung ihres Vormunds und konnte nicht selbst die Vormundschaft für ihre Kinder übernehmen.

Die spannende Frage, wie es der ungewöhnlich emanzipierten ägyptischen Frau gelungen war, die rechtliche Gleichstellung zu erlangen und zu behaupten, konnte bisher noch nicht hinreichend beantwortet werden. Die ersten Ägyptologen, die sich zu stark vom bahnbrechenden Werk Frazers[16] beeinflussen ließen, sahen in der rechtlichen Selbstbestimmung der ägyptischen Frauen den unmittelbaren Beweis dafür, daß das ägyptische Regierungssystem aus einer rein matriarchalen Struktur hervorgegangen sei.[17] Wie sich mittlerweile herausgestellt hat, ist diese Theorie völlig falsch, und es scheint vielmehr, als müsse die Antwort in den bisher vernachlässigten Bereichen der ägyptischen Kultur gesucht werden. Mit der juristischen Bevormundung der Frauen in anderen Gesellschaften sollte ihnen anscheinend die den Männern zugestandene sexuelle Freiheit verweigert werden, um sie an willkürlicher Fortpflanzung zu hindern. Sofern sich dies unmittelbar auf die Notwendigkeit zurückführen läßt, eine reine Herrscherelite zu bestimmen und die Auflösung der Familienvermögen einzudämmen, haben aufgrund der einzigartigen Gleich-

Abb. 5 Stele des Kindes Meri-Sechmet mit seiner namentlich nicht bekannten Mutter.

setzung des Königs mit Gott und des Fehlens einer eindeutig bestimmten »Staatsbürger«-Klasse derartige Überlegungen für Ägypten keine Bedeutung. Das starre ägyptische Klassensystem und die traditionellen Ehevermittlungen verhinderten, daß die Privatvermögen durch ungünstige Eheschließungen zerstreut wurden, und die außergewöhnliche Fruchtbarkeit des Niltals verminderte den in weniger begünstigten Gesellschaften festzustellenden Konkurrenzkampf um Zugang zu den Reichtümern des Landes. Die Anerkennung sowohl der weiblichen als auch der männlichen Abstammungslinie, ein Merkmal verschiedener afrikanischer Kulturen, muß ebenfalls zur Wahrung der Rechte der Frauen beigetragen haben. Die Ägypter erkannten durchweg auch die weibliche Linie als wichtig an, und Mütter wurden häufig in den Grabstätten ihrer Söhne verehrt.

Dank ihrer Gleichstellung hatten Frauen uneingeschränkten Zugang zum Rechtssystem. Sie konnten ihre Mitbürger verklagen, rechtsgültig vor Gericht aussagen und öffentlich für ihre Verbrechen angeklagt werden. Das ägyptische Rechtswesen basierte auf Gerichtshöfen und Schiedsgerichten. Reiche wie Arme waren in gleicher Weise berechtigt, formell Beschwerde einzulegen, und ein ortsansässiger Beamter setzte sich mit jedem einzelnen Streitfall auseinander. Wichtigere Fälle wurden vor einem allein hierfür einberufenen Tribunal oder einem aus Bürgern zusammengesetzten Geschworenengericht angehört, während der Wesir, das eigentliche Oberhaupt der ägyptischen Richterschaft, über die schwersten und verwickeltsten Fälle urteilte. Zwar geschah es nicht selten, daß Beamte bestochen und Gerichte von Angehörigen einflußreicher Familien unter Druck gesetzt wurden, theoretisch aber galt das Recht für alle, unabhängig von Geschlecht oder Klasse. Allerdings belegen Ostrakafunde aus Der el-Medine, daß Frauen im allgemeinen seltener als Männer in gerichtliche Auseinandersetzungen verwickelt waren, was ihrer geringeren Bedeutung im öffentlichen Leben entsprechen würde. Statt als Klägerinnen erschienen Frauen häufiger als Angeklagte vor Gericht, und aus uns vorliegenden Gerichtsurkunden geht hervor, daß sie der Nichtbegleichung von Schulden, des Diebstahls und sogar der Vernachlässigung kranker Angehöriger beschuldigt wurden.

Der Fall Mose, ein erbittertes gerichtliches Hin und Her um ein Durcheinander aus gefälschten Urkunden und falschen Zeugenaussagen, beweist klar, daß Frauen das Recht hatten zu erben, Vermögen zu verwalten und Klage vor Gericht zu erheben. Mose, ein Beamter im Schatzamt des Gottes Ptah in Memphis, ließ die ganze Auseinandersetzung stolz auf der Wand seines Grabes in Sakkara festhalten.[18] Die Geschichte beginnt bei einem seiner Vorfahren, einem gewissen Schiffskommandanten Neschi, dem der König als Belohnung für treue Dienste ein paar Ländereien geschenkt hatte. Dieses Land blieb über zweihundert Jahre lang im Besitz seiner Familie, ging von einer auf die nächste Generation über und wurde stets von einem hierfür eingesetzten Treuhänder im Interesse der rechtmäßigen Erben verwaltet. Unter der Herrschaft König Haremhabs wurde ein Mann namens Chai zum Verwalter des Landes ernannt; Werenra, die Großmutter Moses, focht die Berufung jedoch an und wurde vom Gericht schließlich als Treuhänderin ihrer fünf Geschwister bestätigt. Unglücklicherweise legte Tacharu, eine der Schwestern Werenras, offiziell Widerspruch gegen die neue Treuhänderschaft ein; deshalb wurde entschieden, das Land aufzuteilen und jedem der rechtmäßigen Erben ein Sechstel zu überlassen. Gegen dieses Urteil erhoben wiederum Hui, der Vater Moses, und Werenra Einspruch, aber bevor der Fall geklärt werden konnte, starb Hui, und Chai vertrieb Nubnefret, die Mutter Moses, von ihrem Sechstel Land. Obwohl Nubnefret unverzüglich offizielle Beschwerde vor Gericht einlegte, konnte sie ihre Ansprüche auf das Land nicht beweisen, und weil Chai dem Gericht gefälschte Dokumente als Beweismittel vorlegte, wurde ihm die Erbschaft Moses zugesprochen. Erst als Mose alt genug war, um sich selbst vor Gericht zu vertreten, und er dem großen Gerichtshof des Wesirs mehrere eidesstattliche Zeugenaussagen präsentierte, konnte der Streit schließlich zu seinen Gunsten beigelegt werden.

Ich bin eine freie Bürgerin von Ägypten. Ich habe acht Kinder großgezogen und stets angemessen für sie gesorgt. Aber nun, da ich alt bin, haben meine Kinder mich vergessen. Deshalb will ich meine Habe denen vermachen, die sich um mich gekümmert haben. Jenen aber, die mich vernachlässigt haben, hinterlasse ich nichts. Testament der Naunachte

Das Recht auf eigenen Besitz war ein äußerst wichtiges Zugeständnis, gab es doch unverheirateten, verwitweten oder verlassenen Frauen und ihren Kindern eine gewisse Sicherheit. Das Testament der Naunachte aus der 20. Dynastie macht deutlich, bis zu welchem Grad Frauen nach eigenem Gutdünken über ihr Hab und Gut verfügen konnten. Naunachte, Mutter von acht Kindern, hatte von ihrer Familie und ihrem ersten Ehemann ein ansehnliches Vermögen geerbt. Im Alter wurde sie immer stärker von ihren Nachkommen abhängig. In ihrem Testament, das sie vor einem Gerichtshof beschwor, bestimmte sie, daß ihr Besitz nur den fünf Kindern, die auch im Alter für sie sorgten, zufallen solle, während die anderen Kinder, die ihre Not kalt ließ, ausdrücklich enterbt wurden. Als sie jedoch erkannte, daß sie nicht verhindern konnte, daß der Anteil ihres Ehemannes am gemeinschaftlichen Besitz und sein persönliches Eigentum gemäß seinem Willen aufgeteilt wurden, räumte sie ein, daß jedes ihrer acht Kinder den ihm zustehenden Anteil am väterlichen Besitz erhalten solle. Offenbar waren Familienbande auch vor dreitausend Jahren nicht zuverlässiger als heute.

Aus der von dem Priester Wah verfaßten Übertragungsurkunde: Mit dieser Urkunde übertrage ich alles, was mein Bruder mir hinterlassen hat, meiner Frau Scheftu, genannt Teti, der Tochter Sopdus. Sie wiederum soll es nach eigenem Ermessen an alle Kinder weitergeben, die sie mir gebären wird. Ich schenke ihr drei Asiaten, die ich von meinem Bruder bekam und die sie nach eigenem Gutdünken ihren Kindern geben kann. Was mein Grab betrifft, soll kein anderer außer mir und meiner Frau dort ruhen. Ferner soll meine Frau in unserem Haus wohnen, das mein Bruder für mich gebaut hat, ohne daß irgend jemand sie zwingt, es zu verlassen … Testament aus dem Mittleren Reich

Während der Ehe erworbenes Vermögen war rechtlich gesehen Gemeinschaftseigentum des Ehepaares, daher stand einer Ehefrau, abgesehen von ihrem eigenen Besitz, ein Drittel davon zu.[19] Dieser Anteil ging bei einer Scheidung an sie selbst, bei ihrem Tod an ihre Kinder über; die restlichen zwei Drittel wurden zunächst unter den Kindern des Ehemannes und dann unter seinen Geschwistern aufgeteilt. Außerdem erbte eine Witwe automatisch einen Teil des Privatvermögens ihres Gatten, und einige juristisch beschlagene Ehemänner übertrugen ihren Besitz noch zu Lebzeiten rechtmäßig ihrer Frau, um ihr den größten Teil des gemeinschaftlichen Vermögens zu sichern; auf ähnlichem Wege wird auch heutzutage die Erbschaftssteuer umgangen.

Eine seltenere Methode, um zu verhindern, daß Geschwister Ansprüche auf den ehelichen Besitz erheben konnten, war die Adoption der Frau durch ihren Mann. Eine interessante Gerichtsurkunde aus dem Mittleren Reich schildert die Hintergründe der Adoption Nenufers durch ihren Ehemann Nebnefer: »Mit dieser von meinem Mann verfaßten Urkunde machte er mich zu seinem Kind, da er sonst weder Söhne noch Töchter hat.«[20] Die vor Zeugen abgegebene Erklärung war rechtlich verbindlich, und als Ehefrau und Tochter von Nebnefer konnte Nenufer dessen gesamten Besitz erben. Siebzehn Jahre später verfaßte Nenufer, die mittlerweile Witwe geworden war, eine wichtige Ergänzung zu dieser Urkunde, in der sie erklärte, daß sie und ihr Mann eine junge Sklavin gekauft hatten, die vermutlich dem Nebnefer Kinder gebären sollte. Diese Sklavin hatte zwei Töchter und einen Sohn, der später freigelassen und von Nenufer adoptiert wurde; ebenso wurde Nenufers Bruder, als er eine der Töchter heiratete, von seiner Schwester adoptiert, um ihm einen Anteil am Familienvermögen zu sichern. Nenufers gesetzlich verbrieftes Recht, Besitz zu vererben, ein rechtlich verbindliches Testament aufzusetzen, Kinder zu adoptieren und einem Sklaven die Freiheit zu schenken, kommt in dieser Urkunde klar zum Ausdruck.

Leider wurde während der griechisch-römischen Epoche durch den zunehmenden Einfluß griechischer Gesetze, Sitten und Sprache auf die ägyptische Kultur die rechtliche Gleichstellung der Frau allmählich untergraben. Damals ließen sich viele griechische Familien in Ägypten nieder, und immer mehr Griechinnen, die ein streng zurückgezogenes Leben unter der Aufsicht ihres Familienvorstands führten, lebten Seite an Seite mit den freiheitsgewohnten Ägypterinnen. Viele Ägypter, die dem fremden griechischen Lebensstil mehr abgewannen als dem eigenen, übernahmen schnell die neuen Sitten. Aus Dokumenten geht sogar hervor, daß verschiedene nichtgriechische Frauen, die keiner gesetzlichen Vormundschaft unterworfen waren, dennoch einen

Vormund beantragten, vielleicht in der Hoffnung, dann nicht mehr als provinzielle Ägypterinnen, sondern als kultivierte Griechinnen zu gelten. Als unter römischer Herrschaft das griechisch-ägyptische Kulturgemisch um römische Traditionen ergänzt wurde, verloren die Frauen endgültig viele ihrer früheren Rechte und Privilegien, so daß sie zwar dank der weiterhin bestehenden regionalen Sitten weniger unterdrückt wurden als die Frauen in Rom, aber bei weitem nicht mehr so emanzipiert waren wie ihre Vorgängerinnen der dynastischen Zeit.

2
Eheglück

> Gründe dir einen Hausstand und liebe deine Frau nach der rechten Ordnung. Fülle ihren Leib mit Speisen und bekleide ihren Rücken… Erfreue ihr Herz, solange du lebst.
>
> *Weisheitslehre* aus dem Alten Reich

Menschen, die eher unromantisch veranlagt sind oder zum Zynismus neigen, vertreten vielleicht die Ansicht, die Heirat sei im Grunde nur ein Vertrag, der zwischen Mann und Frau geschlossen wird, um eine leistungsfähige Arbeitsgemeinschaft zu gründen und eine wirtschaftliche Beziehung zu festigen, ein Vertrag, der gleichzeitig ihre jeweiligen Vermögensinteressen wahrt und ihre Kinder rechtlich absichert. Liebe kann die Beteiligten zusätzlich aneinanderbinden, ist aber keinesfalls ausschlaggebend für eine erfolgreiche Ehe. Insbesondere für Frauen gehen mit der Hochzeit einschneidende Veränderungen einher; mit ihrer Verwandlung von Töchtern in Ehefrauen werden sie als Erwachsene anerkannt und übernehmen eine neue Rolle in der Gesellschaft. Ungerechterweise genießen verheiratete Frauen fast immer höheres Ansehen als ihre ledigen Geschlechtsgenossinnen, und seit Menschengedenken predigen sowohl Männer als auch Frauen unterschiedlichster Kulturkreise unablässig, daß eine unverheiratete Frau ihre eigentliche Lebensaufgabe verfehlt habe.

All diese allgemeinen Betrachtungen treffen auch auf die Ehe im alten Ägypten zu, wo die Bildung einer starken und eng zusammengeschlossenen Familie einen überaus willkommenen Schutz vor der grausamen Außenwelt bot. Und doch haben uns die Ägypter mehr als jede andere Kultur der Vergangenheit mit ihren Gemälden, Statuen, vor allem aber mit ihren gefühlvollen Liebesliedern vor Augen geführt, welch glückliche und romantische Ehen sie führten. Zu heiraten und Kinder zu zeugen, mag die Pflicht jedes rechtschaffenen Ägypters gewesen sein, aber eine Pflicht, die er nur zu gern erfüllte: Die ägyptischen Männer liebten ihre Ehefrauen hingebungsvoll.

Fast alle Ägypterinnen fühlten sich durch Tradition und Biologie in die unvermeidliche Laufbahn von Heirat und anschließender Mutterschaft gedrängt; folglich erzogen die Mütter ihre jungen Töchter zu geschickten Hausfrauen. Wenn ein Mädchen die Schwelle zur Pubertät überschritt, geriet es regelrecht ins gesellschaftliche Abseits; zwar war es nun kein Kind mehr, aber auch noch keine Frau. Wohl oder übel mußte es, in einer Art Schutzhaft, im Haus seines Vaters ausharren, bis der passende Partner gefunden war. Die besten Ehen waren nach übereinstimmender Meinung die zwischen Angehörigen derselben Familie oder zwischen Nachbarn desselben gesellschaftlichen Ranges und Berufsstandes, und der Schreiber Anch-Scheschonki riet den Eltern: »Laßt nicht zu, daß euer Sohn eine Braut aus einer anderen Stadt heiratet, sonst wird er euch weggenommen.« Genau wie auch heute noch ägyptische Bauern einem Mann das Recht einräumen, um die Hand seiner Cousine anzuhalten, bevorzugten auch ihre Vorfahren Hochzeiten zwischen Cousin und Cousine oder Onkeln und deren Nichten ersten Grades, um die Aufsplitterung des Familienvermögens und des vererbbaren Rechts auf Bewirtschaftung des Landes zu verhüten – eine wichtige Erwägung in einer agrarischen Gesellschaft. Auffallende genetische Schäden durch Inzucht scheinen die Ägypter nicht davongetragen zu haben, auch wenn bei Ausgrabungen auf Friedhöfen einige Beispiele von angeborenen Knochenmißbildungen entdeckt wurden, die darauf schließen lassen, daß es solche Probleme durchaus gab.

Abb. 6 Ausländische Frauen mit ihren Kindern.

Die staatliche Haltung gegenüber Eheschließungen war von bemerkenswertem Gleichmut geprägt, und im Unterschied zu den meisten anderen Kulturen der Antike wurden in Ägypten keine offiziellen Beschränkungen für Verbindungen mit Ausländern erlassen. Weil es keinen ersichtlichen Grund gab, die Reinheit der ägyptischen Rasse zu erhalten, wurden im Neuen Reich oftmals exotische Schönheiten in den königlichen Harem aufgenommen, und eine in Amarna entdeckte Stele zeigt eine Ägypterin und ihren Ehemann, der an seiner ungewöhnlichen Haartracht und Kleidung leicht als Ausländer zu erkennen ist, einträchtig beieinander sitzen und mit Strohhalmen an ihrem Bier nippen. In auffälligem Kontrast hierzu maßen Griechen und Römer dem nur für die oberen Ränge der Gesellschaft reservierten erblichen Staatsbürgerrecht sehr großen Wert bei, und die traditionelle Geschlechtertrennung geht, wenigstens teilweise, auch auf das Bestreben zurück, die Reinheit der Blutlinie zu bewahren. Die ägyptische Toleranz gegenüber Mischehen erstreckte sich auch auf Eheschließungen von Sklaven, wobei es keinen Unterschied machte, ob Sklaven untereinander oder Sklaven und Freie heirateten:

Im 27. Regierungsjahr von Thutmosis III. erschien Sabestet, der Barbier des Königs, vor dem königlichen Gericht und bezeugte: Meinem Sklaven, der zu meinem Eigentum zählt und den Namen Imenjui trägt und den ich eigenhändig gefangennahm, als ich unseren Herrscher bei einem Feldzug begleitete, gebe ich Takamenet, die Tochter meiner Schwester Nebta, zur Frau.

Gerichtsurkunde aus dem Neuen Reich

Dieser Schritt steht in scharfem Gegensatz zu den komplizierten erbrechtlichen Bestimmungen, die Ägypten unter römischer Herrschaft aufgezwungen wurden. Damals war eindeutig erwünscht, daß die Bevölkerung nur innerhalb des eigenen Standes heiratete:

Die Kinder einer mit einem ägyptischen Ehemann verheirateten Bürgerin erhalten den Status von Ägyptern und erben von beiden Eltern. Heiratet ein Römer, gleichgültig welchen Geschlechts, einen Bürger oder einen Ägypter ohne Rücksicht auf dessen Stand, nimmt ihr Kind den Status des niedrigeren Elternteils an. Heiratet ein Römer oder ein Bürger eine ägyptische Frau in Unkenntnis von deren Stand, kann das Kind, nachdem der Irrtum erkannt wurde, den Status des Vaters erhalten. Heiratet eine Bürgerin einen Ägypter im irrtümlichen Glauben, er sei Bürger, trifft sie keine Schuld, und sofern beide die Geburtsurkunde des Kindes bestätigen, wird dem Kind der Bürgerstatus zuerkannt …[1]

An der milden Haltung des Staates fällt besonders auf, daß einer Heirat zwischen nahen Verwandten keinerlei Verbote oder Beschränkungen auferlegt wurden. Die meisten Gesellschaften mißbilligen die Verbindung zwischen Kindern und Eltern oder zwischen Geschwistern und ergreifen wirksame Gegenmaßnahmen. Ägypten stellte in dieser Sache eine bemerkenswerte Ausnahme dar. Dennoch war Inzest keinesfalls so landläufig, wie gern angenommen wird. Mit Ausnahme der königlichen Familie, die untereinander heiratete, um die dynastische Thronfolge sicherzustellen und ihren göttlichen Status zu betonen, finden wir bis zum Anbruch der römischen Zeit keinen Beleg für weitverbreitete Geschwisterehen, und auch über inzestuöse Beziehungen zwischen Eltern und Kindern liegen uns so gut wie keine Aufzeichnungen vor. Geschwisterehen scheinen eher zwischen Halbbrüdern und -schwestern als zwischen echten Geschwistern geschlossen worden zu sein. Zum Leidwesen heutiger Forscher benannten die Ägypter ihre Verwandtschaftsbeziehungen mit einem verhältnismäßig begrenzten Wortschatz und kannten nur für den engsten Familienkreis eindeutige Bezeichnungen (Vater, Mutter, Bruder, Schwester, Sohn und Tochter). Alle anderen Verwandten mußten in einem etwas umständlichen Stil kenntlich gemacht werden, wie »Mutter der Mutter« (für die Großmutter mütterlicherseits) oder »Schwester der Mutter« (Tante mütterlicherseits). Um die Angelegenheit noch weiter zu verwirren, konnten mit den wenigen eindeutigen Familienanreden auch Nicht-Familienangehörige bezeichnet werden, so daß »Vater« ohne weiteres auch der Großvater, Stiefvater, Vorfahr oder ein Gönner sein konnte, und mit »Mutter« vielleicht die Großmutter oder die Urgroßmutter gemeint war. Die liebevolle Anrede »Schwester« für eine beachtliche Zahl geliebter Frauen, unter anderem Ehefrau, Geliebte, Cousine, Nichte und Tante, in Verbindung mit einer Religionslehre, die Geschwisterehen so bedeutender Götter wie Isis und Osiris geflissentlich übersah, hat uns zu dem Trugschluß verleitet, Inzest zwischen Geschwistern sei eine landläufige Sitte gewesen, und die allgemeine Abneigung, sich von der auf dieser Fehleinschätzung beruhenden Vorstellung des verlockend dekadenten ägyptischen Lebenswandels zu trennen, trug nicht gerade zur Aufklärung dieses Mißverständnisses bei.

Ein ähnlicher Irrglaube rankt sich um das Thema Polygamie in Ägypten. Mehrehen waren bei weitem nicht so verbreitet, wie oft behauptet worden ist, obwohl kein Gesetz die Polygamie ausdrücklich untersagte und Herodot felsenfest davon überzeugt war, daß nur die ägyptischen Priester monogam leben mußten, womit er gleichzeitig zu verstehen gab, daß alle anderen Ägypter einem polygamen Lebenswandel frönten. Überall, wo Polygamie nicht gesetzwidrig war, blieb sie das Vergnügen des reichen Mannes, und auch in Ägypten, wo sich nur wohlhabendere Mitglieder der Gesellschaft den Luxus leisten konnten, mehr als eine Ehefrau zu unterhalten, lagen die Dinge nicht anders. Die ägyptische Angewohnheit, eine oder mehrere verstorbene Frauen zusammen mit ihren lebenden Nachfolgerinnen auf dem Grabstein des gemeinsamen Ehemannes zu verewigen, hat zu einiger Verwirrung auf diesem Gebiet geführt. Der meistzitierte Beleg, mit dem die Theorie der Polygamie in Ägypten untermauert werden sollte, ist ein Papyrus, in dem Mutemhab sich eindeutig als vierte Frau ihres Mannes Ramose ausgibt und hinzufügt, zwei seiner Frauen seien bereits gestorben, während eine noch am Leben sei. Auch wenn uns die genauen Umstände dieser Ehe nicht näher erläutert werden, wäre nichts abwegiger, als hier eine polygame Verbindung zu unterstellen. Weitaus folgerichtiger scheint die Vermutung, Ramose habe sich, bevor er zum vierten Mal heiratete, von seiner dritten Frau scheiden lassen. Eine Wiederheirat nach Trauerfällen oder Scheidungen kam verhältnismäßig oft vor, und der Schreiber Anch-Scheschonki tut auch zu diesem Thema seine Meinung kund: »Nimm dir keine Frau, deren Ehemann noch lebt, sonst wirst du ihn dir zum Feind machen.«

Ganz nah wohnt er am Haus meiner Mutter, aber ich weiß nicht, wie zu ihm gehen. Gut wäre es, meine Mutter sagte ihm von mir: »Laß ab, sie zu sehen!«, denn mein Herz sträubt sich, an ihn zu denken, und doch ergreift mich die Liebe zu ihm. Schau, er ist ohne Vernunft, aber ich bin genauso wie er. Er kennt nicht meinen Wunsch, ihn zu umarmen, sonst würde er bei meiner Mutter um mich anhalten. Liebesgedicht aus dem Neuen Reich

Die Heiratsvermittlung schloß eine Reihe von Verhandlungen ein, die der Vater der Braut mit dem Bräutigam oder, was seltener vorkam, mit dessen Vater führte. Auch in bezug auf die Wahl eines geeigneten Partners hielt Anch-Scheschonki mit seiner Meinung nicht hinter dem Berg und riet seinem Sohn: »Such lieber einen besonnenen als einen wohlhabenden Ehemann für deine Tochter aus.« Auch Witwen konnten die Interessen ihrer vaterlosen Töchter vertreten, daß aber Braut und Bräutigam ihre Ehebedingungen selbst aushandelten, ließ dieser Heiratsbrauch bis zum Ende der dynastischen Epoche nicht zu. Auch wenn aus erhaltenen Schriften klar hervorgeht, daß der Vater dem Bräutigam die Braut zur Heirat »übergab«, haben wir keine Ahnung, ob es sich hierbei lediglich um eine gängige Redewendung handelte, vergleichbar mit der symbolischen »Übergabe« der rechtlich unabhängigen Tochter bei westlichen Trauungen, oder ob die Tochter tatsächlich bei der Wahl ihres Ehemannes wenig oder gar kein Mitspracherecht besaß. Die Vorstellung, der besorgte ägyptische Vater, den wir aus zahlreichen Familienbildern kennen, habe seine Tochter genötigt, gegen ihren Willen zu heiraten, oder ohne guten Grund die Erlaubnis zu einer Liebesheirat verweigert, ist für uns jedenfalls schwer nachvollziehbar, und uns liegen auch keine schriftlichen Zeugnisse vor, aus denen hervorgehen würde, Frauen seien jemals zu einer Ehe gezwungen worden.

Auch ohne gesetzlich vorgeschriebenes Heiratsmindestalter galt im allgemeinen, daß Mädchen vor Anbruch der Pubertät und ihrer ersten Menstruation, die ungefähr im Alter von vierzehn Jahren einsetzte, nicht heiratsfähig waren. Ein Dokument aus der 26. Dynastie, in dem ein Vater sich weigert, in die Hochzeit seiner Tochter einzuwilligen, weil diese zu jung sei und »ihre Zeit noch nicht gekommen ist«, untermauert diese Ansicht. Allerdings belegen Urkunden aus Rom, wo der Beginn der Pubertät bei Mädchen, unabhängig von deren körperlicher Entwicklung, gesetzlich auf das Alter von zwölf Jahren festgelegt war, daß zehn- oder elfjährige Bräute keine Seltenheit waren, und wir haben keinen Grund, daran zu zweifeln, daß auch in Ägypten derart junge Mädchen verheiratet wurden. In den ländlichen Gebieten Ägyptens sind Ehen mit elf- oder zwölfjährigen Mädchen sogar erst seit fünfzig Jahren gesetzlich verboten. Aus der griechisch-römischen Epoche Ägyptens liegen uns jedenfalls schriftliche Belege für Ehen von acht- oder neunjährigen Mädchen vor, und aus der demotischen Beschriftung einer Mumie geht hervor, daß es sich um den Körper einer elfjährigen Ehefrau gehandelt haben muß.

Der Bräutigam war, vor allem bei Ehen zwischen Onkel und Nichte, wohl meist um einiges älter und erfahrener als seine unreife Kindfrau; Anch-Scheschonki empfahl Männern, frühestens im Alter von zwanzig Jahren zu heiraten, während der Schreiber Ptahhotep erklärte, ein junger Mann solle damit warten, bis er es zu Ansehen gebracht habe. Es wäre reine Augenwischerei, anzunehmen, junge Bräute hätten bis zum Einsetzen ihrer Periode keine sexuellen Beziehungen gehabt, und obwohl unterschiedliche Mittel zur Empfängnisverhütung bekannt waren, muß die Tatsache, daß geschlechtsreife, aber körperlich nicht ausgewachsene Kinder selbst Mütter wurden, zu der hohen Rate von Kinder- und Müttersterblichkeit während Schwangerschaft und Geburt beigetragen haben.[2] In einer etwas langatmigen Geschichte vom Werdegang eines jungen und schönen Mädchens aus angesehenem Haus, das sich dem Dienst an Amun und Zeus verschrieben hatte, gibt Strabo einige Hinweise auf die weitverbreitete Akzeptanz von präpubertärem Sex: »Sie wird eine Prostituierte und verkehrt bis zur Läuterung ihres Körpers mit wem immer sie will.« Unter Läuterung ihres Körpers verstand Strabo den Beginn ihrer Monatsblutung. Selbst wenn Strabo die Situation mißverstanden hat oder sich von hilfsbereiten Einwohnern irreführen ließ, die gern reißerisch aufgemachte Geschichten erfanden, um Fremde zu beeindrucken, erregte diese Geschichte eindeutig eher allgemeines Interesse als Abscheu.

Die Geliebte ist gekommen, und mein Herz jauchzt, meine Arme sind offen, sie zu umarmen. Mein Herz ist so froh an seinem Platz wie die Fische in ihrem Teich. O Nacht, ewig gehörst du mir, seit meine Herrin zu mir kam!

Liebeslied aus dem Neuen Reich

In westlichen Gesellschaften haben sich Ehen zu Verbindungen mit starken rechtlichen Verflechtungen entwickelt, die durch staatliche Behörden geregelt werden müssen. Für gläubige Menschen bedürfen sie darüber hinaus der Zustimmung durch einen Priester. Diese Beteiligung von außen hat zu einem festgelegten Hochzeitsablauf geführt, der die Heiratswilligen zwingt, bestimmte rechtliche Gelübde abzulegen, ein Aufgebot zu bestellen und sich in manchen Staaten sogar einem Bluttest zu unterziehen. So kann jeder verhältnismäßig leicht herausfinden, ob ein Paar verheiratet ist; außerdem wird normalerweise der Zeitpunkt der Trauung genau festgelegt. Die alten Ägypter dagegen hatten eine völlig andere Einstellung zur Ehe. Für sie war Heiraten eine rein persönliche Angelegenheit zwischen zwei Personen und ihren Familien, die den Staat kaum oder gar nicht betraf und keine eigene religiöse oder rechtliche Zeremonie verlangte. Daher mußte die Ehe auch nicht offiziell registriert werden, und obwohl eine Art Ehevertrag bei der Hochzeit oder, was gewöhnlich der Fall war, auch später aufgesetzt werden konnte, war dieser weder gesetzlich vorgeschrieben noch für das Inkrafttreten der Ehe erforderlich. Die Ägypter wußten zwar genau, wer mit wem verheiratet war und wer nicht, aber für uns bleiben aus diesem Grund die verwickelten Verhältnisse ihres Familienlebens manchmal undurchschaubar.

Der auffallendste Unterschied zwischen heutigen und altägyptischen Hochzeiten besteht darin, daß die Ägypter überhaupt keine vorgeschriebene Trauungszeremonie kannten. Es gibt kein ägyptisches Wort für Hochzeit, kein Hochzeitskleid, keine Ringe, die symbolisch getauscht wurden, und keinen Namenswechsel, der den neuen Status der Braut angezeigt hätte. Vielleicht gab es ein besonderes Hochzeitsessen für die Brautleute, bei dem womöglich auch Salz gereicht wurde, aber das ist nur eine vorsichtige Vermutung, die sich auf die Interpretation einer unvollständigen Textzeile stützt.[3] Ohne jeden weiteren Beweis für solche Zeremonien müssen wir davon ausgehen, daß Außenstehende nur am Zusammenwohnen des glücklichen Paares den erfolgreichen Abschluß der Hochzeitsverhandlungen erkannten; sobald das Mädchen den Schutz des Elternhauses verließ und zu seinem Ehemann zog, um von nun an diesem, und nicht mehr dem Vater, treu ergeben zu sein, wurde es allgemein als Ehefrau anerkannt. Die Frau brachte ihren gesamten Besitz in die Ehe ein, der normalerweise aus einem Bett, Kleidung, Schmuck, einem Spiegel, einem Musikinstrument und einem wertvollen Umhängetuch – wahrscheinlich das Gegenstück zu unserem Brautschleier – bestand. Diesen Umzug, bei dem die Braut in ihrer ganzen Pracht von einer fröhlichen Menge von Freunden und Verwandten durch die Straßen geleitet wurde, nahm die Familie zum Anlaß für ein großes Freudenfest. Die alten Ägypter feierten für ihr Leben gern und veranstalteten bei jeder sich bietenden Gelegenheit ein üppiges Festmahl, und wir können davon ausgehen, daß die Hochzeitsfeier bis tief in die Nacht hinein dauerte.

Welche Bedeutung damals dem Vollzug der Ehe beigemessen wurde, und ob er einem bestimmten Brauch folgte, wissen wir nicht. Bis in jüngster Zeit gehörte die Entjungferungszeremonie im Beisein zahlreicher verheirateter Frauen aus der Verwandtschaft, die für die Ehre der Braut und ihrer Familie bürgten, zu einer ägyptischen Hochzeit. Meistens wurde die junge Braut sogar mit Gewalt festgehalten, während entweder der Ehemann oder eine Verwandte mit einem mit sauberer Gaze umhüllten Finger das Jungfernhäutchen zerriß und das für den Beweis ihrer Unberührtheit erforderliche Blut zutage förderte. Im alten Ägypten, wo der Gesellschaft die Keuschheit von Frauen nicht annähernd soviel bedeutete, wurde die Ehe wahrscheinlich in einem privaten Rahmen ohne die qualvolle Zurschaustellung vollzogen. Wahrscheinlich wurde eine Ehe erst durch ihren Vollzug rechtskräftig und verbindlich, wie es auch heute in vielen Gesellschaften der Fall ist. Im damaligen Mesopotamien, wo eine Braut ihre Fruchtbarkeit beweisen mußte, wurde die Ehe zweifellos erst mit ihrer Schwangerschaft als vollgültig anerkannt, und die Mitgift wurde erst nach der Geburt eines Kindes fällig. Der Bräutigam mußte zwar keinen Brautpreis an seinen Schwiegervater entrichten, aber es wurde erwartet, daß er seiner Frau ein symbolisches Geschenk in Form von Geld und manchmal auch Getreide machte. Der jeweilige Wert dieser Zahlung schwankte zwischen einer unbedeutenden Summe und dem Kaufpreis eines Sklaven und sollte vermutlich beide Parteien verpflichten, sich an das eheliche Abkommen zu halten; vielleicht ist sie mit dem heute üblichen Ehering vergleichbar, den der Bräutigam seiner Braut bei der Hochzeitszeremonie überstreift. Ob diese Tradition auf einen alten Brauch zurückgeht, dem Vater tatsächlich einen Ersatz für die Braut und die der Familie entstandenen Kosten zu leisten und ihn für den Verlust der Eigentumsrechte zu entschädigen, oder ob diese »Frauengabe« sogar dem Kaufpreis der Frau entsprach, ist unbekannt.

Der Brautvater trug seinerseits durch Hochzeitsgeschenke in Form von Hausrat und Nahrungsmitteln zum Wohlergehen des glücklichen Paares bei und unterstützte es oft noch sieben Jahre lang mit reichlichen Getreidelieferungen, bis sich die Verbindung als stabil erwiesen hatte und mehr war als ein bloßes »Zusammenleben«. Gegen Ende der dynastischen Epoche wurde es Brauch, die verschiedenen »Mitgiften« in einem rechtsgültigen Vertrag aufzuführen, um im unglücklichen Fall einer Scheidung Streit zu verhindern und den Lebensunterhalt der Frau und ihrer Kinder zu sichern. Diese güterrechtlichen Ehevereinbarungen waren aber keine Bedingung für die Hochzeit und wurden oft erst verfaßt, nachdem das Paar bereits einige Kinder in die Welt gesetzt hatte.[4] Das nachfolgend zitierte Beispiel zeigt einen griechisch-römischen Vertrag, in welchem der gebürtige Ägypter Haremhab versprach, seine Frau Tais angemessen zu entschädigen, falls die Ehe scheitern sollte:

Entlasse ich dich als Ehefrau und hasse ich dich und ziehe ich eine andere Frau als dich vor, so werde ich dir zwei Silberlinge geben ... außer diesen zwei Silberlingen, ... die ich dir als deine Frauengabe gegeben habe ... gebe ich dir das eine Drittel von allem und jedem, was wir von heute an gemeinsam erwerben werden.

Es ist für uns sehr schwer, im Rückblick auf eine Jahrtausende alte, fremde Kultur die damals geltenden alltäglichen Rechte und Pflichten des ägyptischen Ehelebens wirklich zu verstehen. Selbst wenn wir wissen, daß es fast immer der Ehemann war, der für den Lebensunterhalt der Familie sorgte, während die Frau im Haus arbeitete, können wir die vielen verborgenen Vorgänge in einer Ehe nur lückenhaft einschätzen, was vor allem daran liegt, daß Frauen keine Aufzeichnungen über ihr Alltagsleben hinterlassen haben. Infolgedessen haben wir keine Ahnung, welche Behandlung eine Frau von ihrem Mann erwartete oder worin beide jeweils die Pflichten des anderen sahen. Wurden Frauen von ihren Ehemännern als gleichberechtigte Partnerinnen betrachtet oder galten sie in jeder Hinsicht als minderwertig? Mußten Frauen sich im Haus fügen oder sich beschimpfen lassen? War es ein schreiendes Unrecht, seine Frau zu verprügeln, oder gehörte es für beide so sehr zum normalen Familienleben, daß darüber kein Wort verloren wurde? Inschriften aus Grabkammern des Alten Reiches deuten darauf hin, daß eine vollkommene Frau stets unterwürfig und nachgiebig war: »Nie äußerte sie Dinge, die mein Herz abgestoßen hätten.« Dieses Ideal entsprach aber nicht unbedingt dem wirklichen Leben, und die Bemerkung von Anch-Scheschonki: »möge das Herz einer Frau das Herz eines Mannes sein«, läßt ahnen, daß ehelicher Streit verbreiteter gewesen sein könnte, als die Männer zugeben wollten. Weisheitslehren, die als Unterweisungen für junge unverheiratete Männer verfaßt wurden, legten im allgemeinen nahe, daß in einer idealen Welt der Ehemann zwar das Oberhaupt der Familie sei, er seine Frau aber mit Respekt behandeln müsse. Was ein Ehemann für die moralische Pflicht gegenüber seiner Frau hielt, zeigt vielleicht am anschaulichsten ein langer Brief aus der 19. Dynastie, mit dem ein Mann seiner verstorbenen Frau schmeicheln wollte, von deren Geist er sich heimgesucht fühlte:

Ich habe dich zur Frau genommen, als ich ein junger Mann war, du warst bei mir, als ich meine verschiedenen Ämter ausübte…

Ich habe dich nicht verstoßen und ließ dein Herz nicht zornig werden ... Und alles, was ich erwarb und was mir zukam, nahm ich es nicht um deinetwillen, weil ich sagte: Ich handle nach deinem Wunsch ... Ich verbarg nichts vor dir während deiner Tage des Lebens. Nie habe ich dich bei etwas, was ich als Herr mit dir tat, leiden lassen, und du hast nie gefunden, daß ich dich betrog in der Weise eines Bauern, indem ich in ein anderes Haus eintrat ... Ich habe doch alles beschafft, dein Öl, dein Brot und deine Kleider ...

Die damalige Rechtslage erschließt sich uns besser. Der neue Ehemann übernahm zwar das ehemals väterliche Schutz- und Sorgerecht für die Braut, wurde damit aber keineswegs ihr gesetzlicher Vormund. Die Braut unterstand rechtlich nicht ihrem Mann, sondern behielt ihre Unabhängigkeit und durfte weiterhin ihren eigenen Besitz verwalten. Obwohl der Mann normalerweise über das während der Ehe erworbene gemeinschaftliche Vermögen verfügte, galt ein Teil davon als Eigentum der Frau, das ihr bei einem Ende der Ehe zustand. Eine klare Vorstellung von der rechtlichen Gleichstellung der Frau vermittelt uns ein ptolemäisches Schriftstück über die geschäftliche Transaktion einer gewieften Frau, die ihrem verschwenderischen Mann drei *Silberdeben* mit der Auflage lieh, sie innerhalb von drei Jahren mit dem gesalzenen jährlichen Zinssatz von dreißig Prozent zurückzuzahlen.

Und ich will ihn nicht lassen, bis Schläge mich davon treiben, daß ich die Zeit im Sumpf verbringe – zum Syrerland mit Knüppeln und Keulen, zum Nubierland mit Palmruten, zum Hochland mit Stöcken und zum Tiefland mit Prügeln – aber ich will ihre Ratschläge nicht hören, den zu lassen, den ich begehre!

Liebeslied aus dem Neuen Reich

Eine Ehe wurde, genau wie heute, entweder durch den Tod eines der beiden Partner oder durch Scheidung beendet. Die Gefahr, daß ein Ehepartner starb, lag als ständige Bedrohung über dem Glück, denn die Lebenserwartung war niedrig, und überall lauerten Vorboten des Todes. Nur wenige

Eheleute erreichten ein mittleres Lebensalter, ohne ihre nächsten Familienangehörigen zu verlieren, und viele Eltern mußten den Tod eines oder mehrerer Kinder verkraften. Junge Mädchen, die mit wesentlich älteren Männern verheiratet waren, müssen oft schon vor ihrem zwanzigsten Lebensjahr Witwen geworden sein, und lebensbedrohliche Gefahren bei Schwangerschaft und Geburt ließen die Zahl mutterloser Familien erheblich ansteigen. Glücklicherweise war dank des Erbanspruchs der Frau auf ein Drittel vom Besitz ihres Mannes eine Witwe weder auf die Barmherzigkeit ihrer Kinder angewiesen noch zur Rückkehr ins väterliche Haus gezwungen, wenn auch der Brauch vorschrieb, daß Hinterbliebene, wenn nötig, von ihren Familien versorgt würden. Schutzlose alleinstehende Frauen wurden selbstverständlich bemitleidet und auch durchaus als schutzbedürftig angesehen. Der beredte Bauer schmeichelt seinem Richter mit den Worten: »Denn du bist der Vater der Waise, der Gatte der Witwe, der Bruder der Geschiedenen...« Grabszenen belegen, daß durch den Tod auseinandergerissene Liebespaare zuversichtlich darauf vertrauten, im Leben nach dem Tode wiedervereint zu werden. In der Zwischenzeit heirateten die Witwen normalerweise wieder, und wie Grabstelen bezeugen, gingen manche Personen sogar drei oder vier Ehen nacheinander ein. Wir wissen nicht, ob Witwen eine vorgeschriebene Trauerzeit einhalten mußten, obwohl in den meisten Gesellschaften eine Frist von ungefähr sechs Monaten nach dem Trauerfall verhängt wird, um dem verstorbenen Gatten den angemessenen Respekt zu bezeigen und die Vaterschaft der nachgeborenen Kinder zweifelsfrei nachzuweisen.

Laß Nechemut bei Gott schwören, daß er meine Tochter nicht verläßt... So wahr Amun lebt und so wahr der Herrscher lebt. Falls ich jemals die Tochter Telmonts verlassen sollte, will ich mich hundert Peitschenhieben unterziehen und alles verlieren, was ich gemeinsam mit ihr erworben habe.

Zwar gab es sicher viele dauerhafte und glückliche Ehen, aber einige endeten auch mit Scheidung, was für die Betroffenen zweifellos eine ernste, aber, genau wie die Hochzeit, keine juristische Angelegenheit war und deshalb in gegenseitigem Einvernehmen und ohne kostspielige Hilfe von Richtern und Gerichten abgewickelt werden konnte. Wer vorsorglich einen Ehevertrag aufgesetzt hatte, war moralisch verpflichtet, dessen Bedingungen einzuhalten, während jene, die erbittert um das gemeinsame Vermögen stritten, ihre Probleme auf juristischem Wege lösen konnten, was allerdings mit Kosten verbunden war. Solche Rechtsfälle waren jedoch unüblich, und die meisten Ehen endeten einfach damit, daß das Paar sich trennte und die Frau das eheliche Haus verließ und mit ihrem Besitz und ihrem Anteil am gemeinsamen Vermögen zu ihrer Familie zurückkehrte. Sofern ihr keinerlei Schuld nachgewiesen werden konnte, erhielt sie vom Ehemann als Entschädigung ein Bußgeld. Wenn in seltenen Fällen das Haus der Frau gehörte, mußte der Ehemann ausziehen. Mit der Trennung und der Rückgabe des Eigentums der Ehefrau endete die Verpflichtung des Mannes, für seine Frau zu sorgen, und beide Parteien konnten aufs neue heiraten. Zwar wissen wir nicht, wem die Kinder zugesprochen wurden und wer für deren Erziehung und Ausbildung aufkommen mußte, aber allgemein wird angenommen, daß sie in der Obhut der Mutter blieben. Falls dem so war, wäre dies ein weiterer Beweis für die liberale ägyptische Haltung gegenüber den Rechten von Frauen, die in bemerkenswertem Gegensatz zu den Verhältnissen in Griechenland und Rom stand, wo der männliche Haushaltsvorstand alleiniger Vormund der unselbständigen Kinder war und eine geschiedene Frau alle rechtlichen Ansprüche auf ihre Nachkommen verlor. Im patriarchalischen Rom war eine schwangere Frau gesetzlich dazu verpflichtet, ihr neugeborenes Baby der Familie des verstorbenen Ehemannes anzubieten, und nur wenn diese keine Verwendung für das Kind hatte, durfte sie ihr Kind selbst großziehen.

Das Recht eines Mannes, durch das »Verstoßen« seiner unzulänglichen Ehefrau eine unglückliche Verbindung zu beenden, ist zuerst in der 12. Dynastie belegt, bestand aber höchstwahrscheinlich schon früher. Ein entsprechendes Recht der Frau, die Scheidung einzufordern, ist erst aus dem Neuen Reich bekannt. Vorausgesetzt, das ägyptische Recht behandelte verheiratete Frauen stets als unabhängige Individuen, kann das aber auch einfach daran liegen, daß schriftliche Aufzeichnungen aus früheren Zeiten nicht vorhanden sind. Es finden sich nur sehr wenige Berichte über Gerichtsfälle von Frauen, die ihre Ehemänner verstießen; daraus läßt sich aber nicht schließen, daß Frauen weniger wankelmütig waren oder geringere Erwartungen an ihre Ehepartner hegten. In einer Gesellschaft, die großen Wert auf Fruchtbarkeit und demnach auch auf Jugendlichkeit legte, überlegte es sich eine ältere Frau womöglich zweimal, ob sie ihren Mann verlassen sollte, denn es bestand ja die Gefahr, daß sie keinen Ersatz fand, der bereit gewesen wäre, für sie zu sorgen.

Ohne gesetzlich verbindliche Gründe für eine Scheidung diente fast jede Ausrede als Grund, die Verbindung zu lösen, und Ehen konnten tatsächlich nach Belieben beendet werden. Diese Freiheit scheint in der Realität allerdings durch finanzielle Erwägungen und möglichen Druck von seiten der beiden betroffenen Familien, die nicht selten miteinander verwandt waren, eingeschränkt worden zu sein. Nichts weist darauf hin, daß ein Mann wegen seiner Scheidung an den Pranger gestellt wurde; die verstoßene Frau jedoch, vor allem, wenn sie wegen einer jüngeren und attraktiveren oder gebärfreudigeren Braut verschmäht worden war, konnte sich durchaus vor der Öffentlichkeit erniedrigt fühlen.

Laß dich nicht von einer Frau scheiden, nur weil sie nicht empfangen und gebären kann.

Rat eines Schreibers aus der Spätzeit

Wie aus den erhaltenen Aufzeichnungen hervorgeht, wurden Ehen aus den unterschiedlichsten Gründen beendet, von denen etliche auch heutigen Scheidungsrichtern vertraut wären. Oftmals scheiterten Ehen, weil die Partner nicht zueinander paßten, der Ehemann sich ganz der Arbeit widmete oder einer von beiden sich in jemand anderen verliebte. Obwohl die Gesellschaft die Zurückweisung von unfruchtbaren Frauen mißbilligte, widerfuhr ihnen dieses Unglück häufig genug. Ein aus der Handwerkersiedlung Der el-Medine stammender Brief aus der 21. Dynastie zitiert eine ungewöhnliche und höchstwahrscheinlich erfundene Geschichte von einem Paar, das seit mehr als zwanzig Jahren verheiratet war. Als der Mann sich in eine andere Frau verliebte, suchte er nach einem Grund, um seine Ehe zu beenden. Schließlich entschied er sich für den folgenden: »Ich verstoße dich, weil du auf einem Auge blind bist.« Daß seine Frau, bereits zu Beginn der Ehe halbblind, von der kläglichen Ausrede ihres Mannes nicht besonders beeindruckt war und ihn rundheraus verspottete, weil er zwanzig Jahre gebraucht habe, um ihre Behinderung zu bemerken, überrascht keineswegs.

Lange Zeit glaubten die Ägyptologen, Konkubinen, die offiziellen Geliebten von verheirateten und unverheirateten Männern, seien von der gesamten ägyptischen Gesellschaft akzeptiert worden, auch wenn ihnen im allgemeinen weder die Achtung noch die gesetzlichen, nur für verheiratete Frauen geltenden Rechte gewährt wurden. Heute hat man erkannt, daß die Zahl der offiziellen Konkubinen erheblich übertrieben worden ist, weil man bedauerlicherweise dazu neigte, mehr oder weniger alle alleinstehenden Frauen als Konkubinen zu bezeichnen. Mit fortschreitender Entschlüsselung der schriftlichen Zeugnisse verdichten sich die Anzeichen dafür, daß in Wirklichkeit zahlreiche unverheiratete Frauen als Verwalterinnen, Musikerinnen oder Dienstmädchen in fremden Haushalten lebten. In den Briefen Hekanachts wird eine Frau namens Iutemhab als *hbsw.t* bezeichnet, ein Ausdruck, der sich in keinem anderen Text findet, den man aber üblicherweise mit »Konkubine« übersetzt hat. Doch auch hier bleibt offen, ob es sich bei der fraglichen Dame nicht vielleicht um eine offizielle Nebenfrau gehandelt haben könnte.[5]

Treibe nicht Unzucht mit einer verheirateten Frau. Wer mit einer verheirateten Frau in deren Bett Unzucht treibt, dessen Frau wird auf dem Boden mit einem anderen Mann schlafen.

An junge Männer gerichteter Rat aus der Spätzeit

Verheirateten Frauen blieb jegliche sexuelle Freiheit verwehrt; Ehebruch – »Die große Sünde, die Frauen in sich tragen« – galt als schwerstes eheliches Verbrechen, das eine Frau begehen konnte, und führte fast unweigerlich zu schmachvoller Scheidung und vollständigem Verlust all ihrer gesetzlich verankerten Rechte. Von Männern wiederum wurde erwartet, daß sie das alleinige Recht eines jeden Mannes auf seine Ehefrau respektierten. Sexuelle Beziehungen zu einer verheirateten Frau wurden mißbilligt, allerdings nicht aus moralischen Gründen, sondern weil solche Techtelmechtel einen gehörnten Ehemann mit Sicherheit zur Weißglut trieben. Selbst in einer Beziehung zwischen einer unverheirateten Frau und einem Ehemann lauerten Gefahren, und ein erhaltener Brief aus Der el-Medine berichtet, wie sich Dorfbewohner zusammenrotteten, um eine Frau anzugreifen, die, wie man in Erfahrung gebracht hatte, eine Affäre mit dem Ehemann einer Nachbarin hatte.[6] Nur durch das rechtzeitige Eingreifen der örtlichen Polizei konnte der Mob daran gehindert werden, der Frau und ihrer Familie ernsthafte Verletzungen zuzufügen. Das Mitgefühl der Dorfgemeinschaft galt der betrogenen Ehefrau, während dem Ehebrecher befohlen wurde, unverzüglich seine Angelegenheiten in Ordnung zu bringen und die Scheidung einzuleiten, da das Volk sonst schwerlich von einem zweiten Angriff abgehalten werden könne. Wie in so vielen Fällen von Ehebruch galt die Frau eindeutig als Verführerin, die einen schwachen, aber im Grunde unschuldigen Mann verdorben hatte, und ägyptische Märchen und Weisheitslehren, die alle von Männern geschrieben wurden, wimmeln nur so von unheilverkündenden Warnungen vor verheirateten Frauen, da diese all ihren weiblichen Charme spielen lassen würden, um Männer in sexuelle Beziehungen zu verstricken.

Darauf sprach sie zu ihm: »Du bist sehr kräftig. Täglich sehe ich deine Stärke.« Und sie wollte ihn als Mann erleben. Sie erhob sich, griff nach ihm und sagte: »Komm, laß uns zusammen eine Stunde im Bett verbringen. Es wird dir guttun, und später mache ich dir schöne neue Kleider.«

Die *Geschichte von zwei Brüdern,* Neues Reich

Einer des Ehebruchs überführten Frau drohte härteste Züchtigung durch ihren Mann. Sie durfte sogar getötet werden; der aus dem Neuen Reich stammende *Papyrus Westcar,* eine Sammlung von Geschichten über den sagenhaften Hof des Königs Cheops im Alten Reich, schildert, wie eine untreue Ehefrau verbrannt und ihre Asche über den Nil gestreut wurde; und in der *Geschichte von zwei Brüdern* tötet Anubis am Ende seine schuldbeladene Frau und wirft ihren Körper den Hunden vor, um ihr so ein ehrenvolles Begräbnis zu verweigern. Wie Diodorus Siculus berichtet, wurde ehebrecherischen Ägypterinnen manchmal die Nase abgeschnitten, während ihren Geliebten erbarmungslose Prügel drohten. In Wirklichkeit scheinen allerdings Scheidung und öffentliche Schande die verbreitetsten Strafen gewesen zu sein, und eine wegen Ehebruchs verstoßene Frau wurde offen von allen verdammt.

Rezept, um zu verhüten, daß eine Frau ein, zwei oder drei Jahre lang schwanger wird: Akazie und Datteln fein zermahlen und mit Honig vermischen. Feuchte, noch nicht entkernte Baumwolle untermischen und alles in die Vagina einführen.

Medizinischer *Papyrus Ebers*

Uneheliche Kinder wurden im dynastischen Ägypten anscheinend nicht diskriminiert, auch wenn in der *Geschichte von Wahrheit und Lüge* aus dem Neuen Reich ein vaterloser Junge von seinen Schulkameraden auf grausame Weise gehänselt wird: »›Wessen Sohn willst du sein? Du hast überhaupt keinen Vater.‹ Und sie beschimpften und verspotteten ihn.« Paare, die eine Schwangerschaft vermeiden wollten, konnten verschiedene Verhütungsmittel und sogar Rezepturen erhalten, die zum Schwangerschaftsabbruch führen sollten und im allgemeinen aus einer Reihe sonderbarer und unerquicklicher Zutaten, oftmals unter Beimischung von etwas Krokodildung, zusammengestellt wurden. Die Verwendung von Tierkot als Verhütungsmittel scheint ein besonders verbreitetes Phänomen gewesen zu sein: Im südlichen Afrika wurde häufig die Losung von Elefanten als vorbeugendes Mittel verabreicht, und das englische *Boke of Saxon Leechdoms* (Buch der sächsischen Heilkunst) aus dem Jahre 900 n. Chr. empfiehlt aufmunternd allen, die keine Kinder bekommen wollen: »Man nehme einen frischen Pferdeapfel, lege ihn auf heiße Kohlen und lasse ihn unter dem Gewand an den Schenkeln stark hochdampfen, damit die Frau viel schwitzen möge…«[7] Ob diese Methode wirkte, ist unbekannt, man kann jedoch annehmen, daß das Auftragen einer wohlabgewogenen Menge beliebigen Dunges auf die Geschlechtsteile die Leidenschaft etwas abkühlen ließ und den Gebrauch weiterer Sicherheitsmaßnahmen überflüssig machte. Daß keinerlei Belege für »männliche« Verhütungsmittel oder Salbenrezepturen zum Einreiben der männlichen Genitalien unter den Aufzeichnungen entdeckt wurden, muß vielleicht nicht einmal überraschen; Methoden wie der Coitus interruptus (bei dem der Penis vor dem Samenerguß herausgezogen wird) oder Coitus obstructus (vollständiger Geschlechtsverkehr, bei dem der Samen aufgrund einer Abschnürung der Harnröhre in die Blase des Mannes spritzt) hinterließen natürlich keine Spuren in den archäologischen Befunden.

Der Mann hat mehr Angst vor dem Beischlaf als ein Esel. Was ihn zurückhält, ist sein Geldbeutel.

Beobachtung des Schreibers Anch-Scheschonki

Für die Ägypter, die den ständigen Kreislauf von Geburt, Tod und Wiedergeburt zu einem wichtigen und immer wiederkehrenden Thema in ihrer Religion erhoben hatten, war die Intimität des Ehelebens von großer Bedeutung. Der Geschlechtsverkehr bildete natürlich einen wesentlichen Bestandteil dieses Kreislaufs, und wenn es um Sex ging, zierten sich die Ägypter nicht lange. Anders als bei den meisten heutigen Jenseitsvorstellungen, die eher auf geistige als auf körperliche Genüsse gerichtet sind, galten Zeugungskraft und Empfängnisfähigkeit als unentbehrliche Eigenschaften, um die Wonnen des Lebens nach dem Tode in vollen Zügen zu genießen. Aus diesem Grunde wurden die Mumien verstorbener Männer vorausschauend mit unechten Penissen und die ihrer Ehefrauen mit künstlichen Brustwarzen ausgestattet, die im Jenseits voll und ganz ihren Zweck erfüllen sollten. Häufig gehörten auch weibliche Fruchtbarkeitspuppen mit breiten Hüften und bewußt ausgeprägten Genitalien zu den Grabbeigaben in Männer-, Frauen- und Kindergräbern. Mit ihrer Unterstützung sollten die Verstorbenen ihre verlorenen Kräfte leichter wiedererlangen. Auch wenn es sich bei diesen Figurinen eindeutig um sexuelle Symbole handelt, wird durch die winzigen Babypuppen, die sie häufig tragen, betont, daß Sex nur als eine von vielen erfreulichen Seiten der Fruchtbarkeit betrachtet wurde. Weil zwischen sexueller Lust und dem Wunsch, Kinder zu zeugen, kein künstlicher Gegensatz geschaffen wurde, steigerte die Empfängnisfähigkeit einer Frau sogar noch ihre sexuelle Anziehungskraft. Der klare und unnatürliche Unterschied, den die meisten westlichen Gesellschaften zwischen Sex und Fortpflanzung machen, wird deutlich, wenn man sich ein mit provozierendem Schmollmund posierendes *Playmate* mit einem Säugling auf dem Schoß vorzustellen versucht.

Die Ägypter waren ganz gewiß nicht prüde. Weil aber die meisten Zeugnisse, die sie uns hinterlassen haben, aus Gräbern stammen oder religiöse Bedeutung haben und ausdrückliche Hinweise auf intimere Dinge in diesem Zusammenhang unpassend gewesen wären, bietet sich uns nur selten die Gelegenheit zu archäologischem Voyeurismus. Wo Liebeslieder, Märchen und Erzählungen eher undeutlich und indirekt auf Liebesfreuden anspielen, drücken sich derbe Graffiti, schmutzige Witze und eindeutige Kritzeleien auf Scherben entschieden unverblümter aus. Ein sehr frühes Beispiel für die Behandlung pornographischer Themen,

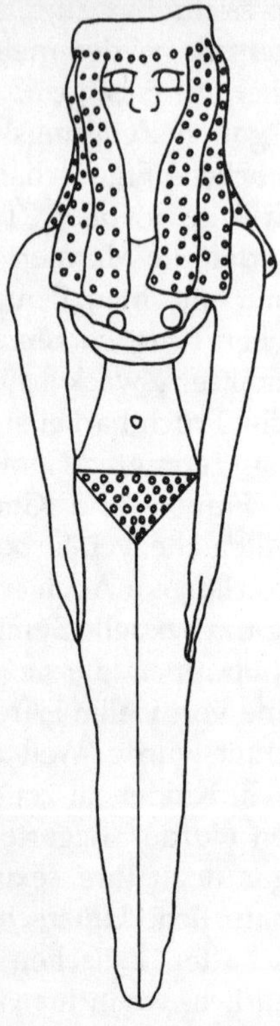

Abb. 7 Fruchtbarkeitspuppe aus Ton.

der sogenannte *Erotische Papyrus Turin*, enthält eine Serie von Zeichnungen, auf denen sportliche Paare bei ausgelassenen Liebesspielen in phantasievollen, wenn auch eher unbequem aussehenden Stellungen abgebildet sind. Leider wissen wir nicht, ob der Papyrus wirkliche Beobachtungen aus einem Bordell zeigen soll oder, was sehr viel wahrscheinlicher ist, nur vom außergewöhnlichen Einfallsreichtum seines Zeichners zeugt. Das Verständnis für eheliche Beziehungen allein auf den *Papyrus Turin* zu stützen, würde jedenfalls zu ähnlichen Trugschlüssen führen wie der Glaube, der Inhalt von Pornofilmen entspräche dem heutigen westlichen Liebesleben. Sachlicheres, aus verschiedenen Schriften und Ostraka zusammengetragenes Beweismaterial belegt, daß die meisten Paare bei ihren Liebesspielen eher konservative Stellungen von Angesicht zu Angesicht oder den Liebesakt von hinten bevorzugten.

Darauf sprach Seth zu Horus: »Komm, laß uns einen Festtag in meinem Haus feiern.« Und Horus antwortete: »Gewiß, gewiß.« Als nun der Abend anbrach, wurde ihnen ein Lager bereitet, und sie legten sich gemeinsam nieder. In der Nacht ließ Seth sein Glied steif werden und führte es zwischen die Schenkel von Horus. Und Horus legte seine Hand zwischen die Schenkel und fing Seths Samen auf. Die *Geschichte von Horus und Seth*, Neues Reich

Wir müssen davon ausgehen, daß es, genau wie in jeder anderen hochentwickelten Gesellschaft, auch in Ägypten ausgefallene sexuelle Vorlieben gab, über die man allerdings diskret schwieg. Homosexualität, die in weiten Teilen der antiken Welt keineswegs mißbilligt wurde, scheint im ägyptischen Alltag kaum eine Rolle gespielt zu haben; im *Totenbuch*, dieser unentbehrlichen Anleitung für das Leben nach dem Tod, wird homosexuelle Enthaltsamkeit zwar unter den Tugenden aufgeführt, daraus läßt sich aber nicht schließen, daß Homosexualität wirklich verbreitet gewesen wäre. Die oben zitierte homosexuelle Episode in der *Geschichte von Horus und Seth* wurde unterschiedlich interpretiert: entweder als Zeichen für Seths allgemeine Regierungsunfähigkeit oder als Beweis seiner körperlichen Überlegenheit über seinen Neffen. Nach einer aus dem Mittleren Reich stammenden Version dieser Geschichte spricht Seth die unsterblichen Worte: »Wie herrlich doch dein Hintern ist.« Als Horus später seiner Mutter Isis von dem unerwarteten Annäherungsversuch erzählt, rät diese ihrem Sohn, Seths Samen aufzufangen, um auf diese Weise die demütigende Befleckung durch seinen Feind zu verhüten.

Wie in so vielen Gesellschaften, in denen Männer die Geschichtswerke schreiben, wird lesbische Liebe in den Aufzeichnungen überhaupt nicht erwähnt. Herodot, den anscheinend besonders die Schattenseiten des ägyptischen Lebens fesselten, notierte Gerüchte über eher unwahrscheinlich klingende sexuelle Verhaltensweisen: »Zu meinen Lebzeiten ereig-

Abb. 8 Prostituierte beim Liebesspiel mit einem Kunden.

nete sich in dieser Provinz etwas Ungeheuerliches: Eine Frau trieb es vor aller Augen mit einem Ziegenbock.« Das war, selbst wenn es tatsächlich der Wahrheit entsprochen haben sollte, mit Sicherheit kein alltäglicher Vorfall. Auch die von Herodot angedeutete Nekrophilie, die den Mißbrauch frischer Frauenleichen in den Balsamierungshäusern einschloß, ist durch keinerlei Aufzeichnungen der Ägypter belegt.

Nimm dir eine Frau, solange du jung bist, daß sie dir einen Sohn schenke. Um deinetwillen solltest du ihn in jungen Jahren zeugen, damit du erleben kannst, wie er zum Mann wird.

Rat eines Schreibers aus dem Neuen Reich

In der Zeit nach der Heirat wartete die junge Braut in gespannter Ungeduld auf irgendein Anzeichen, daß ein Baby unterwegs sei. Wie wichtig für eine Ägypterin ihre Empfängnisfähigkeit war, ist kaum hoch genug einzuschätzen. Eine fruchtbare Frau war eine erfolgreiche Frau. In den Augen der Männer war sie sexuell attraktiv, von ihren weniger begünstigten Geschlechtsgenossinnen wurde sie beneidet, und als Mutter zahlreicher Kinder errang sie die Anerkennung der Gesellschaft und ihres Ehemannes. Jeder Mann mußte seine Männlichkeit und Potenz durch Zeugung möglichst vieler Kinder unter Beweis stellen, und das konnte er nur mit Unterstützung einer empfängnisfähigen Frau. Die Frau ihrerseits brauchte zahlreiche Kinder, um ihrem Mann zu gefallen, ihre Stellung in der Ehe zu sichern und ihr Ansehen in der Gemeinschaft zu steigern. Mütter spielten innerhalb der Familie eine bedeutende und angesehene Rolle und erhielten nicht selten Ehrenplätze in den Gräbern ihrer Männer und Söhne zugewiesen. Kinder waren jedoch keine bloßen Statussymbole; beide Elternteile scheinen ihre Sprößlinge von Herzen geliebt zu haben, und ägyptische Männer empfanden offensichtlich keine unangebrachten Machogefühle, aufgrund derer es ihnen peinlich gewesen wäre, ihre Zuneigung gegenüber ihrem Nachwuchs auszudrücken. Es war der Traum eines jeden Ägypters, für eine zahlreiche

Abb. 9 Eine Prostituierte beim Schminken der Lippen.

und gesunde Nachkommenschaft zu sorgen. Kinder wurden als reicher Segen des Lebens betrachtet und boten Anlaß zu begründeter, wenn auch gelegentlich übertriebener Prahlerei: Wenn ein Armeehauptmann aus der 11. Dynastie behauptete, »mit einer einzigen Frau siebzig Kinder gezeugt« zu haben, müssen wir entweder annehmen, daß er übertrieb, um seine Männlichkeit zu betonen, oder tiefes Mitleid mit seiner Frau empfinden.

Der Wunsch der Ägypter, viele Nachkommen zu zeugen, war absolut nichts ungewöhnliches. In bäuerlichen Gesellschaften wird Fruchtbarkeit traditionell hochgeschätzt, was nirgendwo deutlicher wird als im heutigen ländlichen Ägypten, wo ein bedeutender Mann leicht an seinen vielen Söhnen zu erkennen ist und die bemitleidenswerte Frau, bei der sich keinerlei Anzeichen für eine Schwangerschaft zeigen, zum Opfer von Tratsch und endlosen Tuscheleien wird, auch wenn seit der Hochzeit noch kein Jahr vergangen ist. Kinderlos zu bleiben, ist ein Unglück in einem Land, wo Eltern, um ihre Elternschaft hervorzuheben, den Vornamen ihres ältesten Sohnes annehmen – der Vater mit dem Namensvorsatz *abu* (Vater von), die Mutter mit *om* (Mutter von) – und wo Frauen ohne Kinder höflich als *om el-ghayib*, »Mutter des Abwesenden«, bezeichnet werden. Unter solchen Umständen muß der Gedanke, sich mit der Familiengründung Zeit zu lassen oder die Zahl der vorgesehenen Kinder zu beschränken, auf Unverständnis stoßen, und manche unfruchtbaren Männer nehmen sich lieber das Leben, als zuzugeben, daß sie keine Kinder zeugen können. In diesem Punkt wären die alten Ägypter mit ihren heutigen Nachfahren einer Meinung gewesen.

Ziehe keines deiner Kinder den anderen vor; schließlich kannst du nie wissen, welches von ihnen gut zu dir sein wird.

An Eltern gerichteter Rat aus der Spätzeit

Nur in den wenigsten Gesellschaften werden weibliche Babys den männlichen vorgezogen, und Ägypten bildete hier keine Ausnahme. Obwohl Mädchen natürlich von ihren Eltern geliebt wurden, was zahlreiche Familienbilder beweisen, aus denen – trotz gestelzter Pose – unverkennbare Zuneigung zu den Töchtern spricht, wurde Jungen zweifellos höhere Anerkennung gezollt. Diese Bevorzugung von Jungen mag uns zwar unverzeihlich erscheinen, ist aber leicht nachvollziehbar. In einer Gesellschaft ohne Wohlfahrts- oder Rentensystem stellen Kinder auch eine Zukunftsinvestition dar. Die Verdienstmöglichkeiten der traditionell außer Haus arbeitenden Jungen sind groß, während Mädchen unbezahlte Hausarbeit leisten, früher oder später heiraten und ihre Arbeit dann der Familie ihres Ehemannes zugute kommt. Im alten Ägypten spielte der älteste Sohn außerdem bei der Bestattungszeremonie der Eltern eine wichtige Rolle, die ein Mädchen nicht in gleicher Weise übernehmen konnte.

Die Bevorzugung von Jungen war aber nie so ausgeprägt wie in anderen Gesellschaften der Antike, und die in Griechenland und Rom verbreitete Sitte des Aussetzens von weiblichen Nachkommen unmittelbar nach der Geburt konnte sich in Ägypten nicht durchsetzen. Diese legalisierte Form des Mordes galt dort, wo sie praktiziert wurde, lediglich als eine Art verspätete Abtreibung und blieb etwa in Rom als solche bis zum Jahr 374 n. Chr. straffrei. Es stand jedoch einzig dem Vater das Recht zu, sich zu weigern, weitere Kinder großzuziehen, wie auch er allein seiner Frau eine Abtreibung gestatten konnte. Die Mutter hatte bei diesen Dingen überhaupt kein Mitspracherecht, und ein unerwünschter Säugling wurde einfach kurz nach der Geburt an der örtlichen Müllkippe ausgesetzt.

Verdopple das Brot, das dir deine Mutter gab. Trage sie, wie sie dich trug. Sie hatte Mühe und Last mit dir. Sie endeten nicht, als du geboren wurdest nach deinen Monaten. Ihr Nacken trug dich. Ihre Brust war in deinem Mund drei Jahre lang. Sie hegte keinen Ekel vor deinem Kot und sagte nicht aus Ekel: »Was soll ich tun?«

Unterweisung eines Schreibers aus dem Neuen Reich[8]

Wenn auch die genauen Vorgänge bei der Menstruation im dunkeln lagen, war klar, was es bedeutete, wenn die Periode ausblieb, und die meisten Ägypterinnen konnten selbst erkennen, daß sie schwanger waren und brauchten nicht einmal einen Arzt, um den voraussichtlichen Tag der Niederkunft zu errechnen. Wer Zweifel hatte, konnte einen Arzt aufsuchen, der für ein Honorar bei der Patientin eine gründliche Untersuchung von Haut, Augen und Brust vornahm, die sich bekanntlich in den ersten Wochen nach der Empfängnis spürbar verändern. Als zusätzlicher Test wurde eine Urinprobe der hoffnungsvollen Mutter in spe über Gemüse- oder Getreideschößlinge gegossen, wobei nachfolgendes beschleunigtes Wachstum der Pflanzen die Schwangerschaft bestätigte. Die auch bei unseren heutigen Schwangerschaftstests im Urin beobachteten Veränderungen im Hormonhaushalt haben eine wachstumsfördernde Wirkung. Bei einem positiven Testergebnis konnte in einem weiteren Versuch sogar das Geschlecht des ungeborenen Kindes im voraus erkannt werden; wurde der Urin der Frau gleichmäßig über Weizen und Gerste geträufelt, ließ beschleunigtes Wachstum bei Gerste auf einen Jungen, bei Weizen auf ein Mädchen schließen. Die Ärzte ersannen auch zahlreiche Tests, um herauszufinden, ob eine kinderlose Frau jemals schwanger werden könnte. Als besonders aufschlußreich konnte sich eine körperliche Untersuchung erweisen, denn »wenn man feststellt, daß eines ihrer Augen dem eines Asiaten ähnelt, während das andere dem eines Bewohners aus dem Süden gleicht, wird sie nicht empfangen«. Durch eine fachmännische Untersuchung der Brust konnten die Fruchtbarkeit einer Frau, eine soeben erfolgte Befruchtung und sogar das Geschlecht des ungeborenen Kindes ermittelt werden.

Bestimmte Gemüsesorten wurden eng mit der weiblichen Fruchtbarkeit verbunden, und so verzehrten Frauen, die schwanger werden wollten, große Mengen an Kopfsalat. Ägyptischer Kopfsalat wuchs, ähnlich wie Römersalat, aufrecht in die Höhe und sonderte beim Zerdrücken eine milchig-weiße Flüssigkeit ab. Deshalb überrascht es auch nicht besonders, daß dieses Gemüse mit dem ithyphallischen Fruchtbarkeits- und Zeugungsgott Min in Verbindung gebracht und in medizinischen Papyri nachdrücklich als zuverlässiges Mittel gegen männliche Impotenz empfohlen wurde. Allerdings waren die Fachleute über die genaue Wirkung des Kopfsalats geteilter Meinung. Dioskurides und Plinius glaubten, mit ihm ließen sich erotische Träume und Reize unterdrücken, und Hippokrates hielt ihn sogar für ein Antiaphrodisiakum. Zur Steigerung des Lustempfindens riet Plinius zu Lauch anstelle von Kopfsalat.

Obwohl die Kunst und die Weisheit ägyptischer Ärzte überall in der Antike berühmt waren, konnten leider auch die erfahrensten unter ihnen all jenen, die mit dem Schicksalsschlag einer kinderlosen Ehe zu kämpfen hatten, keine echten Hoffnungen machen. Zwar wußten die Ägypter genau, was zu tun war, damit eine Frau schwanger wurde, doch mit den Vorgängen bei der Empfängnis kannten sie sich weniger aus, und mangels solcher, durch hochentwikkelte Untersuchungsmethoden heute gesicherter Kenntnisse wurde Unfruchtbarkeit fast immer der Frau angelastet. Folglich wurden kinderlose Ehen häufig durch Scheidung »kuriert«, und der Ehemann nahm sich einfach eine andere, und, wie er hoffte, fruchtbarere Partnerin; ob unter diesen Umständen jemals festgestellt wurde, daß ein Mann zeugungsunfähig war, ist fraglich. Eine weitere zweckmäßige Methode, Kinderlosigkeit zu beenden, bestand in einer Adoption. Aufgrund der kurzen Lebenserwartung und einer hohen Geburtenrate standen genügend Waisenkinder zur Verfügung, und nicht selten adoptierten unfruchtbare Paare Kinder von ärmeren Verwandten.

Wer sich schämt, mit seiner Frau zu schlafen, wird keine Kinder bekommen. Schreiber Anch-Scheschonki

Der Mangel selbst an grundlegenden medizinischen Hilfsmitteln sowie die Heimlichtuerei und Unwissenheit in bezug auf das Entstehen neuen Lebens hatten zur Folge, daß diejenigen, die eine Schwangerschaft herbeisehnten, sich eher der Religion und Magie als anerkannten Ärzten zuwandten. Zu allen Zeiten und in allen Gesellschaften haben sich unzählige abergläubische Vorstellungen und Ammenmärchen um Empfängnis und Geburt gerankt, und wir können davon ausgehen, daß ägyptische Mädchen, wie alle anderen, die Hausmittel ausprobierten, die durch Mundpropaganda von einer Frauengeneration an die nächste überliefert wurden. Leider fehlen uns in den Aufzeichnungen über das Leben von Frauen genau solche Auskünfte. Art und Umfang der Informationslücke lassen sich aus einer Untersuchung über bäuerliche Gemeinschaften im modernen Ägypten erschließen, die Winifred Blackman 1927 durchführte. Ein ganzes Kapitel ist Fruchtbarkeitsriten und -ritualen gewidmet, die zwar für zukünftige Mütter sehr wichtig waren, für zukünftige Archäologen aber keine Funde lieferten. So notierte sie zum Beispiel:

In Ägypten glauben viele Menschen, daß eine Mutter nicht mehr empfangen kann, wenn das Leichentuch zu eng um ihr totes Kind gewickelt ist. Deshalb werden Schnüre und Leichentuch kurz vor der Bestattung stets gelockert. Außerdem, so wurde mir erzählt, wird Staub in den Schoß des Kindes geschüttet, damit der Körper auf dem Rücken liegen bleibt. Die Frau, die mir diese Auskunft gab, begründete das damit, daß ein Körper, der zu verwesen beginne, sich manchmal umdrehe, und in einem solchen Fall könne eine Frau kein weiteres Kind bekommen. Falls sich abzeichnet, daß die Frau trotz dieser Vorsichtsmaßnahmen nach einiger Zeit immer noch keine Aussicht auf eine erneute Schwangerschaft hat, geht sie in Begleitung einer Freundin zum Grab ihres toten Kindes und bittet den Friedhofswächter, es zu öffnen. Daraufhin begibt sich die verzweifelte Mutter zum Leichnam im Innern des Grabes und steigt siebenmal rückwärts und vorwärts über ihn hinweg, im Glauben, der Geist des toten Kindes werde wieder in ihren Körper zurückkehren und noch einmal geboren werden.

Weit erschreckender ist die Beobachtung von Winifred Blackman, daß »kinderlose Frauen manchmal von ihren Freundinnen zu Eisenbahnschienen geführt und veranlaßt werden, sich zwischen die Gleise zu legen, damit der Zug über sie hinwegfahre«. Dieser beängstigende Brauch offenbart die Verzweiflung der Frauen, die sogar bereit sind, für eine mögliche Schwangerschaft ihr Leben zu riskieren. Die alten Ägypter haben uns keine Zeugnisse für ähnliche Fruchtbarkeitsrituale hinterlassen, obwohl wir die unterschiedlichsten Amulette kennen, die der höheren Wirkung wegen auf der nackten Haut getragen wurden. Äußerst beliebte Talismane waren Figurinen der Nilpferdgöttin Thoëris, die den kinderlosen Frauen die Babys brachte, und des zwergengestaltigen Gottes Bes.

Der du den Samen sich entwickeln läßt in den Frauen, der du »Wasser« zu Menschen machst, der du den Sohn am Leben er-

hältst im Leib seiner Mutter und ihn beruhigst, so daß seine Tränen versiegen – du Amme im Mutterleib! –, der du Atem spendest, um alle Geschöpfe am Leben zu erhalten.

Aus dem *Sonnengesang Echnatons*

Normalerweise wurde die Geburt als Angelegenheit betrachtet, die weder ärztlicher noch überhaupt männlicher Einmischung bedurfte, und die medizinischen Papyri enthielten kaum nützliche Ratschläge für die bei der Entbindung assistierenden Hebammen. Der gesamte Geburtsvorgang entwickelte sich sogar zu einem rein von Frauen kontrollierten Ritus, den die meisten Männer nie erlebten. Folglich verfügen wir auch über keine zeitgenössischen Schilderungen von Geburten, und das wiederum bedeutet, daß wir unser Verständnis des wichtigsten Ereignisses im Leben der Ägypterin aus bruchstückhaft erhaltenen Geschichten und Märchen sowie Darstellungen von göttlichen Geburten auf den Wandreliefs der Mammisi[9] zusammensetzen müssen. Daß diese Zeugnisse vor allem rituelle und symbolische Bedeutung haben, aber nur wenig Aufschluß über das wirkliche Geschehen geben, war zu erwarten. Den ausführlichsten Bericht einer Geburt schildert uns der *Papyrus Westcar* mit seiner Geschichte von der sagenumwobenen Drillingsgeburt Reddjedets. Wie wir erfahren, benutzte Reddjedet bei ihrer Entbindung einen tragbaren Geburtsstuhl und wurde von vier Göttinnen unterstützt, die, als umherwandernde Hebammen verkleidet, zu ihrem Haus gekommen

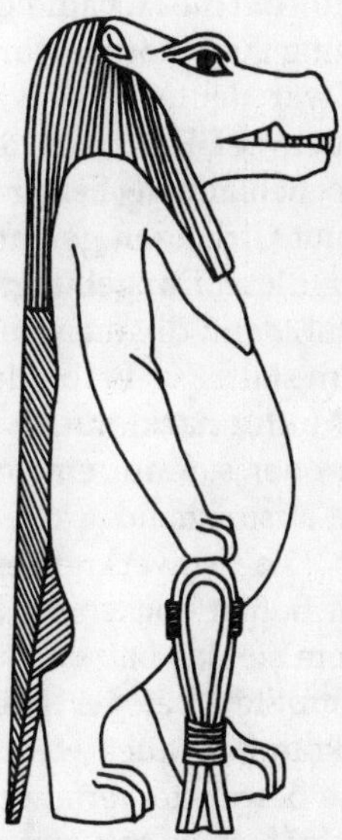

Abb. 10 Die Göttin Thoëris.

Abb. 11 Die Göttin Heket.

waren. Isis stellte sich vor die werdende Mutter und entband sie von den Babys, Nephthys stand hinter Reddjedet, und Heket »beschleunigte« die Geburt auf nicht näher bezeichnete Weise. Mesechenet erfüllte ihre göttliche Pflicht, indem sie die Zukunft der Neugeborenen voraussagte, während der Gott Chnum ihren Körpern Leben einhauchte. Dann wurden die drei Säuglinge nacheinander gewaschen und, nachdem die Nabelschnüre durchtrennt waren, in ein gepolstertes Ziegelsteinbett gelegt. Anschließend entlohnte Reddjedet die Hebammen mit Getreide und »zog sich zur Reinigung ihres Körpers für vierzehn Tage zurück«.

Zwar deuten Ostrakafunde aus Der el-Medine an, daß Frauen bei Einsetzen der Wehen eigens hierfür errichtete »Wochenlauben« bezogen, zeltähnliche Gebilde, deren Wände mit Girlanden geschmückt waren (siehe Kapitel 8), doch sind diese Darstellungen vermutlich eher symbolisch gemeint, denn die meisten Geburten fanden sicher im eigenen Heim statt. Zur Entbindung kniete oder kauerte die werdende Mutter nackt auf zwei niedrigen Stapeln aus Ziegelsteinen oder saß auf einem Geburtsstuhl, in dessen Sitzfläche eine ausreichend große Öffnung für das Baby eingelassen war. Die Schwerkraft erleichterte die Geburt, und die auf dem Boden hockende Hebamme war der Mutter behilflich, indem sie das Baby behutsam hinauszog. Die meisten Frauen mußten bei der Niederkunft ohne weitere Hilfsmittel auskommen, auch wenn es für schwierigere Fälle verschiedene bewährte Verfahren wie Unterleibsverbände oder Vaginalzäpfchen gab, um die Geburt einzuleiten. Das einzige chirurgische Werkzeug der Hebamme war ein Messer aus

Obsidian, mit dem sie die Nabelschnur durchschnitt, sobald die Frau von der Nachgeburt entbunden war; welche rituelle Bedeutung dieses Messer hatte, ist noch immer unbekannt. Zwar wissen wir nicht, was mit der Nachgeburt geschah, es ist aber anzunehmen, daß sie sorgfältig beseitigt wurde. Weil nach herrschendem Glauben in Ägypten das Schicksal der Plazenta unmittelbar mit dem Leben des Kindes verknüpft war, wurde sie oft unversehrt an der Türschwelle des Hauses begraben oder in den Nil geworfen, um so das Überleben des Kindes zu sichern. Manchmal kam es sogar vor, daß die junge Mutter einen Teil der eisenhaltigen Nachgeburt verspeiste. Gelegentlich wurde auch dem Neugeborenen ein Stück angeboten, und falls dieses sich weigerte, zu Boden schaute, jammerte oder eher »nein« als »ja« schrie, wurde das als sehr schlechtes Omen gedeutet, als Zeichen für den baldigen Tod des Säuglings. Mit der Nabelschnur hatte es ebenfalls eine besondere Bewandtnis; im *Märchen von Horus* findet Horus die Nabelschnur seines ermordeten Vaters und begräbt sie sorgsam in Herakleopolis Magna.

Abgesehen vom *Papyrus Westcar* finden wir nur selten Hinweise auf Mehrlingsgeburten in Ägypten. Zwillinge scheinen nicht besonders willkommen gewesen zu sein: Die Einstellung: »... wir sollen ihren Schoß mit männlichen und weiblichen Kindern füllen und sie davor bewahren, Zwillinge zu gebären«, geht möglicherweise auf die zusätzlichen Gefahren zurück, die mit einer Mehrlingsgeburt verbunden waren. Zwar wissen wir von der Existenz ägyptischer Zwillinge, solche Beispiele sind aber derart selten, daß schon vermutet wurde, jeweils einer der Zwillinge oder vielleicht sogar beide seien getötet worden. Diese Theorie dürfte allerdings schwer zu beweisen sein und läßt sich ganz und gar nicht mit der oft betonten Kinderliebe der Ägypter in Einklang bringen.[10]

Ganz sicher jedoch wurden Geburten nur zu oft durch tragische Unglücksfälle überschattet. Verschiedene Frauenmumien, deren mißgestaltete Becken eine Geburt schwierig, wenn nicht unmöglich machten, weisen ganz deutlich darauf hin; eines der schlimmsten Beispiele ist die Mumie der Henhenet aus der 12. Dynastie, die von der Blase zur Vagina einen schrecklichen Riß aufweist, der höchstwahrscheinlich während einer Geburt entstand, als ein großes Baby aus dem ungewöhnlich schmalen Becken der Mutter gezerrt wurde. Auch die königliche Familie blieb von tragischen Vorfällen nicht verschont; der Körper von Mut-Nedjmet, der Ehefrau König Haremhabs, wurde zusammen mit dem Körper eines Fötus oder neugeborenen Kindes gefunden, was die Vermutung nahelegt, die Königin sei beim Versuch, für einen Thronerben zu sorgen, gestorben. Die überraschend kleine Zahl mumifizierter oder begrabener Babys deutet darauf hin, daß totgeborene oder kurz nach der Geburt verstorbene Säuglinge häufig nicht als vollwertige Mitglieder der Gesellschaft galten und deshalb ohne förmliche Bestattung beigesetzt wurden; der Fund von unter Häusern begrabenen Säuglingen läßt auf religiöse oder magische Hintergründe schließen. Diese Vermutung wird durch die Entdeckung von zwei Miniatursärgen aus vergoldetem Holz bestätigt, die ordentlich im Grab Tutanchamuns aufgestellt wurden. Jeder von ihnen enthält einen weiteren Sarg mit einem winzigen mumifizierten Fötus. Hierbei könnte es sich um die sterblichen Überreste zweier Frühgeburten von Königin Anchesenamun, der Gemahlin Tutanchamuns, handeln; daß die kleinen Körper in Särge gebettet wurden, hat aber möglicherweise eine tiefere symbolische Bedeutung, die bislang noch nicht entschlüsselt wurde.

Nach der Entbindung wurde von der jungen Mutter eine vierzehntägige »Reinigung« oder »Läuterung« erwartet. Mit »Reinigung« wurde auch die Menstruation bezeichnet, vermutlich, weil die Monatsblutung und die Lochien oder Absonderungen der Gebärmutter während der ersten Tage nach einer Geburt gleichgesetzt wurden. Ob dieses ganz offensichtlich wertende Wort mit seinem Anklang an Unreinheit oder Schmutz auf eine religiöse oder kultische Meidung von »unreinen« blutenden Frauen zurückzuführen oder einfach als umgangssprachlicher Ausdruck ohne tiefere Bedeutung wie der Begriff »die Tage« zu verstehen ist, wissen wir nicht. Auf alle Fälle zeigt es, daß der jungen Mutter nach der Geburt eine Ruhepause vergönnt war, in der ihre weiblichen Verwandten die Haushaltspflichten übernahmen und ihr erlaubten, sich zu erholen und sich dem Neuankömmling zu widmen.

Den Namen meiner Väter, die von den Hauseingängen getilgt waren, gab ich neues Leben … Merke, der ist ein guter Sohn, der die Namen seiner Ahnen bewahrt.

Grabinschrift aus dem Mittleren Reich

Unmittelbar nach der Geburt gab die Mutter ihrem Neugeborenen einen Namen, vermutlich nach vorausgegangener Anweisung des Vaters, damit das Kind, selbst wenn die Eltern starben, nicht namenlos war. Namen waren von großer Bedeutung für die Ägypter, die erlebten, daß der Bekanntheitsgrad eines Namens seinem Träger, einem Menschen oder einer Sache, Macht verleihen konnte. Sie hatten große Angst, daß der Name einer Person nach deren Tod in Vergessenheit geraten könnte, und um das zu verhindern, gaben reiche Männer eine Menge Geld für die Errichtung von Gedenkstätten aus. Die Vorstellung eines »zweiten Tods« im Jenseits – einer völligen Auslöschung aller irdischen Erinnerung an den Verstorbenen, einschließlich seines Namens – war beinahe zu schrecklich, um überhaupt nur gedacht zu werden, und so fanden sich auf den Holzsärgen üblicherweise auch besondere Zaubersprüche, »um nicht im Land der Toten unterzugehen«.

Die meisten Ägypter nicht-königlicher Abstammung trugen einen persönlichen Namen und konnten außerdem noch durch Zusätze, die ihre Beziehungen zu anderen ausdrückten, unterschieden werden, wie das Beispiel des Ahmose, »Sohn der Abana«, dem Helden einer berühmten Kriegsbiographie aus dem Neuen Reich, zeigt. Wir kennen zahlreiche Fälle, in denen bevorzugte Namen mehrmals in einer Familie vergeben wurden; ein gutes Beispiel liefert die Familie des Dritten Propheten des Amun aus dem Neuen Reich, in der die Söhne der aufeinanderfolgenden Generationen abwechselnd Pediamennebnesttaui (wörtlich übersetzt »Geschenk von Amun, dem Gott der Throne Beider Länder«) und Hor (»Horus«) genannt wurden. Auch Mädchen wurden mit solchen Namen bedacht, und es galt keineswegs als verwirrend, wenn eine Mutter und eine oder mehrere ihrer Töchter auf den gleichen Namen hörten. Vermutlich bekamen diese Frauen unterschiedliche Rufnamen. Die Ägypter scheuten sich keineswegs, ihren Kindern sehr lange Namen zu geben; Hekamaatreemperchons, Sohn der Hechemmut, war mit seinem Namen wahrscheinlich gar nicht besonders übel dran, wenn es auch andererseits nicht unbedingt überrascht, daß meist die Rufnamen benutzt wurden. Gab es in einer Familie keinen Lieblingsnamen, wurde ein Kind auch gern nach den Göttern oder Göttinnen der betreffenden Gegend benannt, und die Namen mancher Kinder, wie der des obenerwähnten Pediamennebnesttaui, lassen anklingen, daß die Namensträger für das ausdrückliche Geschenk einer besonderen Gottheit gehalten wurden. Verschiedene Namen betonten die Beziehung zwischen einem Kind und seiner Mutter oder Familie, wie Aneksi (»Sie gehört zu mir«) oder Senetenpu (»Sie ist unsere Schwester«). Häufig wurden Kinder auch nach Mitgliedern der königlichen Familie benannt, und auch aus bevorzugten Blumen oder Tieren ließen sich hübsche Namen bilden; Susanne, »eine Lilie«, gehörte zu den beliebtesten ägyptischen Mädchennamen.

Mein Sohn, du König, nimm dir ... meine Brust und sauge sie ... Er kam zu diesen seinen beiden Müttern ... mit den langen Haaren und strotzenden Brüsten, diesen seinen beiden Müttern ... Die stecken ihre Brüste in seinen Mund, und nimmermehr entwöhnen sie ihn. *Pyramidenspruch* aus dem Alten Reich

Kinder wurden normalerweise drei Jahre lang gestillt, auch wenn sie längst feste Nahrung essen konnten; die Stillzeit in westlichen Gesellschaften ist meist erheblich kürzer. Einerseits war Muttermilch die gehaltvollste, bequemste und sterilste Form, ein Baby zu ernähren, andererseits hatte das

Stillen auch eine gewisse empfängnisverhütende Wirkung, die verhinderte, daß die junge Mutter zu bald nach der Entbindung erneut schwanger wurde. Stillenden Frauen wurde ohne geheuchelte Prüderie begegnet, und in der weltlichen und religiösen ägyptischen Kunst finden wir häufig das Bild einer auf einem Hocker sitzenden stillenden Mutter als Symbol für fruchtbare Weiblichkeit. Die medizinischen Papyri empfahlen, vor dem Stillen die Güte der Milch zu prüfen; gute Milch sollte nach getrocknetem Manna schmecken, während »schlechte Milch deutlich an ihrem Fischgestank zu erkennen« war. Um für genügend Milch zu sorgen, riet derselbe Text dazu, den Rücken der Mutter mit einer speziellen Mixtur einzureiben oder sie mit gesäuertem Brot aus Gerstenmehl zu ernähren. Muttermilch, besonders die Milch einer Frau, die einen Jungen geboren hatte, galt als wertvolles Arzneimittel, das nicht nur als Babynahrung diente, sondern auch die Empfängnisfähigkeit steigerte und selbst Brandwunden heilte. Oft wurde sie gesammelt und in kleinen anthropomorphen Krügen, die wie eine Frau mit Kind geformt waren, aufbewahrt.

Vornehme Frauen und jene, die nicht selber stillen konnten, überließen die Ernährung ihrer Säuglinge einer Amme. Dieser Beruf, eine der wenigen gutbezahlten Tätigkeiten, die Frauen aller Klassen offenstanden, war aufgrund der bedauerlich hohen Kindbettsterblichkeit stets gefragt. Normalerweise setzten die Eltern zusammen mit der ausgewählten Kinderfrau, die sich verpflichtete, das Kind eine bestimmte Zeit lang zu einem festgelegten Lohn zu ernähren, einen rechtsgültigen Vertrag auf. Verträge aus der Spätzeit schlossen eine Klausel ein, nach der die Amme während ihrer Anstellung keinen Geschlechtsverkehr haben durfte, weil eine Schwangerschaft das Ende der Stillzeit bedeutet hätte. Über den Beruf der Amme rümpfte man nicht die Nase, im Gegenteil, zur dynastischen Zeit war die Stelle einer königlichen Amme heiß begehrt, da sie eine der wichtigsten und einflußreichsten Positionen war, die eine nicht-königliche Frau sich erhoffen konnte. Aus diesem Grund wurden königliche Ammen nicht selten mit hochrangigen Hofbeamten verheiratet oder waren später Mütter solcher Beamten. Während der römischen Epoche büßten die Ammen ihr hohes Ansehen ein. Wir kennen zahlreiche Verträge aus dieser Zeit, aus denen klar hervorgeht, daß Kinderfrauen für die Aufzucht völlig unbekannter Findlinge – vermutlich auf umliegenden Müllkippen ausgesetzte, aber gerettete Säuglinge – bezahlt wurden. Diese Kinder wurden später von ihren Besitzern verkauft, was zu einer Zeit, als man für Sklaven Höchstpreise erzielte, von einem gesunden Sinn für den eigenen wirtschaftlichen Vorteil zeugte.

Wenn der Tod kommt, raubt er den Säugling aus den Armen seiner Mutter, wie er auch den Greis zu sich nimmt.

Unterweisung eines Schreibers
aus dem Neuen Reich

Die hohe Kindersterblichkeit machte Erkrankungen der Kinder stets zu Sorgenzeiten für ihre Mütter. Nur sehr wenige Eltern konnten es sich leisten, mit ihren kranken Kindern Ärzte aufzusuchen, aber weil es ohnehin an den elementarsten medizinischen Kenntnissen mangelte, hätte auch ein Arztbesuch kaum Aussicht auf eine wirksame Behandlung versprochen. Litt zum Beispiel ein Kind beim Zahnen, bestand die übliche Heilmethode darin, ihm eine gebratene Maus zum Verzehr anzubieten, was einen zahnlosen Säugling vor eine echte Herausforderung gestellt haben muß. Für uns harmlose Krankheiten wie etwa Masern konnten ohne eine richtige Behandlung tödlich sein. Deshalb war es kein Wunder, daß sich Mütter, um ihre Lieblinge zu schützen, Volksweisheiten und der Magie zuwandten und zahlreichen Talismanen, Amuletten und Zaubersprüchen vertrauten:

Gehe zugrunde, im Dunkeln kommender, der sich heranschleicht, seine Nase nach hinten, mit zurückgewandtem Gesicht, der vergißt, wozu er gekommen ist! Bist du gekommen, dies Kind zu küssen? Ich lasse nicht zu, daß du es küßt!

Medizinischer Text aus dem Neuen Reich

Der böse Geist, der in dieser Zauberformel angesprochen wird, trug voller List seine Nase verkehrt herum, um unerkannt zu bleiben, wenn er sich in die Häuser schlich. Zaubersprüche dieser Art galten als so wirkungsvoll, daß sie häufig auf einen Fetzen Papyrus geschrieben, in eine ausschließlich hierfür aus Holz oder Gold gefertigte Perle gesteckt und um den Hals des geliebten Kindes gehängt wurden, um diesem den größtmöglichen Schutz zu bieten. Zweitausend Jahre später hatte sich auf dem ägyptischen Dorf wenig verändert, und Winifred Blackman machte folgende Beobachtung: »Um Krankheiten bei ihren Kindern abzuwehren oder zu heilen, gehen die Mütter von einem Zauberer zum anderen und kaufen Amulette und mit Schriftzeichen versehene Talismane, und klaglos geben sie in ihren Augen beträchtliche Geldsummen dafür aus. Unzählige dieser Schutzanhänger baumeln an den Hälsen der unglücklichen Kinder.«

Die Betreuung von Säuglingen und Kindern, auch von jüngeren Geschwistern, Enkeln und Kindern von Freunden und Verwandten, spielte ohne Frage eine Hauptrolle im Leben jeder Ägypterin. Zwar wurden junge Mitglieder der Königsfamilie ab und zu auch mit männlichen Betreuern oder Hauslehrern abgebildet, aber üblicherweise kümmerten sich die Frauen um die Kinder. Bedauerlicherweise finden sich kaum archäologische Aufzeichnungen über diese Tätigkeit, deshalb wissen wir nur sehr wenig über Art und Weise der Kinderpflege.[11] Aber aus allen erhaltenen Zeugnissen geht klar hervor, daß die Eltern liebevolle und gewissenhafte Beschützer waren, die keine Mühe scheuten, ihren Nachkommen eine glückliche und sorglose Kindheit zu ermöglichen.

Für ihre Lieblinge kauften oder bastelten die Eltern die unterschiedlichsten Spielsachen, und die Kinder vergnügten sich mit geschnitzten Holztieren, Spielzeugbooten, Holzbällen und Kreiseln, an denen auch die Kinder von heute ihre Freude hätten. Und wer sich solchen Luxus nicht leisten konnte, für den gab es die offenen Felder zum Spielen und den Fluß und die Kanäle zum Schwimmen. Der im Überfluß vorhandene dickflüssige Nilschlamm bildete eine hervorragende Modelliermasse, und zahlreiche einfache, vermutlich von Kindern geformte Tonpuppen und -tiere wurden bei Ausgrabungen in Handwerkersiedlungen entdeckt. Wie jedoch in einer hart arbeitenden Gesellschaft, wo Ehen von Jugendlichen der Normalfall, Schulunterricht hingegen Luxus war, nicht anders zu erwarten, bildete die Kindheit einen nur kurzen Lebensabschnitt im alten Ägypten. Heranwachsende Kinder wurden nach und nach mit Aufgaben betraut, die sie bis ans Ende ihres Lebens erfüllen sollten. Kleine Kinder mußten auf ihre jüngeren Geschwister aufpassen oder die Tiere versorgen, Mädchen halfen ihren Müttern im Haus, während Jungen zur Schule geschickt wurden, auf den Feldern arbeiteten oder ihr künftiges Handwerk erlernten. Eine ausgeprochene »Teenager«-Phase erlebten die Jugendlichen überhaupt nicht. Mit dreizehn oder vierzehn Jahren fieberte eine Tochter ungeduldig der eigenen Heirat entgegen, während ihre Mutter, die wahrscheinlich selbst noch keine dreißig Jahre alt war, sich auf den zukünftigen Schwiegersohn und die Aussicht, eine von allen geschätzte Großmutter zu werden, freute.

3
Die Herrin des Hauses

> Du sollst deine Frau nicht in ihrem Hause beaufsichtigen, wenn du weißt, daß sie tüchtig ist. Sage nicht: »Wo ist denn das? Bring es her!« wenn sie es an die richtige Stelle getan hat. Laß dein Auge sie beobachten und schweige, dann wirst du ihre Geschicklichkeit kennenlernen. Welche Freude, wenn sie dann deine Hand empfängt! Aber viele hier wissen das nicht. Wenn ein Mann dem Streit in seinem Hause ein Ende setzt, dann wird er feststellen, daß der Zank nicht wieder anfängt. Jeder, der eine Familie gründen will, muß sein hitziges Temperament zügeln.
>
> Rat eines Schreibers aus dem Neuen Reich

Im Denken der alten Ägypter war Hausarbeit klar und eindeutig Frauenarbeit. Hausmänner kannte man nicht, und die verheiratete Frau trug den äußerst begehrten Titel »Herrin des Hauses«, der sie ständig an ihre wichtigste Pflicht erinnerte: Sie mußte zuverlässig dafür sorgen, daß der Alltag im Hause ihres Mannes reibungslos ablief. Höchstwahrscheinlich ist niemand je auf den Gedanken gekommen, die Selbstverständlichkeit dieser Arbeitsteilung in Frage zu stellen. Männer und Frauen waren nach allgemeiner Überzeugung verschieden geartete Menschen, die zu einer sehr unterschiedlichen Lebensweise bestimmt waren, und jedes Rütteln an dieser natürlichen Ordnung wäre in ihren Augen schlichtweg verwerflich gewesen. Die Frau war daher grundsätzlich für alle häuslichen Aufgaben verantwortlich, während die Menge an Hausarbeit, die sie persönlich verrichten mußte, natürlich von ihrem sozialen Status abhing. Eine Königin mußte ihre gesellschaftlichen Verpflichtungen nicht vernachlässigen, um zu kochen, zu putzen oder Windeln zu wechseln, und schon eine reiche Dame der höheren Gesellschaft konnte sich auf die Hilfe zahlreicher Dienerinnen, Köchinnen, Kindermädchen und Bierbrauer stützen, deren Tätigkeit sie jedoch organisieren und beaufsichtigen mußte. Eine arme Frau mußte alle häuslichen Arbeiten selbst verrichten, ihr halfen nur ihre ledigen Töchter und andere nahe weibliche Verwandte. Da es moderne Annehmlichkeiten wie fließendes Wasser, Strom, Gas, Supermärkte und motorisierte Transportmittel nicht gab, war die Sorge für das Hauswesen eine Vollzeitbeschäftigung, die auch viel schwere körperliche Arbeit erforderte.

Wir haben überraschend wenige Informationen über die Größe oder die Zusammensetzung eines typischen ägyptischen Haushaltes. Allerdings deuten archäologische Zeugnisse darauf hin, daß, ebenso wie im ländlichen Ägypten von heute, die Kleinfamilie westlicher Prägung selten und die Großfamilie die allgemeine Regel war. Familienverbände mit sechs oder mehr erwachsenen Mitgliedern waren durchaus an der Tagesordnung. Solche Großfamilien hatten besonders auf dem Land, wo alle Mitglieder einer Familie gemeinsam ein Stück Boden bestellten, große wirtschaftliche Vorteile. Noch wichtiger war, daß diese Verbände Sicherheit für den einzelnen bedeuteten, denn sie gewährleisteten praktische und finanzielle Unterstützung in einer Gesellschaft, die keine staatlich geregelte soziale Absicherung kannte und nur über ein elementares Rechtssystem verfügte. Vom Standpunkt der Frauen aus muß es eine wesentliche Erleichterung bedeutet haben, die Hausarbeit auf mehrere Schultern verteilen zu können, und auch die Versorgung der Kinder wurde dadurch viel unproblematischer. Allerdings hatte diese Sicherheit, zumindest aus der Sicht des modernen Betrachters, auch ihren Preis: In einem normalen ägyptischen Haushalt gab es so gut wie keine Privatsphäre. Die Gesellschaft kannte keinerlei Rücksicht auf das Bedürfnis des einzelnen, allein zu sein, und die abendländische Vorstellung, daß Eltern und sogar Kinder ihren eigenen Raum brauchen, wäre für Menschen, die ihr Schlafzimmer mit vier oder fünf anderen Familienmitgliedern teilten und das eher beruhigend als beklemmend fanden, unbegreiflich gewesen.

Manche Jungen verließen ihr Elternhaus früh, um Soldat zu werden, während die Töchter fast immer bis zur Heirat bei ihren Eltern blieben. Dann gründeten sie entweder mit ihrem Mann zusammen einen neuen Haushalt, oder sie zogen bei ihren Schwiegereltern und den noch bei ihnen wohnenden Kindern ein. Daher änderte sich die Zahl der Bewohner eines Hauses ständig: Sie sank, wenn ältere Familienmitglieder starben oder wenn junge Mädchen heirateten, und sie stieg wieder, wenn Kinder geboren wurden oder neue Schwiegertöchter ins Haus kamen. Erhalten gebliebene Ergebnisse zeitgenössischer Volkszählungen lassen vermuten, daß der Haushalt des Soldaten Hori, der in der Zeit des Mittleren Reiches in der Arbeiter- und Beamtensiedlung Kahun lebte, ein ziemlich typisches Bild liefert. Sein Haus war 12 × 15 Meter groß, und auf diesem Raum beherbergte er seine Frau, seinen kleinen Sohn Snefru, seine Mutter und fünf weibliche Verwandte, möglicherweise von ihm abhängige, unverheiratete Schwestern. Als Hori viele Jahre später starb und Snefru Familienoberhaupt wurde, wohnten weiterhin seine Mutter, seine verwitwete Großmutter und auch mindestens drei seiner ledigen Tanten bei ihm.[1] Ein ähnliches Bild drangvoller Enge bietet für unser Empfinden der Haushalt des wohlhabenderen Priesters Hekanacht, in dem seine Mutter Ipi, seine Konkubine Iutemhab, seine fünf Söhne und eine nicht genau aufgeführte Anzahl von Töchtern, Schwiegertöchtern und Bediensteten lebten.

Nahezu alle ägyptischen Häuser, ob einfach oder stattlich, ob für die Lebenden, die Toten (Gräber) oder die Götter

(Tempel) gebaut, waren nach demselben Grundmuster angelegt: Sie hatten einen allen zugänglichen Bereich oder Innenhof, von dem aus man durch halböffentliche Empfangsräume in einen Privatbereich gelangte, der ausschließlich Frauen, Kindern und den Männern des engsten Familienkreises vorbehalten war. Diese Regelung gilt auch heute noch in den meisten ägyptischen Dörfern, wo traditionell viele häusliche Aktivitäten vor dem Haus stattfinden und Gäste im Hauptwohnraum empfangen werden. Männliche Besucher werden aber nie erwarten, daß sie die Frauengemächer im hinteren Teil des Hauses betreten dürfen. Ob es im altägyptischen Haus Bereiche gab, die eigens den Männern vorbehalten waren, ist weniger klar. Allerdings deuten erhaltene Grabmalereien darauf hin, daß Frauen sich keineswegs nur in ihren eigenen Räumen aufhalten durften oder daran gehindert wurden, gesellschaftlichen Umgang mit den Männern des Hauses zu pflegen. In die Frauengemächer verbannt zu werden, galt als schändliche Strafe: Wenn Frauen bei Gericht als Zeuginnen auftraten, lautete ihr Eid: »Möge ich in den hinteren Teil des Hauses verbannt werden, wenn ich nicht die Wahrheit spreche.«

Trotz dieses einheitlichen Grundrisses waren die Unterschiede in der Größe des verfügbaren Wohnraumes natürlich erheblich. Es gab weitläufige Königspaläste und fürstliche Landsitze ebenso wie ärmliche Hütten mit nur einem Raum. Allerdings bevorzugten Reich und Arm gleichermaßen an der Sonne getrocknete Lehmziegel als Baumaterial, deren Rohstoff am Ufer des Nils in Hülle und Fülle zur Verfügung stand. Sie dienten zum Bau aller Außen- und Innenwände, während man für die stabilen und relativ wasserdichten Dächer Binsenbündel verwendete, die auf hölzerne Querbalken gelegt und dann mit Lehm abgedichtet wurden. Holz fand auch bei der Herstellung von Türen und gegebenenfalls Säulen und Fensterrahmen Verwendung. Stein dagegen war teurer und nicht so leicht zu verarbeiten wie Lehmziegel, daher wurde er für den Hausbau nur dann verwendet, wenn es keine andere Möglichkeit gab. So waren zum Beispiel in Der el-Medine weder Wasser noch Lehm in

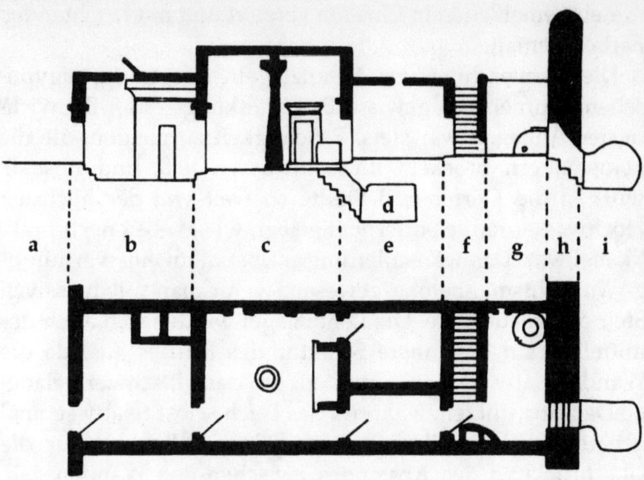

Erläuterung

a Straße
b Raum mit Alkoven oder Geburtslaube
c Wohnraum
d Keller
e Vorratsraum oder Schlafraum
f Treppenaufgang zum Dach
g Küche mit Herd
h Grenzmauer der Siedlung
i Keller

Abb. 12 Grund- und Aufriß eines typischen Hauses der Siedlung Der el-Medine.

ausreichendem Maße für die Herstellung der billigeren und leichteren Lehmziegel vorhanden. Wohlhabende Hausbesitzer verwendeten gelegentlich Stein als Baumaterial für repräsentative Hauselemente wie Säulenbasen, Türschwellen oder Türrahmen, die oft von nachfolgenden Generationen geborgen und wiederverwendet wurden, wenn die weniger dauerhaften Lehmziegel ringsherum eingebrochen waren. In den ganz vornehmen Häusern waren die steinernen Teile mit eingemeißelten Inschriften verziert und mit leuchtenden Farben bemalt.

Die Verwendung von Lehmziegeln erlegte den ägyptischen Baumeistern gewisse Beschränkungen auf. Ihr wichtigstes Anliegen war stets, Feuchtigkeit zu meiden, die die Hausmauern bröckeln und einstürzen ließ, und deshalb wurden die Dörfer und Städte so weit von der höchsten Hochwassermarke entfernt angelegt, wie es eben noch praktikabel war. Das wäre allerdings selbst dann eine vernünftige Vorsichtsmaßnahme gewesen, wenn man mit massiven Steinen gebaut hätte. Die Lehmziegel wirkten sich auch unmittelbar auf die innere Struktur des Hauses aus, da die Wände relativ dick sein mußten, um das oft schwer beladene Dach zu stützen, während das Dach selbst relativ schmal gebaut wurde, weil es so wenig langes Bauholz für die Überbrückung des Abstandes zwischen den Wänden gab. Jede Vergrößerung des Hauses erforderte daher ein entsprechendes Plus an innerer Aufteilung, um das Dach zu stützen, und nur wer soviel Geld hatte, daß er freistehende Säulen in seinen Bauplan einbeziehen konnte, war auch in der Lage, eindrucksvolle und geräumige Säle zu bauen. Andererseits hatte die Verwendung von Lehmziegeln auch eindeutig Vorteile. Die Häuser waren leicht und billig zu bauen, und da Lehm ein gut isolierendes Material ist, blieben sie im Sommer kühl und im Winter warm. Dazu kam der Vorzug, daß sie leicht zu erweitern oder zu unterteilen waren, und an den meisten Gebäuden aus Lehmziegeln nahm man, solange sie bestanden und genutzt wurden, immer wieder Veränderungen vor, die dazu dienten, den verfügbaren Wohnraum an die sich stets wandelnden Bedürfnisse der Bewohner anzupassen.

Dein Herz jubelt, wenn du dein Feld im Binsengefilde umpflügst. Du wirst mit dem belohnt, was du angepflanzt hast. Du bringst eine reiche Getreideernte ein.

Inschrift im Grab des Paheri
aus dem Neuen Reich

Während der gesamten dynastischen Zeit wurde Ägypten nacheinander von verschiedenen Hauptstädten aus regiert. Memphis, Theben, Amarna und Pi-Ramesse dienten zu unterschiedlichen Zeiten als Hauptsitz der Regierung und Residenzstadt des Königs. Die Verwaltung einzelner Gebiete wurde an die rund vierzig regionalen Hauptstädte delegiert, in denen alle die jeweilige Provinz betreffenden bürokratischen Angelegenheiten abgewickelt wurden. Andere Städte, wie Abydos, gewannen aufgrund ihrer Verbindung zu wichtigen Kultstätten an Größe und Bedeutung. Diese blühenden Zentren städtischen Lebens waren jedoch immer eher die Ausnahme als die Regel, und der allergrößte Teil der Bevölkerung führte ein bäuerliches Leben in kleinen, politisch unbedeutenden Dörfern und bestellte das umliegende Land. Die Bedeutung der Landwirtschaft für die Ökonomie und das allgemeine Wohlergehen Ägyptens war den Bewohnern des Landes stets bewußt. Das Landleben wurde sogar, wenn auch in einer sehr glorifizierten und romantischen Weise, von vielen als die ideale Lebensform für alle Ägypter der Oberschicht angesehen, und mancher wohlhabende Mann verbrachte viele glückliche und entspannte Stunden auf dem Lande damit, den Bauern bei der Feldarbeit zuzusehen. Ihrer Vorstellung nach hatten die Reichen in einem idealen Himmel oder Jenseits die Aufgabe, die Verrichtung einfacher bäuerlicher Tätigkeiten in den immer fruchtbaren »Binsengefilden« zu beaufsichtigen.

So überrascht es nicht, daß die von den meisten Menschen ersehnte Wohnform, die oft in den Grabdarstellungen des Jenseits abgebildet wurde, ein geräumiger Bungalow auf dem Land im Stil eines Bauernhofes oder sogar eine zweistöckige Villa war, die auf einem eigenen, weitläufigen Grundstück stand und vom Getümmel des Lebens zusätzlich von einer schützenden Mauer aus Lehmziegeln abgeschirmt wurde. In einer idealen Welt besaß diese Wohnstätte eine eindrucksvolle Portikus mit vielen Säulen, elegante und wohlproportionierte Empfangsräume im Inneren, zahlreiche Familiengemächer, Räume für die Bediensteten und natürlich eine gutausgestattete Küche. Die Nebengebäude enthielten weiteren Wohn- und Speicherraum, und das flache Dach, das über eine schmale Außentreppe zu erreichen war, fand vielseitige Verwendung. Der nach Plan angelegte Landschaftsgarten wurde künstlich bewässert und von fleißig arbeitenden Gärtnern mit Liebe gepflegt. Er enthielt einen künstlichen Teich mit Zierfischen, viele farbenprächtige und exotische Blumen und Sträucher sowie dichtbelaubte Bäume, die willkommenen Schutz vor dem grellen Licht der Mittagssonne boten. Unter Umständen gab es sogar eine Privatkapelle innerhalb der Gartenmauer. Das Anwesen hatte selbstverständlich einen eigenen Brunnen und vielleicht sogar eine kleine Landwirtschaft dabei, die frische Nahrungsmittel für die Küche lieferte. Ein derart bukolisches Dasein zu genießen, unberührt von den Belastungen des Stadtlebens und natürlich mit genügend Arbeitskräften für die Verrichtung der notwendigen landwirtschaftlichen und häuslichen Arbeiten, war der Traum eines jeden reichen Ägypters.

Der Gärtner trägt das Tragjoch; seine beiden Schultern sind gekrümmt wie vom Alter, auf seinem Nacken ist ein großes Geschwür, das eitert. Des Morgens gießt er Gemüse, am Abend ist er bei den Kräutern, den Mittag über hat er im Obstgarten gearbeitet. Sterbend sinkt er nieder ... früher als jeder andere.

Aus der *Satire der Berufe* aus dem Mittleren Reich

Die ländliche Idylle der Ägypter kam ihrer Verwirklichung am nächsten in der Stadt Achet-Aton, König Echnatons auf dem Reißbrett entworfener Hauptstadt, die im Wüstensand von Mittelägypten angelegt wurde. An diesem kargen und wenig einladenden Ort wurden für die reichsten Hof- und Verwaltungsbeamten luxuriöse Villen erbaut. Einige größere Häuser hatten mehr als zwanzig Innenräume, darunter ein großes Hauptschlafzimmer mit daran anschließendem Badezimmer. Die Villen waren umgeben von großen Ziergärten und dicken Ziegelmauern. Der Wohntrakt für die Bediensteten sowie die Vorratsräume standen ein wenig vom Haupthaus entfernt, um dessen Bewohnern ein Höchstmaß an Frieden und Ruhe zu gewährleisten. Leider erwies sich Echnatons neue Hauptstadt als flüchtiger Traum und wurde schon nach knapp zwanzig Jahren der Nutzung wieder aufgegeben.

Das typische ägyptische Dorf muß hingegen damals ganz ähnlich ausgesehen haben wie heute: Dichtgedrängte Häuser unterschiedlicher Größe mit dicken Wänden waren kunterbunt in schmalen Gassen oder um Innenhöfe herum zusammengewürfelt, und neue Gebäude oder Anbauten entstanden, wann und wo man sie brauchte, ohne irgendein formales Planungsverfahren. Der durchschnittliche Dorfbewohner lebte wahrscheinlich in einem bescheidenen Haus mit vier bis fünf Räumen. Es beherbergte in der Regel die Großfamilie samt abhängigen Familienmitgliedern, die Haustiere, die Vorräte und vielleicht ein paar Vögel und ein oder zwei Schafe, die als Fleischlieferanten gehalten wurden. Wahrscheinlich war es für die Gesundheit der Familie ein Glück, daß die meisten Arbeiten im heißen Klima Ägyptens außerhalb des Hauses auf einem Vorplatz, im Hof oder auf dem nützlichen Flachdach verrichtet werden konnten und die aus allen Nähten platzenden Häuser oft nur zum Schlafen und Essen benutzt wurden.

Die Häuser, besonders die besser gebauten, entsprechen in bewundernswerter Weise dem ägyptischen Klima. Es mangelt ihnen nur eines, um sie zu wahrhaft angenehmen Wohnstätten zu machen, nämlich größere Reinlichkeit in den Häusern selbst und auf den Straßen. Die Rettung der Menschen liegt in der Tatsache, daß sie im wesentlichen im Freien leben, denn die Häuser werden fast ausschließlich als Orte zum Schlafen und zum Kochen angesehen; andernfalls wäre die Sterblichkeit viel höher als sie ist.

Ein Kommentar von Miss Blackman zur Wohnsituation in modernen ägyptischen Dörfern

Stadthäuser waren im allgemeinen kleiner als die auf dem Land, und da der Grund und Boden innerhalb der Stadtmauern rar war, wurden sie oft ohne den Luxus eines Gartens oder Innenhofes als Reihenhäuser aneinandergebaut.

Zum Ausgleich für ihre gezwungenermaßen kleine Grundfläche wuchsen die Häuser in die Höhe und hatten zwei oder sogar drei Stockwerke. Bildliche Darstellungen städtischen Lebens sind selten, aber es ist bekannt, daß die Städte sehr dicht bevölkert und in manchen zentralen Vierteln ziemlich schmutzig waren. Mehrstöckige Häuser drängten sich dicht um die wichtigen öffentlichen Gebäude und sperrten das Licht aus den engen Gassen aus. Siedlungen wie Der el-Medine oder Amarna mit ihren säuberlichen Reihen gefälliger Häuser, die an geraden Straßen und rechtwinkligen Kreuzungen entlang angeordnet waren, vermitteln einen falschen Eindruck von der Effizienz ägyptischer Stadtplanung. Diese Städte waren insofern untypisch, als sie für einen einzigen Zweck entworfen und in relativ kurzer Zeit auf Befehl des Königs erbaut wurden. Im Gegensatz dazu entwickelten sich die lange bestehenden Handels- und Gewerbezentren langsam und ohne festen Plan. Ohne alle öffentlichen sanitären Einrichtungen und ohne organisierte Abfallbeseitigung, dafür aber mit Scharen von Haustieren, die als Nahrungsreserve gehalten wurden, muß das Leben in der beklemmenden Enge der Stadt zeitweise unattraktiv und, besonders während der heißen Sommertage, auch hygienisch ausgesprochen bedenklich gewesen sein. Die Vorzüge des Landlebens waren unter diesen Umständen gewiß für viele verlockend.

An der Wand des in Theben gelegenen Grabes von Djehutinefer, einem königlichen Schreiber und Aufseher der Schatzkammer im Neuen Reich, findet sich ein vollständiger Aufriß seines verhältnismäßig geräumigen Stadthauses, das in einem relativ gesunden Viertel der Oberstadt von Theben stand. Allem Anschein nach war es mindestens drei Stockwerke hoch, allerdings könnten nach den Konventionen der ägyptischen Kunst diese Schichten auch verschiedene Teile des Hauses darstellen, die hintereinander lagen. Das unterste Stockwerk oder Kellergeschoß war offensichtlich der Bereich der Bediensteten, in dem profane häusliche Arbeiten wie Brotbacken, Brauen und Weben außerhalb des Gesichtskreises des Besitzers und seiner Familie vor sich gehen konnten. Die eleganten, hohen öffentlichen Empfangsräume im Erdgeschoß hatten hochgelegene Fenster, um die Zimmer möglichst kühl zu halten, und müssen für vornehme Besucher recht eindrucksvoll gewesen sein, während das obere Stockwerk die privaten und weniger formellen Familien- und Frauengemächer beherbergte. Fünf konische Getreidespeicher waren auf dem Flachdach angebracht, das offenbar auch teilweise zum Kochen und zur Verarbeitung von Nahrungsmitteln benutzt wurde. Allerdings ist die Logik, die hinter der Plazierung des Kornspeichers auf dem Dach steckt, nicht unmittelbar erkennbar. Vielleicht war das Korn dort vor Ungeziefer sicherer. Solche luxuriösen Stadtvillen waren natürlich ein Privileg der Reichen, und Handwerker wohnten in erheblich unauffälligeren Häusern. Ihnen standen selten mehr als drei oder vier schmale Räume und das Flachdach zur Verfügung, das mit einfachen Wandschirmen vor der Sonne geschützt und als Raum im Freien benutzt werden konnte.

Abb. 13 Frau mit Lebensmitteln für den täglichen Gebrauch.

Die Häuser, die für die Erbauer der Totenstadt von Theben in Der el-Medine errichtet wurden, waren mit ihren etwa 5 × 15 Metern alle gleich schmal und lang. Ein quadratisches Empfangszimmer mündete in einen größeren Innenraum, einen Vorratsraum oder ein kleines Schlafzimmer und einen kleinen Hof, der als Küche diente und zu dem häufig auch unterirdische Vorratsräume gehörten. Eine Außentreppe führte zum Dach hinauf, wo in der heißen Sommerzeit wahrscheinlich die ganze Familie schlief. In Amarna, einer nicht so großzügig angelegten Stadt, waren die einfachsten Arbeiter in sehr engen Unterkünften zusammengepfercht – jedes einzelne der zweiundsiebzig Häuser maß nur 5 × 10 Meter. Die Häuser waren in einen Hauptwohnbereich, ein Schlafzimmer bzw. Vorratsraum und eine Küche unterteilt. Im Eingangsbereich suchten die Tiere Schutz, und das Dach wurde als zusätzlicher Wohnraum genutzt. Zwischen diese ziemlich schmutzigen Behausungen waren die größeren Häuser der Handwerker eingestreut, quadratisch in der Form, mit einem großen säulenbestandenen Empfangsraum, mehreren Schlafzimmern und Vorratskammern und einem Küchenbereich im Freien.

Wenn du Flöhe aus einem Haus vertreiben willst: Besprenge es überall mit Natronlauge, bis sie verschwinden.

Wenn du Mäuse fernhalten willst: Tue Katzenfett auf alle Sachen.

Wenn du verhindern willst, daß eine Schlange aus ihrem Loch herauskommt … lege eine Küchenzwiebel in den Eingang des Loches, und sie wird nicht herauskommen.

Ratschläge zur Schädlingsbekämpfung
aus dem medizinischen *Papyrus Ebers*

Wenn man die Hitze, die Enge, das Fehlen selbst elementarer sanitärer Einrichtungen, die Haustiere und die Lagerung der Nahrungsmittelvorräte im Haus betrachtet, so überrascht es nicht, daß sich ständig Ungeziefer im Haus breitmachte, dessen man kaum Herr wurde. Viele geplagte Hausfrauen parfümierten alle Räume des Hauses mit einem süß duftenden Räuchermittel, das aus Myrrhe, Weihrauch und Kräutern zusammengemischt wurde und den zweifachen Nutzen hatte, unangenehme Gerüche zu überdecken und gleichzeitig das Haus und alles, was darin war, auszuräuchern. Fliegen müssen allgegenwärtige Quälgeister gewesen sein, und selbst wenn der beim Kochen entstehende Rauch manche weniger aufdringliche Insekten verscheucht haben mag, herrschte große Nachfrage nach erprobten Insektenabwehrmitteln wie »Pirolfett«. Das Fehlen einer effizienten Abfallbeseitigung bedeutete, daß alle möglichen Arten von häuslichem Abfall, auch verrottende Nahrungsmittel und menschliche Ausscheidungen, entweder auf die örtliche Müllhalde gebracht werden mußten oder in den nahegelegenen Fluß beziehungsweise einen Kanal geworfen wurden. In vielen Haushalten sah man keinen Grund, diese Mühe auf sich zu nehmen, und warf seinen Abfall einfach auf die Straße hinaus, wodurch das Bodenniveau allmählich anstieg. Zum Glück sorgte das heiße Klima dafür, daß der Hausmüll sich relativ rasch zersetzte, wobei er allerdings üble Gerüche entwickelte. Die unappetitlichen Haufen von verrottendem Abfall zwischen den Häusern waren offensichtlich äußerst attraktiv für Schädlinge, und viele freigelegte Häuser tragen Spuren von starkem Mäuse- und Rattenbefall. Haustiere sorgten vielleicht dafür, daß die Nager nicht überhandnahmen und hielten auch Schlangen von den Wohnungen fern, aber manchmal entwickelte sich das Ungeziefer zu einem hartnäckigen Problem, und man mußte mechanische Fallen aufstellen oder die Löcher einfach mit Steinen oder Stoffstücken verstopfen.

Der Wäscher wäscht am Flußufer, benachbart dem Krokodil … Sein Essen ist mit Schmutz untermischt, es ist kein Glied an ihm sauber. Ihm wird auch das Gewand einer Frau gegeben, die menstruiert hat. Er weint, wenn er den ganzen Tag mit Wäscherkeule und Stein verbringt … Auszug aus der *Satire der Berufe* aus dem Mittleren Reich

Während sich offenbar niemand über eine hygienische Abfallbeseitigung Gedanken machte, legte man großen Wert auf persönliche und häusliche Sauberkeit. Die Ägypter waren in der ganzen alten Welt für ihre blendend weiße Kleidung berühmt, und Herodot bemerkte anerkennend, daß ihre Kleider stets frisch gewaschen seien und daß sie diesem Umstand besondere Aufmerksamkeit zollten. Wer sich den Luxus leisten konnte, die Dienste eines Berufswäschers in Anspruch zu nehmen, wurde verwöhnt: Seine schmutzige Wäsche wurde an der Haustür abgeholt und sauber, trocken und gebügelt oder frisch plissiert wieder zurückgebracht. Auch wenn das oben angeführte Zitat recht verächtlich klingt, wurde der professionelle Wäscher nicht unbedingt verachtet oder genoß ein geringes Ansehen. Der Hauptwäscher des Königshauses war sogar oft ein junger Mann vornehmer Abkunft, dessen privilegierte Stellung alle Welt anerkannte und der im Rang nur wenig unter dem Sandalenträger des Königs stand. Da es sehr unwahrscheinlich ist, daß ein so hoher und vornehmer Beamter sich je zu einer degradierenden körperlichen Arbeit herabließ, beschränkten sich seine Pflichten in diesem Fall wahrscheinlich darauf, die Arbeit anderer, weniger privilegierter Wäscher zu beaufsichtigen.

Bedauerlicherweise waren die professionellen Wäscher hauptsächlich damit beschäftigt, die reichlich anfallende Wäsche großer Tempel und wohlhabender Privathaushalte zu besorgen; waschen zu lassen war für die meisten Frauen ein Luxus, von dem sie nicht einmal zu träumen wagten. Die regelmäßig stattfindende große Wäsche für die Familie war daher eine wichtige, zeitraubende und körperlich anstrengende Arbeit. Am Waschtag packten die Frauen die schmutzige Kleidung in Körbe, brachten sie ans Ufer des Flusses oder eines nahegelegenen Kanals, rollten sie fest zusammen und feuchteten sie an. Dann gaben sie Natronseife dazu und schlugen die Wäsche entweder kräftig mit einem hölzernen Prügel oder walkten sie auf glatten Steinen durch und spülten sie anschließend gründlich im fließenden Wasser aus. Schließlich schüttelten sie das saubere Leinen, wrangen es aus und legten es zum Trocknen und Bleichen in die Sonne. Nach dem Trocknen mangelten sie die Wäschestücke oder strichen sie glatt, legten sie sorgfältig zusammen und brachten sie dann zum Haus zurück, wo sie wieder in ihren Korb oder in ihre Truhe gelegt wurden. Die wenigen Waschszenen, die uns in Grabmalereien erhalten geblieben sind, zeigen, daß Waschen eine durchaus entwicklungsfähige Wissenschaft war. Im Mittleren Reich setzten die professionellen Wäscher dieselben einfachen Methoden ein wie die Hausfrauen, am Ende des Neuen Reiches jedoch erhitzten sie große Krüge mit Wasser am Flußufer. Diese Neuerung erlaubte es ihnen, die Kleidungsstücke heiß zu waschen und damit vermutlich erheblich mehr Schmutz zu entfernen.[2]

Die Häuser selbst wurden mit Hilfe eines kurzstieligen Besens aus harten Pflanzenfasern gereinigt, und mehrere zeitgenössische Abbildungen zeigen schlaue Diener, die den Boden erst mit einigen Tropfen Wasser besprengen, damit sich der Staub setzt, und dann erstaunlich modern aussehende Besen benutzen, um den Boden sauberzukehren. Leinenreste, die bei der Fertigung von Haushaltswäsche und Kleidung übrigblieben, aber zu klein waren, um Grabbinden daraus herzustellen, wurden als Staubtücher verwendet. Der gewissenhaften Hausfrau kam beim Staubwischen zu Hilfe, daß es nur sehr wenige Staubfänger in Gestalt von Möbeln, Teppichen und Vorhängen gab; selbst die luxuriösesten Häuser wirken für unseren modernen westlichen Standard etwas kahl, und die meisten Möbelstücke, die die Zeiten überdauert haben, wurden in Gräbern, nicht in Häusern, gefunden. Die Innenwände der Häuser waren zwar häufig verputzt und mit farbenfrohen Szenen kunstvoll ausgeschmückt, aber Möbel hielt man weitgehend für überflüssig und unnötig platzraubend. Die Vorstellung, man könne auch dekorative, nicht-funktionale Schmuckgegenstände und Nippes aufstellen, war den Menschen offensichtlich fremd.

Üblicherweise saß oder hockte man bequem auf dem Boden, aber auch grob gezimmerte Schemel, von denen manche nur 16 Zentimeter hoch waren, gab es in den Behausungen aller Bevölkerungsschichten. Dagegen waren richtige Stühle mit Rückenlehne und Armstützen relativ teure Statussymbole und wurden nur von der Oberschicht benutzt, bei der auch niedrige Fußschemel großen Anklang fanden.

Passend zu den Stühlen gab es auch kleine Tischchen, auf denen Speisen angerichtet werden konnten, die aber keineswegs als wesentliche Einrichtungsgegenstände eines Hauses galten. Wie im modernen ländlichen Ägypten wurde das Essen normalerweise auf gewebten Matten serviert, die man auf dem Fußboden ausbreitete. Die Speisenden saßen oder hockten rund um die Matten und nahmen sich von den Gerichten, die ihnen zusagten. Löffel und Messer wurden zwar bei der Zubereitung des Essens verwendet, aber es galt in allen Gesellschaftsschichten als vollkommen korrekt, mit den Fingern zu essen. Wir besitzen sogar ein hübsches Gemälde, das König Echnaton recht informell mit einem großen Stück Rinderbraten und Königin Nofretete mit einem ganzen, gebratenen Vogel in der Hand zeigt.

Wie groß ist der Herr seiner Stadt. Er ist wie ein kühler Raum, der es einem Mann gestattet, bis zur Morgendämmerung zu schlafen.

Aus der *Hymne an Pharao Sesostris III.*
aus dem Mittleren Reich

Auch die Schlafräume waren ähnlich kahl. Ausgesprochene Schlafzimmer waren ohnehin ein Luxus der Wohlhabenden, die es sich leisten konnten, verschwenderisch mit dem Platz umzugehen. Die meisten Familien richteten sich ziemlich einfach zum Schlafen ein. Sie brauchten nur eine Matte oder ein gefaltetes Leintuch und eine erstaunlich harte Kopfstütze – einen Stein mit einer Mulde oder ein hölzernes Gestell –, um sich einer guten Nacht mit schönen Träumen sicher zu sein. Diese tragbaren Schlafutensilien konnten in der Morgendämmerung, wenn der Raum wieder seine Tagesfunktion übernehmen mußte, leicht weggeräumt werden. In den Räumen, die eigens als Schlafzimmer gedacht waren, errichtete man an einer Wand oft eine niedrige Plattform aus Lehmziegeln. Darauf legte man eine Matratze aus dick gefalteten Leintüchern, die verhindern sollte, daß Kälte, Feuchtigkeit oder vielleicht auch Insekten die Schläfer erreichten. Die hölzernen Betten, die es gab, waren teuer und brauchten viel Platz, so daß sie nur von den ganz Reichen verwendet wurden, die sie als Statussymbole außerordentlich schätzten. Der Schreiber Ipuwer beklagte wiederholt, daß während der anarchischen Ersten Zwischenzeit »derjenige, der früher nicht einmal auf einem Sockel schlief, jetzt ein Bett besitzt« und »diejenigen, die Betten hatten, auf der Erde liegen, während der, der im Schmutz lag, eine Matte ausgebreitet hat«. Seine Empörung über diese Ungehörigkeit und Umkehrung der traditionellen Hierarchie legte sich erst, als wieder Ruhe und Ordnung eingekehrt waren und er schreiben konnte:

Es ist gut, wenn die Betten fertig gemacht sind und die Kopfstütze des Herrn sicher befestigt ist, wenn das Bedürfnis eines jeden durch eine Matte im Schatten erfüllt wird und wenn man eine Tür zu dem hin schließen kann, der in den Büschen schläft.

Die besten Betten waren mit eingebauten »Sprungfedern« ausgestattet, die aus einem Geflecht von Binsen und Schnüren bestanden. Seltsamerweise hatten die ganz frühen Betten offenbar ein so starkes Gefälle in Richtung Fußende, daß es notwendig war, ein Fußbrett anzubringen, damit der Schläfer nicht unbemerkt nach unten wegrutschte. Dieser Konstruktionsfehler wurde im Neuen Reich korrigiert, die Betten wurden flacher und für einen unruhigen Schläfer vermutlich viel bequemer.

Die sonstige Schlafzimmereinrichtung war minimal. Es gab vielleicht einen niedrigen Hocker, auf den man sich zum Frisieren oder Schminken setzen konnte, und in den Boudoirs der Reichen waren auch kostbare Schmink- und Schmuckkästen zu finden. Einbauschränke im Schlafzimmer waren dagegen unbekannt, vielleicht, weil es so wenig brauchbares Holz gab, und auch Kleider- und Geschirrschränke sowie Kommoden fand man nur selten. Statt dessen verwendete man vielerlei Truhen, Kästen und Flechtkörbe, die mit Bändern verschlossen wurden, um zusammengefaltete Kleidung, Haushaltswäsche und persönliche Habseligkeiten aufzubewahren.

Ein Gegenstand war in allen Räumen eines Hauses zu finden: die Lampe. Im Winter geht die Sonne in Ägypten früh und schnell unter, und wenn auch nach dem Abendessen noch Familienleben möglich sein sollte, brauchte man irgendeine künstliche Beleuchtung. Es gab Lampen in vielerlei Formen, von ganz einfachen Schalen, in denen mit Hilfe schwimmender Stoffdochte Öl verbrannt wurde, bis zu ausgeklügelten und überraschend modern aussehenden Stehlampen, hohen, geschnitzten Holzsäulen, die große Öllampen aus Ton tragen konnten. Feuer, Fackeln und tragbare Kohlebecken setzte man ein, um den eher schwachen Lichtschein zu stärken, und gleichzeitig spendeten sie an den kalten Winterabenden willkommene Wärme. Dennoch muß ein altägyptisches Haus nach Einbruch der Dunkelheit ein recht düsterer Ort gewesen sein, und die Mehrheit der Bevölkerung stand in der Morgendämmerung auf und legte sich bei Sonnenuntergang schlafen.

Auch die Küche war außerordentlich einfach ausgestattet. Im allgemeinen gab es ein Herdfeuer zum Kochen, einen oder mehrere kleine, runde Backöfen, Tongefäße sowie Platz zur Lagerung all der Nahrungsmittel und Gerätschaften, die man für die Zubereitung der Mahlzeiten brauchte. Da Holz Mangelware und daher sehr teuer war, benutzte man als Brennstoff zum Kochen praktisch überall getrockneten Dung. Er hatte den Vorteil, daß er lange, geruchlos und sauber brannte und kostenlos zur Verfügung stand, wenn man selbst Tiere hielt. Besonders Schafdung brennt sehr lange Zeit, und in einigen Küchen in Amarna fand man vorgefertigte Fladen aus Schafmist, gemischt mit Stroh. Der Dung mußte täglich gesammelt und mit Wasser und Stroh gemischt zu brauchbaren Briketts geformt werden, die man dann an der Sonne trocknen ließ. Diese zeitraubende und wenig erhebende Tätigkeit teilte man wahrscheinlich, genau wie im modernen Ägypten, den jüngeren Frauen und Kindern zu. Wenn das Feuer erst einmal aufgeschichtet war, wurde es mit Hilfe eines einfachen Bogenbohrers oder mit dem Zündfunken eines Feuersteins entzündet.

Abb. 14 Frau beim Backen.

Der Backofen war ein gedrungener Lehmaufbau von rund neunzig Zentimetern Höhe in der Form eines Bienenkorbs mit mehreren eingebauten Simsen und einer Öffnung am Boden, durch die man die Asche entfernen konnte. Er wurde hauptsächlich zum Brotbacken benutzt, aber man konnte auf der flachen Oberseite auch Essen in einem Topf kochen. Die Köchin saß oder hockte vor der Öffnung des Ofens, solange sie das Essen zubereitete. Wer lieber auf einem offenen Feuer kochte, benutzte eine Art Dreifuß zum Kochen und Braten und konnte direkt in der Glut backen. Zeitgenössische Abbildungen erwecken den Eindruck, daß sich der Backofen manchmal auf dem Dach des Hauses befand, aber wenn man die stets drohende Gefahr eines Brandes bedenkt, erscheint das unnötig riskant. Vielleicht wollten die Künstler die Backöfen einfach außerhalb des Hauses darstellen, und Unterschiede in der künstlerischen Darstellung und Perspektive haben die modernen Betrachter zu falschen Deutungen verleitet. Archäologische Zeugnisse bestätigen in der Tat, daß Backöfen und Kochstellen häufig außerhalb des Hauses lagen, wahrscheinlich, um die

Belästigung durch die Hitze und den Rauch des Feuers zu verringern und gleichzeitig das Risiko eines Brandes zu mindern. In Amarna lagen die Küchen beispielsweise auf der Ostseite des Hauses und waren durch einen gedeckten Gang mit dem Wohnbereich verbunden. Wenn der Backofen oder die Feuerstelle sich im Inneren des Hauses befand, lag sie normalerweise möglichst weit von der Tür entfernt, und das Küchendach hatte Luftlöcher, damit die Hitze, der Rauch und die Gerüche wenigstens teilweise nach oben abziehen konnten. Dennoch muß die Luft in einer geschlossenen Küche manchmal furchtbar stickig gewesen sein.

Ihr Brot ... bereiten sie aus Einkorn, das sie zu Laiben formen. Fische essen sie dort zum Teil ungekocht, bloß an der Luft getrocknet, andere auch nur in Lake gesalzen. Auch von Vögeln essen sie Wachteln, Enten und kleine Singvögel ungekocht, nachdem sie sie eingesalzen haben. Alle übrigen Fische und Vögel aber, die sie haben und nicht für heilig halten, essen sie gebraten oder gekocht.

Herodots Anmerkungen zur ägyptischen Ernährung

Einen guten und reichlichen Vorrat an Essen und Trinken für die Familie und ihre Gäste bereitzuhalten, zählte zu den wichtigsten Pflichten der Hausfrau, und wenn sie diese Aufgabe mit Umsicht erfüllte, machte sie dem ganzen Haushalt Freude und Ehre.[3] Nahezu alle Völker genießen es, ein schmackhaft zubereitetes Mahl in angenehmer Gesellschaft zu sich zu nehmen, aber die Ägypter hatten offenbar eine übermäßige Vorliebe für üppiges Essen und Trinken und die Bewirtung von Gästen im eigenen Hause. Wenn man die zahlreichen eindringlichen Warnungen der Schreiber vor der Völlerei zusammen mit den in den Gräbern erhaltenen Szenen von epikureischen Banketten betrachtet, kann man fast sicher sein, daß der kürzeste Weg zum Herzen des ägyptischen Mannes über seinen meist etwas vorgewölbten Magen führte. Daß sich die Oberschicht, die ihr Leben größtenteils sitzend verbrachte, so offensichtlich überfraß, war für die mäßigeren Mitglieder der Gemeinschaft offenkundig ein Grund zur Sorge:

Wenn du dich in Gesellschaft zum Essen niedersetzt, enthalte dich der Speisen, die du gern ißt. Zurückhaltung erfordert nur einen Augenblick der Anstrengung, die Völlerei hingegen ist niedrig und verdient Tadel. Ein Becher Wasser löscht deinen Durst, und eine Handvoll Kräuter stärkt dein Herz… Nichtswürdig ist der, dessen Magen noch Hunger verspürt, wenn die Essenszeit vorbei ist. Rat eines Schreibers aus dem Alten Reich

Die beneidenswerte Möglichkeit, zuviel zu essen, war eine direkte Folge davon, daß Ägypten seine oft bestaunten Nahrungsquellen umsichtig bewirtschaftete. Das »Geschenk des Nils« war ein außerordentlich fruchtbares Land mit vielen eßbaren wilden Pflanzen und Tieren und einer blühenden Landwirtschaft, die alljährlich gewaltige Mengen an Getreide und Fleisch lieferte. Hungersnöte in den unteren Schichten, die unmittelbar durch das Ausbleiben der Nilschwelle verursacht wurden, waren zwar in der dynastischen Zeit nicht ganz unbekannt, aber doch ein relativ seltenes Phänomen, und die gewaltigen Getreidemengen, mit denen man in den guten Jahren die Vorratsspeicher füllte, reichten gewöhnlich als Rücklage für kommende magere Jahre aus. Selbst die größten ägyptischen Städte waren eng an das Land angebunden, so daß die gesamte Bevölkerung das ganze Jahr über Zugang zu einer gesunden Vielfalt an frischen Agrarprodukten hatte.

Daß stets hochwertige Nahrungsmittel erhältlich waren, wirkte sich direkt auf die Entwicklung der ägyptischen Kochkunst aus. Die besten Köche bevorzugten durchweg sehr einfache Rezepte und verließen sich darauf, daß die Qualität und Frische ihrer Zutaten für appetitliche Speisen sorgen würden. Sie zeigten keine Neigung, mit abenteuerlichen Saucen oder raffinierten Zusammenstellungen von Geschmacksreizen zu experimentieren. In welch einer glücklichen Lage sie sich befanden, wird deutlich, wenn man im Gegensatz dazu die Probleme der Köche im alten Rom betrachtet. Sie hatten keinen Zugang zu frischen Nahrungsmitteln, weil die Wege weit, die Verkehrsverbindungen schlecht und Kühlmöglichkeiten nicht vorhanden wa-

Abb. 15 Zwei Damen des Neuen Reiches, denen bei einem Bankett eine Dienerin aufwartet.

ren. So waren sie gezwungen, geschmacksintensive, stark gewürzte Saucen und Marinaden zu erfinden, um die Eintönigkeit einer eher langweiligen Ernährung mit übermäßig vielen eingelegten und oft leicht ranzigen Lebensmitteln zu überspielen. Die Ägypter dagegen hatten es nicht nötig, den natürlichen Geschmack ihrer Zutaten zu überdecken, und abgesehen von Eintöpfen oder Suppen waren die einzelnen Komponenten des Essens einfach und naturbelassen. Was den ägyptischen Gaumen kitzelte, war die Vielfalt der unterschiedlichen Gerichte, die zusammen serviert wurden. Deshalb gab es auch wenige kulinarische Experimente; zeitgenössische Abbildungen und die Werke späterer klassischer Autoren zeigen, daß Kochen als die traditionelle Methode der Zubereitung von Fleisch und Gemüse galt, bei der auch der Brennstoff am besten genutzt wurde. Brot und mit Honig oder Datteln gesüßte Kuchen wurden gebakken. Geflügel wurde meist am Spieß gebraten, und Fleisch oder Fisch grillte man auch gelegentlich.

Ein großes Problem der römischen wie der ägyptischen Köche war das heiße Klima. Ohne Kühlung konnte man Lebensmittel nicht längere Zeit aufbewahren. Zwar konnte man von Getreide, manchen Früchten und Gemüsesorten einen Vorrat für den späteren Gebrauch anlegen, aber Fleisch und Fisch mußten getrocknet oder gepökelt werden, ehe man sie lagerte, und Milch und Milchprodukte mußten so kühl wie möglich in feuchten Tongefäßen aufgehoben werden. Um zu verhindern, daß kostbares Fleisch verdarb, ehe man es verspeisen konnte, wurden die Tiere erst unmittelbar vor dem Kochen geschlachtet, und die geselligen Ägypter veranstalteten häufig große Gastmähler, bei denen meist wenig Fleisch übrigblieb, das verderben konnte. Da sich höfliche Gäste natürlich bei ihren Gastgebern durch Gegeneinladungen revanchierten, stellte das System sicher, daß die einzelnen Teilnehmer letztendlich etwa gleich viel von diesen prestigeträchtigen Nahrungsmitteln verzehrten. Es gab jedoch keine effektive Methode, Brot frischzuhalten. Zwar konnte es wegen seines niedrigen Fettgehaltes ein oder zwei Tage aufbewahrt werden, aber spätestens dann mußte mit Sicherheit wieder eine kleine Menge gebacken werden. Gekocht wurde wahrscheinlich am Morgen, da man die ausgedehnte Hauptmahlzeit des Tages in aller Ruhe zur Mittagszeit im Haus einnahm, wenn die Sonnenglut die Arbeit im Freien fast unmöglich machte. Als weitere Mahlzeiten mußten noch ein leichtes Frühstück zubereitet werden, das man früh am Morgen verzehrte, und vielleicht ein kleiner Imbiß am Abend vor dem Zubettgehen.

Leider besitzen wir keine altägyptischen Rezepte, mit deren Hilfe wir die Gerichte nachkochen könnten, die den Pharaonen serviert wurden. Andererseits haben die Archäologen eine überraschende Vielfalt von fertig zubereiteten Speisen gefunden, denn die Ägypter mit ihrer einzigartig pragmatischen Einstellung zum Tod versuchten sicherzustellen, daß die Verstorbenen nicht hungrig ins Jenseits eingehen mußten, und sorgten daher, wo immer möglich, für Essen als Wegzehrung im Grab. Im Alten Reich wurden sogar oft ganze Mahlzeiten mit dem Leichnam beigesetzt. Das besterhaltene Beispiel dafür ist das Grab einer älteren Frau aus der Zweiten Dynastie in Sakkara. Es enthielt ein komplettes Menü, das sorgfältig auf dem Boden angeordnet war und folgende Speisen umfaßte:[4]

Einen Laib Brot
Gerstenbrei
Gebratenen Fisch
Taubeneintopf
Gebratene Wachteln
Gekochte Nieren
Keule und Rippenstück vom Rind
Feigenkompott
Frische Beeren
Honigkuchen
Käse
Wein

Professor Emery, der dieses Grab öffnete, stellte fest, daß die Verstorbene, deren Leichnam wesentlich schlechter erhalten war als ihre Wegzehrung, ein schlimmes Kieferleiden gehabt hatte und zu Lebzeiten gewiß nicht in der Lage gewesen wäre, eine so kräftige Mahlzeit zu bewältigen, da sie nur auf einer Seite kauen konnte. Das ihr beigegebene Menü weist eine verblüffende Ähnlichkeit mit dem Festmahl auf, das den Trauergästen bei der Beisetzung des Pharaos Tutanchamun beinahe tausend Jahre später vorgesetzt wurde. Den acht Gästen servierte man neun Enten, vier Gänse, verschiedene Stücke vom Rind und vom Hammel, Brot, eine reiche Auswahl an Früchten und Gemüsen sowie Wein. Alle diese Gerichte wurden gleichzeitig aufgetragen, und wie im modernen Ägypten nahmen sich die Gäste von den Speisen, die ihnen zusagten. Anders als in vielen kälteren westlichen Ländern legte man keinen besonderen Wert darauf, das Essen gleich heiß zu verzehren, wenn es aus der Küche kam.

Bringe am Tag der Gründung von Achet-Aton ein großes Opfer dar, das aus Brot und Bier, Rindern, Schafen und Ziegen, Geflügel, Wein, Früchten, Räucherwerk und allen Arten von nützlichen Kräutern besteht ...

Auszug aus der Grenzstele von Amarna

Die genaue Menge, Qualität und Vielfalt der Nahrungsmittel, die dem einzelnen Koch zur Verfügung standen, variierte natürlich stark. Primäre Nahrungsquelle war die tägliche Ration, die von den buchstäblich für den Broterwerb zuständigen Familienmitgliedern verdient wurde. Da es keine allgemein anerkannte Währung gab, wurden alle Arbeiter gleichermaßen in Naturalien entlohnt. Zwar änderte sich die Zusammensetzung der Ration im Laufe der Zeit immer wieder, aber stets gehörte entweder Getreide oder Bier und Brot dazu. Die Minimalmenge für einen Tag waren offenbar zehn Laib Brot einer standardisierten Größe, und eine Geschichte aus dem Mittleren Reich bestätigt das: Die Tagesration, die der Beredte Bauer seiner Frau und seiner Familie zur Ernährung zumaß, bestand aus zehn Laib Brot und zwei Krügen Bier. Wer eine prestigeträchtigere Stellung bekleidete, bekam natürlich viel mehr als diesen Grundlohn. Hohe Beamte erhielten täglich Hunderte von Laiben als Gehalt und teilten ihre Portion dann zwischen ihrem Privathaushalt und ihren Landarbeitern auf. Die großzügigsten Rationen wurden den Göttern geopfert, Gaben von tausend Laiben oder einem ganzen Ochsen waren nichts Ungewöhnliches, und da diese Gaben dann unter die Priester und die Tempelarbeiter verteilt wurden, gehörten die Mitglieder der ägyptischen Priesterschaft zu den bestgenährten Personen im ganzen Land. Herodot notierte dazu mit einem Anflug von Neid:

Denn ihr Haushalt kostet sie nichts, da ihnen Brot auf Tempelkosten gebacken und jedem täglich Rind- und Gänsefleisch in Mengen geliefert wird und Wein dazu.

Diese Grundration an Brot oder Getreide konnten die meisten Familien noch durch Jagen, Fallenstellen und Fischen ergänzen. Wer in den dichtbesiedelten Städten lebte, hatte wenigstens die Möglichkeit, etwas Geflügel, ein paar Schafe oder eine Ziege zu halten, die die Essensreste fraßen und täglich Eier, Milch und Käse lieferten. Die größeren Landgüter der Reichen waren praktisch autark, sie hatten ihre eigene Landwirtschaft, eigene Kornkammern und Backstuben und wurden von eigenen Arbeitskräften bewirtschaftet. Wer sparsam haushielt und irgendwo einen Überschuß erzielte, vielleicht durch eigenen Gemüseanbau oder zusätzliches Brotbacken, konnte das, was er selbst nicht benötigte, auf dem Markt gegen etwas anderes eintauschen und so eine noch größere Vielfalt an Nahrungsmitteln erwerben. Bei den Armen und jenen, die mit wenig Unternehmungsgeist gesegnet waren, stand also eine ziemlich eintönige und stark blähende Kost auf dem Speiseplan, bei der sich Brot, Zwiebeln, Salat, Rettiche und Hülsenfrüchte abwechselten. Die Tüchtigeren konnten sich an appetitlichen Bergen von saftigem Fleisch, Geflügel oder Fisch gütlich tun, die mit einem stattlichen Sortiment frischer Gemüse und Früchte serviert wurden. Dazu gab es Brot und Kuchen.

Iß kein Brot, während ein anderer dabeisteht, ohne ihm ein Stück davon anzubieten. Das Essen ist immer da. Der Mensch ist es, der keinen Bestand hat. Rat des Schreibers Ani

Brot war das bei weitem wichtigste Nahrungsmittel, das die ägyptische Hausfrau zubereitete. Da es keine anderen stark kohlehydrathaltigen Nahrungsmittel wie Kartoffeln, Nudeln, Reis oder Bananen gab, war Brot die wichtigste Grundkomponente der täglichen Ernährung und erlangte eine doppelte Bedeutung dadurch, daß es ein wesentlicher Bestandteil des beliebten Biers war, das man zu Hause braute. Brot wurde von Reichen und Armen gleichermaßen in großen Mengen verzehrt und häufig den Göttern und den Toten als Opfergabe dargebracht. Für die Ägypter war Brot ein Symbol für Nahrung schlechthin, und in diesem Leben oder im Jenseits ohne Brot dazustehen, war einfach undenkbar. Es ist daher nicht überraschend, daß das Motiv des

Brotbackens immer wieder in Gräbern auftaucht, entweder als Wandgemälde oder in Gestalt kleiner Modellbackstuben. Auch in Märchen und Sprichwörtern betonte man unermüdlich, wie wichtig es sei, genug Brot zu haben.

Da man gemahlenes Mehl nicht einfach im Geschäft kaufen konnte, war das tägliche Brotbacken eine ziemlich mühselige Arbeit. Man mußte das Mehl für den täglichen Gebrauch von Hand auf einem sattelförmigen Mühlstein mahlen. In einem Haushalt mit fünf oder sechs Erwachsenen mit dem gesunden Appetit körperlich arbeitender Menschen muß das eine zeitraubende und anstrengende Aufgabe gewesen sein. Nach dem Mahlen und Sieben wurde das recht grobe Mehl mit Wasser und Salz vermischt, und aus dem Teig machte man ein ungesäuertes dünnes Fladenbrot, das man auf einem flachen Stein, der entweder in den Backofen oder auf ein offenes Feuer gelegt wurde, rasch ausbakken konnte. Es gab auch Laibe von gesäuertem Brot, bei dem das Mehl mit Hefe und Wasser zu einem festen Teig geknetet wurde. Vor dem Backen konnte man zur Geschmacksverbesserung noch Gewürze, Salz oder Aromastoffe zusetzen, und wenn man Fett, Eier und süße Datteln zugab, wurde aus dem Brot ein schmackhafter Kuchen. Der Teig wurde entweder mit der Hand geformt oder in eine Form gedrückt. Dann ließ man ihn aufgehen, bevor man ihn in den Ofen schob. Es überrascht nicht, daß man viele Arten von Brot in vielfältigen Formen herstellte. Schon im Alten Reich gab es mehr als fünfzehn Wörter zur Unterscheidung der verschiedenen Brotsorten, und im Neuen Reich kannte man dann über vierzig Bezeichnungen für Brot und Kuchen. Die beliebtesten Sorten waren halbrunde, von Hand geformte Laibe und hohe, kegelförmige Brote, die in speziellen konischen Formen gebacken wurden. Bei besonderen Gelegenheiten verzehrte man aufwendiger gestaltete Brote, die die Form eines Tieres oder sogar einer weiblichen Gestalt hatten.

Besser Brot und ein fröhliches Herz als Reichtum und Kummer.

Sprichwort aus dem Neuen Reich

Fleisch, insbesondere Rindfleisch, war ein sehr geschätztes Nahrungsmittel, aber im Gegensatz zum Brot konnte es die Mehrheit der Bevölkerung nicht eben häufig genießen. Theoretisch war es zwar jedem möglich, die überschüssigen Rindfleischstücke zu erwerben, die an den Tempeln angeboten wurden, aber Fleisch blieb immer ein Luxus, der nur auf dem Speiseplan der Reichen stand. Hält man sich vor Augen, daß es keine Kühlmöglichkeiten gab und Schmutz und Fliegen allgegenwärtig waren, so ist anzunehmen, daß dieses Rindfleisch für uns nicht sehr verlockend gewesen wäre. Selbst heute wird jemand, der aus der zwanghaft hygienischen westlichen Supermarktkultur mit abgepackten Produkten stammt und eine normale ägyptische Metzgerei auf offener Straße zu sehen bekommt, den Anblick nicht so schnell wieder vergessen. Ein paar Wohlhabende besaßen früher eine oder mehrere Kühe, aber nur die ganz Reichen oder größere Tempeleinrichtungen konnten es sich leisten, eine Herde Rinder nicht als Arbeitstiere, sondern allein als Nahrungsvorrat zu halten. Diese zum Essen bestimmten Rinder wurden durch Zwangsfütterung mit Brotklößen gemästet und erst geschlachtet, wenn sie so fett geworden waren, daß sie kaum noch gehen konnten. Sie hatten dann zartes und fetthaltiges Fleisch. Weniger begüterte Rinderbesitzer versuchten möglichst viel aus ihrer Investition herauszuholen und hielten die Kühe in erster Linie der Milch und des Dungs wegen, setzten sie aber mitunter auch zum Pflügen und Dreschen ein. Erst am Ende ihres Arbeitslebens wurde die Kuh geschlachtet, und das dabei gewonnene Fleisch muß schmackhaft, aber ziemlich faserig und zäh gewesen sein. Kein Stück dieses Schlachttiers wurde weggeworfen; Gehirn, Eingeweide, Ohren, Zunge und Haxen wurden genußvoll verzehrt, und sogar das Blut wurde zur Herstellung einer wohlschmeckenden Blutwurst aufgefangen. Das Fett fand vielseitige Verwendung, und »Ochsenfett« war auch ein häufiger Bestandteil von Heilmittelrezepturen. Die Oberschicht war weniger darauf bedacht, ja nichts zu verschwenden, und manche Abbildungen zeigen reiche Leute, dic nur die besten Stücke vom Rind verzehrten.

Kleinere Tiere – Schafe, Ziegen und seltener Schweine – wurden ziemlich häufig gehalten und waren deshalb auch für Durchschnittsfamilien erschwinglich. Herzhafte Mahlzeiten mit gekochtem Hammel- oder geschmortem Ziegenfleisch waren vor allem bei der wohlhabenden Mittelschicht beliebt – allerdings gibt es Hinweise darauf, daß Hammelfleisch von einigen besonders frommen Angehörigen der Oberschicht in Städten wie Theben gemieden wurde, weil man dort den Widder als Gott verehrte. Schafe und Ziegen waren vor allem wichtig als Lieferanten von frischer Milch, die als große Delikatesse galt, heiß getrunken und häufig zum Kochen verwendet wurde. Außerdem war sie wichtig für die Herstellung von Käse und geklärter Butter. Wie noch heute in vielen Teilen der Welt unterlag Schweinefleisch einer weitverbreiteten religiösen Tabuisierung und war eigentlich als Nahrungsmittel nicht akzeptabel. Archäologi sche Funde weisen jedoch darauf hin, daß dieser rituell bedingte Verzicht nicht streng eingehalten wurde. Auf Grabgemälden werden deutlich erkennbar Schweineherden abgebildet, und die Abfallhalden von Amarna und Der el-Medine enthielten Mengen von Schweineknochen, die auf einen weitverbreiteten Verzehr von Schweinefleisch hindeuteten. Schweine sind als Allesfresser, die Essensreste vertilgen und verwerten, natürlich sehr nützliche Tiere, und sie bieten den zusätzlichen Vorteil, daß sie kostenlos Straßen und Häuser reinigen.[5]

Neben den genannten Tieren aber liefert der Nil noch verschiedene Arten von Fischen in unglaublicher Menge. Die Einwohner haben daher nicht nur an dem, was sie jeweils fangen, reichliche Nahrung, sondern der Fluß gibt ihnen dazu auch noch eine große Menge zum Einsalzen. Diodorus Siculus

Fisch, ein sehr nahrhaftes und wohlschmeckendes Nahrungsmittel mit hohem Eiweiß- und Mineraliengehalt, wurde von allen Gesellschaftsschichten mit Genuß verspeist und war zweifellos ein sehr wichtiger Eiweißlieferant gerade für die ärmsten Schichten der Bevölkerung. Zwar war der Fischfang mit der Harpune ein beliebtes Hobby der Männer der Oberschicht, und die Berufsfischer setzten eine eindrucksvolle Vielfalt an Angeln, Netzen und Reusen ein, um ihren Lebensunterhalt zu verdienen, doch im Grunde war eine Angelausrüstung gar nicht erforderlich, wenn man in Ägypten Fische fangen wollte. Viele Menschen warteten einfach ab, bis der bei der Nilschwelle angestiegene Wasserspiegel wieder sank, und lasen dann die toten oder sterbenden Fische auf, die auf den hochgelegenen und schnell trocknenden Feldern gestrandet waren, um sie dann entweder zu grillen und gleich zu verzehren oder sie haltbar zu machen, indem sie sie an der Luft trockneten, räucherten, einsalzten oder in Öl einlegten und dann lagerten.

Auch Vögel waren eine wichtige und leicht zugängliche Nahrungsquelle für die Ärmeren. Zwar waren Hühner bis zum Ende des Neuen Reiches unbekannt, aber Enten und Gänse gab es in großer Zahl, und sie wurden selbst in den kleinsten Hütten gehalten, während man Haustauben in eigens angelegten Taubenschlägen züchtete. Die allgegenwärtigen Wasservögel konnte man nach Belieben mit Netzen oder Fallen fangen, und es gibt Jagdszenen, in denen gestandene Männer relativ kleinen Vögeln mit großen, gefährlich wirkenden Speeren und Wurfhölzern nachstellen, aber diese etwas überzogenen Methoden wurden wohl eher als vergnüglicher Sport und nicht als ernstzunehmende Jagdtechniken eingestuft. Nach dem Fang wurden die Vögel in hölzerne Käfige gesperrt und mit Getreide gemästet, ehe man sie schlachtete. Dieses System hatte den großen Vorteil, daß es einen Vorrat an frischem Fleisch schuf, bei dem man sich nicht um eine Haltbarmachung sorgen mußte. Der Vogel wurde einfach am Leben gehalten, bis man ihn brauchte, und dann unmittelbar vor dem Kochen getötet, indem man ihm das Genick brach. Das ist noch heute in Ägypten Sitte, und es ist durchaus üblich, daß in der Küche ein oder zwei Vögel gehalten werden. Die Eier, die die gefangenen Vögel legten, waren ebenso wie die Eier von freilebenden Vögeln eine willkommene Ergänzung des häuslichen Speiseplanes.

Frisches Obst, Hülsenfrüchte und Gemüse spielten ebenfalls eine große Rolle bei der täglichen Ernährung. Die Ägypter waren in der ganzen alten Welt dafür berühmt, daß sie riesige Mengen an rohen Gemüsen verzehrten, vor allem Zwiebeln, Knoblauch und Lauch. Melonen und Gurken erfreuten sich einer solchen Beliebtheit, daß die Israeliten nach ihrer Befreiung aus der ägyptischen Gefangenschaft nur klagen konnten:

Wenn uns doch jemand Fleisch zu essen gäbe! Wir denken an die Fische, die wir in Ägypten umsonst zu essen bekamen, an die Gurken und Melonen, an den Lauch, an die Zwiebeln und an den Knoblauch. Doch jetzt vertrocknet uns die Kehle, nichts bekommen wir zu sehen als immer nur Manna. Numeri 11, 5–6

Manna, das sogenannte »Himmelsbrot«, war wahrscheinlich eine Absonderung kleiner Insekten, die in den Zweigen der Tamarisken leben. Diese Delikatesse sammeln und verzehren die Beduinen, die sie als schmackhaften Leckerbissen ansehen, noch heute. Die ägyptischen Zwiebeln, klein und rund, schmeckten wahrscheinlich erheblich milder als die großen europäischen Zwiebeln, die man heute ißt. Sie wurden zu beinahe jeder Mahlzeit genossen und besaßen sogar eine gewisse religiöse Symbolik – beim Sokarfest, das in Memphis anläßlich der Wintersonnenwende gefeiert wurde, mußten die Priester einen Kranz aus Zwiebeln um den Hals tragen und an einem Bund Zwiebeln riechen, solange sie in der heiligen Prozession schritten. Auch der ägyptische Knoblauch war kleiner als der heutige und hatte vielleicht einen weniger intensiven Geschmack.

Die außerordentlich nahrhaften Bohnen aßen die Armen in großen Mengen. Kichererbsen, Saubohnen, Ackerbohnen *(ful medames)* und Linsen wurden schon seit der vordynastischen Zeit angebaut und müssen zu schmackhaften und sättigenden Gerichten verarbeitet worden sein, etwa, indem man sie kochte, mit Knoblauch und Öl zu einem Brei zerdrückte und in eine Tasche aus ungesäuertem Brot füllte. Zu den gewagteren Bohnenrezepten gehörten vielleicht gehackte Zwiebeln, Eier und sogar gebratene Klößchen aus einem Bohnenbrei, die den *filafil* ähnelten, die es heute noch in Ägypten gibt.

Die Tradition großzügiger Gastfreundschaft, die moderne Ägypter dazu veranlaßt, ihre Mahlzeiten mit Fremden zu teilen, die sie erst ein paar Minuten kennen, hat ihre Wurzeln in der Geselligkeit des dynastischen Ägypten. Halboffizielle Gastmähler waren ein wichtiger Bestandteil des gesellschaftlichen Lebens in Ägypten, und da es keine Cafés oder Restaurants gab, wurden sie stets zu Hause gegeben, waren die Hauptunterhaltung der Oberschicht und bereiteten allen Teilnehmern großes Vergnügen. Leider haben wir keinen schriftlichen Bericht vom Ablauf eines solchen Banketts, und so müssen wir unsere Informationen den Festdarstellungen auf den Grabwänden entnehmen. Diese Szenen lassen vermuten, daß ein formelles Bankett zwar mit hoher Wahrscheinlichkeit am Ende in eine Orgie der Trunkenheit und der Völlerei mündete, jedoch stets mit einer ostentativen Zurschaustellung guter Manieren und sittsamen Betragens begann. Da eine korrekte Einhaltung der gültigen Anstandsregeln allenthalben als Zeichen guter Erziehung gewertet wurde, gab im Alten Reich der Weise Ptahhotep nützliche Richtlinien für unsichere Besucher solcher Gastmähler:

Wenn du ein Gast bist am Tische eines, der größer ist als du, dann nimm, was er dir gibt, wie man es dir vorlegt. Sieh den an, der vor dir sitzt, aber durchbohre ihn nicht mit vielen Blicken – denn wenn du ihn belästigst, beleidigst du das Ka. Sprich nicht zu ihm, ehe er zu dir spricht – du weißt nicht, was ihm mißfallen könnte. Sprich nur, wenn er dich angesprochen hat, dann werden deine Worte seinem Herzen gefallen.

Bei der Ankunft wurden die Gäste von leichtbekleideten jungen Dienerinnen begrüßt, die ihnen eine duftende Girlande aus exotischen Blüten und einen stark parfümierten Wachskegel überreichten, der auf dem Kopf getragen wurde. Es gab keine formelle Trennung verheirateter Männer und Frauen, und die Dienerinnen führten die wichtigsten Paare zu den Ehrenplätzen, niedrigen Stühlen oder Hockern neben Beistelltischchen, die unter den Bergen köstlicher Speisen beinahe zusammenbrachen. Die weniger bedeutenden Gäste waren damit zufrieden, sich auf Matten auf dem Boden zu setzen oder zu hocken, wo sie sich von den gleichen Speisen bedienen konnten wie die Ehrengäste. Während des ganzen Essens wurden weitere Gerichte und Wein von den Dienern herumgereicht, und die Gäste wurden in einer spektakulären Programmfolge von Tänzerinnen, Akrobatinnen und Musikanten unterhalten, die recht traurige Lieder vortrugen, um zu einer angemessenen Würdigung des Lebens zu ermuntern. Daß so deprimierende Töne in das Programm eingeflochten wurden, beeinträchtigte die Fröhlichkeit der Feiernden keineswegs, und Herodot berichtet uns, daß alle Bankette mit einer plötzlichen Erinnerung an den Tod beendet wurden: Ein gramvoll dreinblickender Diener hielt den Gästen eine kleine Mumie hin und ermahnte sie, zu trinken und fröhlich zu sein, denn wenn sie erst tot wären, würden sie genauso aussehen. Diese Anekdote offenbart uns allerdings vielleicht mehr über die Leichtgläubigkeit Herodots als über die Festgewohnheiten der Ägypter.

Obwohl die in den Gräbern abgebildeten Gäste vor verlockenden Speisen sitzen, sieht man sie nie einen Bissen zum Munde führen, während sie häufig trinkend abgebildet sind und ihre Becher von den stets aufmerksamen Dienerinnen nachgefüllt werden. Dieser kleine Unterschied hat einige Sprachwissenschaftler auf folgenden Gedanken gebracht: Weil das ägyptische Wort *sti* sowohl »einschenken« als auch »schwängern« heißt, meinten sie, die Maler der Szenen könnten mit dieser Doppelbedeutung des Wortes gespielt haben, um die Fruchtbarkeit des Verstorbenen zu unterstreichen. Offenere Anspielungen auf sexuelle Aspekte wären auf der Innenwand eines Grabes gewiß als unpassend empfunden worden.[6]

Die Trunkenheit von gestern wird den Durst von heute nicht löschen. Rat für junge Männer aus der Spätzeit

Abb. 16 Dame, die sich bei einem Gastmahl übergibt.

Kein vollendeter Gastgeber hätte auch nur im Traum daran gedacht, Gäste zu einem Essen einzuladen, ohne eine unbegrenzte Menge der erlesensten Weine für sie bereitzustellen.[7] Wein wurde von Männern und Frauen gleichermaßen getrunken, und es gab offenbar kein Verbot, Frauen Alkohol vorzusetzen. Vielmehr zeigen gelegentliche Abbildungen von unschicklich betrunkenen Frauen, die sich vor aller Augen übergeben müssen, daß Unmäßigkeit bei Gastmählern als höchst amüsanter Spaß für alle betrachtet wurde. Eine im Grab des Paheri abgebildete Dame weist die Dienerinnen sogar etwas voreilig an: »Gebt mir achtzehn Becher Wein, ich möchte bis zur Trunkenheit trinken, meine Kehle ist trocken wie Stroh.« Das häufigste und beliebteste alkoholische Getränk auf Gastmählern war Rotwein, der schon seit Beginn des Alten Reiches weit verbreitet war. Die Massenproduktion von Weißwein begann wahrscheinlich erst während des Mittleren Reiches, doch in klassischer Zeit wurden ägyptische Weißweine von den Bonvivants der Mittelmeerländer bereits sehr geschätzt: Der griechisch-ägyptische Schriftsteller Athenäus beschreibt die Weine der mareotischen Region als »hervorragend, weiß, angenehm, wohlriechend, gut verträglich, dünnflüssig, den Kopf nicht belastend, entwässernd« und die teniotischen Weine als »besser als die mareotischen, etwas blaß in der Farbe, ölig, angenehm, fruchtig, leicht zusammenziehend« und die Weine aus der Provinz Antylla als »alle anderen übertreffend«.

Gib dich nicht dem Biergenuß hin, damit du keine üble Rede von dir gibst und immer weißt, was du sagst.

Rat des Schreibers Ani

Wein war als teures Vergnügen vor allem der Oberschicht vorbehalten. Ärmere Trinker mit weniger verwöhntem Gaumen ertränkten ihre Sorgen in großen Mengen von Bier, das zu Hause gebraut wurde. Es war das beliebteste Getränk im alten Ägypten, süßlich, dickflüssig, nicht moussierend und dabei leider so unrein, daß es häufig mit einem speziellen Strohhalm getrunken werden mußte, der die darin schwimmenden Rückstände herausfilterte. Dieses Bier hatte sicher nur wenig Ähnlichkeit mit dem europäischen Flaschenbier, das heute in Ägypten verkauft wird, und enthielt auch gewiß viel mehr Nährstoffe als Alkohol. Wie gewöhnungsbedürftig der Geschmack des Biers auch gewesen sein mag, so war es doch billig und leicht herzustellen und offenbar ein Genuß für alle, die es tranken. Es erntete sogar ein Lob von dem kritischen Diodorus Siculus, der schrieb, es stehe »an Geruch und Wohlgeschmack dem Wein nicht viel nach«. Bier war auch das Getränk, das normalerweise den Göttern oder den Verstorbenen dargebracht wurde, und außerdem ein geschätzter Bestandteil von Heilmitteln.

Das Brauen galt ebenso wie das Backen traditionell als Frauenarbeit. Der Vorgang war relativ einfach: Gemahlenes Korn wurde mit Wasser vermischt, unter Zugabe von Hefe zu einem festen Teig verknetet und kurz im Backofen gebakken. Der fertige Laib wurde dann zerbröselt, mit zusätzlichem feuchten Mehl und Wasser zum Gären in ein Gefäß gegeben und später durch ein Sieb in ein anderes Gefäß geseiht, das luftdicht verschlossen wurde, um weitere Gärung zu unterbinden, die das Getränk allzu sauer gemacht hätte. Eine ähnliche Brautechnik wird noch heute bei der Herstellung eines hausgemachten Biers in Nubien angewendet, das unter dem Namen »Booza« bekannt ist.

4

Arbeit und Spiel

Ich lasse dich das Schreiben mehr lieben als deine Mutter und lasse dich seine Vollkommenheit einsehen. Der Beruf des Schreibers ist doch der höchste aller Berufe, es gibt nicht seinesgleichen auf Erden... Es gibt keinen Beruf ohne einen Vorgesetzten, außer dem Schreiber – der ist der Vorgesetzte. Wenn du schreiben kannst, so wird das besser für dich sein als alle Berufe, die ich dir vorgestellt habe und von denen einer immer erbärmlicher ist als der andere.

Propaganda für den Beruf des Schreibers
aus dem Mittleren Reich

Bildung und die Fähigkeit, lesen und schreiben zu können, waren in der Gesellschaft der dynastischen Zeit die Schlüssel zum beruflichen Aufstieg. Die Schrift entwickelte sich in Ägypten um etwa 3000 v. Chr., und von dieser Zeit an kamen nur noch diejenigen, die lesen und schreiben konnten und Grundkenntnisse in Arithmetik besaßen, für prestigeträchtige Posten als Verwalter und Buchhalter in Beamtenschaft, Armee und Priesterschaft in Frage. Den ziemlich schwammigen Titel »Schreiber« konnte man, unabhängig vom Beruf, auf jeden anwenden, der lese- und schreibkundig war, und er wurde rasch zu einer wichtigen Auszeichnung in Ägypten. Viele wohlhabende und einflußreiche Männer unterstrichen ihren hohen Status dadurch, daß sie eine Statue von sich in der typischen Haltung des Schreibers anfertigen ließen: im Schneidersitz, einsatzbereit mit einem Pinsel aus Schilfrohr in der Hand und einer Papyrusrolle quer über die Knie gelegt. Neben besseren Berufschancen genossen die Lese- und Schreibkundigen noch eine beneidenswerte Reihe weiterer Vergünstigungen. So blieben sie von den Demütigungen harter körperlicher Arbeit verschont, die im alten Ägypten immer als etwas galt, dem man besser aus dem Weg ging. Statt dessen konnten sie ihren ohnehin schon höheren Status dadurch weiter anheben, daß sie sich unter die gleichermaßen gebildeten höheren Gesellschaftsschichten mischten, und nicht unter die ungehobelten Bauern. In scharfem Gegensatz dazu litten die Ungebildeten unter einem schweren sozialen Handicap und stießen, wenn sie aufsteigen wollten, auf eine Barriere, die sich weder umgehen noch übersteigen ließ. Es war ganz einfach so, daß jeder, der im alten Ägypen etwas galt, lesen und schreiben konnte.

Die Grundzüge des Lesens und Schreibens lernte man entweder zu Hause oder in der Schule. Erst dann konnte der Schreibschüler, der seine Ausbildung nach der traditionellen Sitte in Form einer Lehre erhielt, einen Schritt weitergehen und unter der direkten Aufsicht eines älteren und erfahreneren Schreibers arbeiten. Häufig handelte es sich dabei um einen nahen männlichen Verwandten wie den Vater oder einen Onkel. Schon im Alten Reich beschäftigten reiche Familien Hauslehrer, um ihren Kindern eine elementare Bildung zu sichern, und diese Tradition des Privatunterrichts hielt sich bis weit in das Neue Reich hinein. Allerdings wurden im Mittleren Reich, einer Zeit des Wohlstandes, im Umfeld von Königspalästen und Tempeln offizielle Schulen eingerichtet, die man als »Häuser der Lehre« bezeichnete. Dort erhielten ausgewählte Gruppen von Jungen eine gute Schulbildung, die gewährleisten sollte, daß dem stets wachsenden Staatsapparat der dringend benötigte Nachwuchs an gut ausgebildeten Beamten zur Verfügung stand. Diese Schulen waren leider ganz und gar kein Beispiel für einen phantasievollen und anregenden Unterricht, und die Schüler lernten kaum mehr als Grundfertigkeiten im Lesen,

Schreiben und Rechnen. Jeden Morgen kamen die Kinder, von denen einige erst fünf Jahre alt waren, im Freien zum Unterricht zusammen und verbrachten ihre Zeit damit, eine Reihe von klassischen Texten endlos zu rezitieren und wieder und wieder abzuschreiben. Je weiter die Schüler vorankamen, desto komplexer und langweiliger wurden diese Texte.

Als dich deine Mutter in die Schule gab, damit du lesen und schreiben lerntest, da war sie täglich da und sorgte für dich, mit Brot und Bier aus ihrem Hause. Wenn du selbst ein Mann wirst und dir eine Braut nimmst und ein Haus gründest, dann schenke deinem eigenen Sohn Aufmerksamkeit und zieh ihn ebenso sorgfältig groß, wie deine Mutter dich großgezogen hat.

Rat eines Schreibers aus dem Neuen Reich

Es gab keine besonderen Lesebücher mit einfachen Texten, um den zarten Keim der geistigen Entwicklung ägyptischer Schulkinder zu fördern. Vielmehr war das erste Buch, mit dem sie arbeiteten, ein langer Text, der sogenannte *Kemit* – eine Standardsammlung von höflichen mittelägyptischen Redensarten, Musterbriefen und Anleitungen für junge Schreiber, die in einer altmodischen, vertikalen Schrift niedergelegt waren und für die kleinen Schüler des Neuen Reiches ebenso beängstigend fremd gewesen sein müssen, wie es das Mittelhochdeutsche eines Walter von der Vogelweide für Grundschulkinder von heute wäre. Wenn die Schüler diese gewaltige akademische Hürde genommen hatten, mußten sie eine Reihe von noch schwierigeren traditionellen Texten bewältigen. Moderne Literatur wurde erst nach drei oder vier Jahren eingesetzt, wenn der Schüler schon einigermaßen flüssig lesen und schreiben konnte. Die sogenannten *Weisheitsbücher,* aus denen viele Zitate in diesem Buch stammen, waren ein integraler Bestandteil der Schreiberausbildung. Sie entstanden im Alten Reich und fanden während der gesamten dynastischen Zeit großen Anklang. Sie waren stets nach demselben Muster aufgebaut, als Listen recht langatmiger und eigenartiger Ratschläge, die ein verehrter Meister seinem eigenen Sohn oder einem Lieblingsschüler diktierte. Die Palette der angebotenen Empfehlungen umfaßte sowohl allgemeine Sinnsprüche als auch sehr spezielle Ratschläge und Tips, und viele haben auch in der modernen Welt nichts an Gültigkeit verloren:

Wenn ein Mann auf die Worte seines Vaters hört, wird ihm kein Plan mißlingen.

Aus einem *Weisheitsbuch* des Alten Reiches

Mache keine falschen Aussagen über deine Mutter, die Richter verabscheuen das.

Aus einem *Weisheitsbuch* des Mittleren Reiches

Steh einem Älteren, der sich mit Bier betrunken hat, hilfreich bei; respektiere ihn, wie es seinen Kindern geziemt.

Aus einem *Weisheitsbuch* des Neuen Reiches

Wer in den Himmel spuckt, dem fällt Speichel auf den Kopf.

Aus einem *Weisheitsbuch* der Spätzeit

Besonders mühsam wurde das Lernen für die Schüler durch die einzigartige ägyptische Tradition, drei verschiedene Schriftarten zur gleichen Zeit nebeneinander zu verwenden, von denen eine jede für eine bestimmte Art von Schriftstück als angemessen betrachtet wurde. Die volkstümlichste und am häufigsten gebrauchte Schrift bestand aus schnörkeligen Zeichen, die von rechts nach links liefen. Diese sogenannte hieratische Kursivschrift war eigens entwickelt worden, um mit einem feinen Malpinsel zügig schreiben zu können. Sie war die Schrift des Alltagslebens und folglich die meistgelernte. Im Gegensatz dazu war die Hieroglyphenschrift eine hochspezielle, komplizierte und zeitraubende Schriftart, reserviert für langfristig bedeutsame Inschriften auf Monumenten, die langsam und sehr sorgfältig gemalt oder eingeschnitten wurden. Die kursive Hieroglyphenschrift, von links nach rechts geschrieben und zwischen beiden Extremformen angesiedelt, war die Schrift für halboffizielle religiöse, magische und wissenschaftliche Texte. Gegen Ende der dynastischen Zeit führten Veränderungen in der ägyptischen Sprache zur Entwicklung der demotischen Schrift, einer vierten Schriftart, die vor allem für geschäftliche Schreiben benutzt wurde. Die altägyptischen Schüler, die sich bemühen mußten, die verschiedenen Schriftarten zu meistern, hätten ihre heutigen Leidensgenossen glühend beneidet, die nur noch zwischen drei sehr ähnlichen Schriftarten unterscheiden müssen: der normalen Schnellschrift aus miteinander verbundenen Buchstaben, einer Kursivschrift und einer eckigen Monumentalschrift.

Verschwende deinen Tag nicht mit Müßiggang, oder man wird dich schlagen. Das Ohr des Jungen sitzt auf seinem Rücken. Er hört, wenn man ihn schlägt.

Traditioneller Rat eines Schreibers

Die ägyptischen Lehrer gingen durchweg sehr streng mit ihren kleinen Schützlingen um und hielten Schläge für einen unverzichtbaren und wesentlichen Teil des Lernprozesses. Von einem erwachsenen Schüler, der mit seinem ehemaligen Mentor Erinnerungen austauscht, ist der wehmütige Satz überliefert: »Du hast meinen Rücken geschlagen, deshalb ist deine Lehre in mein Ohr eingedrungen.« Auch abgesehen von der körperlichen Züchtigung unterschied sich die anerkannte Lehrmethode wesentlich von den heute im Westen üblichen didaktischen Methoden. Vor allem wurde das Lesen durch fortwährendes Auswendiglernen, Rezitieren und anschließendes Aufschreiben ganzer Sätze gelehrt, die als geschlossene Einheit betrachtet wurden. Man versuchte nicht, den Schülern beizubringen, daß man einen Satz analysieren kann, indem man ihn Wort für Wort durchgeht, oder daß man die Schreibweise eines bestimmten Wortes verstehen kann, indem man die einzelnen Zeichen und Buchstaben, aus denen es zusammengesetzt ist, identifiziert und ausspricht. Die Schüler wurden auch nicht dazu ermutigt, selbständiges Denken zu entwickeln oder sich in phantasievoller Prosa auszudrücken. Vielmehr mußten sie die konventionellen Mustersätze wie Papageien auswendig lernen und als Ganzes wiedergeben. Dieses System des Lernens in ganzen Blöcken erklärt zu einem guten Teil, weshalb viele ägyptische Dokumente und sogar private Briefe so voller gleichlautender Wendungen sind, daß man meint, sie stammten alle vom selben Schreiber. Manche ägyptischen Briefe bestehen vollständig aus diesen Standardsätzen und sind im Grunde nur allgemeine, formelhafte Grüße ohne jeden persönlichen Inhalt, ähnlich wie heute eine vorgedruckte Geburtstags- oder Weihnachtskarte oder sogar eine kurze Postkarte als eher unpersönliche Geste der Kommunikation dienen kann.

Eine Frau zu unterweisen ist, als hielte man einen Sack Sand, der an den Seiten aufgeschlitzt worden ist.

Meinung des Schreibers Anch-Scheschonki
aus der Spätzeit

Es gibt keine direkten Hinweise darauf, daß Mädchen ihre Brüder je zur Schule begleiteten. Da der Grundschulbesuch den ersten Schritt in Richtung auf eine Berufsausbildung darstellte und von Mädchen kaum erwartet wurde, daß sie in Berufe mit hohem Status aufstiegen, schreckten die meisten Eltern wohl vor den unnötigen Kosten zurück, die eine solche Ausbildung ihrer Töchter verursacht hätte. Schließlich war eine umfassende Ausbildung ein Privileg, das nur sehr wenigen Jungen vorbehalten war, und die Mehrheit der Bevölkerung bestand aus ungebildeten Analphabeten. Dennoch entspringt die selbstgerechte Meinung des Schreibers Anch-Scheschonki nicht einer prinzipiell negativen Haltung der Gesellschaft gegenüber gebildeten Frauen. Zwar wurde Seschat, die Göttin des Schreibens, als einzige ägyptische Frau schreibend dargestellt, aber mehrere Damen wurden in enger Verbindung mit dem traditionellen Werkzeug des Schreibers, also mit Palette und Pinseln, abgebildet.[1] Zweifellos erhielten zumindest einige Königstöchter Unterricht, und der Posten des Privatlehrers bei einer Prinzessin des Königshauses war sehr angesehen. Senenmut, als Domä-

Abb. 17 Die Göttin Seschat.

nenvorsteher des Amun unter Königin Hatschepsut ein außerordentlich einflußreicher Beamter im Neuen Reich, betrachtete sein Amt als Lehrer der Prinzessin Neferure, der Tochter Hatschepsuts und Erbin des ägyptischen Throns, eindeutig als den Höhepunkt seines ungewöhnlich erfolgreichen Berufslebens.

Überraschender ist das Zeugnis einiger Ostraka, die in Der el-Medine gefunden wurden und nahelegen, daß auch ein paar ganz gewöhnliche Hausfrauen lesen und schreiben konnten. Diese Texte, offenbar private Notizen, die den Schreiberinnen als Gedächtnisstütze dienten, betreffen eher alltägliche weibliche Angelegenheiten wie Wäschelisten und Ratschläge zur Anfertigung von Unterwäsche und Kleidung und sind daher gewiß keine Schriftstücke, für die eine Frau eigens einen Schreiber bemüht hätte. Es wäre allerdings falsch, diese Hinweise zu verallgemeinern. Wahrscheinlich war das Bildungsniveau in einer Stadt wie Der el-Medine, in der ein hoher Prozentsatz von gebildeten Architekten, Steinmetzen und Künstlern mit ihren Familien wohnte, weit höher als in einer rein ländlichen Siedlung, in der nur wenige Bauern und Bäuerinnen je Lese- und Schreibkenntnisse benötigten. In Der el-Medine fanden sich interessanterweise auch mehrere Symbole, die offensichtlich von Analphabeten zur Kennzeichnung ihres per-

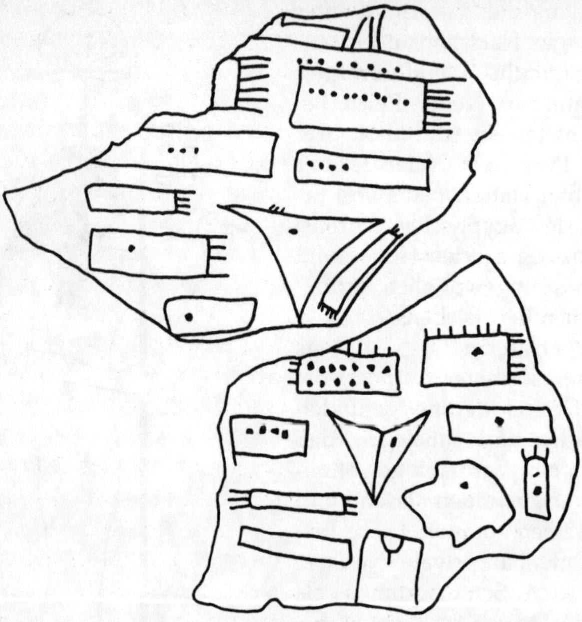

Abb. 18 Primitive Hieroglyphen aus Der el-Medine.

sönlichen Eigentums verwendet worden waren. Diese Zeichen, die von einfachen geometrischen Formen bis zu komplexeren, hieroglyphenähnlichen Figuren reichen, wurden auf Haus- und Grabwänden angebracht, am häufigsten aber zur Zeichnung von Wäsche verwendet, die man vom Berufswäscher waschen ließ.

Es gibt nichts Besseres als ein Buch, es ist wie ein Boot, das auf dem Wasser segelt.

Aus der *Satire der Berufe* aus dem Mittleren Reich

Nur sehr wenige jener privilegierten Frauen, die zumindest eine elementare Bildung genossen, konnten dann später über eine formelle Lehre auch eine Berufslaufbahn einschlagen. Der Grund dafür ist nicht unbedingt, daß es ein offizielles Verbot gegeben hätte, das Frauen von einflußreichen Ämtern ausschloß. Ein solches Veto ist nirgendwo schriftlich festgehalten. Vielmehr spiegelt sich darin die Tatsache, daß ein Mädchen gerade zu dem Zeitpunkt, zu dem sein Bruder seine Ausbildung beginnen konnte, Braut wurde und häusliche Verantwortung übernehmen mußte. Ohne all die Annehmlichkeiten des modernen Lebens und ohne zuverlässige Verhütungsmittel hatte die »Herrin des Hauses« mehr als genug Arbeit, um ihre Tage zu füllen, und war sicher nicht in der Lage, die Verpflichtungen einer beruflichen Vollzeitbeschäftigung auf sich zu nehmen. Außerdem leitete sich der Status einer Frau der Oberschicht aus der Stellung ihres Mannes in der Gesellschaft ab, und sie brauchte nicht zu arbeiten, um ihren sozialen Status zu heben oder ihren persönlichen Reichtum zu mehren.

Von einer Ehefrau wurde jedoch erwartet, daß sie ihren Mann in dem von ihm gewählten Beruf unterstützte, und das konnte sogar heißen, daß sie ihn gelegentlich auch offiziell vertrat. Das eindeutigste erhaltene Beispiel dafür, daß eine Ehefrau als Vertreterin ihres abwesenden Mannes fungierte, findet sich in einem Brief aus dem Neuen Reich, den Esamenope, der Schreiber der Nekropole, von seiner Ehefrau Henuttaui erhält.[2] Henuttaui schreibt, sie habe auf Bitten ihres Mannes die Ankunft zweier mit Getreide beladener Schiffe überwacht, deren Ladung als Monatsration an die Arbeiter von Theben ausbezahlt werden sollte. Bedauerlicherweise stellte sich beim Entladen der Schiffe heraus, daß die Anzahl der Getreidesäcke offensichtlich zu niedrig war. Henuttaui stellte die Mannschaft nicht selbst zur Rede, schlug jedoch vor, man solle der Sache auf den Grund gehen, weil sich während der Reise eindeutig jemand an der Ladung zu schaffen gemacht habe. Zwar wäre es eher üblich gewesen, daß ein Sohn die Rolle Esamenopes übernommen hätte, aber niemand stellte Henuttauis Recht in Frage, offiziell im Auftrag ihres Mannes zu handeln, und man hielt sie anscheinend für durchaus kompetent, diese Aufgabe zu erfüllen.

Die reichen Damen, die das Glück hatten, noch Zeit erübrigen zu können, wandten sich dem Tempel zu, um ihre freien Stunden nutzbringend zu füllen und gleichzeitig ihre gesellschaftliche Position aufzuwerten. Die Religion bot die einzige außerordentlich achtbare »Karriere« für die Frauen des ägyptischen Königshauses und der Oberschicht und galt als anerkanntes Beschäftigungsfeld für nichtberufstätige Frauen, ebenso wie unsere moderne Gesellschaft den Frauen hohen Respekt zollt, die es nicht nötig haben, einer bezahlten Arbeit nachzugehen, aber genügend Gemeinsinn besitzen, eine ehrenamtliche Tätigkeit für einen wohltätigen Zweck zu übernehmen. Das öffentliche Leben in Ägypten wurde sehr stark von Männern beherrscht, und in allen großen Provinzzentren hatte die männliche Elite die wichtigen und angesehenen Verwaltungsposten als Bürgermeister, Richter oder hohe Staatsbeamte inne. Ihren Frauen stand es frei, ein entsprechendes, ihrem hohen Stand gemäßes Interesse am Tempel der Stadt zu entwickeln, wo sie oft als Priesterinnen dienten, besonders, wenn die Verehrung dort einer Göttin galt. Es bleibt jedoch unklar, welche Pflichten diese Priesterinnen aus der Oberschicht übernahmen. Ob man von ihnen erwartete, daß sie regelmäßig Zeremonien im Tempel vollzogen, ist eher fraglich, und es sieht ganz so aus, als habe es sich um reine Ehrentitel gehandelt, die automatisch alle verliehen bekamen, die den Tempel in großem Stil förderten. Es wäre sicherlich falsch, diese Priesterinnen einfach als Angestellte des Tempels einzustufen. Wahrscheinlich erwartete man von ihnen eher Spenden für den Tempelschatz, als daß sie einen Lohn für ihre Dienste erhielten.

Gepflegte Rede ist seltener als Grünstein, und doch ist sie selbst im Gespräch der Mädchen zu finden, die am Mahlstein arbeiten.

Weisheitslehre des Alten Reiches

Die traditionelle ägyptische Arbeitsteilung setzte voraus, daß der Mann außerhalb des Hauses und die Frau im Haus arbeitete. Diese Auffassung wurde von der zeitgenössischen Literatur bekräftigt, die stets aktive Männer schilderte, die von passiven Frauen unterstützt wurden. Und sie wurde auf subtile Weise durch die künstlerische Konvention unterstrichen, Frauen hellhäutig zu malen, da sie ja im Haus lebten, und ihnen sonnengebräunte Ehemänner an die Seite zu stellen, die offensichtlich viel draußen arbeiteten. Die Gemälde in den Gräbern entsprechen so vollständig der konventionellen Vorstellung des Alltagslebens, daß wir nur wenige Szenen kennen, die Frauen nicht in einem rein häuslichen Umfeld darstellen, und gar keine Szene, die eine Frau bei der Verrichtung irgendeiner Arbeit von großer Bedeutung zeigen würde. Dabei ist allerdings zu bedenken, daß die Grabmalereien eine bewußt idealisierte und genormte Lebensweise darstellen sollten. Ebenso, wie der Moralkodex der Oberschicht im 19. Jahrhundert festschrieb, daß der Platz einer Frau im Haus sei, und dabei die unzähligen Frauen, die sich ihren Lebensunterhalt selbst verdienen mußten, geflissentlich übersehen wurden, unterstreichen die ägyptischen Grabgemälde, daß bezahlte Arbeit eigentlich das Vorrecht des Mannes war. Daß auch nur wenige Frauen gezeigt werden, die die Zubereitung der Speisen beaufsichtigen, gibt uns vielleicht einen Hinweis auf den Mangel an Realismus in diesen konventionellen Bildern.

Wie nicht anders zu erwarten, war die Trennung der Aufgabenbereiche in Wirklichkeit nicht ganz so scharf, und es wäre ein großer Fehler, die wirtschaftliche Bedeutung der ägyptischen Frauen und auch ihrer Kinder zu unterschätzen, die schon sehr früh eine Vollzeitarbeit aufnehmen konnten, da sie nicht durch entsprechende Gesetze vor Kinderarbeit geschützt waren. Viele Frauen mußten sogar außerhalb des Hauses arbeiten, um das Familieneinkommen aufzubessern. Die in Frage kommenden Arbeitsgebiete lassen sich in drei Grundkategorien einteilen: Wer gute Beziehungen und eine akzeptable Bildung besaß, konnte eine Stellung als Hausvorsteherin, Hausverwalterin oder ähnliches annehmen, die berufliche Qualifikationen verlangte. Wer entsprechende Fähigkeiten und Talente besaß, konnte in den von Frauen beherrschten Bereichen der Musik, des Webens oder des Bestattungswesens tätig werden, und wer wenig oder gar keine Bildung genossen hatte, arbeitete als Hausmädchen.

Mehrere Bezeichnungen für berufstätige Frauen sind auf Grabwänden und Grabstelen erhalten geblieben,[3] doch beziehen sie sich nur auf eine relativ eng begrenzte Auswahl von Tätigkeiten; alles deutet darauf hin, daß die Berufe, die den Frauen offenstanden, sowohl von der Tradition als auch von den Bildungsmöglichkeiten her beschränkt waren. Wenn man die reinen Ehrentitel (Einziger Schmuck des Königs, Bekannte des Königs usw.) sowie die eher niedrigen Aufgaben von Dienerinnen (Friseurin, Mädchen, das das Korn mahlt usw.) aus der Liste herausnimmt, wird klar, daß die meisten gebildeten Frauen als Hausverwalterinnen oder als Aufseherinnen über hauptsächlich weibliche Tätigkeiten wachten.[4] Fast immer fand ihre Arbeit im Haus statt, und oft, aber nicht immer, waren sie bei vornehmen Damen angestellt, die über ein eigenes, hauptsächlich aus Dienerinnen bestehendes Gefolge verfügten. Diese Aufteilung der Arbeit nach Geschlechtern wird von den vielen Darstellungen des privaten Lebens bestätigt, die zeigen, wie Dienerinnen sich um das Wohl ihrer Herrin kümmern, während deren Ehemann von Männern bedient wird. Sie erstreckt sich auch auf das religiöse Leben, wo im allgemeinen den männlichen Gottheiten Priester, den weiblichen Gottheiten Priesterinnen dienten.[5] Und selbst kleine Kinder spielten anscheinend schon nach Geschlechtern getrennt, denn bildliche Darstellungen zeigen Jungen und Mädchen stets mit verschiedenen Spielen beschäftigt.

Die Aufseherinnen und Vorsteherinnen übten ihre Funktion vorwiegend gegenüber Arbeiterinnen aus, die mit anerkannt weiblichen Tätigkeiten beschäftigt waren. So wissen wir seit dem Alten Reich von Frauen, die als »Vorsteherin der Weberinnen«, »Vorsteherin der Perückenwerkstätten«, »Vorsteherin der Tänzerinnen des Königs« und sogar als »Vorsteherin des königlichen Harems« arbeiteten – alles typisch weibliche Berufe. Diese Titel waren nicht ausschließlich auf Frauen beschränkt – es gab bestimmt auch einige männliche Aufseher über das Perückenmachen, Tanzen und die Musik – aber die leitenden Frauen waren im allgemeinen für die Tänzerinnen, Sängerinnen und die Perükkenmacherinnen zuständig, die Perücken für Frauen herstellten. Männer haben also gelegentlich die Frauen beaufsichtigt, die in diesen Berufen tätig waren, während wir andersherum keine direkten Hinweise darauf finden, daß Frauen je männliche Arbeitskräfte angeleitet hätten. Die Arbeit der Verwalterinnen war auf private Haushalte oder das Königshaus beschränkt, und obwohl es buchstäblich Tausende von Schreibern im Dienst des Staates gab, wissen wir erstaunlicherweise von keiner einzigen Frau, die einen einflußreichen staatlichen Posten innegehabt hätte. Weniger überraschend ist vielleicht, daß wir auch von keiner Frau wissen, die einen hohen Posten in der Armee oder in der Verwaltung der Landwirtschaft bekleidet hätte.

Die höchsten Amtstitel, die je eine Frau trug, führte eine Dame des Alten Reiches namens Nebet, Gattin des Hui. Sie lauteten: »Einziger Schmuck des Königs« und »Erbprinzessin, Tochter des Geb, Komtesse, Tochter von Merhu, Die vom Vorhang, Richterin und Wesirin, Tochter des Thot, Gefährtin des Königs von Unterägypten, Tochter des Horus«. Der Wesir bekleidete die mächtigste und angesehenste Position im alten Ägypten, und diese war zumindest theoretisch nicht erblich. Er fungierte als rechte Hand des Königs und war häufig ein Mitglied der engsten Königsfamilie. Da er gleich nach dem Herrscher an zweiter Stelle im Staat stand, fungierte er als oberster Beamter und auch als höchster Richter. Es wäre gewiß außerordentlich überraschend gewesen, wenn eine Frau eine so bedeutende Autoritätsposition innegehabt hätte. Aus Indizienbeweisen geht hervor, daß Nebet zwar eindeutig den Titel »Wesir« verliehen bekam, daß jedoch ihr Ehemann Hui die Pflichten, die dieses Amt mit sich brachte, übernahm.[6] Erst in der 26. Dynastie wurde wieder einer Frau die Ehre dieses Titels zuteil.

Die Verwalterinnen stiegen offenbar im Alten Reich bis in einflußreiche Positionen auf, während wir aus dem Mittleren und Neuen Reich Hinweise darauf besitzen, daß Frauen zwar als bezahlte Kräfte im Haushalt arbeiteten, aber nicht mehr als Aufseherinnen oder Vorsteherinnen eingestuft wurden und nicht einmal weniger bedeutende leitende Posten in den Königspalästen übertragen bekamen. Wir wissen allerdings von einigen »Domänenvorsteherinnen« und »Schatzmeisterinnen«, die im Mittleren Reich im privaten Bereich tätig waren. Eine solche professionelle Verwalterin war »Tchat, Schatzmeisterin und Verwalterin des Eigentums ihres Herrn«, deren Name und Titel mehrfach an den Wänden von Privatgräbern aus der 12. Dynastie in Beni Hasan erwähnt werden.[7] Tchat arbeitete als Verwalterin im Haus des einflußreichen Bezirksgouverneurs Chnumhotep, wo sie offenkundig höchstes Ansehen genoß. Reliefs in Chnumhoteps Grab, auf denen Tchat mehrmals abgebildet ist, wobei sie jeweils nahe bei der Herrin des Hauses, Cheti, steht, weisen darauf hin, daß sie eine wichtige Rolle im Familienleben spielte. Tchat verband ihre Rolle als Schatzmeisterin des Hauses mit der einer Konkubine des Hausherrn. Nach Chetis Tods gab sie später ihre offiziellen Pflichten auf und heiratete Chnumhotep, so daß ihre beiden noch lebenden unehelichen Söhne rechtmäßige Erben ihres Vaters wurden.

Der Himmel und die Sterne machen ihre Musik für dich, die Sonne und der Mond rühmen dich. Die Götter lobpreisen dich, und die Göttinnen singen dir ihr Lied.

Verse aus dem Tempel der Hathor in Dendera

Die Musik bot besonders einträgliche berufliche Möglichkeiten, die sowohl Männern als auch Frauen offenstanden. Sie konnten entweder freiberuflich arbeiten oder als Angestellte fest in einem Herrenhaus oder einem Tempel beschäftigt sein.[8] Gute Musikanten waren stets gefragt, und begabte Musiker und Komponisten konnten einen hohen sozialen Status erlangen. So waren etwa die beiden Musikerinnen Hekenu und Iti, die als Duo auftraten, im Alten Reich so berühmt, daß sie sogar im Grab des Buchhalters Nikaure bildlich verewigt wurden. Das war eine außergewöhnlich hohe Ehre, da nur wenige Ägypter bereit waren, nicht mit ihnen verwandte Personen in ihren Privatgräbern darzustellen. Musik erklang in Ägypten überall, und man kann ihre Be-

Abb. 19 Musikantinnen spielen beim Gastmahl auf.

deutung für das Alltagsleben der dynastischen Zeit kaum überschätzen. Die Arbeiter auf den Feldern sangen beliebte Volkslieder, die Schiffer auf dem Nil ruderten im Takt eines traditionellen Seemannsliedes, und das Heer marschierte zum Klang von Trommeln und Trompeten. Mußestunden wurden mit Gesang und Tanz gefüllt, Auftritte von Gruppen hübscher Sängerinnen und Tänzerinnen gehörten zum Standardunterhaltungsprogramm nach Tisch, und selbst die schweren Särge wurden unter rhythmischem Händeklatschen zum Ort der Beisetzung gezogen. Es ist daher sehr bedauerlich, daß zwar mehrere Instrumente und auch viele künstlerische Darstellungen von Musikanten erhalten geblieben sind, wir aber kaum eine Vorstellung davon haben, wie diese Musik eigentlich klang. Da wir keine erkennbare musikalische Theorie und Notation besitzen, können Versuche, die Klänge zu reproduzieren, an denen sich die Pharaonen erfreuten, kaum über interessante Mutmaßungen hinausgelangen.

Zum typisch ägyptischen Orchester gehörte eine große Gruppe von Schlaginstrumenten wie Rasseln, Klappern und Trommeln, die den Takt der Musik angaben, und eine

Abb. 20 Gruppe von Schlagzeugerinnen.

starke Besetzung an Blas- und Saiteninstrumenten, bestehend aus Klarinetten, doppelten Oboen und Flöten sowie mindestens einer Harfe. Im Alten Reich wurden die Musiker von einem Dirigenten geleitet, der vor ihnen stand und durch eine Reihe komplizierter Gesten den Rhythmus und die Tonhöhe angab. Dieser Dirigent muß im Laufe des Mittleren Reiches allmählich überflüssig geworden sein und erscheint auf Bildern des Neuen Reiches nicht mehr. Damals wurden erstmals Leiern und Lauten aus Asien nach Ägypten eingeführt, die sehr rasch zu beliebten Neuerungen im Standardensemble für Tischmusik wurden.

Man war der Auffassung, daß alle ägyptischen Götter und Göttinnen Freude an hübschen Melodien hatten, und so beschäftigten alle Tempel Instrumental- und Vokalensembles sowie Tänzerinnen, um die Kommunikation mit den Göttern zu verbessern. Diese Musikerinnen und Musiker waren von den Tempeln fest angestellt und erhielten regelmäßig Unterricht von offiziellen Lehrern, die sich große

Mühe gaben, ihren Gesang und das rhythmische Klatschen so weit wie möglich zu perfektionieren. Eine herausragende Stellung nahmen die offiziellen Sängerinnen der Gottheit ein; viele Frauen der Oberschicht bezeichneten sich als Tempelsängerin und ließen diesen Titel auch auf ihre Grabmäler schreiben. Allerdings handelte es sich auch in diesem Fall offenbar eher um ein Ehrenamt am Tempel als um eine bezahlte Arbeit. Diese Damen genossen mit Sicherheit hohen Respekt, und in Abydos gab es sogar einen besonderen Friedhof, der für die Sängerinnen einiger Gottheiten und ihre totgeborenen Kinder reserviert war.

Heilige Musik für Hathor, eine Million mal Musik, weil du Musik liebst, Millionen mal Musik, wo immer du bist. Ich bin der, der die Sängerin Musik für Hathor machen läßt, zu jeder Stunde, in der sie es wünscht.

Aus einem Lied an Hathor aus dem Mittleren Reich

Nur sehr wenige Götter spielten selbst ein Instrument, der einzige, der häufig dabei abgebildet wird, wie er zu seinem eigenen offenkundigen Vergnügen musiziert, ist der häßliche, zwergengestaltige Gott Bes, der für Frauen im Kindbett zuständig war. Ein stärkerer Zusammenhang bestand im allgemeinen zwischen Göttinnen und der Musik: Die Göttin Merit wurde als die Personifikation der Musik angesehen, doch Hathor, Göttin der Liebe, »Herrin der Musik«, und Beistand bei Geburten im Königshaus, war am engsten mit der Musik verbunden, besonders mit dem nur von Frauen gespielten Sistrum, einer ziemlich großen Rassel mit einem schlaufenförmigen Bügel und einem langen Griff, auf dem oft das Haupt Hathors abgebildet war. Ursprünglich versinnbildlichte es das Papyrusdickicht im Nildelta, in dem sich Hathor der Sage nach mit ihrem kleinen Sohn hatte verstecken müssen. Mit der Zeit verlor das Sistrum seine ursprüngliche Bedeutung völlig und entwickelte sich zu einem religiösen Symbol für das Leben. In der Folge wurde es anderen Gottheiten zugeordnet und am Ende der dynastischen Zeit vor allem mit dem Kult der Göttin Isis identifiziert. Das Spiel des Sistrum war häufig begleitet vom Klirren der schweren Perlenhalsbänder oder *menit*, die die Musikantinnen in der freien Hand trugen. In geringerem Maße wurde auch das runde Tamburin sowohl mit Frauen als auch mit Religion assoziiert. Abbildungen aus dem Neuen Reich legen nahe, daß es eine Verbindung zwischen diesen Tamburinen und den Kulten der Göttinnen Hathor und Isis gab, und wir wissen aus Abbildungen in den erhaltenen Geburtshäusern einiger Tempel, daß das Schlagen von runden Tamburinen die angemessene Art war, die göttliche Geburt eines Königs anzuzeigen.

Ursprünglich wurde Musik offenbar aus prosaischeren Gründen mit Frauen assoziiert. Im *Erotischen Papyrus Turin* ist beispielsweise eine Szene abgebildet, in der eine Prostituierte ihre Leier hastig zu Boden geworfen hat, um mit einem ungeduldigen Freier zu schlafen, und eine grobe Skizze auf einem Stück Holz, das in einem thebanischen Grab aus dem Neuen Reich gefunden wurde, zeigt eine Frau mitten im Geschlechtsverkehr mit einem Mann, die aber dennoch ihre Laute festhält. Daraus läßt sich eindeutig schließen, daß Prostituierte ihre musikalischen Talente einsetzten, um Freier anzulocken. Ein Zusammenhang zwischen Musik, Weiblichkeit, Sexualität und sogar dem Kindbett wird außerdem durch die Bes-Tätowierungen auf den Schenkeln der musizierenden Prostituierten hergestellt. Weniger geschmackvoll sind für den modernen Betrachter Figürchen von männlichen Harfenspielern, deren Instrumente auf übergroßen Phalli ruhen, was wiederum die Verbindung von Musik und Sexualität unterstreicht.

Der Weber ist in der Werkstube; ihm geht es schlechter als einer gebärenden Frau, denn seine Knie drücken auf seinen Magen, und er bekommt keine Luft. Wenn er einmal einen Tag vertrödelt, ohne zu weben, dann bekommt er 50 Schläge mit der Lederpeitsche. Er muß dem Türhüter Lebensmittel geben, damit er ihn noch bei Tageslicht hinausläßt.

Aus der *Satire der Berufe* aus dem Mittleren Reich

In der gesamten Alten Welt galt die Herstellung von Tuch in erster Linie als Frauenarbeit. Im annähernd zeitgenössischen Griechenland und Rom war die Herrin des Hauses ganz allein für die Beschaffung aller Tuchstoffe (ausnahmslos aus Wolle) verantwortlich, die ihre Familie brauchte. Man benötigte Material für die gesamte Kleidung, die Bettwäsche, Handtücher und Leichentücher – eine gewaltige Aufgabe für jede Hausfrau. Die Herstellung dieser Stoffe wurde zu einer hochbewerteten häuslichen Aufgabe, was schließlich dazu führte, daß die Wollarbeit, also das Spinnen und Weben zum Synonym für die Frauenarbeit schlechthin wurde, und diese Arbeit erwartete man von Frauen aller Ränge und Altersstufen. Eine tugendhafte Frau erkannte man leicht an ihrer Geschicklichkeit am Webstuhl, und selbst von den vornehmsten griechischen Damen wurde erwartet, daß sie einen großen Teil des Tages am Webstuhl zubrachten, um die Kleidung für ihren Haushalt und die von ihm abhängigen Personen herzustellen.[9] Da der große, schwere Webstuhl kaum zu transportieren war, hieß das in der Praxis, daß die Frauen dazu verurteilt waren, viele Stunden allein zu Hause zu arbeiten.

In Ägypten wurden diese Dinge erheblich weniger starr gehandhabt. Das gewerbliche Weben war zwar auch dort eine vornehmlich von Frauen ausgeübte Tätigkeit, besonders im Alten Reich, als die Hieroglyphe für »Weber« eine sitzende Frau darstellte, die offenbar ein langes, schmales Weberschiffchen in der Hand hielt. Andererseits mußten aber nicht alle Frauen weben lernen, denn Tuch konnte man leicht durch Tauschhandel beschaffen. Allerdings konnte man eben auch jeden Überschuß an selbstgefertigtem Leinen auf dem Markt gegen andere Haushaltsgüter tauschen, und so brauchten ägyptische Männer der unteren Schichten sich nicht zu schämen, wenn man sie am Webstuhl arbeiten sah, und mehrere Arbeiter in Der el-Medine entschuldigten ihr Fehlen bei der Arbeit unbefangen mit der Auskunft, sie hätten zu Hause bleiben und weben müssen. Werkstätten, die an Tempel oder große Landgüter angeschlossen waren und in denen Frauen und in geringerem Umfang auch Männer beschäftigt wurden, betrieben die Weberei in großem Stil, und im Harem des Königs wurde das feinste Leinen für das Königshaus produziert. Dabei führten die Damen des Harems vielleicht auch einige kompliziertere Näharbeiten selbst aus, aber ihre eigentliche Aufgabe war, die Arbeiterinnen in den Webstuben zu beaufsichtigen und anzuleiten. Das Weben war nur eine der wirtschaftlich wertvollen Nebenbeschäftigungen der Frauen am Königshof.

Leinen war mit Abstand die wichtigste in Ägypten hergestellte Stoffart. Flachs, die Pflanze, aus der das Leinen gewonnen wird, war ursprünglich nicht in Ägypten heimisch, wurde aber schon in vordynastischer Zeit eingeführt, stieg rasch zu einer wichtigen Feldfrucht auf, aus der sowohl Leinen als auch Leinöl gewonnen wurde, und blieb während der gesamten dynastischen Zeit ein geschätzter Rohstoff. Wenn man bedenkt, daß für das Einwickeln einer einzigen Mumie manchmal mehr als 375 Quadratmeter Material benötigt wurden, kann man erst richtig würdigen, wie wichtig der Flachsanbau war. Selbst wenn es üblich war, gebrauchte Haushaltswäsche und Leinenbinden bei der Mumifizierung der Toten wiederzuverwenden, muß es doch eine rege Nachfrage nach neuem Leinen gegeben haben.

Der eigentliche Herstellungsprozeß war relativ einfach, aber zeitraubend. Der Flachs wurde bei der Ernte als ganze Pflanze aus dem Boden herausgezogen, damit der Stengel unversehrt erhalten blieb; je jünger die Pflanze, desto feiner fiel am Ende der Faden aus. Nach einer Vorbereitungsphase spann man die Flachsfasern auf einer kleinen Handspindel, so daß man ein Knäuel Faden bekam, der links herum gedreht wurde, weil sich Flachs beim Trocknen von Natur aus in diese Richtung dreht. Der gesponnene Faden wurde dann auf einem Webstuhl zu Tuch verwoben. Horizontale, von Hand betriebene Webrahmen aus Holz, die man auf der Erde kauernd bediente, wurden von Männern wie Frauen in den gewerblichen Werkstätten benutzt, bis die Hyksos, die fremden Invasoren der Zweiten Zwischenzeit, den mechanisch effizienteren senkrechten Webrahmen einführten. Diese neue Art Webstuhl wurde ausschließlich von Männern bedient. Der fertige Stoff wurde an einer Ecke entweder vom Weber oder vom Eigentümer sorgfältig gezeichnet und dann in Ballen oder als großflächiges Tuch (das bis zu zwei Meter breit und gelegentlich über 25 Meter lang sein konnte) in besonderen Weidenkörben oder Holztruhen aufbewahrt. Man produzierte Stoff unterschiedlicher Qualität, und das feinste und glatteste Leinen war zu Recht in der ganzen Alten Welt hochgeschätzt.

Der Tod steht mir heute vor Augen wie das Verlangen eines Menschen, seine Heimat wiederzusehen, wenn er viele Jahre in Gefangenschaft verbracht hat. Text aus dem Mittleren Reich

Manche Frauen fanden Arbeit in einem Beruf, der ausschließlich Frauen vorbehalten war: Sie wurden Klagefrauen. Diese Spezialistinnen holte man, um den Status eines Verstorbenen durch öffentliche Trauerbekundungen bei seinem Begräbnis zu unterstreichen. Sie waren also kein unerläßlicher Bestandteil eines Beisetzungsrituals, steigerten aber dessen Wirkung. So weit wir das aus zeitgenössischen Abbildungen in Gräbern entnehmen können, verlangte diese Tätigkeit von den Frauen, daß sie, in ein traditionelles Trauergewand aus weißem oder blaugrauem Leinen gehüllt, dem Leichenzug folgten und ostentativ ihre Trauer zum Ausdruck brachten, indem sie laut wehklagten, sich auf die entblößte Brust schlugen, ihren Körper mit Erde beschmierten und sich die Haare rauften. All dies waren Zeichen für unkontrolliertes Verhalten, für die »Unordnung des Kummers«, die in starkem Gegensatz zum Image der Gelassenheit und Gepflegtheit standen, das die ägyptischen Frauen normalerweise bewunderten. Manchmal begleiteten sehr kleine Mädchen ihre Mütter bei dieser Arbeit; im thebanischen Grab des Ramose aus dem Neuen Reich ist eine Gruppe von Klagefrauen abgebildet, zu der ein winziges Mädchen gehört, das sowohl durch seine kleine Gestalt als auch durch seine Nacktheit als Kind gekennzeichnet ist. Eine wichtigere Rolle beim Beisetzungsritual spielten die beiden Frauen, die dazu auserwählt waren, die beiden *djeryt* Isis

Abb. 21 Klagefrauen aus dem Grab des Neferhotep.

und Nephthys, darzustellen, die Schwestern des Osiris, die die Gestalt von Vögeln angenommen hatten, als sie die Welt nach ihrem toten Bruder absuchten. Diese Frauen trugen ein archaisches Futteralkleid und eine kurze, ordentliche Perükke. Sie gingen direkt neben dem Schlitten, den man benutzte, um den Leichnam zum Grab zu ziehen, und blieben ansonsten bei der Zeremonie völlig passiv.

Einige wenige Frauen fungierten auch als offizielle Totenpriesterinnen und erhielten, genau wie der häufig zitierte Hekanacht, eine Bezahlung dafür, daß sie zuverlässig für das Grab eines Verstorbenen sorgten und alle rituellen Opfergaben zur rechten Zeit darbrachten. Diese Aufgabe war im allgemeinen erblich, die Sorge für das Grab ging vom Vater auf den Sohn oder die Tochter über, bis das dafür bezahlte Stiftungsgeld aufgebraucht war.

Der Diener, der nicht geschlagen wird, ist in seinem Herzen voller Flüche. Rat für Arbeitgeber aus der Spätzeit

Eine ägyptische Frau konnte immer Arbeit als Dienerin finden, denn das Fehlen moderner Annehmlichkeiten wie Elektrizität und Leitungswasser bedeutete, daß eine stete

Nachfrage nach ungelernten Arbeitskräften für den Haushalt herrschte. Der Lohn für Dienerinnen war recht gering, und in den meisten Häusern der Mittel- und Oberschicht gab es zumindest ein Hausmädchen, das dort die Hausfrauenpflichten kennenlernte und gleichzeitig bei den schweren Arbeiten half. Mädchen traten oft schon sehr früh eine solche Stelle an, und die besorgten Mütter zählten darauf, daß ihre Arbeitgeber verantwortungsbewußt genug waren, um ihre unerfahrenen Töchter zu schützen und ihnen ein solides Grundwissen beizubringen. Diese Sorge um das Wohl der jüngeren Dienstboten veranschaulicht sehr schön ein privater Brief des Schreibers Ahmose aus dem Neuen Reich. Ahmose machte sich Sorgen um das Schicksal eines jungen Hausmädchens, das seinem besonderen Schutz unterstellt worden war, jetzt aber aus unerklärlichen Gründen, offenbar auf Befehl seines Vorgesetzten, des Schatzmeisters Ti, sein Haus verlassen hatte.

Was ist der Grund dafür, daß mir die Dienerin weggenommen wurde, die mir anvertraut worden war, die aber jetzt jemand anders bekommen hat? ... Mir geht es nicht um den Verlust ihrer Arbeitskraft, denn sie ist noch sehr jung und versteht noch nichts von ihrer Arbeit ... Aber ihre Mutter schickte mir eine Botschaft, in der sie schrieb: »Du hast erlaubt, daß dir mein Kind weggenommen wurde, dabei habe ich es dir anvertraut ...«[10]

Hausangestellte waren offenbar eng an den Haushalt ihres Dienstherren gebunden, aber sie konnten ihre Stellung verlieren, wenn sie sich nicht entsprechend verhielten:

Sobald du diesen Brief von Sahathor erhältst, sorge dafür, daß das Hausmädchen Senen aus meinem Haus hinausgeworfen wird. Paß ja auf, daß sie nicht einmal mehr eine einzige Nacht in meinem Haus verbringt! Wenn sie meiner Konkubine irgendein Leid zufügt, werde ich dich dafür zur Rechenschaft ziehen.

Brief aus dem Mittleren Reich,
geschrieben von Hekanacht

Diener darf man nicht mit Sklaven verwechseln, denn obwohl diese in vielen Fällen die gleichen Aufgaben zu erfüllen hatten, blieben sie stets das rechtmäßige Eigentum ihrer Herren und Herrinnen,[11] die sie verkaufen, weitergeben, freilassen oder nach Belieben verleihen durften, aber im Gegenzug auch verpflichtet waren, sie zu ernähren, zu kleiden und sich um ihren Besitz zu kümmern, ebenso wie sie sich um das Wohl ihrer freien Dienstboten kümmerten. Ungeachtet der berühmten Kinoszenen etwa in den Filmen Cecil B. De Milles, in denen Millionen von Sklaven unter der heißen Sonne Ägyptens schuften, leiden und sterben, war die Sklaverei in Ägypten relativ selten. Man wurde entweder in die Sklaverei hineingeboren oder hatte das Pech, in Kriegsgefangenschaft zu geraten:

Ich habe diejenigen in großer Zahl als Gefangene gebracht, die mein Schwert verschont hat, gefesselt wie Vögel vor meine Pferde, auch ihre Frauen und Kinder zu Tausenden und auch ihr Vieh …

Inschrift Ramses' III.

Zwar brachten auch ausländische Sklavenhändler ihre Ware nach Ägypten, doch kann man ganz und gar nicht davon ausgehen, daß alle ausländischen Arbeitskräfte in Ägypten Sklaven waren. Die florierende Wirtschaft zog viele professionelle Weber, Sängerinnen und Tänzerinnen an, und aus Asien eingewanderte Arbeitskräfte waren in der dynastischen Zeit eine alltägliche Erscheinung. Dagegen entschieden sich anscheinend einige wenige frei geborene Ägypter dafür, sich in die Sklaverei zu begeben, wobei ein rechtlich bindender Vertrag des Selbstverkaufes oder der Selbstübergabe geschlossen werden mußte. Dadurch konnten sie sich von einer drückenden Schuldenlast gegenüber ihrem Herrn befreien, der dann ihr Besitzer wurde. Daß frei geborene Ägypter bereit waren, diesen unwiderruflichen Schritt zu tun, der sowohl für sie selbst als auch für ihre Nachkommen bindend war, legt die Vermutung nahe, daß das Leben eines ägyptischen Sklaven vielleicht nicht ganz so hart war, wie wir es uns vorstellen.

Ob von Sklavinnen oder auch Dienerinnen erwartet wurde, daß sie ihrem Herrn und seinen Hausgästen sexuell zur Verfügung standen, ist unklar, allerdings wissen wir, daß viele unverheiratete Sklavinnen in der Gefangenschaft Kinder zur Welt brachten. Unsicher ist auch, ob in den Bordellen des dynastischen Ägypten freie Frauen oder Sklavinnen arbeiteten. Sicherlich gab es in allen anderen Gesellschaften, in denen Sklaven gehalten wurden, die Erwartung, daß die Sklavinnen mit ihren Herren schliefen, wann und wie diese es wünschten, und die weniger konventionellen Griechen verlangten auch von hübschen jungen Sklaven, daß sie den Männern des Hauses zu Diensten waren. Der Fall von Nenufer und Nebnefer, die eine Sklavin ausdrücklich zu dem Zweck erwarben, ihnen Erben zu gebären, wurde in Kapitel 1 besprochen. Nach ägyptischem Recht kamen solche Kinder als Sklaven zur Welt, doch ihr Besitzer / Vater konnte sie problemlos freilassen und adoptieren. Wir müssen annehmen, daß nicht nur dieses Paar eine Sklavin als Ersatzmutter heranzog, und aus der Bibel geht hervor, daß dieses Verfahren damals wohl durchaus üblich war:

Sara, Abrahams Frau, hatte ihm keine Kinder geboren. Sie hatte aber eine ägyptische Magd namens Hagar. Sara sagte zu Abraham: Der Herr hat mir Kinder versagt. Geh zu meiner Magd! Vielleicht komme ich durch sie zu einem Sohn ... Sara, Abrahams Frau, nahm also die Ägypterin Hagar, ihre Magd ... und gab sie ihrem Mann Abraham zur Frau. Genesis 16, 1–3

Letztlich galt jeder Ägypter als Diener des Königs, der die Dienste seines Volkes in Anspruch nehmen konnte, wann und wie er es für nötig hielt. Im Rahmen des schon früh eingerichteten Systems des Frondienstes waren alle Ägypter verpflichtet, ihre Arbeitskraft für Projekte des Königs wie etwa den Bau eines öffentlichen Monumentes oder das Ausheben von Bewässerungsgräben zur Verfügung zu stellen. Nur wer bereits an wichtigen Vorhaben mitarbeitete, wie die höheren Bediensteten an den lokalen Tempeln, war rechtlich von dieser Dienstverpflichtung ausgenommen; allerdings gelang es Verwaltungsbeamten und reichen Ägyptern, die Bestechungsgelder zahlen oder einen Ersatzarbeiter schicken konnten, leicht, sich von ihrer Pflicht zum Wohle der Allgemeinheit zu befreien. Die schwere Last des Frondienstes lag daher vorwiegend auf den Schultern der Armen, der Ungebildeten und der Kleinbauern, und die härteste Arbeit – den Bergbau in den Goldminen des Sudan – mußten nur Straftäter und Kriegsgefangene verrichten. Aber natürlich war aller Frondienst schwer und höchst unbeliebt und wurde obendrein nur mit Essensrationen bezahlt, die gerade zum Leben reichten. Arbeitsverweigerung wurde dagegen extrem hart bestraft, und wer sich der Dienstverpflichtung zu entziehen suchte, mußte mit einer lebenslänglichen Gefängnisstrafe rechnen, die immer wieder von Zwangsarbeit unterbrochen wurde. Frauen waren nicht automatisch vom Frondienst ausgenommen, und ein Register aus dem Mittleren Reich zählt die Namen von achtzig Flüchtigen auf, darunter auch den der Teti, der Tochter des Schreibers Sainhur, die für schuldig befunden wurde und gegen die »... der gerichtliche Beschluß erging, das Gesetz auf sie anzuwenden, das für jemanden gilt, der flieht, ohne seine Pflicht zur Fronarbeit zu erfüllen«.

An jenem Tag gab der Arbeiter Menna dem Polizeivorsteher Mentmose einen Topf frisches Fett. Mentmose versprach ihm: »Ich werde dich dafür mit Gerste bezahlen, die ich von meinem Bruder bekomme. Mein Bruder übernimmt die Garantie für das Geschäft. Möge Re dich bei guter Gesundheit erhalten.«

Ostrakon aus Der el-Medine

Viele Frauen konnten einen wichtigen Beitrag zum Familieneinkommen leisten, ohne eine Stellung außerhalb des Hauses zu suchen. Zwar gebot die Tradition eine strikte Arbeitsteilung zwischen Frau und Mann, wobei die Arbeit im Freien als das Vorrecht des Mannes galt, aber der Blick auf das moderne Ägypten legt nahe, daß viele Frauen ihren Männern bei der täglichen Arbeit halfen. Wir wissen zum Beispiel, daß die Frauen der Fischer die von ihren Männern gefangenen Fische ausnahmen und verkauften, und einige Abbildungen in Gräbern zeigen auch Frauen, die Seite an Seite mit ihren Männern auf dem Feld arbeiten. Sie ernten Flachs, worfeln Weizen und tragen sogar schwere Körbe zu den Vorratsspeichern. Üblicherweise werden Frauen nicht dabei abgebildet, wie sie pflügen, säen oder sich um die auf den Feldern gehaltenen Tiere kümmern, aber oft bringen sie den Landarbeitern Erfrischungen. Ährenlesen war hingegen eine allgemein gebilligte Feldarbeit von Frauen, die auch in mehreren Grabszenen zu sehen ist; Frauen und Kinder gehen dabei hinter den Erntearbeitern her und sammeln alle liegengebliebenen Ähren auf. Von gleicher oder vielleicht noch größerer Bedeutung waren die kleinen informellen Handelsaktionen der Frauen untereinander, bei denen zum Beispiel eine Frau einen Krug von ihrem hausgemachten Bier gegen den überschüssigen Fisch ihrer Nachbarin eintauschte. Diese Art von Tauschhandel, der die Grundlage der ägyptischen Wirtschaft bildete, gestattete es der umsichtigen Hausfrau, ihren Überschuß an bestimmten Produkten direkt in brauchbare Güter umzusetzen, wie ihr Mann seine Arbeitskraft gegen das tägliche Brot eintauschte.

Die wenigen Anwesenheitslisten, die uns aus Der el-Medine erhalten geblieben sind, lassen erkennen, daß dieser freie Handel, den sowohl Männer als auch Frauen betrieben, einen wichtigen Beitrag zum Haushaltsbudget leistete. Offiziell arbeiteten die Arbeiter der Nekropole nach dem Schema einer Zehntagewoche. Sie wohnten acht Tage in einer Unterkunft im Tal der Könige und kehrten dann zu einer zweitägigen Ruhepause nach Hause zurück. Der volle Arbeitstag dauerte acht Stunden, und es gab eine Pause für das Mittagessen. Die Arbeiter wurden jedoch niemals übermäßig unter Druck gesetzt, regelmäßig zur Arbeit zu erscheinen, und es gab viele Feiertage, so daß schließlich von fünfzig aufeinanderfolgenden Tagen nur achtzehn Arbeitstage für die ganze Mannschaft übrigblieben, wie ein Ostrakon zeigt. Selbst an einem offiziellen Arbeitstag blieben viele Arbeiter mit einer ganzen Reihe von fadenscheinigen, aber offenbar akzeptablen Entschuldigungen der Arbeit fern, angefangen bei der Notwendigkeit, Bier zu brauen und zu weben, bis hin zum Hausbau. Die Behörden zahlten dennoch immer die Standardgetreideration für einen Monat aus, egal, wie viele Stunden jemand tatsächlich gearbeitet hatte. Wer seinen persönlichen Reichtum mehren wollte, war daher gut beraten, jeden Gedanken an Überstunden in seinem offiziellen Beruf aufzugeben und sich statt dessen eine pfiffige Nebenbeschäftigung einfallen zu lassen, die sofort Früchte trug. Es überrascht nicht, daß in Der el-Medine Heimindustrien florierten, die unternehmenden Webern, Bierbrauern, Schneidern und Töpfern dazu verhalfen, ihr offizielles Einkommen aufzubessern, indem sie die unmittelbaren Bedürfnisse ihrer Nachbarn erfüllten. Die gut ausgebildeten Bauzeichner, Künstler und Tischler hingegen verdingten sich als Schwarzarbeiter bei der reichen thebanischen Aristokratie und fertigten nebenbei Grabbeigaben an.

Während der gesamten dynastischen Zeit gab es in Ägypten keine offizielle Währung, und der Tauschhandel bildete die Grundlage aller geschäftlichen Transaktionen. Leider bleibt deshalb auch jeder Versuch, von heute aus die wirklichen Lebenshaltungskosten in der dynastischen Zeit zu ermitteln, zwangsläufig ein reines Ratespiel unter Intellektuellen, denn die »Preise« waren stets relativ und unendlich variabel. Es ist schlichtweg unmöglich, zu erklären, daß eine Ente oder ein Haus oder ein Begräbnis soundsoviel kostete, ohne daß man weiß, welchen genauen Wert ein bestimmter Artikel für eine bestimmte Person zu einer bestimmten Zeit darstellte. Zwar konnte die Regierung, die sowohl der größte Arbeitgeber als auch der Hauptempfänger überschüssiger Produkte war, eine elementare Preiskontrolle ausüben, indem sie die Löhne und die Freigabe von Nahrungsmittelvorräten für den Markt regulierte, aber es gab keine offizielle Preispolitik, und folglich herrschte im wesentlichen das Gesetz von Angebot und Nachfrage.

Obwohl es keine Münzen gab, war das Einkaufen in Ägypten nicht immer ein gänzlich vom Zufall bestimmter Vorgang, denn es gab eine allgemein anerkannte Bezugs-

Abb. 22 Tauschhandel auf dem Marktplatz.

größe, die bei größeren Transaktionen als Richtschnur dienen konnte: das *deben*, ein Standardgewicht aus Kupfer. Durch seine Verwendung entstand eine Zwischenstufe zwischen der Geldwirtschaft und reinem Tauschhandel, die es den Ägyptern ermöglichte, ein einzigartiges Referenzsystem einzurichten, mit dem zwei beliebige Artikel wertmäßig zueinander ins Verhältnis gesetzt werden konnten. Obwohl also das *deben* nicht die materielle Form einer Banknote oder einer Münze hatte, waren sich alle darüber einig, daß beispielsweise zu einer bestimmten Zeit während des Neuen Reiches ein Schwein einen Preis von fünf *deben* aus Kupfer hatte. Wer also ein Schwein kaufen wollte, mußte entweder fünf Kupfer-*deben* beibringen oder, was häufiger geschah, eine Kombination anderer Güter oder Dienstleistungen anbieten, die zusammen ebenfalls den Wert von fünf *deben* hatten. Dann mußte man jemanden finden, der ein Schwein besaß und dem die angebotenen Güter so viel wert waren, daß er sich auf den Tausch einließ. Eine ungefähre Vorstellung vom relativen Wert mancher Güter zu einem bestimmten Zeitpunkt kann man gewinnen, wenn man die erhaltenen Preislisten studiert. Wir wissen zum Beispiel, daß im Neuen Reich das schon erwähnte Schwein eine teure Anschaffung war, wenn man es mit einer Ziege vergleicht, die normalerweise zwei oder drei *deben* kostete. Schweine waren eben in Ägypten zu dieser Zeit relativ selten und daher knapp. Ein Paar Schuhe kostete dagegen im allgemeinen zwischen einem und zwei *deben*, während ein Sarg, der sehr teuer war, weil er sowohl Holz als auch Facharbeit erforderte, bei über zwanzig *deben* lag.[12]

Der Steuereintreiber landet am Flußufer. Er schaut sich das Korn an und legt fest, wieviel Steuer bezahlt werden muß. Er wird begleitet von Dienern, die Stöcke in der Hand tragen, und Nubiern, die Keulen schwingen. Er befiehlt: »Gib uns Korn«, aber wir haben keines, das wir ihm geben können. Der Bauer wird heftig geschlagen, gefesselt und mit dem Kopf voran in den Brunnen getaucht. Auch seine Frau wird gefesselt, und ebenso seine Kinder. Die Nachbarn laufen alle davon. Und nach all dem ist noch immer kein Korn da, das man abgeben könnte.

Weisheitslehre des Neuen Reiches

Die Ägypter hatten zwar keine richtige Währung, wohl aber ein Steuersystem. Alle Erzeuger von Grundprodukten mußten Steuern in Form von Naturalien als Beitrag zu den Aufwendungen des Königshauses zahlen, die nicht völlig durch die Einnahmen aus den königlichen Landgütern zu decken waren. Der Steuereintreiber gehörte zu den gefürchtetsten Beamten in Ägypten. Er erschien regelmäßig zur Erntezeit, schätzte mit sachkundigem Blick die Erträge und verlangte von den Bauern eine sofortige Bezahlung, wobei er körperliche Gewalt einsetzte, wenn es nötig war. Steuersünder wurden vor das ortsansässige Gericht geladen und im Schnellverfahren bestraft, während diejenigen, die nicht bezahlen konnten, in Zwangsarbeitertrupps Frondienste leisten mußten. Eine Wandmalerei im Grab des Wesirs Rechmira aus dem Neuen Reich zeigt einen Steuereintreiber, der gerade von einem Bürgermeister verschiedene Güter und

Tiere entgegennimmt. Als Zahlungsmittel für die Steuern galten unter anderem Getreide, Kuchen, Seile, Matten, Ziegen, Säcke, Tauben und Barren verschiedener Metalle – eine Vielfalt von Waren, deren Transport und Unterbringung den Beamten vor erhebliche Probleme gestellt haben muß.

Das anerkannte System des Tauschhandels erforderte es, daß die Familien, denen es gelang, einen substantiellen Überschuß an verderblichen Nahrungsmitteln zu erzielen, indem sie etwa deutlich mehr Gemüse anpflanzten, als sie selbst verbrauchten, oder mehr Brot buken, als die Familie verzehrte, ihre Güter einer breiten Öffentlichkeit anbieten konnten. Sie brachten sie zum Tauschen auf den heimischen Markt, wo sie dann ihrerseits den Vorteil hatten, eine größere Vielfalt an Produkten zum Tauschen vorzufinden. An jedem Markttag errichteten einheimische Händler und eigens angereiste Kaufleute ihre Stände in den ohnehin schon von Menschen wimmelnden Straßen und Gassen der Stadt und legten ihre Ware in großen Weidenkörben aus, um sie so gut wie möglich zur Geltung zu bringen. Professionelle Händler bildeten nur eine Minderheit, und der ganze Markt glich eher einem privaten Flohmarkt als einem gewerblichen Wochenmarkt. Es gab stets ein verlockendes Angebot an Produkten, groß aufgemachte Auslagen von professionellen Schmuckhändlern, die ihre potentiellen Kunden mit einer verführerischen Präsentation von teurem Schnickschnack und kostspieligen Armreifen und Siegeln in Versuchung führten, neben bescheidenen Ständen einheimischer Bauern, die ganz elementare Marktartikel anboten: Brot, Bier und ausgenommenen Fisch. Wandernde Handwerker nutzten den Markt, um ihre Dienste anzubieten, und Imbißstände machten gute Geschäfte mit köstlichen Gerichten zum Mitnehmen und erfrischenden Getränken für die erschöpften Marktbesucher.

Mehrere Wandmalereien aus Gräbern vermitteln uns einen lebhaften Eindruck von der Geschäftigkeit auf einem ägyptischen Straßenmarkt. In Sakkara sind in den Gräbern der Beamten Nianchchnum und Chnumhotep, die beide zur Zeit des Alten Reiches lebten, große städtische Märkte dargestellt. Obst-, Fisch- und Gemüsestände sind dicht umlagert, zwei Töpfer kämpfen darum, die Aufmerksamkeit von Käufern jeweils auf ihre eigenen Waren zu lenken, und der Kurzwarenhändler entrollt einen Ballen feinsten Tuches, um einen potentiellen Kunden zum Kauf zu verlocken. Drüben am Bierstand sieht zumindest ein Kunde schon recht müde und melancholisch aus. Die überwiegend männlichen Einkäufer schlendern mit ihren praktischen Taschen, die sie quer vor der Brust hängen haben, auf dem Markt herum, und ein Mann, der Salat und Zwiebeln feilbietet, handelt mit einem anderen, der einen großen Krug Bier bei sich hat: »Gib mir etwas von deinem Bier, dann gebe ich dir von meinen köstlichen Gemüsen.« Aufregender geht es an einem anderen Gemüsestand zu: Ein abgerichteter Polizeiaffe stellt einen nackten Dieb, indem er ihn ins Bein beißt. Tausend Jahre später, im thebanischen Grab des Ipui aus dem Neuen Reich, ist die Atmosphäre auf dem Markt praktisch unverändert. Dort haben am Schiffslandeplatz schlaue Händlerinnen ihre Stände aufgeschlagen, um den frisch angekommenen Matrosen, die gerade ihren Lohn bekommen haben, verlockende Waren anzubieten und ihnen zu helfen, ihre Standardrationen Getreide in eine ganze Reihe anderer Güter umzutauschen. Wieder werden Brot, Gemüse und Fisch angeboten, und der allgegenwärtige Bierstand ist bestens ausgestattet und erwartet die ersten durstigen Kunden. Wer je das fröhliche Treiben auf einem modernen ägyptischen Dorfmarkt erlebt hat, wird augenblicklich feststellen, daß sich in den dreitausend Jahren, die seit der Ausmalung von Ipuis Grab vergangen sind, nur wenig geändert hat, auch wenn jetzt mit Geld bezahlt wird und die Bierstände fehlen.

Nimm dir einen freien Tag! Und werde nicht müde, zu spielen! Denn niemand kann seine Güter mitnehmen, und niemand, der aus diesem Leben scheidet, kommt jemals wieder zurück.

Aus dem *Lied des Harfners* aus dem Mittleren Reich

Die Ägypter waren ein Volk, das seine Freizeit in vollen Zügen genoß. Ganze Familien verbrachten die freien Tage zusammen, und ein Picknick bei den Gräbern der Vorfahren

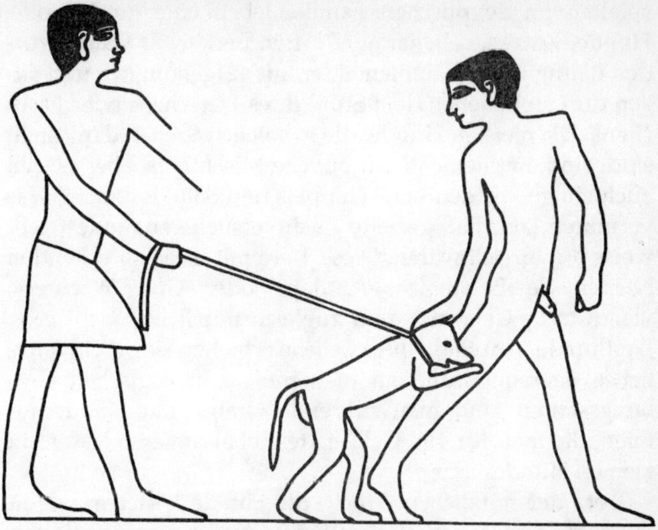

Abb. 23 Abgerichteter Polizeiaffe, der gerade einen Dieb stellt.

oder eine Bootsfahrt auf dem Nil war stets ein beliebtes Vergnügen. Aufregender waren die Tage, an denen man zum Jagen oder Fischen in die Sümpfe ging. Einige Grabszenen deuten darauf hin, daß sich bei diesen Gelegenheiten die ganze Familie in ein leichtes Papyrusboot zwängte, um den Männern bei ihren Versuchen zuzuschauen, Vögel mit dem traditionellen Wurfholz vom Himmel zu holen. Angesichts der Zartheit und Zerbrechlichkeit dieser Boote muß man annehmen, daß die Maler sich bei ihrem Bestreben, einen fröhlichen Familienausflug darzustellen, ein gewisses Maß an künstlerischer Freiheit gestattet haben; andernfalls würden wir gewiß ab und zu auch Bilder von gekenterten Booten und tropfnassen Familien sehen. Im Gegensatz dazu galt die Jagd in der Wüste als gefährlicher und teurer Sport, der den Männern der Oberschicht und professionellen Jägern vorbehalten war, die jede Expedition begleiteten.

Zu Hause konnte man viele frohe Stunden beim Spiel mit den Kindern oder den Haustieren verbringen.[13] Haustiere spielten im ägyptischen Familienleben eine große Rolle, Hunde, Katzen, seltener auch Affen und sogar Gänse wurden häufig in die Familienbilder mit aufgenommen und sitzen dort stolz neben dem Stuhl ihres Herrchens oder Frauchens. Die meisten Hunde, die in solchen Szenen dargestellt sind, sind anscheinend zutrauliche Mischlinge, aber es gibt auch einige, die deutlich Whippets und Salukis ähneln, was vermuten läßt, daß gezielte Zuchtversuche zumindest teilweise erfolgreich waren. Diese Tiere mit ihren sprechenden Namen wie »Ebenholz«, »Antilope« oder »Guter Wächter«, waren treue Gefährten und zugleich nützliche Wach- oder Jagdhunde. Am Ende ihres Lebens erhielten sie oft ein feierliches Begräbnis, und an mehreren archäologischen Grabungsstätten fand man rührende Gräber mit Hundemumien, die man für viel Geld hatte einbalsamieren lassen, in kleinen Hundesärgen.

Trotz der nützlichen Arbeit, die Hunde leisteten, waren sie nicht überall geschätzt, und viele Ägypter interpretierten die Treue und Anhänglichkeit des Hundes als Zeichen von demütiger Unterwürfigkeit und Schwäche. Katzen mit ihrer geheimnisvollen Zurückhaltung und natürlichen Unabhängigkeit zollte man viel größeren Respekt, und man schrieb ihnen eine Reihe symbolischer Bedeutungen zu. Auf Bildern sitzen sie üblicherweise unter dem Stuhl einer Frau und sind nur sehr selten im Zusammenhang mit einem Mann dargestellt, wahrscheinlich, weil man in ihnen mit der Zeit vor allem ein Symbol für Weiblichkeit und weibliche Sexualität sah. Mehrere mächtige Katzengottheiten entstanden, und besonders der Kult der Göttin Bastet, der sein Zentrum in der Stadt Bubastis im Nildelta hatte, wurde in der Spätzeit und der griechischen und römischen Epoche außerordentlich populär. Katzen waren gewiß in jedem Haushalt außerordentlich nützliche Gefährten, denn sie schützten nicht nur vor Schlangen und Nagetieren, sondern spielten auch eine wichtige Rolle bei der Jagd auf Wasservögel.

Nach der Geschäftigkeit des Tages genossen es die meisten Ehepaare, einfach friedlich zusammenzusitzen, und diese offensichtliche Freude an der Gesellschaft des Partners gehört zu den rührendsten Aspekten des ägyptischen Ehelebens. Reiche Familien entspannten sich besonders gerne in den üppigen Gärten ihrer Villen, und ihr Genuß war um so größer, als sie dabei anderen, die weniger vom Schicksal begünstigt waren, bei der Arbeit zusehen konnten. Unterhaltungsmöglichkeiten im Hause haben kaum archäologische Spuren hinterlassen, und wenn wir auch vermuten können, daß Musik und das Erzählen von Geschichten eine wichtige soziale Funktion hatten, so besitzen wir doch keine Vorstellung davon, wie häufig diese Art von Vergnügen war. Wir wissen aber, daß Brettspiele bei allen Erwachsenen außerordentlich beliebt waren, und in vielen Grabgemälden sehen wir Mann und Frau zusammensitzen und beim Brettspiel liebevoll miteinander konkurrieren. Angesichts dieses offenkundigen Vergnügens an solchen Spielen ist es vielleicht überraschend, daß es während der gesamten dynastischen Zeit nur zwei allgemein beliebte Spiele gab: »Senet«, ein Brettspiel für zwei Personen, das von der vordynastischen bis zur römischen Zeit eifrig gespielt wurde, und das damit rivalisierende »Spiel mit 20 Feldern«, das aus dem Osten übernommen worden war und an dem auch nur zwei Personen teilnehmen konnten. Hölzerne Spielbretter für diese beiden Spiele fanden sich häufig auf beidseitig verwendbaren Kästen, die die nötigen Figuren für beide Spiele enthielten. Diese kunstvoll gefertigten Kästen gehörten oft zu den Grabbeigaben der Reichen, damit sie sich gegebenenfalls die Langeweile im Jenseits vertreiben konnten.

5

Eine gepflegte Erscheinung

Verzärtle deinen Leib nicht, das würde dich schwächen. Und verwöhne dich nicht in der Jugend, sonst wirst du im Alter schwach sein.

Rat eines Schreibers aus der Spätzeit

Die gesamte ägyptische Gesellschaft maß einem gepflegten Äußeren eine ungeheure Bedeutung bei. Wohlhabende Männer fanden ebenso wie ihre Frauen großen Gefallen daran, stets nach der neuesten Mode gekleidet, frisiert und geschminkt zu sein. Schönheitspflege blieb jedoch kein Luxus, sondern galt schon bald sowohl im täglichen Leben als auch nach dem Tode als völlig unverzichtbar, und so ließen sich seit vordynastischen Zeiten auch Männer und Frauen aus dem einfachen Volk mit geschnitzten Schminkpaletten und Farbsteinen zur Verzierung der Augen bestatten. Die kunstvoll ausgestatteten Toilettengarnituren in königlichen Gräbern verraten uns, welchen Wert die Mächtigen auf ihre Schönheitspflege legten. Wie zu erwarten, stieß dieses Bedürfnis auf ein lebhaftes Geschäftsinteresse und führte zum schwunghaften Handel mit Kleidern, Perücken und Schönheitsmitteln. Doch von gleicher, wenn nicht noch größerer Bedeutung war in den Augen der Ägypter die Reinlichkeit. Der Grieche Herodot war überzeugt, sie seien geradezu besessen von ihrer Körperpflege und »stellen Reinlichkeit über Sittlichkeit«. Für die Ägypter, die in einer trockenen, heißen Gegend lebten, wo der Staub in jede Ritze drang, war die persönliche Reinlichkeit in der Tat unentbehrlich für die Gesundheit und ließ, was fast noch wichtiger war, Herkunft und gesellschaftliche Stellung erkennen. Arme, denen selbst die einfachsten sanitären Einrichtungen fehlten, und Fremde, die als schmutzig galten, wurden verachtet.

Bei besonders peniblen Menschen begann die persönliche Körperpflege mit dem sorgfältigen Entfernen sämtlicher Körperbehaarung durch beharrliches und schonungsloses Rasieren und Zupfen. Behaarte Beine und Brüste galten weder bei Frauen noch bei Männern als besonders ansehnlich, und ein kurzer Blick auf die in Frauengräbern entdeckte Ausrüstung an Enthaarungsinstrumenten, zu der Pinzetten, Messer und Rasierklingen aus Metall sowie winzige Schleifsteine gehörten, zeigt, welche Quälereien Frauen für ihre Schönheit bereitwillig auf sich nahmen. Rasierklingen aus Feuerstein, die sich zu äußerst scharfen Klingen schleifen ließen, waren selbst für weniger Wohlhabende erschwinglich, und in Ermangelung von Seife diente billig zu erstehendes Öl als Rasierwasser. Daß zusammen mit dem Haar auch Läuse und ähnliches juckendes Ungetier entfernt wurden, war eine erfreuliche Begleiterscheinung dieser Sitte.

…Ich wurde in das Haus eines Königssohnes gebracht. Wunderbares gab es dort: …ein Badezimmer, Spiegel und Schmuck aus dem Schatzhaus, Kleider aus Königsleinen… und bestes Öl des Königs und der Beamten, die er schätzte, gab es in jedem Raum… Man ließ die (Spur der) Jahre an meinem Leib vorübergehen, ich wurde enthaart, und meine Haare wurden zusammengefegt, eine (ganze) Ladung wurde der Wüste übergeben, dazu die Beduinen-Kleider. In feinstes Leinen wurde ich gekleidet, mit bestem Öl gesalbt, auf ein Bett wurde ich zur Ruhe gelegt. Ich gab den Sand denen, die in ihm wohnen, und das Baumöl dem, der sich damit salbt. Die *Geschichte von Sinuhe* aus dem Mittleren Reich

Häufiges Baden des unbehaarten Körpers galt als unbedingt notwendig. Zwar war Seife unbekannt, aber Natron, Asche und Soda taugten als wirksame, wenn auch ziemlich rauhe, nicht schäumende Waschmittel; zum Abtrocknen benutzte man Leinenhandtücher. Vereinzelte privilegierte Mitglieder der Gesellschaft erfreuten sich eigener Badezimmer aus Kalkstein, die mit von Dienerhand betriebenen Duschen ausgestattet waren; ein Kammerdiener goß Wasser über den Kopf des Badenden, der in einem besonderen Steintrog mit wasserdichtem Abfluß stand. Um den Anstand zu wahren, blieb der Diener hinter einer Trennwand stehen, die als Sichtschutz diente und wie das gesamte Badezimmer aus Stein gebaut war, um zu verhindern, daß Wasserspritzer versehentlich die Lehmziegelmauern des Hauses beschädigten. Die überwältigende Mehrheit der Bevölkerung kannte jedoch kein eigenes Bad und wusch sich am Ufer des Nils oder in den Bewässerungskanälen. Der Nil versorgte aber nicht nur die meisten Dörfer und Städte mit Trink-, Koch- und Waschwasser, sondern diente leider gleichzeitig als größtes Abwasser- und Müllentsorgungssystem Ägyptens. Deshalb war die Wasserqualität der abgestandenen Tümpel entlang des Flußufers in höchstem Maße fragwürdig, und Mumienfunde belegen, daß durch Wasser übertragene Krankheiten wie Bilharziose grassierten.

Blieb Waschen vergebliche Mühe, und dieses peinliche Problem machte so manchem hartnäckig zu schaffen, empfahl der *Papyrus Ebers* verschiedene Deodorants, die das Selbstvertrauen zurückgeben und gesellschaftliche Kontakte erleichtern sollten:

Um Körpergeruch bei Männern oder Frauen zu bekämpfen, werden Straußenei, Schildkrötenpanzer und Gallapfel der Tamariske gebraten und anschließend der Körper mit dieser Mischung eingerieben.

Nur vereinzelt blieben Toiletten erhalten. Das gebräuchlichste Modell, sittsam in einer schrankähnlichen Kammer neben dem Badezimmer untergebracht, bestand aus einem modern aussehenden, holzgeschnitzten Sitz und schwebte auf zwei niedrigen Lehmziegelmauern über einer tiefen Sandgrube, die im Bedarfsfall geleert werden konnte. In einem Kasten neben der Toilette befand sich zusätzlicher

Sand, um die Kuhle nach Gebrauch damit zu bedecken. Mit der unerfreulichen Aufgabe, die Grube zu leeren, wann immer es nötig war, wurden vermutlich untergeordnete Haushaltsangehörige betraut. In verschiedenen Gräbern wurden Hocker mit einem großen Loch in der Sitzfläche gefunden und vorsichtig als tragbare Toiletten der Antike gedeutet, die wahrscheinlich ebenfalls über einer Sandkuhle benutzt wurden. Häufig scheint auch von Nachttöpfen Gebrauch gemacht worden zu sein. Für die Allgemeinheit blieben Toiletten im Haus jedoch ein verhältnismäßig moderner Luxus, der sich auch im Westen erst in den letzten fünfzig Jahren zu einem Grundbedürfnis entwickelt hat. Den meisten Ägyptern standen zu Dynastiezeiten keinerlei sanitäre Einrichtungen zur Verfügung, und sie machten ohne Bedenken uneingeschränkten Gebrauch von Feldern und Wüste. Das Gerücht, Frauen urinierten im Stehen, während Männer sich zu diesem Zweck augenscheinlich hinsetzten oder -kauerten, ist kurioserweise eine der seltsamen und unbeweisbaren »Tatsachen«, die Herodot an Ägypten besonders beeindruckten.

Die Menstruation war für die männlichen Verfasser der uns überlieferten ägyptischen Schriften ein Thema von geringem Interesse. Aus diesem Grund wissen wir nicht, wie Frauen mit dieser wichtigen Seite ihrer Weiblichkeit umgingen, und können nur vage vermuten, welche hygienischen Schutzmaßnahmen sie trafen. Allerdings finden sich auf den in Der el-Medine entdeckten Wäschereilisten auch »Binden für unten«: Monatsbinden aus einem zusammengefalteten Stück Leinen, die nach Gebrauch zur Wäscherei geschickt und anschließend wieder benutzt wurden. Alles deutet darauf hin, daß nach geltenden Bräuchen entweder menstruierende Frauen oder das menstruelle Blut als unrein galten; ähnliche Tabus finden wir in vielen primitiven Gesellschaften, in denen Ablauf und Bedeutung der Menstruation nicht völlig klar sind. Häufig wird Blut als furchterregend und gefährlich empfunden, und die Tatsache, daß Frauen regelmäßig tagelang ununterbrochen bluteten, muß auf die Männer, die ohne erkennbare Wunde nicht bluten konnten, unnatürlich und irgendwie verstörend gewirkt haben. Der Begriff »Läuterung« oder »Reinigung« bezeichnete nicht nur die Monatsblutung, sondern auch die einer Entbindung folgenden Lochien, und die aus dem Mittleren Reich stammende *Satire der Berufe* beklagt das Los der bedauernswerten Wäscher, die sich mit vom Monatsblut befleckter Frauenkleidung herumquälen mußten. Bereits der Kontakt zu einem Mann, dessen weibliche Familienangehörige bluteten, wurde nach Möglichkeit vermieden, und die Entschuldigung, seine Frau oder eine seiner Töchter hätten ihre Periode, erlaubte einem Arbeiter in Der el-Medine, der Arbeit fernzubleiben.

Einer der am strengsten befolgten Bräuche der Ägypter besteht darin, jedes Kind, das zur Welt kommt, großzuziehen und zu beschneiden, wie es auch bei den Juden üblich ist, die bekanntlich von den Ägyptern abstammen. Strabo

Im Alten und Mittleren Reich war es Brauch, Jungen im Alter zwischen sechs und zwölf Jahren zu beschneiden. Eine drastisch dargestellte Beschneidungsszene im Grab des königlichen Baumeisters Anchmahor läßt ahnen, welche Bedeutung dieser Zeremonie beigemessen wurde:[1] Ein Ka-Priester steht messerschwingend vor einem kleinen Jungen und befiehlt seinem Gehilfen, den Jungen von hinten entschlossen festzuhalten und vor einer Ohnmacht zu bewahren. Herodot bemerkt in mißbilligendem Ton, diese Operation erfolge aus hygienischen Gründen, obwohl die Tatsache, daß sie von einem Priester statt von einem Arzt durchgeführt wurde, eher für eine rituelle als für eine praktische Bedeutung spricht. Unbeschnittene Ausländer galten in den Augen der Ägypter als unzivilisiert und wurden verachtet. Ob bei Mädchen jemals die Klitoris beschnitten oder sogar entfernt wurde, ist nicht eindeutig erwiesen, und auch wenn Gesellschaften diese intimen weiblichen Übergangsriten eher totschweigen, spricht die Tatsache, daß keine beschnittenen weiblichen Mumien gefunden wurden, gegen diese Annahme. Entgegen verbreitetem Glauben gibt es absolut keinen Beleg dafür, daß die drastische »pharaonische Klitorisbeschneidung« oder die sudanesische Beschneidung, die wir aus dem heutigen Ägypten kennen, ihre Wurzeln tatsächlich im pharaonischen Ägypten hatten.[2] Jedoch sollte bedacht werden, daß es sich bei den untersuchten Mumien um Körper von Frauen aus der Oberschicht handelte; ob jemals Mädchen aus den unteren Schichten beschnitten wurden, ist nicht bekannt. Der oben zitierte Strabo war überzeugt davon, obwohl er seine Behauptung nicht näher ausführte, und so wissen wir nicht, ob er damit die teilweise oder völlige Entfernung der äußeren Genitalien oder einen nicht ganz so verstümmelnden, weniger tiefen Schnitt in die Klitoris meinte. Ferner gibt der Text nicht zu erkennen, ob es sich nur um ein Gerücht oder um eine belegbare Tatsache handelt.

Rezept gegen belegte Zunge: Kleie, Milch und Ziegenschmalz werden als Mundspülung benutzt.

Medizinisches *Papyrus Ebers*

Mundpflege spielte bei der täglichen Toilette keine entscheidende Rolle, wenn uns auch der römische Historiker Plinius mitteilt, die Ägypter hätten ihre Zähne mit einer bestimmten Zahnpasta aus Pflanzenwurzeln geputzt. In Ermangelung spezieller Zahnbürsten wurde die Zahncreme mit einem zerkauten Zweig oder einem Stück harten Schilfrohr aufgetragen. Für einen frischen Atem, der auch ein Gefühl der Selbstsicherheit verleiht, wurde Frauen ausdrücklich empfohlen, kleine Kügelchen aus Myrrhe, Weihrauch, Erdmandel und Zimt zu kauen; Anlaß für diesen Rat war vermutlich der hohe Verbrauch an Knoblauch, Zwiebeln und Rettich.

Die unglücklichen Ägypter neigten zu verschiedenen Zahnkrankheiten, denn der feine Wüstensand, der bis in den letzten Winkel der Häuser drang, fand sich ungewollt auch in den täglichen Mahlzeiten, rauhte die Zähne auf und ließ sie schneller abnutzen. Starke, schmerzhafte Entzündungen waren weitverbreitete Beschwerden, und die meisten Ägypter litten in ihrem Leben immer wieder unter

Oben: Stele aus der Ersten Zwischenzeit mit den Damen Hetepi und Bebi, den Töchtern des Domänenvorstehers Sennedjsui.

Links: Die kunstvolle Kleidung und Frisur einer Dame aus dem Neuen Reich.

Links: Doppelstatue eines Mannes und seiner Frau aus dem Alten Reich.

Unten: Stele des Iteti zusammen mit seinen drei Frauen und zwei seiner Töchter.

Rechts: Familienstele aus dem Mittleren Reich. Dargestellt ist der Schreibergehilfe Ii zusammen mit seiner Frau, seinen Kindern und seinen Eltern. Die genaue Rolle der sechs »Damen des Hauses«, die am unteren Rand der Stele zu sehen sind, ist nicht bekannt.

Ganz oben links: Figur einer Zwergin mit einem Kind auf der Hüfte aus dem Mittleren Reich.

Ganz oben rechts: Der zwergengestaltige Gott Bes.

Oben: Bruchstück eines »magischen Stabes« aus Elfenbein.

Rechts: Hölzerne Grabfiguren von zwei Dienerinnen.

Ganz oben: Fruchtbarkeitspuppen aus Schnüren aus dem Mittleren Reich.

Oben: Korb und Besen aus Binsen, typische Haushaltsgegenstände des Neuen Reiches.

Oben rechts: Großer Korb, …

Unten rechts: …der einen zusammenklappbaren Hocker enthält.

Oben: Damen des Neuen Reiches, die einem Musiker lauschen.

Links: Hölzernes Modell eines *djeryt*.

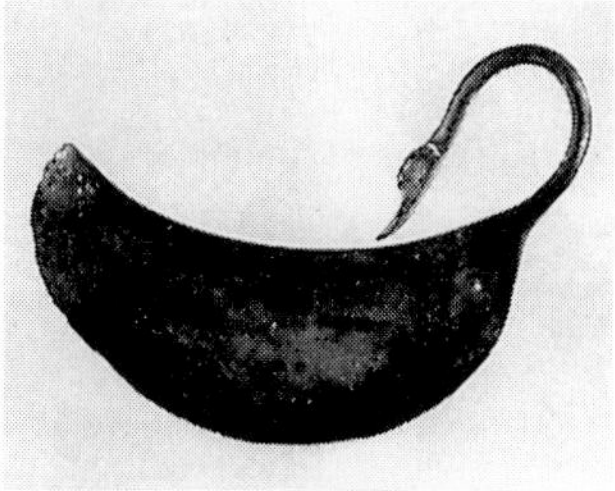

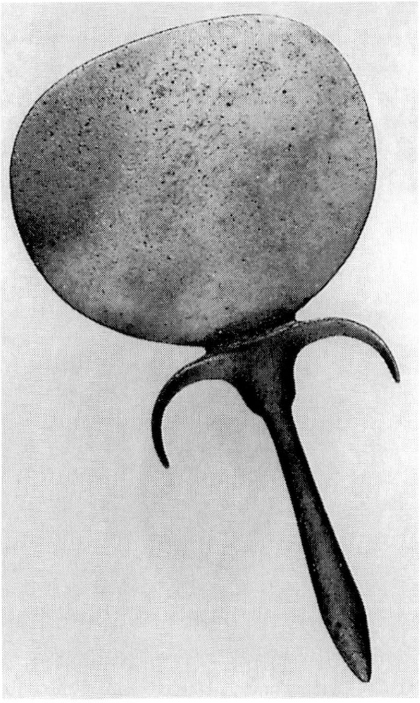

Ganz oben: Ein Relief vom Sarkophag der Königin Kawit aus dem Beginn des Mittleren Reiches zeigt die Königin bei ihrer morgendlichen Toilette.

Oben: Bronzene Rasierklinge mit Griff in Form eines Entenhalses und -kopfes.

Rechts: Bronzespiegel mit einem als Lotosstengel geformten Griff.

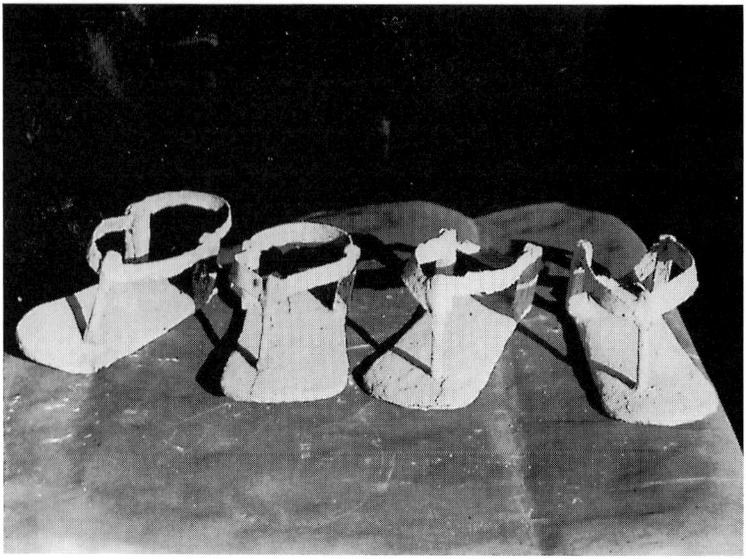

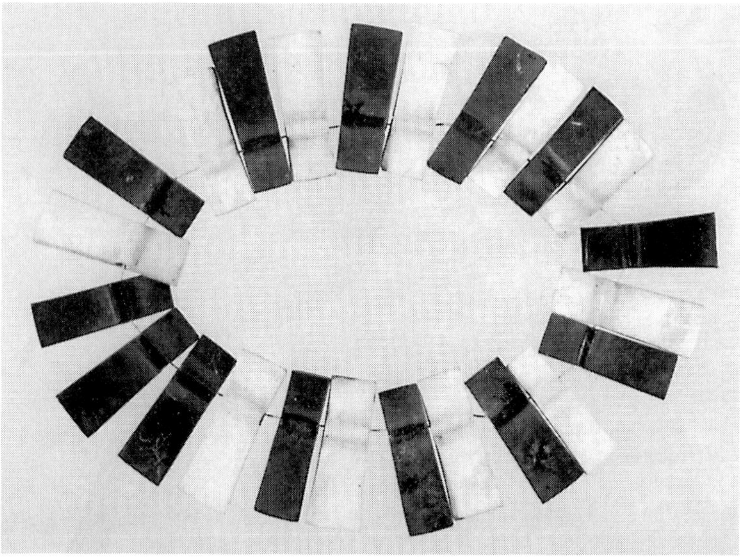

Oben: Sandalen aus einem Grab des Mittleren Reiches.

Unten: Armband aus dem Grab der Königin Neithhotep in Nakada.

Rechts: Mittel zur Schönheitspflege: Cremetöpfchen, Schleifstein und Applikatoren.

Links: Königin Nefertari als Verkörperung der Göttin Hathor an der Fassade ihres Tempels in Abu Simbel.

Oben: Der Gott Amun-Re segnet Königin Hatschepsut.

Unten: Der Totentempel Königin Hatschepsuts in Der el-Bahari, Theben.

Links: Eine »Gottesgemahlin des Amun«, vielleicht Amenirdis I.

Oben: Die Göttin Hathor und der falkenköpfige Gott Re.

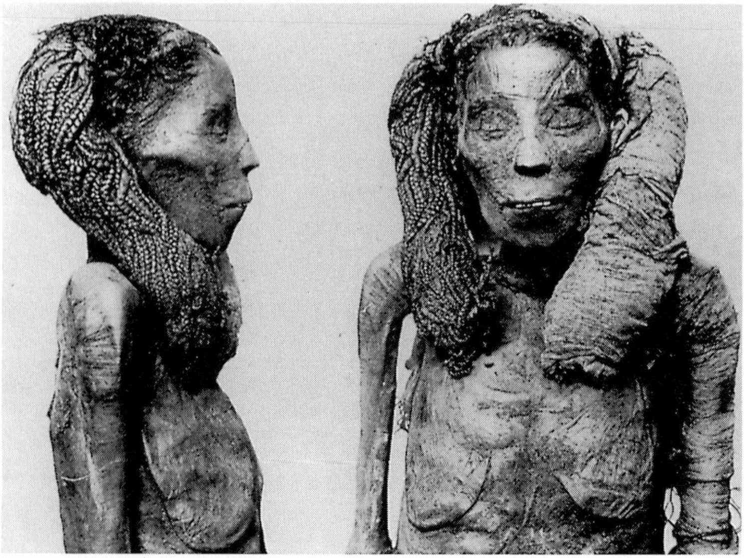

Oben: Die Mumie der Prinzessin Rai.

Links: Grab einer reichen Ägypterin aus dem Neuen Reich.

Zahnschmerzen. Der hochbetagte König Ramses II. beispielsweise hatte bei seinem Tod stark abgenutzte Zähne, bei denen die Nerven völlig freigelegt waren, was ihm mit Sicherheit während seiner letzten Lebensjahre großes Unbehagen beschert hatte. Hingegen war Karies damals ein wesentlich geringeres Problem als im heutigen Ägypten, denn da es weder raffinierten Zucker noch Zuckerrohr gab, waren Süßigkeiten Mangelware. Höchstwahrscheinlich litten vor allem Angehörige der Oberschicht, die große Mengen von mit Datteln oder Honig gesüßtem Kuchen verzehrten, an faulen Zähnen, während Zahnausfall anscheinend ein Problem aller Bevölkerungsschichten war; fast die Hälfte der zahnärztlichen Ratschläge, die sich in den medizinischen Papyri finden, empfiehlt Mittel gegen Zahnausfall. Obwohl es einige Belege für die Konstruktion genialer Zahnbrücken aus dünnem Gold- oder Silberdraht und Ersatzzähnen – vermutlich aus Balsamierungshäusern – gibt, unternahmen ägyptische Zahnärzte offenbar nicht den Versuch, auch Gebisse anzufertigen.

Zum Abschluß des Bades oder der Körperwäsche massierten Männer und Frauen ihre Haut mit feuchtigkeitsspendenden Ölen. Diese Öle verlangsamten den Alterungsprozeß der Haut, der durch das heiße und staubige Klima ebenso verstärkt wurde wie durch die austrocknende Seife, die hauptsächlich aus Natron, dem wichtigsten Dehydrierungsmittel zum Austrocknen der Leichen während der Mumifizierung, bestand. Das Auftragen von Ölen sollte die Haut glätten, Runzeln vorbeugen und in einigen Fällen häßliche, von Krankheiten wie Pocken und Lepra zurückgebliebene Narben verbergen, und mit einer Begeisterung, die heutigen Werbekampagnen in nichts nachsteht, warb der medizinische *Papyrus Ebers* für deren Verwendung:

Gummiharz des Weihrauchbaumes, Wachs, frisches Meereichelöl und Erdmandel – fein gemahlen und täglich aufs Gesicht aufgetragen – beseitigt alle Gesichtsfalten. Versuch es, und du wirst staunen!

Mußten sich die Unterschichten mit einfachem Rizinus- oder Leinöl begnügen, ließen die oberen Zehntausend verschwenderisch duftende Salben aus dem Osten einführen, die ihre sanfte Haut zusätzlich in sinnliche und kostbare Wohlgerüche hüllten. Allerdings unterschieden sich diese Salben, nicht anders als viele der heutigen Feuchtigkeitscremes, in ihrer Wirkung kaum, in ihrem Preis und ihrem vermeintlichen Wert hingegen anscheinend beträchtlich, und höchstwahrscheinlich sollte der Duft nicht nur den Käufer erquicken, sondern mindestens ebensooft mögliche ranzige Gerüche überdecken. Kein modebewußter Ägypter, weder Mann noch Frau, wollte nach dem Tod ohne sein oder ihr Lieblingsparfüm angetroffen werden, und zu Tutanchamuns Grabausstattung gehörte auch ein großes Gefäß seiner bevorzugten Duftmarke. Schwangere Frauen verwendeten ähnliche ölhaltige Salben, um zu verhindern, daß sich verunstaltende Schwangerschaftsstreifen am Bauch bildeten; diese Öle wurden häufig in besonderen Gefäßen aufbewahrt, die die Form einer sich den angeschwollenen Bauch haltenden, nackten schwangeren Frau hatten. Freilich konnten solch luxuriöse Schönheitsmittel überaus kostspielige Genüsse sein. Diodorus Siculus glaubte sogar, daß die gesamten Abgaben, die die Fischer für ihre Fischereirechte im Moerissee leisten mußten und die sich auf eine riesige Summe im Jahr beliefen, den ägyptischen Königinnen nur dazu gedient hätten, sich ihre Schönheitsmittelchen, Parfüms und andere Toilettenartikel zu kaufen.

Salbe dein Haupt mit Myrrhe und kleide dich in feinstes Leinen.

Gedicht aus dem Neuen Reich

Um auch das Haar vor der Hitze und Trockenheit zu schützen, konnte die Kopfhaut nach dem Waschen mit den unterschiedlichsten parfümierten Pflegeölen eingerieben werden. Diese Haarbehandlung wurde während des Neuen Reichs um eine heute seltsam anmutende Mode bereichert: Zu gesellschaftlichen Anlässen balancierte man gefährlich rutschende, parfümierte Klumpen oder Kegel aus Fett auf dem Kopf. Diese ungewöhnlichen Partyhüte aus von Myrrhe durchdrungenem Talg sollten im Laufe des Festes langsam schmelzen, wobei sie ihren Duft verströmten und das Wachs in einem dünnen und vermutlich erfrischenden Rinnsal über Haar und Gesicht tropfen ließen. Sobald das Fett in der Hitze des Festes geschmolzen war, türmte ein Diener neues auf die Köpfe. Anscheinend versorgte der Gastgeber seine Gäste und deren Gefolge mit den Kegeln, und wie Grabszenen belegen, gehörten sie einfach zu einem ordentlichen Festmahl. Meistens werden sie als weiße Klumpen, deren Seiten von braunen Streifen durchzogen sind, abgebildet, und die braunen Flecken, die auf weißgekleideten Schultern zu sehen sind, könnten die Fetttropfen darstellen. Weil keine echten Beispiele für solche Duftkegel erhalten blieben, ist es heute kaum zu entscheiden, ob diese Festszenen wörtlich interpretiert werden sollten.

Mein Herz gedachte deiner Liebe, als erst die Hälfte meines Scheitels geflochten war. Ich kam eilends, dich zu suchen und vernachlässigte mein Aussehen. Wenn du mich aber losläßt, flechte ich mein Haar und bin im Nu fertig.

Liebeslied aus dem Neuen Reich

In vielen Gesellschaften wird mit Hilfe moralischen Drucks festgelegt, wie Männer und Frauen ihr Haar zu tragen haben. Auch ohne klare rechtliche Verbindlichkeit wird von beiden Geschlechtern erwartet, daß sie die jeweiligen gesellschaftlichen Gepflogenheiten befolgen, nach denen vielleicht Frauen langes und Männer kurzes Haar tragen müssen oder kein Geschlecht sein Haar überhaupt nur enthüllen darf. Abweichungen von dieser Norm können als in gewisser Weise bedrohlich für die Fundamente der Gesellschaft wahrgenommen werden. Wem diese Ansicht übertrieben scheint, der sollte sich daran erinnern, daß vor weniger als hundert Jahren in Europa der Bubikopf bei vielen als Symbol für höchst lasterhafte Frauen galt, während auch heute noch einige Menschen langes Haar bei Männern für eine unheilverkündende moderne Entwicklung halten, die deutlich mache, daß dessen Träger die überkommene Gesellschaftsform ablehne. Innerhalb der gesellschaftlichen Konventionen zeigt die Frisur einer Frau ihren Mitmenschen, welcher Gruppe diese Frau angehört oder zumindest angehören will. Punk und Hippie verkörpern höchst moderne Beispiele: ob steif abstehende blaue Borsten oder wallende goldgefärbte Locken – in beiden Fällen werden eindeutige gesellschaftliche Signale gesetzt. Bedauerlicherweise ist, wie bei so vielen Seiten des ägyptischen Lebens, auch unser Wissen über Frauenfrisuren auf die im Idealzustand porträtierten wohlhabenderen Gesellschaftsmitglieder und deren Dienerinnen beschränkt. Inwieweit wechselnde Moden auch Frauen vom Dorf beeinflußten, ist einfach nicht bekannt.

Allerdings wissen wir anhand einiger anschaulicher Beispiele, daß gesellschaftliche Stellung und Beruf die weibliche Haartracht beeinflußten. Selbst wenn Kurzhaarfrisuren gerade modern waren, trugen die verführerischsten Tänzerinnen und Akrobatinnen ihr Haar lang, und manchmal flochten sie Gewichte in die Spitzen, damit die Haare beim Tanzen besser schwangen. Jungen und Mädchen aus der Oberschicht liefen oft bis zur Pubertät mit »jugendlicher Seitenlocke« herum: einem fast völlig kahlgeschorenen Schädel, von dem eine einzelne lange dicke Locke an der Seite herabhing. An den Spitzen der Locke baumelten Talismane und brachten ihren Trägern Glück und Schutz. Ungekämmtes langes Haar durften nur Männer und trauernde Frauen tragen, während Frauen, die in den Wehen lagen, manchmal mit zerzaust aussehender, altmodischer Frisur, die als Zauber böse Geister abwehren sollte, dargestellt werden; so, wie sich die Frau von ihrem normalerweise gepflegten Haar befreite, sollte sie im übertragenen Sinne auch das Kind zur Geburt freilassen.

Um Haarausfall zu bewirken, lege man ein verbranntes Lotusblatt in Öl ein und schmiere es auf den Kopf einer gehaßten Frau.

Medizinischer *Papyrus Ebers*

Frauen betrachteten ihr natürliches Haar nicht unbedingt als krönende Zierde. Zu dynastischen Zeiten trugen Männer und Frauen der oberen Gesellschaftsschichten ihr Haar meistens kurzgeschnitten oder rasierten es sogar ganz ab, was bei dem heißen Klima zweckmäßig war und gleichzeitig verhinderte, daß das Haar verfilzte. Bei offiziellen Anlässen trug man aus ästhetischen Gründen elegante Perücken, die die fast kahlen Schädel vor der sengenden ägyptischen Sonne schützten, und die Herstellung von künstlichem Haar entwickelte sich zu einem wichtigen Industriezweig. Die meisten Wohlhabenden besaßen mindestens ein Haarteil, und die Annehmlichkeiten eines Brauchs, der am Tag wohltuende Kühle und am Abend Eleganz verlieh, müssen sehr geschätzt worden sein. Am besten und natürlichsten sahen Perücken aus, bei denen über 120 000 menschliche Haare verwoben und mit einer Mischung aus geschmolzenem Bienenwachs und Harz angeklebt wurden.[3] Die schlechtesten und am wenigsten natürlich wirkenden Perücken bestanden ausschließlich aus der groben roten Faser der Dattelpalme und müssen einen seltsamen Anblick geboten haben.

Haarwuchsmittel für Kahlköpfige: Fett von Löwen, Nilpferden, Krokodilen, Katzen, Schlangen und Steinböcken wird vermischt und der Kopf des Kahlköpfigen damit bestrichen.

Medizinischer *Papyrus Ebers*

Trotz der offensichtlichen Beliebtheit kahlgeschorener Schädel fand sich bei Mumien aus allen Epochen üppiges natürliches Kopfhaar, und erhaltene Liebesgedichte verdeutlichen, daß saubere und glänzende Flechten sehr bewundert wurden. Der mumifizierte Körper der Königin Ahmose Nefertari, die im fortgeschrittenen Alter starb, als sie fast all ihr natürliches Haar bereits verloren hatte, wurde von den Einbalsamierern mit einer Perücke aus echten Zöpfen ausgestattet, vermutlich um sie vor der Demütigung zu bewahren, im Jenseits kahlköpfig wiedergeboren zu werden. Die medizinischen Papyri lieferten nützliche Rezepte für Schönheitsmittel, mit denen peinliche Beschwerden wie Haaraus-

Abb. 24 Königin aus dem Alten Reich mit einer auffallend rot-gelben Perücke und den vielleicht ältesten Schulterpolstern der Welt.

fall oder hartnäckige Schuppen kuriert werden konnten, und machten Vorschläge, wie man unansehnlich ergrautes Haar mit dem Fett schwarzer Schlangen, dem Blut schwarzer Ochsen oder einer noch abstoßenderen Mischung aus pulverisierten Genitalien einer Hure erfolgreich verbergen konnte. Auf etwas angenehmere und vermutlich weniger übelriechende Weise ließ sich das Haar mit einem Brei aus Henna färben, mit dem auch Finger- und Fußnägel bemalt wurden. Henna dient auch heute noch in ägyptischen Dörfern als Haut- und Haarfärbemittel.

Bei Frisuren und Perücken der Frauen wechselten die Moden weit häufiger als bei Kleidern oder Schmuck; die eher strengen Haarschnitte des Alten Reichs gingen allmählich in die kunstvolleren Langhaarfrisuren über, die zur Blütezeit des ägyptischen Reichs bevorzugt wurden. Einen direkten Zusammenhang zwischen dem Reichtum Ägyptens und dem zeitlichen und finanziellen Aufwand für Haar- und Perückenpflege zu sehen, ist verführerisch, wenn auch vielleicht zu vereinfachend. Während des Alten Reichs liefen die modebewußtesten Frauen mit einem kurzen, glatten Bubikopf herum, wie er auch heute wieder oft zu sehen ist. Nach und nach wurde längeres Haar modern, bis im Mittleren Reich Menschen aller Bevölkerungsschichten mit schulterlangem Haar und üppigen Perücken herumliefen. Längeres Haar wurde entweder offen getragen oder zum sogenannten »dreiseitigen Schnitt« frisiert, bei dem das Haar am Hinterkopf offen herabhing und das zu Zöpfen geflochtene Seitenhaar nach vorn gezogen wurde, so daß es das Gesicht einrahmte und die Ohren enthüllte. Ursprünglich blieb diese dreiseitige Frisur auf unverheiratete Frauen von niederem gesellschaftlichen Rang beschränkt, aber allmählich fand sie auch bei bessergestellten und verheirateten Frauen Verbreitung. Eine noch ausgeklügeltere Spielart, der »Hathor-Schnitt«, bei dem das Stirnhaar rechts und links des Scheitels mit Schleifen zusammengebunden und jeweils um ein flaches, scheibenförmiges Gewicht gewickelt wurde, erfreute sich sogar ungemeiner Beliebtheit und war die Lieblingsfrisur der meisten Königinnen in der 18. Dynastie. Dagegen bevorzugten die königlichen Damen aus Amarna, die immer versuchten, alles anders zu machen, Perücken im eher maskulin wirkenden »nubischen« Stil, der dem kurzgelockten Haarschnitt nubischer Soldaten nachempfunden war. Während des Neuen Reichs entstanden mannigfaltige Moden bei Haartracht und Perücken; im allgemeinen wurde längeres Haar getragen, und die Frisuren waren erheblich aufwendiger, was vielleicht auf den wachsenden Einfluß von außen zurückzuführen ist, der sich zu jener Zeit in ganz Ägypten bemerkbar machte. Als in der 19. Dynastie üppigere Perücken in Mode kamen und auch natürliches Haar mit zusätzlichen Haarteilen aufgefüllt wurde, kam man vom dreiseitigen Haarschnitt wieder ab, und die früheren Perücken, die nur aus einer Strähne bestanden hatten, wurden zugunsten von zerzaust aussehenden Lockenperücken mit ausgefransten Zöpfen aufgegeben.

Der Barbier arbeitet bis zum Einbruch der Dämmerung. Er reist in eine Stadt, wo er sich in einem Winkel niederläßt oder die Gassen auf der Suche nach einem Kunden durchstreift. Wie die fleißige Biene sich bei ihrer Arbeit ernährt, so müht auch er sich ab, seinen Leib zu füllen.

Satire der Berufe aus dem Mittleren Reich

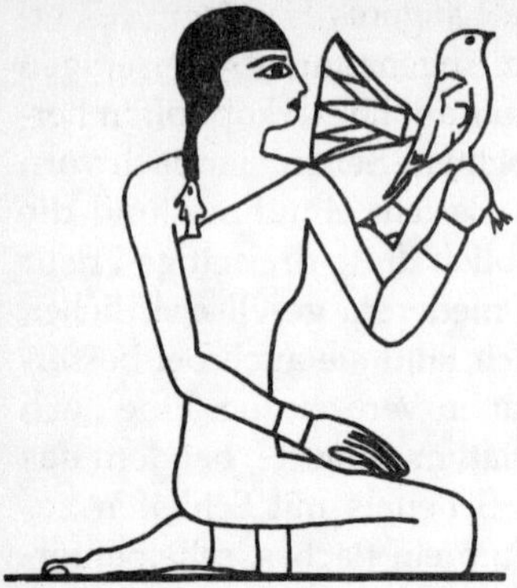

Abb. 25 Mädchen mit fischförmigem Anhänger im Haar.

Wohlhabende Damen frisierten ihr Haar oder ihre Perücken nicht selbst, sondern ließen sich von Dienerinnen oder Töchtern, Müttern oder Freundinnen helfen.[4] Schönheitssalons waren im alten Ägypten unbekannt, und Friseure gehörten entweder zum Personal größerer Haushalte oder boten als wandernde Handwerker ihre Dienste weniger wohlhabenden Mitgliedern der Gesellschaft an. Aus dem Alten Reich stammende Inschriften belegen, daß der nur von Männern ausgeübte Beruf des Friseurs einiges Ansehen genoß und möglicherweise eine rituelle Funktion erfüllte; auf der ganzen Welt wurde menschliches Haar häufig mit Zauberei und Aberglauben in Verbindung gebracht, und das Schneiden des Haares bildete oftmals einen wichtigen Bestandteil von Ritualen oder Übergangsriten. Weil offenbar im Unterbewußtsein Genitalien stets eng mit Haar verbunden werden, haben einige Psychoanalytiker das Abschneiden von Männerhaar sogar als symbolische Form der Kastration gedeutet. Die biblische Geschichte von Simson und Delila, in der Simson all seine Manneskraft verliert, nachdem ihm im Schlaf das Haar abgeschnitten wurde, scheint diese Theorie zu bestätigen. Als jedoch im Mittleren Reich zunehmend Frauen das Frisieren von Haar und Perükken übernahmen, verlor diese Arbeit jede rituelle Bedeutung. Auf Abbildungen stehen Friseure im allgemeinen hinter ihrer Herrin, die den Vorgang mit scharfem Blick in einen blankpolierten Metallspiegel, den sie in der Hand hält, überwacht. Wer sein Haar verschönern wollte, dem standen die unterschiedlichsten Mittel zur Verfügung, und die Untersuchung der Grabbeigaben hat Lockenwickler, Haarnadeln und Kämme aus Holz und Elfenbein ans Licht gebracht, die alle ihren heutigen Gegenstücken ähneln. Viele Frauen flochten sich frische Blumen in ihre neugedrehten Locken oder gaben ihren eleganten Frisuren mit etwas festlicherem Schmuck wie Diademen, besonderen Perückenreifen, Bändern, Ringen oder Haargewichten den letzten Schliff.

In westlichen Gesellschaften wird seit jeher klar zwischen medizinischer Behandlung und Schönheitspflege unterschieden, während Gesundheitsfarmen eine undefinierte Zwischenposition einnehmen. Eine noch schärfere Trennlinie existiert zwischen den unzähligen Schönheitsmitteln für Frauen und jenen wenigen, die Männern gesellschaftlich zugestanden werden, und unsere Erziehung verleitet uns dazu, Make-up als eher belanglose Frauenangelegenheit zu betrachten. Die Ägypter waren da ganz anderer Ansicht. In ihren Augen unterstützten Schönheitsmittel nicht nur die Gesundheit, sondern verschönerten auch das Aussehen beider Geschlechter, wobei Magie und Amulette zusätzlichen Nutzen versprachen. Zu einer Zeit, als ein gut geschminktes Gesicht von hohem sozialen Rang statt von Unmännlichkeit zeugte, galt ein gutbestückter Toilettenschrank als wertvoller Besitz eines Mannes.

Ich will meine Augen schminken, damit sie bei deinem Anblick leuchten. Liebesgedicht aus dem Neuen Reich

Das Make-up von Männern und Frauen erinnert mit seiner starken Betonung der Augen verblüffend an den Stil der sechziger Jahre. Schwarze Augenschminke aus Antimonpulver sollte die Schönheit steigern und gleichzeitig vor der sengenden ägyptischen Sonne schützen. Die Schminke wurde auf die oberen und unteren Augenlider aufgetragen, umrandete, betonte und vergrößerte die Augen und verlängerte die Augenbrauen; häufig wurde das Bild durch eine schwungvolle Linie vom äußeren Augenwinkel bis zum Haaransatz abgerundet. Auch wenn in Grabgemälden und bei Statuen künstlerischer Übertreibung keine Grenzen gesetzt waren, ist klar zu erkennen, daß ein »natürliches« Aussehen nicht besonders viel zählte. Seit vordynastischen Zeiten waren überall zwei Pigmentfarben erhältlich. In der frühdynastischen Zeit war Grün (Malachit) die am weitesten verbreitete Farbe, im Neuen Reich gewann dann Dunkelgrau (Galenit) an Beliebtheit. Die modebewußtesten Damen benutzten beide Farben und schminkten Brauen und Augenwinkel grün und Augenränder und Wimpern grau. Schwarzes Antimonpulver wird auch heute noch überall von ägyptischen Bäuerinnen zum Nachziehen der Augen benutzt, um die Reflexion des grellen Sonnenlichts zu verringern und Augenentzündungen vorzubeugen. Andere Schönheitsmittel waren längst nicht so verbreitet, wenn auch einige Frauen Rouge auflegten, das aus rotem Ocker gewonnen wurde. Nur wenig deutet darauf hin, daß Männer oder Frauen ihre Lippen bemalt hätten, wenn auch der *Erotische Papyrus Turin* eine Prostituierte zeigt, die vor einem Spiegel ihre Lippen mit einem modern aussehenden Lippenpinsel schminkt (s. Abb. 9).

Tänzerinnen, Akrobatinnen und Prostituierte, Frauen also, die, um ihren Lebensunterhalt zu verdienen, darauf angewiesen waren, die Reize ihres Körpers zur Schau zu stellen, brauchten widerstandsfähigere Körperverzierungen, die sich durch Tätowierung von Armen, Rumpf und Beinen mit verschlungenen Mustern erreichen ließen. Tätowierungen sind in Ägypten ein traditioneller Frauenschmuck, dessen Beliebtheit, wie Winifred Blackman festhielt, seit dynastischen Zeiten ungebrochen ist:

Das Werkzeug, das beim Tätowieren benutzt wird, besteht aus einem kurzen Stock, an dessen Ende sieben Nadeln befestigt sind. Das Stockende ist umwickelt und überklebt, damit die Nadeln nicht herausfallen. Um Kinder zu tätowieren, werden manchmal kleinere Nadeln, und nur fünf an der Zahl, benutzt. Als Farbe dient Lampenruß, der normalerweise mit Öl oder, wie einige behaupten, mit Wasser vermischt ist.

Bedauerlicherweise hinterlassen Tätowierungen nach dem Tod kaum erkennbare Spuren; zwar sind in Gräbern aus allen dynastischen Epochen kleine Frauenfiguren mit eingeritzten und aufgemalten Körperverzierungen entdeckt worden, aber erst seit dem Mittleren Reich sind Tätowierungen an mumifizierten Körpern von vorläufig als königlichen Konkubinen eingestuften Frauen belegt.[5] Im Neuen Reich scheint der Brauch ausgestorben zu sein, wenn auch verschiedene Unterhaltungskünstlerinnen und Dienstmädchen jener Zeit an beiden Oberschenkeln ein kleines Bild des zwergenhaften Gottes Bes trugen, das als Glückssymbol galt und auf alles andere als dezente Weise die Aufmerksamkeit auf verborgene Reize lenken sollte. Zwar ist die Ansicht geäußert worden, diese eigentümliche Tätowierung sei eine Art Warenzeichen für Prostituierte gewesen, aber ebensogut kann sie als Amulett zum Schutz gegen Gefahren bei Geburten oder sogar gegen Geschlechtskrankheiten gedient haben. Wie es scheint, ließen sich nur Frauen niedriger Herkunft und Männer tätowieren, letztere jedoch unauffälliger.

Obwohl Frauen nach herrschenden künstlerischen Konventionen immer modisch schlank dargestellt wurden, ist nicht bekannt, ob Ägypterinnen jemals überflüssige Pfunde bekämpften. Die weit geschnittene Kleidung konnte von Frauen jeder Größe getragen werden, und wir kennen keine Beispiele für antike Diätpläne oder Schlankheitskuren; auch die medizinischen Papyri halten sich bei diesem Thema auffallend zurück. Ein Vergleich mit dem heutigen ländlichen Ägypten läßt vermuten, daß Frauen zwar schlanker als Männer sein sollten, die gegenwärtig in westlichen Gesellschaften bewunderte fast skelettartige Figur, die offensichtlich nur in Gesellschaften, die keine Hungersnöte kennen, Anklang findet, jedoch nicht geschätzt wurde. Die in Gräbern entdeckten nackten Frauenfigurinen sind im allgemeinen von sanft gerundeter Gestalt mit verhältnismäßig breiten Hüften und wohlgeformtem Gesäß. Diese Figurinen, die zu den Grabbeigaben von Männern, Frauen und Kindern gehörten, waren keine Abbilder bestimmter Frauen, sondern allgemeine Fruchtbarkeitssymbole, die den gesamten Verlauf des ägyptischen Familienlebens, einschließlich

Fortpflanzung und Kinderaufzucht, verkörperten. Sie legen nahe, daß vielleicht vor allem eine gebärfähige Statur bewundert wurde.

Die meisten Ägypter gingen ganz unbeschwert mit ihrem Körper um und nahmen keinen Anstoß an unbekleideten Menschen. Nacktheit am rechten Ort wurde in keiner Weise als schockierend oder unschicklich empfunden, und Grabinhaber zeigten keine falsche Scham, sondern ließen Fischer oder andere Handwerker, bei deren Arbeit Kleidung nur gestört hätte, in den Alltagsszenen nackt abbilden. Mit Nacktheit konnten Künstler einen niedrigen gesellschaftlichen Rang andeuten, und oftmals wurden Kinder nackt dargestellt, obwohl wir wissen, daß sie üblicherweise ähnliche Kleider wie ihre Eltern trugen. Während des Neuen Reichs traten Frauen niederer Herkunft, deren Tätigkeit mit ihren körperlichen Reizen zusammenhing, immer häufiger ganz oder teilweise entblößt auf. Tänzerinnen und Akrobatinnen zum Beispiel wurden entweder nur mit auffallenden Gürteln oder in für ihren Beruf zweckmäßigen kurzen, ausgestellten Röcken dargestellt, an denen manchmal zu rein dekorativen Zwecken dünne, die Brust überkreuzende Träger befestigt waren. Dienerinnen trugen bei der Arbeit einen einfachen kurzen Faltenrock ohne Bluse und wurden oft entweder nur mit schmückenden Perlenkolliers und Gürteln, ansonsten aber völlig nackt, oder in leichten, durchsichtigen Gewändern gemalt. Der Trend zu weiblicher Nacktheit im Neuen Reich erstreckte sich selbst auf die Göttinnen und schloß auch einzelne nackte fremde Gottheiten ein, wie die asiatische Kriegsgöttin Astarte, die in Ägypten zu jener Zeit Anhänger fand.

Bei Angehörigen der Oberschicht wäre es jedoch als zu lässig und unpassend empfunden worden, wenn sie sich ohne Kleidung gezeigt hätten. Alles spricht dafür, daß hochrangige Persönlichkeiten es genossen, ihre prachtvolle Kleidung vorzuführen und mit eleganten Gewändern ihre gesellschaftliche Stellung zu unterstreichen. Nur vorübergehend, während der kurzen Amarnazeit, in der alle alten

Bräuche auf den Kopf gestellt wurden, ließen sich Damen aus dem Königshaus entweder nackt oder in zwanglos offenen Roben abbilden, die der Phantasie jeden Spielraum nahmen. Ob im Privatleben, hinter verschlossenen Türen, Nacktheit tatsächlich allgemein üblich war, können wir absolut nicht sagen, obwohl eher anzunehmen ist, daß in den kalten Wintern oder den kühlen Morgenstunden die Menschen nicht unbedingt nackt herumliefen.

Mein Geliebter, es ist lieblich, zum Teich zu gehen und vor deinen Augen zu baden. Ich lasse dich meine Schönheit sehen in einem Hemd aus feinstem Leinen, das naß wird und eng an meinem Körper liegt ... Mit dir möchte ich ins Wasser steigen und herauskommen mit einem roten Fisch, der sich gut macht auf meinen Fingern ... Komm und schau mich an.

Liebeslied aus dem Neuen Reich

Kleider dienen vor allem dem Schutz des nackten Körpers vor den Elementen, und indem sie gewisse Körperteile verhüllen, wahren sie gleichzeitig den Anstand. Aber wie ein kurzer Blick in jede beliebige Fußgängerzone zeigt, sendet Kleidung, oder genauer gesagt, Mode, auch eindeutige gesellschaftliche Signale aus, die auf mannigfaltige Weise Auskunft über die Menschen, ihre finanzielle Situation, ihre Sehnsüchte, ihren Beruf und sogar ihre religiösen Überzeugungen geben. Die Geschäftsfrau, die Studentin und die junge Mutter mögen ähnliche Hemden und Röcke tragen, aber die Unterschiede in Stil und Schnitt fallen selbst dem zufälligen Beobachter sofort auf, während der individualistische, mit zerrissener Lederkluft und martialischen Ketten bekleidete Punk eine Uniform trägt, die für seine Gruppenzugehörigkeit ebenso bezeichnend ist wie der Habit einer Nonne für die ihre. Genau wie eine Bäuerin im modernen Ägypten viele Einzelheiten über einen Fremden herausfindet, indem sie ihn beobachtet, seine Kleidung einer eingehenden Musterung unterzieht und auf diese Weise selbst kleinste Unterschiede wahrnimmt, die dem nicht eingeweihten westlichen Beobachter entgehen, hat vermutlich auch die Kleidung einer Frau im alten Ägypten ihren Zeitgenossinnen eine Menge über sie verraten. Leider können wir ohne den kulturellen Code, der notwendig ist, um diese Botschaften zu entschlüsseln, höchstwahrscheinlich keine Erkenntnisse gewinnen, die über die naheliegendsten Schlußfolgerungen hinausgehen.

Auf den ersten Blick verdanken wir den Ägyptern eine Fülle an Zeugnissen über ihre Kleidung.[6] Wir verfügen über ein paar schriftliche Auskünfte, einzelne erhaltene Kleidungsstücke und zahlreiche Statuen, Inschriften und Gemälde, die zusammengenommen einen anschaulichen Katalog bilden, mit dem die im Lauf der Dynastien wechselnden Moden in ihrer zeitlichen Reihenfolge bestimmt werden können. Allerdings bringt es gewisse Schwierigkeiten mit sich, wenn man sich nur auf diese gegenständlichen Belege verläßt. Naturgemäß stellen sie Menschen aus den oberen Rängen der Gesellschaft dar, die unter untypischen Bedingungen abgebildet wurden. Genau wie sich heutzutage Menschen am liebsten in ihren besten Kleidern fotografieren lassen, müssen wir annehmen, daß auch diejenigen, die wohlhabend genug waren, um der Nachwelt ein Bild von sich hinterlassen zu können, ihre prächtigsten oder festlichsten Trachten zur Schau stellten. Die in Darstellungen des Jenseits gezeigte Kleidung mag zusätzlich noch eine rituelle Bedeutung gehabt haben, die sich uns heute nicht mehr erschließt. Bei den strengen Regeln der ägyptischen Kunst bildete der männliche Künstler höchstwahrscheinlich mit Vorliebe traditionelle oder die Weiblichkeit betonende Kleider ab, und in vielen Fällen erkannte er die feinen Unterschiede bei der Frauenkleidung vielleicht einfach nicht, zumal er die Mehrzahl seiner Bilder eher aus dem Gedächtnis oder einem Musterbuch als angesichts eines lebenden Modells malte. Eine Untersuchung über Kleidung einzig und allein auf die oben beschriebenen Zeugnisse zu stützen, wäre in der Tat so, als würde sich eine Untersuchung über heutige westliche Moden ausschließlich auf eine Kollektion von offiziellen Hochzeitsbildern und Fotografien der allerneuesten Haute Couture aus einer Modezeitschrift beziehen. Dennoch erreicht uns trotz einiger Ungenauigkeiten in der Darstellung von den Grabwänden vergangener Jahrhunderte die klare Botschaft, daß Frauen und Männer viel Freude daran hatten, ihre Pracht zur Schau zu stellen. Zweifellos waren Kleider für die Ägypter von wesentlicher Bedeutung.

Die meisten Kleidungsstücke wurden aus Leinen geschneidert. Baumwolle und Seide waren vor der griechisch-römischen Epoche in Ägypten unbekannt, und obwohl es große Schafherden gab, wurden in vorrömischen Zeiten offenbar nur selten Kleider aus Wolle getragen. Herodot, der als erster diese Abneigung gegen Wolle erwähnte, vermutete, daß die Ägypter aus rituellen Gründen nicht mit Wolle in Berührung kommen wollten, denn »nichts, was aus Wolle besteht, wird in die Tempel mitgenommen oder mit ihnen begraben, da ihre Religion dergleichen verbietet«. Plutarch betete Herodots Theorie nach und stellte fest, daß die »Priester, da sie Schafe verehren, auf deren Wolle und Fleisch verzichten«. Weit wahrscheinlicher ist jedoch, daß der Mangel an hochwertiger Wolle ausschlaggebend dafür war, daß verhältnismäßig selten Wollkleidung getragen wurde; die fast kahlen ägyptischen Schafe, die hauptsächlich ihrer Milch und ihres Fleisches wegen gezüchtet wurden, eigneten sich offensichtlich nicht für eine groß angelegte Wollproduktion. Wie Funde aus Ägypten heute allmählich erkennen lassen, hat Herodot sich außerdem wahrscheinlich geirrt, und auch wenn die Menschen sich lieber in ihren traditionellen Leinenkleidern darstellen ließen, war Wollkleidung wesentlich verbreiteter als bisher angenommen. Jedenfalls belegt kein einziges zeitgenössisches Zeugnis, daß das Tragen von Wolle mit einem strikten Tabu belegt gewesen wäre, und während Leinen, das leicht war und sich angenehm anfühlte, sicherlich der geeignete Kleiderstoff bei heißem Wetter war, wird ein warmer Schal oder Umhang aus Wolle an kalten Winterabenden sicherlich zu seinem Recht gekommen sein.

Während Wolle verhältnismäßig leicht zu färben ist, erfordert das Färben von Leinen ein besonderes Zweistufenverfahren, wenn die neue Farbe dauerhaft halten soll. Lange

Zeit glaubte man, die Ägypter hätten trotz ihres offenkundigen Geschicks am Webstuhl nie die nötige Technik für das Färben von Leinen entwickelt. Die wenigen Frauen, die auf Bildern bunte Kleider mit leuchtend blauen, roten und gelben Mustern tragen, wurden aus diesem Grund entweder für Ausländerinnen oder für Dienstmädchen, deren Kleidung aus dem Ausland importiert wurde, gehalten. Mittlerweile beginnen die Ägyptologen sich zu fragen, ob die Verbreitung von gefärbten Kleidern nicht ebensosehr unterschätzt wurde wie die von Wollkleidung; in Gräbern von Arbeitern gefundene Puppen mit lustig bemalten Kleidern belegen jedenfalls, daß vielfarbige und fröhlich gemusterte Stoffe viel alltäglicher waren als bisher vermutet. Ob es sich hierbei um gefärbte Leinen- oder gefärbte Wollkleider handelte, ist noch nicht eindeutig erwiesen. Weiß oder Hellgrau blieb immer die übliche Farbe für offizielle Kleidung, und auf Grabgemälden dargestellte Kleidungsstücke sind stets leuchtend weiß.

Weil bunte Kleidungsstücke eher selten waren, entwickelten die Ägypter die Kunst, ihre Kleider mit meisterhaften Knittern und Falten zu verzieren. Mit den Fortschritten in der Kleiderherstellung wurden auch die Falten immer feiner und kniffliger, und statt enganliegender Kleider kamen nun lose flatternde Gewänder in Mode, die den teuren Stoff von seiner vorteilhaftesten Seite zeigten. Etwa in der Mitte des Neuen Reichs wechselte der Stil des Faltenwurfs so rasch, daß sich die Statuen heute anhand der unterschiedlichen Falten in ihrer Kleidung ziemlich genau einer bestimmten Zeit zuordnen lassen. Zwar ist uns noch immer schleierhaft, wie es den Schneidern der Antike gelang, ihre Falten so fest in den Stoff zu knicken, daß einige von ihnen auch heute noch erhalten sind, aber es wird vermutet, die gerippten oder gerillten Bretter, die in mehreren Gräbern entdeckt wurden, könnten hierbei eine Rolle gespielt haben. Möglicherweise wurde der Stoff mit einer Art Stärke behandelt, die ihn steif werden ließ und die Falten haltbar machte.

Wie die erhaltene Frauenkleidung belegt, waren die meisten Frauen während der dynastischen Epoche mit eher schlichten und grob geschneiderten Varianten der Djellabah bekleidet, des langen, einem Nachthemd ähnelnden Gewandes, das die ägyptischen Bauern noch heute tragen.[7] Zwar fehlen diesen einfachen Kleidern der Stil und die Eleganz der in offiziellen Grabszenen eher übertrieben dargestellten Moden, wahrscheinlich waren sie aber leicht anzufertigen und bei der Arbeit zweckmäßig und bequem zu tragen. Mehrere erhaltene Kleidungsstücke haben Ärmel, eine Raffinesse, die auf Gemälden aus der Zeit vor dem Neuen Reich selten zu sehen ist, die aber einen willkommenen Schutz vor dem allgegenwärtigen Staub und den Mücken bot. Abtrennbare Ärmel, die bei warmem Wetter entfernt werden konnten, waren eine kluge Erfindung, die ein Kleid für jede Jahreszeit geeignet machte.

Sandalen – Sohlen aus geflochtenem Schilfrohr, die mit einem Riemen am Fuß befestigt waren – wurden während der gesamten dynastischen Epoche getragen; allerdings kamen in der 19. Dynastie auch leichte Lederschuhe in Mode, die etwas eleganter waren. Oft wurde ein Teil des üblichen Arbeitslohnes in Form von einfachen Sandalen ausbezahlt, auch wenn Bilder des Alltagslebens erkennen lassen, daß die meisten Tätigkeiten, wie auch heute noch in vielen Teilen der Welt, barfuß verrichtet wurden. Während beim Betreten eines Hauses aus Höflichkeit die Schuhe ausgezogen wurden, gebot dies in Gegenwart einer gesellschaftlich höhergestellten Person die Ehrfurcht. Der Ehrentitel »Sandalenträger des Pharao« gehörte zu den geachtetsten überhaupt, und der Inhaber eines so angesehenen Postens brauchte sich höchstwahrscheinlich nicht sehr oft der erniedrigenden Prozedur zu unterziehen, seine Schuhe in der Hand zu tragen.

In kalten Nächten warfen sich die Ägypter einfache Umhängetücher über, die ebenfalls den heutigen ähneln. Zur Grabausstattung des Bauleiters Cha und seiner Frau Merit aus der Zeit der 18. Dynastie gehörten nicht nur solche Umhängetücher, sondern auch Merits mit kunstvollen Fransen versehener Morgenmantel, der ordentlich gefaltet zusammen mit ihrem Kamm und einem Lockenwickler für die Perücke im Kleiderkorb lag. Verschiedene Ostraka zeugen von erheblichen Preisen für derartige Kleidungsstücke, und wie wir wissen, kostete im Neuen Reich ein einfaches, mit einer Djellabah vergleichbares Hemdkleid aus schlichtem Stoff fünf *deben;* zwar ist es schwierig, diesen Wert mit heutigen Preisen zu vergleichen, aber die Tatsache, daß eine Ziege mit zwei *deben* veranschlagt wurde, zeigt, wie wertvoll Stoff war. Natürlich hing der Preis der Kleidung von der Qualität und Menge des verwendeten Materials ab, und ein Umhängetuch aus gutem Stoff war ein Luxusartikel, der bis zu fünfzehn *deben* kosten konnte.

So überrascht es nicht, daß Kleiderdiebstahl ein verbreitetes Delikt war. Theoretisch konnten auch solche geringfügigen Vergehen vor ein Gericht gebracht werden, aber normalerweise suchte das Opfer das nächstgelegene Orakel auf und vertraute darauf, mit dessen Hilfe und ohne viel Aufhebens des Rätsels Lösung zu finden und den Übeltäter zu überführen. Das Orakel in Gestalt einer Statue des am Ort verehrten Gottes stand auf einer Sänfte, die auf den Schultern von ausgewählten Laienpriestern ruhte. Das Orakel konnte Fragen mit »Ja« oder »Nein« beantworten, indem es die Sänftenträger veranlaßte, im entscheidenden Moment entweder vor- oder zurückzutreten. In schwierigeren Fällen, bei einer größeren Anzahl Verdächtiger, trug der Kläger eine Reihe von Namen vor, und der Gott bewegte sich, um auf die Schuldigen zu weisen. Zwar leisteten viele regionale Gottheiten nützliche Orakeldienste, der vergöttlichte Amenophis I. in Der el-Medine genoß jedoch weit und breit den Ruf, eines der besten Orakel zu sein.[8] Ein Ostrakon aus dieser Ausgrabungsstätte schildert den Fall des Zeichners Kaha, der sich entschloß, das Orakel aufzusuchen, nachdem ihm ein Teil seiner Kleider geraubt worden war. Kaha las eine Liste mit verdächtigen Haushalten vor, und als der Haushalt des Schreibers Imenhet erwähnt wurde, gab der Gott zweimal ein Zeichen. Schließlich wurde die Auswahl an Verdächtigen immer kleiner und die namentlich nicht erwähnte Tochter Imenhets als Diebin entlarvt. Ob sie anschließend bestraft wurde, ist nicht überliefert, aber höchstwahrscheinlich veranlaßten öffentliche Ächtung und eine tief verwurzelte Angst vor göttlicher Vergeltung die schuldige Partei zur sofortigen Rückgabe der gestohlenen Güter an ihren rechtmäßigen Besitzer.

Seine Majestät sprach: »Ich aber werde eine Bootsfahrt machen. Laß mir zwanzig Ruder aus vergoldetem Ebenholz bringen, mit silber-goldenen Griffen aus Sandelholz. Laß mir zwanzig Frauen bringen, die noch nie geboren haben, mit den wohlgeformtesten Körpern und Brüsten und dem schönsten Haar. Und laß mir auch zwanzig Netze bringen und gib diese Netze den Frauen anstelle ihrer Kleider!« Man tat ganz wie seine Majestät befahl. Sie ruderten flußauf und flußab, und das Herz seiner Majestät erfreute sich beim Anblick, wie sie ruderten.

Aus dem *Papyrus Westcar,* Mittleres Reich

Die Kleider der modebewußteren Ägypter und Ägypterinnen waren ebenfalls sehr einfach geschnitten, wenn auch für den Alltag wesentlich unpraktischer. Die Moden wechselten natürlich, aber das normale Kleidungsstück bestand immer aus einem einzigen Stück Stoff, das nach Art eines Sarongs um den Körper gewickelt oder drapiert wurde und entweder von einem Gürtel oder einfachen angenähten Trägern gehalten wurde. Wenn diese Kleidungsstücke ausgezogen wurden, waren sie fast nicht mehr als solche zu erkennen, und in Gräbern gefundene Einzelstücke wurden oft irrtümlich für Bettlaken gehalten. Im Alten Reich trug die modische Frau ein langes, wie angegossen sitzendes weißes Kleid, das von der Brust bis hinab ans Schienbein reichte. Es wurde von zwei breiten Trägern gehalten und war aus einem in der Mitte gefalteten Stück Leinen geschneidert, das umsäumt und schlauchförmig zusammengenäht wurde. Grabszenen vermitteln den Eindruck, als sei das normale Kleid so enganliegend gewesen, daß sich die Formen des Körpers deutlich abzeichneten, aber es fällt schwer, derart unpraktische Kleidungsstücke bildgetreu auszulegen, denn selbst das modebewußteste Mädchen hätte die mangelnde Bewegungsfreiheit wohl eher als lästig empfunden. Wahr-

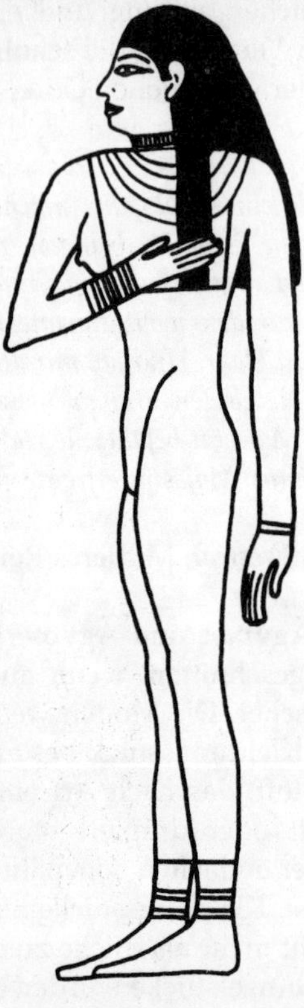

Abb. 26 Kleid aus dem Alten Reich.

scheinlich entsprach diese Art der Darstellung einer weiteren künstlerischen Gepflogenheit, die Weiblichkeit der Trägerin hervorzuheben und ihre passive Rolle im Leben durch die unpraktische Kleidung unauffällig zu betonen. Mit verzierten Trägern oder geometrischen Mustern in Querstreifen, die auf das Kleid gewebt oder gestickt wurden, konnte das strenge weiße Kleidungsstück etwas aufgelockert werden. Leichte Überwürfe aus Perlenschnüren oder Perlennetzen malten verführerische Muster auf das schlichte Kleid, und der oben zitierte *Papyrus Westcar* beschreibt die Wollust des Königs Snofru beim Anblick seiner Bootscrew aus heiratsfähigen Ruderinnen, die nur mit »Fischernetzen« aus Perlen bekleidet waren, ohne das übliche sittsame Kleidungsstück darunter zu tragen.

Die eher zurückhaltende Eleganz im Alten Reich wurde schließlich von einer phantasievolleren Kleidermode abgelöst, und die Dame des Neuen Reichs konnte ihre Kleider aus einer umfangreicheren und moderneren Garderobe auswählen. Mit Falten und Fransen reich verzierte Kleidungsstücke ergänzten die aufwendigeren Perückenstile, die zu jener Zeit in Mode waren. Das übliche Kleidungsstück war ein wallendes, einem Sari ähnelndes Gewand, das aus einer langen gefalteten Stoffbahn bestand, die um Körper und Schultern geschlungen und unter dem Busen zusammengebunden wurde, um seiner Trägerin eine modisch-elegante Silhouette zu verleihen. Kunstvoll gefaltete Ärmel bedeckten die Oberarme bis zum Ellbogen. Das altmodische enge Kleid blieb weiter beliebt, wurde aber nun von einem kürzeren und dünneren wallenden Gewand verhüllt.

Sie wirft Schlingen gegen mich mit ihrem Haar.
Sie läßt mich eingefangen werden mit ihrem Auge.
Sie läßt mich gebändigt werden mit ihrem Schmuck.
Sie brandmarkt mich mit ihrem Siegelring.
Liebeslied aus dem Neuen Reich

Die schlichten weißen Kleider lieferten den passenden Untergrund für den bunten und vielfältigen Schmuck, der seit vordynastischen Zeiten bei Männern, Frauen und Kindern aller Schichten beliebt war. Leuchtend bunte, in großen Serien gefertigte Perlen wurden zu billigem und fröhlich auffallendem Modeschmuck zusammengestellt, während für die Reichen am anderen Ende der gesellschaftlichen Stufenleiter Edelmetalle und Halbedelsteine von Handwerksmeistern in erlesene Schmuckstücke, wahre Kunstwerke, verwandelt wurden. Der Schmuck, den die königliche Familie trug, wurde ausschließlich in den zum Palast gehörenden Werkstätten hergestellt, denen sämtliche Schätze des Hofes zur Verfügung standen. Dort wurden anspruchsvolle und ausgeklügelte Verfahren wie

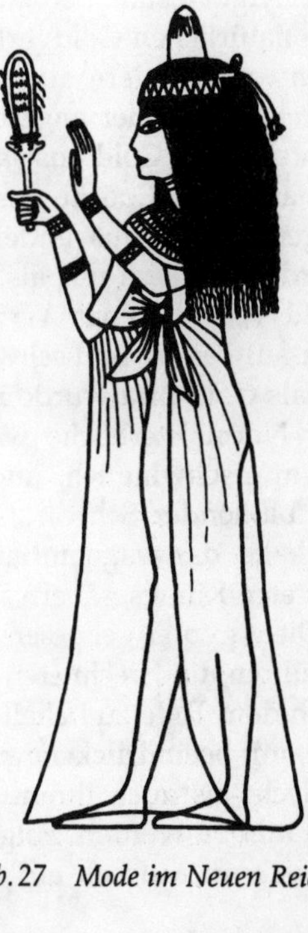

Abb. 27 Mode im Neuen Reich.

die *Cloisonné*-, Granulations- und Filigrantechnik entwickelt. Wer nicht so wohlhabend war, kaufte einfache Schmuckstücke bei örtlichen Handwerkern oder umherziehenden Goldschmieden, die sich zu jedem Dorfmarkt einfanden. Die Steine, aus denen der Schmuck gefertigt wurde, waren auch bei den wertvollsten Stücken im allgemeinen undurchsichtig. Im Gegensatz zu unserem heutigen Schmuck waren es eher Farbe und Glanz des Ganzen, und nicht unbedingt die strahlende Reinheit der einzelnen Teile, die zu der erwünschten Wirkung führten.

Die ägyptischen Schmuckhandwerker verfügten nicht über die Edelsteine, aus denen der größte Teil des modernen Schmucks gemacht wird. Innerhalb der Landesgrenzen gab es jedoch Amethyst, Karneol und Jaspis, während in der Wüste Sinai Türkis abgebaut und aus so fernen Ländern wie Afghanistan tiefblauer Lapislazuli eingeführt wurde. Die natürlichen Goldvorkommen in der ägyptischen Wüste – entweder Adern aus purem Gold, die das Quarzgestein durchzogen, oder angeschwemmte Ablagerungen, aus denen sich das Gold auswaschen ließ – wurden während der dynastischen Epoche ausgebeutet. Reines Silber mußte dagegen immer aus anderen Mittelmeerländern eingeführt werden. Es kam nur als »Verunreinigung« im ägyptischen Gold vor, aber das Verfahren, beide Metalle zu trennen, war aufwendig und schwierig.[9] Folglich war Silber wertvoller als Gold und wurde nur selten zu Schmuck verarbeitet. Für Normalsterbliche waren allerdings beide Edelmetalle kaum erschwinglich, und es liegt auf der Hand, daß sich ein blühender Schwarzhandel mit gestohlenem Gold entwickelte, das wagemutige Grabräuber aus den reich ausgestatteten Königsgräbern ans Licht brachten.

Die Ägypter genossen es, ihren Prunk zu Lebzeiten vorzuführen, und rechneten voller Zuversicht damit, ihn auch nach dem Tode zu behalten. Sie betrachteten es als unerläßlich, mit beeindruckendem Schmuck, der sowohl ihrem Geschlecht als auch ihrem gesellschaftlichen Rang geziemte, bestattet zu werden. Folglich stammt ein Großteil des mittlerweile in Museen auf der ganzen Welt untergebrachten ägyptischen Schmucks aus Gräbern, die häufig von modernen Grabräubern oder Hobbyägyptologen geplündert wurden, ohne daß diese einen Gedanken an die archäologische Bedeutung ihrer Beute verschwendeten. Einige Stücke waren offensichtlich von ihren Besitzern sehr geliebt und oft getragen worden, aber ein großer Teil des noch erhaltenen Schmucks muß eigens fürs Grab angefertigt worden sein. Verschiedene Stücke waren aus so dünnem Draht, daß sie beim Tragen zerrissen wären, und manchen der breiten Kolliers fehlte das ausgleichende Gewicht, um richtig anzuliegen. Im Leben nach dem Tode konnte der oder die Verstorbene diesen symbolischen Schmuck natürlich problemlos tragen. Nichts deutet darauf hin, daß er etwas anderes als eine Nachbildung des im wirklichen Leben getragenen Schmucks gewesen wäre, und abgesehen von besonderen Schutzamuletten, die zusammen mit den Leichnamen einbalsamiert wurden, gibt es keine Hinweise auf einen reinen, nur dem Jenseits angemessenen Totenschmuck.

Wir brachen die Gräber auf, die westlich des No-Sees lagen, und schafften die Innensärge fort. Auf ihnen lag Gold- und Silberschmuck, den wir wegnahmen und stahlen, und ich teilte ihn mit meinen Verbündeten.

Gerichtsprotokoll aus dem Neuen Reich

Raub aus Königsgräbern, oftmals von denselben Arbeitern begangen, die die Gräber auch gebaut hatten, war ein ständiges Problem, da es unmöglich war, den Ort eines derart großen Bauwerks auch nur für kurze Zeit geheimzuhalten. In Theben, der Stätte der Königsgräber des Neuen Reiches, war eine besondere Nekropolenpolizei für die Bewachung der Königsgräber verantwortlich. Sie unterstand direkt dem Wesir, dem höchsten Beamten des Reiches. Allerdings zeugen verschiedene, von Verhaftung und anschließenden Prozessen gegen Grabräuberbanden handelnde Papyri aus der Zeit der 20. Dynastie sowie die Fundorte des Diebesguts davon, daß diese Polizei womöglich nicht so zuverlässig war, wie sie hätte sein sollen; einige Nekropolenbeamten waren sogar eindeutig in die Verbrechen verwickelt. Jede festgestellte Unregelmäßigkeit wurde dem Wesir oder anderen hochrangigen Beamten mitgeteilt. Dann wurde ein Ausschuß eingesetzt, der die Grabschändungen untersuchte, eine Liste der Verdächtigen aufstellte und den Prozeß führte. Die Verurteilten wurden dem Pharao zur Bestrafung übergeben; die offizielle Strafe war das Pfählen, was einen qualvollen, langsamen Tod bedeutete.

Wir im Westen betrachten unseren Schmuck vor allem als Zierde, als Ausdruck unserer Individualität und vielleicht als Mittel, um unseren Reichtum zur Schau zu stellen. Natürlich gibt es gewisse Ausnahmen. Ein Kruzifix, ein Medaillon mit dem heiligen Christophorus oder ein Hufeisen als Glücksbringer werden sowohl zur Verzierung als auch aus religiösen Gründen oder aus Aberglauben getragen, während ein Ehe- oder Verlobungsring als schmückender Beweis für den sozialen Status gilt. Bei den Ägyptern, die sich ständig von bösen Geistern, Dämonen und all den Gefahren der ihnen feindlichen Natur umlagert fühlten, sollte der Schmuck nicht nur zieren, sondern vor allem auch das Böse abwehren, und deshalb schrieben sie fast all ihren Schmuckstücken schützende Eigenschaften zu. Worin genau die Schutzeigenschaften bestimmter Motive bestanden, können wir heute nicht immer entschlüsseln, aber wie viele andere Dinge des dynastischen Lebens sollte auch der ägyptische Schmuck niemals nur nach seinem Nennwert beurteilt werden. Am wirkungsvollsten waren die Talismane, wenn sie auf der nackten Haut getragen wurden, deshalb hingen sie normalerweise an einer Schnur um den Hals.

Bei manchen Stücken haben wir die verborgenen Zauberkräfte entschlüsseln können, und von vielen Talismanen wissen wir, daß sie ausdrücklich für Frauen bestimmt waren. So ist zum Beispiel auf einigen der frühesten erhaltenen Amulette, die aus den Anfängen der dynastischen Epoche stammen, der Kopf von Bat zu sehen, einer Fruchtbarkeitsgöttin, die kinderlosen Frauen zur Empfängnis verhelfen konnte. Während fischförmige Schmuckstücke, die im Haar oder als Anhänger am Hals getragen wurden, junge Mädchen vor dem Ertrinken schützen sollten, galten Amulette aus Austernschalen als Gesundheitsboten für alle Frauen. Das Udjat-Auge des Horus, die Verkörperung des von Seth, dem Gott des Bösen, herausgeschlagenen Auges, wurde zum Symbol für das Licht, das die bösen Geister abwehrte, und war deshalb ein bei Männern und Frauen beliebtes Amulett. Bis heute noch nicht völlig entschlüsselt sind die Schutzkräfte, die bestimmten Farben – vor allem Grün als Verkörperung von Leben und Geburt – und bestimmten Edelsteinen zugeschrieben wurden. Wer eine Halskette aus grünen Türkisen trug, fühlte sich offenbar hinlänglich vor jedem Unheil geschützt.

Der beliebteste und erschwinglichste Schmuck bestand aus einfachen, auf Leinen- oder Lederschnüren aufgefädelten Perlen, Muscheln und Talismanen. Aus den Perlen, die normalerweise aus glasiertem Steatit, Fayence oder Glas hergestellt wurden und in den unterschiedlichsten Formen und Farben vorkamen, ließen sich Halsketten, Armbänder oder Fußreifen anfertigen. Tanzende Mädchen trugen zur Zierde Perlengürtel, häufig mit eingearbeiteten Kauri-Muscheln, die während des Tanzes verführerisch rasselten. Möglicherweise sollten diese Kauri-Muscheln, die entfernt an weibliche Genitalien erinnern, Fruchtbarkeit symbolisieren. Solche rasselnden Gürtel wurden aber keineswegs nur von jenen Damen getragen, die ihre körperlichen Reize spielen lassen mußten, sondern fanden sich auch in Gräbern eleganter und vermutlich hochangesehener Prinzessinnen aus Königshäusern. Während sich die meisten Menschen mit einfachen Anhängern und Perlenketten begnügen mußten, trugen die Angehörigen der mittleren und oberen Gesellschaftsschichten – von kleinen Beamten bis hin zur königlichen Familie – prachtvolle Kolliers aus mehreren miteinander verbundenen Reihen aus Fayence-Perlen, die in breiten Verschlüssen zusammenliefen. Auch die Brustplatte, ein großer Anhänger mit eingelegtem Edelmetall, der auf der Brust getragen wurde, blieb den Wohlhabenderen vorbehalten und wurde normalerweise, wenn auch nicht nur, von Frauen getragen.

Armbänder, Armreifen und Fußringe waren seit vordynastischen Zeiten ein beliebter Schmuck für Frauen unterschiedlichster Herkunft, und eine der berühmtesten und ersten Trägerinnen von Armbändern war Königin Hetepheres, die Mutter des Königs Cheops, des Erbauers der Pyramiden in der 4. Dynastie. Auf einem Bild der Hetepheres sind die Arme der Königin mit Schmuck überladen, und eine in ihrem Grab entdeckte Schatulle enthielt zwanzig Silberarmbänder mit Einlegearbeiten, die sie im Jenseits tragen wollte. Fußreifen sind bekanntlich nur schwer von Armreifen zu unterscheiden, es sei denn, sie werden noch an den Gliedmaßen der Toten vorgefunden, und selbst die Ägypter hielten es für nötig, Schmuckkästchen für Fußreifen mit der Aufschrift »Für die Füße« zu versehen. Wie es scheint, verwirrte die Ähnlichkeit der Stücke auch Archäologen, denen der Gedanke an Fußreifen vielleicht fremd war, denn oftmals ordneten sie die Gegenstände, die sie in aufgebrochenen Gräbern fanden, falsch zu. Ursprünglich waren Fußreifen ein reiner Frauenschmuck, doch seit der Zeit des Mittleren Reiches wurden sie von Männern und Frauen aller Schichten getragen. Den elegantesten und geschmackvollsten Anblick boten jene Ägypter, die ein breites, verziertes Armband und den dazu passenden, etwas schwereren Fußreifen trugen.

Ringe, auf Gemälden oder bei Skulpturen zwar selten zu sehen, aber seit vordynastischen Zeiten von beiden Geschlechtern getragen, wurden immer beliebter. Im Neuen Reich galten in Massenproduktion hergestellte Fayence-Ringe als eleganter Modeschmuck. Die Ringe wurden an jedem beliebigen Finger getragen, nur der Skarabäus-Siegelring, der von hohem gesellschaftlichen Rang zeugte und folglich männlichen Beamten vorbehalten blieb, schmückte aus Tradition den linken Mittelfinger. Dagegen waren Ohrringe so gut wie unbekannt, bis im Neuen Reich, durch Einflüsse aus den Nachbarländern, Frauen aller Schichten ihre Ohrläppchen durchstechen ließen und voller Begeisterung solche Schmuckstücke in den unterschiedlichsten Ausführungen erwarben. Sehr beliebt wurden Goldringe, modern anmutende Ohrstecker aus Glas und verzierter Fayence-Ohrschmuck, vergleichsweise große, flache Scheiben mit gerilltem Rand, die das Ohrläppchen erheblich in die Länge zogen. Die kostbaren goldenen und edelsteinbesetzten Ohrringe der Damen am königlichen Hof wurden aus billigerem Material wie Ton oder Glas nachgebildet und so für jeden Geldbeutel erschwinglich. Auch hochrangige Männer trugen Ohrschmuck, und die Mumie Tutanchamuns wies Löcher in den Ohrläppchen auf, wenn sich auch beim mumifizierten Leichnam keine Ohrringe fanden. Ohrringe für Männer waren allerdings nicht einfach nur ein persönlicher Schmuck, sondern wurden als Auszeichnung für treue Dienste vom König verliehen und nur von jenen getragen, die bereits feierlich mit der goldenen Halskette für ihre Loyalität ausgezeichnet worden waren. Mit kostbaren Schmuckgeschenken, dem »Gold des Tapferen«, drückte der Pharao üblicherweise seine Anerkennung für hervorragende Soldaten und treue Untertanen aus, was ein wenig an heutige Ordensverleihungen oder Erhebungen in den Ritterstand erinnert. Die glücklichen Empfänger solcher Zeichen der Wertschätzung verewigten die Verleihungszeremonie oft auf den Wänden ihrer Gräber.

Welche Bedeutung der Schmuck einer Ägypterin hatte, können wir nur schwer einschätzen. Wir sehen, daß er der Zierde diente, vermuten, daß er von Reichtum und gesellschaftlicher Stellung der Frau und ihrer Familie zeugte, und wissen, daß vielen Schmuckstücken schützende Kräfte zugeschrieben wurden. Weniger klar ist uns, ob Frauen ihre Edelsteine als Zukunftsinvestition betrachteten. In vielen Gesellschaften, in denen Frauen nur eingeschränkt über eigenen Besitz verfügen können, gelten Edelsteine und Goldschmuck – häufig Hochzeitsgeschenke des Ehemannes – als persönliches Eigentum der Frau, das ihr in schweren Zeiten helfen soll. So bekommt heutzutage in ägyptischen Dörfern ein Mädchen von seinem Verlobten Gold geschenkt, um die Verbindung zu besiegeln, wobei das Gewicht des Goldes wichtiger ist als die Schönheit der Schmuckstücke. Dieser Brauch bewährt sich, weil der verschenkte Schmuck erkennbar hohen Wert besitzt, der zu einem späteren Zeitpunkt vielleicht einmal eingelöst wird. Allerdings läßt sich die Situation im dynastischen Ägypten damit nicht vergleichen, weil dort das Recht der Frau auf einen Teil des gemeinschaftlichen Vermögens sowohl durch die Tradition als auch durch das Gesetz anerkannt wurde und der größte Teil des gefundenen Schmucks nicht besonders wertvoll war. Alles deutet darauf hin, daß Schmuck einfach als Beweis der gesellschaftlichen Stellung und des persönlichen Geschmacks bewertet wurde.

Die Magd, die keinen Kleiderkasten ihr eigen nannte, besitzt jetzt eine ganze Möbelausstattung. Die, welche ihr Gesicht im Wasser besah, hat jetzt einen Bronzespiegel.

Mahnworte des Schreibers Ipuwer

Leider hatte die ägyptische Frau keine Möglichkeit, sich in all ihrer Pracht von Kopf bis Fuß zu betrachten, denn lebensgroße Spiegel waren unbekannt; die weniger wohlhabenden Mitglieder der Gesellschaft mußten sich sogar mit ihrem Spiegelbild im Nil begnügen. Wer über mehr Mittel verfügte, bediente sich eines Handspiegels aus blankpoliertem Metall, der treffend »Gesichtsanblick« genannt wurde und sehr nützlich zur Überprüfung der Gesichtszüge und zur Vervollständigung des Make-ups war. Die stark angelaufenen Oberflächen der entdeckten Bronzespiegel waren meist narbig und zerfressen, aber als man sie wieder polierte, stellte sich heraus, daß sie ein gutes, sogar leicht vergrößertes Bild liefern. Wie viele alltägliche Gebrauchsgegenstände im ägyptischen Leben waren auch Spiegel weit mehr als nur ein einfaches Hilfsmittel bei der Schönheitspflege. Der ovale Spiegel, der auf unerklärliche Weise ein Abbild der vor ihn gehaltenen Gegenstände zeigte und das Licht reflektierte und bündelte, wurde eng mit der religiösen Vorstellung vom Leben, der Schöpfung und der Wiedergeburt verknüpft und, wenn auch nicht ganz so deutlich, mit den Sonnen- und Mondgottheiten in Verbindung gebracht. Diese mystischen Assoziationen zeigen sich auch in

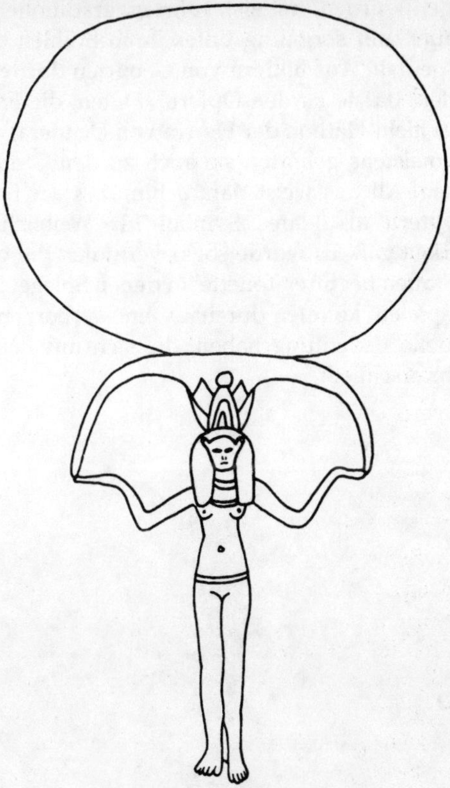

Abb. 28 Bronzespiegel

den verzierten Griffen der Spiegel, die oftmals wie Papyrus- oder Lotusstengel, Symbole von Schöpfung und Fortpflanzung, oder wie der Kopf der Hathor, des Sinnbilds von Liebe, Schönheit und Fruchtbarkeit, aussahen.

Obwohl Spiegel mit Sicherheit von Männern wie von Frauen benutzt wurden, hatten sie anscheinend für Frauen eine besondere Bedeutung. Grabszenen zeigen, daß wohlhabende Frauen ihre Spiegel offenbar als stilvolles Zubehör ansahen und sie in besonderen Beuteln, die über der Schulter getragen wurden, mit sich führten. Traditionell wurden diese Frauen mit sorgfältig unter ihren Stühlen plazierten Spiegeln gemalt. Auf Bildern von Geburten durften Spiegel nicht fehlen, da sie zu den Opfern zählten, die Frauen aus der Oberschicht Hathor, der Herrin von Dendera, darbrachten; und meistens gehörten sie auch zu den Grabbeigaben von Frauen. All das weist darauf hin, daß der Spiegel bei den Ägyptern als klares Symbol für Weiblichkeit und Fruchtbarkeit galt. Es wurde sogar vermutet, die vielen Bilder von Frauen bei ihrer Toilette, in denen Spiegel immer eine Rolle spielen, könnten durchaus eine verborgene rituelle oder sexuelle Bedeutung haben, die sich uns heute leider nicht mehr erschließt.

6

Der königliche Harem

> Hüte dich vor einer Frau, die fremd in deiner Stadt ist. Starre ihr nicht nach, wenn sie vorbeigeht, und vermeide Geschlechtsverkehr mit ihr. Solch eine Frau, fern von ihrem Mann, ist wie ein tiefes Wasser mit ungeahnten Abgründen.
>
> Mahnworte des Schreibers Ani
> aus dem Neuen Reich

Der Harem ist der westlichen Kultur – der antiken wie der modernen – immer fremd geblieben. Allerdings hat die Vorstellung vom osmanischen Serail, einem abgeschlossenen, streng bewachten Palast der Freuden, in dem spärlich bekleidete Konkubinen ihre Tage mit Müßiggang und in träger Erwartung der Befehle ihres Sultans verbringen, wesentlich zu dem Zauber beigetragen, der in unseren westlichen Augen von den Geheimnissen des Orients ausgeht und in den verführerisch dekadenten Orientgemälden des neunzehnten Jahrhunderts seinen Niederschlag gefunden hat. Auf völlig unangemessene, aber sehr nachhaltige Weise hat dieses Wunschbild geheimer sinnlicher Wonnen auch unsere Interpretation der vorhandenen Zeugnisse über die tatsächliche oder vermeintliche Rolle des Harems in der ägyptischen Gesellschaft geprägt.

Die ersten Ausgräber rechneten fest damit, Harems nach osmanischer Art vorzufinden, und erklärten dementsprechend alle alleinstehenden, sonst nicht zuzuordnenden

Frauen ohne großes Zögern zu Konkubinen oder Kurtisanen, die männlichen Beistands bedurften. Auf dieser wackligen Grundlage zweifelhafter Identifizierungen und reiner Vermutungen grub sich das Bild einer in zügelloser Polygamie lebenden ägyptischen Gesellschaft immer tiefer in die allgemeine Vorstellung ein und beeinflußte auch die Deutung späterer archäologischer Funde. Erst in den letzten Jahren haben Ägyptologen dank neuer archäologischer, sprachwissenschaftlicher und anthropologischer Forschungen erkannt, daß ihr Verständnis durch diese vorgefaßten Meinungen und tief verwurzelten Vorstellungen bedenklich verzerrt wurde. Heute wissen wir, daß in Ägypten weder ein direktes Gegenstück zum oben beschriebenen Serail existierte, noch Polygamie oder Konkubinat landläufigen Sitten entsprachen; zweifellos gab es den königlichen Harem der Pharaonen, aber er entsprach keineswegs dem orientalischen Luxusbordell, wie wir es uns in unserer Phantasie ausmalen.

Willst du Freundschaft bestehen lassen in einem Haus, zu dem du Zutritt hast als Herr, als Bruder oder als Freund, überall dort, wo du eintrittst, hüte dich vor dem Verkehr mit den Frauen.

Rat eines Schreibers aus dem Alten Reich

Obwohl die überwältigende Mehrheit der ägyptischen Männer monogam lebte, sah sich beinahe jeder Haushaltsvorstand vor die Aufgabe gestellt, eine bunte Gesellschaft aus unverheirateten oder verwitweten Schwestern, Töchtern, Tanten, Schwiegermüttern und Müttern zu beherbergen. Folglich könnten die Privatgemächer der Frauen in allen größeren Haushalten oder Palästen durchaus als Harem bezeichnet werden, sofern mit dem Begriff – im heutigen Sinn und ohne Anspielung auf irgendwelche sexuellen Verpflichtungen – entweder die Gemeinschaft der Frauen oder ihre Wohnräume gemeint sind. Als Oberhaupt der königlichen Familie war der König verpflichtet, für eine recht große Schar von Königinnen, Prinzessinnen und Konkubinen sowie deren zahllose Kinder, Kindermädchen und persönliche

Dienerschaft zu sorgen. Dieser Frauenkreis bildete den königlichen Harem.

Leider wissen wir nicht, wie die Ägypter selbst diesen Frauenhaushalt nannten. Während des Alten und Mittleren Reiches wurde mit dem Ausdruck *ipet nesut* eine unbestimmte, aber offensichtlich aus Frauen bestehende königliche Institution bezeichnet. Dieser Ausdruck wird heute im allgemeinen mit »Harem des Königs« übersetzt, obwohl die genaue Bedeutung von *ipet* keineswegs feststeht und mit *ipet nesut* ebensogut »Königliche Frauengemächer«, »Königliche Wohnungen«, wenn nicht sogar »Königliche Kornkammer« oder »Königliches Kontor« gemeint sein könnten.[1] Nach herkömmlicher Übersetzung wurden verschiedene männliche Beamte als »Aufseher des Harems« bezeichnet; da sich diese Übersetzung aber allein auf die Auslegung des Wortes *ipet* gründet, kann sie falsch sein. Ebenso wurden Frauen des königlichen Hofes, die so verschwommene und undefinierbare Titel wie »Schmuck des Königs« oder »Einziger Schmuck des Königs« trugen, gewöhnlich für königliche Konkubinen gehalten. Diese Übersetzung spiegelt jedoch auch nur die Vorurteile der ersten Ägyptologen wider; heute ist erwiesen, daß außerordentlich angesehene Frauen der Ersten Zwischenzeit, häufig Hathor-Priesterinnen, den Titel »Einziger Schmuck des Königs« verliehen bekamen, während mit dem unbestimmteren Titel »Schmuck des Königs« Hofdamen der 13. Dynastie bezeichnet wurden.

Den ersten direkten Beweis für ein dem Monarchen »gehörendes« Gefolge an Frauen liefern die Nebengräber, die an der Seite der frühzeitlichen Königsgräber aus der 1. Dynastie in Abydos angelegt wurden. Statt für hochrangige Hofbeamte oder Minister waren diese Gräber für Männer und Frauen bestimmt, die dem König aufgrund persönlicher Beziehungen oder als Untergebene besonders nahestanden. Aus diesem Grund liegen hier Diener und unbedeutende Totenpriester neben Zwergen, Lieblingshunden und, wie könnte es anders sein, Lieblingsfrauen.[2] Die Zahl der zu jedem Königsgrab gehörenden Nebengräber schwankte zwar,

war aber stets ziemlich groß; so schloß die Grabanlage König Djers die Gräber von über dreihundert Gefolgsleuten ein. Siebenundneunzig Privatstelen sind aus den Nebengräbern Djers erhalten, und verblüffenderweise lagen in sechsundsiebzig (78 Prozent) der Gräber Frauen. Viele von ihnen wurden mit wertvollen Grabbeigaben bestattet, was darauf hindeutet, daß sie in höfischen Kreisen über einigen Einfluß verfügten, woraus sich jedoch keineswegs der unvermeidliche Schluß ziehen läßt, es habe sich bei ihnen durchweg um königliche Konkubinen gehandelt.

Leider wurden die meisten Nebengräber rücksichtslos geplündert und die sterblichen Überreste ihrer Inhaber verstreut, so daß heute in vielen Fällen nur noch die auf erhalten gebliebenen Grabsteinen eingravierten Namen und wenig aufschlußreichen Titel vom Geschlecht der in ihnen Bestatteten zeugen. Deshalb verfügen wir nicht über Zeugnisse, die uns verraten würden, welches Ende die Inhaber dieser Gräber fanden. Möglicherweise traf der König bei den eingehenden Vorbereitungen für die Zeit nach seinem eigenen Tod auch Vorkehrungen für seine treuen Gefolgsleute und teilte ihnen bestimmte Parzellen für Nebengräber zu, womit er sicherstellte, daß sie, nach einem natürlichen Tod, im Schatten des weitaus beeindruckenderen Grabes ihres Herrn beerdigt werden konnten. Die Möglichkeit, daß die Gräber für Diener ausgehoben wurden, die nach dem Tod ihres Gebieters entweder getötet oder zum Selbstmord gezwungen wurden, kann jedoch auch nicht ausgeschlossen werden. Professor Emery, Ausgräber der zur Grabanlage von Königin Merit-Neith gehörenden Nebengräber in Sakkara, konnte beim Öffnen der Gräber die genaue Position einiger menschlicher Gebeine feststellen und schrieb dazu:

An den anatomischen Überresten konnten keine Spuren von Gewalt bemerkt werden, und die Position der Skelette ließ in keinem einzigen Fall auf etwaige Bewegungen nach der Bestattung schließen. Deshalb ist anzunehmen, daß diese Menschen, als sie begraben wurden, bereits tot waren, zumal sich keine Hinweise darauf finden, daß sie lebendig begraben wurden. Das Fehlen jeglicher Gewalteinwirkung deutet darauf hin, daß sie vor ihrem Begräbnis vergiftet wurden.[3]

Die rauhe Sitte, treue Gefolgsleute und sogar Frauen nach dem natürlichen Tod ihres Gebieters oder Ehemannes zu opfern, begegnet uns hin und wieder in streng feudalistischen und patriarchalischen Gesellschaften antiker wie moderner Zeiten. Der mittlerweile verbotene indische Brauch des Feuertodes, der von einer Witwe verlangt, sich auf den lodernden Scheiterhaufen ihres verstorbenen Gatten zu werfen, wird in abgelegenen ländlichen Gegenden Indiens sogar heute noch heimlich praktiziert. Die bedeutendste zeitgenössische Entsprechung zu den frühzeitlichen ägyptischen Grabmälern finden wir in Mesopotamien. Der sumerische Königliche Friedhof von Ur stammt ungefähr aus dem Jahr 2650 v. Chr. Hier teilten Könige wie Königinnen ihre prächtigen, verschwenderisch ausgestatteten Gräber mit ihrer persönlichen Gefolgschaft, und unter den zugehörigen Grabstätten befand sich ein Massengrab, heute als Große Todesgruft bekannt, in dem die Körper von sechs Männern und achtundsechzig elegant gekleideten Frauen entdeckt wurden. Anscheinend hatten all diese Höflinge bereitwillig ihr Grab betreten und Gift genommen, während Musiker, deren Finger noch fünftausend Jahre später auf den Saiten ihrer Harfen ruhten, für musikalische Untermalung sorgten. Wie die ägyptische, so genoß auch die sumerische Königsfamilie halbgöttlichen Status und wurde als sterbliches Gegenstück zu den himmlischen Göttern angesehen, und wie es scheint, gaben ihre Diener und Gefolgsleute gern das irdische Dasein für die Möglichkeit auf, ihren Göttern auch in der nächsten Welt zu dienen.[4]

Auch wenn nicht ausgeschlossen ist, daß während der Frühzeit freiwillige oder unfreiwillige Menschenopfer dargebracht wurden, ist durch kein einziges Zeugnis belegt, daß man diese Tradition auch im Alten Reich pflegte. Die Monarchen des Alten Reiches setzten allerdings den Brauch fort, verhältnismäßig viele dem Hof angehörende Frauen zu unterhalten, und die bedeutenderen unter ihnen – Hauptfrauen, Töchter und Königsmütter – wurden in den die königlichen Pyramiden umgebenden Nebengräbern bestattet. Herodot nahm irrtümlich an, wenigstens eine Prinzessin des Alten Reiches hätte sich die Reichtümer für den Bau ihrer Pyramide selbst verdient:

Cheops ging in seiner Schlechtigkeit so weit, daß er aus Geldmangel die eigene Tochter in ein Freudenhaus brachte und sie dort eine möglichst hohe Summe Geld verdienen ließ. Die Priester haben mir die Summe allerdings nicht genannt. Sie beschaffte aber das vom Vater befohlene Geld und faßte dazu noch den Gedanken, ein Denkmal für sich zu errichten. So bat sie jeden Mann, der zu ihr kam, ihr einen Stein für den Bau zu schenken. Aus diesen Steinen, so erzählt man, wurde die mittlere der drei Pyramiden gebaut, die vor der großen stehen …

Einen direkteren Beweis für die Existenz eines königlichen Harems im Mittleren Reich liefert der *Papyrus Boulaq 18*, ein Tagebuch, das alle Geschehnisse am thebanischen Königshof während der 13. Dynastie aufzählt und uns mit Einzelheiten über die Zusammensetzung des engsten königlichen Haushalts versorgt. Dank dieses Dokuments wissen wir, daß das persönliche Gefolge des Königs aus acht bis dreizehn männlichen Hofbeamten und der königlichen Familie (einer Königin, einem Prinzen, drei Königstöchtern und neun Schwestern des Königs) bestand; dazu kam das »Haus der Kinderfrauen«: neunzehn Kinderfrauen samt dazugehörenden Kindern. All diese hochrangigen Damen wurden in eher primitiven Unterkünften innerhalb der königlichen Residenz zusammengepfercht; meistens bewohnten sie eine schlichte, um einen Innenhof gruppierte Zimmerflucht, die in der Nähe der königlichen Privatgemächer lag. Der Verzicht auf Zierat und prunkvolle Ausstattung der Räume war ein typisches Merkmal ägyptischer Paläste. Weil der König mit seinem gesamten Hofstaat während der dynastischen Epoche oftmals ausgedehnte Reisen unternahm, um das Land zu inspizieren, wurden königliche Paläste nicht unbedingt als ständige Wohnsitze eingerichtet, sondern eher als Raststätten für Kurzaufenthalte gebaut, und daß die meisten von ihnen treffend »Liegeplatz des Pharaos« hießen, spiegelt wider, daß sie nur sporadisch bewohnt wurden. Einzig der aus dem Neuen Reich stammende Palast in Amarna scheint für ein seßhafteres Familienleben angelegt worden zu sein.

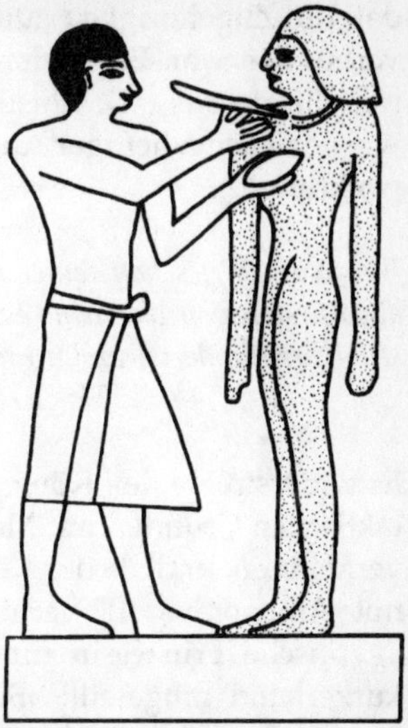

Abb. 29 Ein Bildhauer bemalt die Statue der Königin Meresanch.

Zu Beginn des Neuen Reiches wurde der königliche Harem erheblich vergrößert und schloß die unterschiedlichsten Frauen, darunter zahlreiche Konkubinen und Nebenfrauen ausländischer Herkunft, ein. Zwar waren königliche Mehrehen in Ägypten stets üblich, doch während des Neuen Reiches stieg die Zahl königlicher Bräute, und mit ihnen die Zahl königlicher Kinder, deutlich an, was vielleicht dem wachsenden Einfluß ausländischer Sitten zuzuschreiben ist. König Ramses II., der erst im hohen Alter von über neunzig Jahren starb, war womöglich besonders reich gesegnet; stolz behauptete er, mindestens neunundsiebzig Söhne und neunundfünfzig Töchter mit unterschiedlichen Frauen gezeugt zu haben – all diese Kinder werden zumindest ihre ersten Jahre im übervölkerten Harem verbracht haben. Damals wurde eine Gemeinschaft von Frauen mit dem Ausdruck *per chenret* bezeichnet; *per* bedeutet eindeutig Haus, aber das normalerweise mit Harem übersetzte *chenret* hat auffallende Ähnlichkeit mit den Wörtern für Gefängnis und Festung. Alle drei Begriffe scheinen vom Wort »einschließen« abzustammen, was ein – wenn auch möglicherweise irreführender – Hinweis darauf sein könnte, daß die Zugehörigkeit zum königlichen Harem mit Zwang verbunden war. Ein anderer Vorschlag, demzufolge *chenret* mit »Einrichtung für Musiker« zu übersetzen wäre, ist nach wie vor Thema heftiger Auseinandersetzungen in Ägyptologenkreisen.[5]

Ein Wunder geschah seiner Majestät, als Giluchepa, die Tochter des Fürsten von Naharina Schuttarna, und die Besten ihres Harems, dreihundertsiebzehn Frauen, in Ägypten eintrafen.

Hochzeitsskarabäus von Amenophis III.

Es widerstrebte den Königen von Ägypten, ihre Frauen aus taktischen Gründen mit Monarchen aus Nachbarländern zu verheiraten, und als der König von Babylon, dessen Tochter mit Amenophis III. verheiratet war, seinerseits um eine ägyptische Prinzessin für seinen Harem bat, wurde ihm kurzerhand mitgeteilt: »Seit Menschengedenken ist keine ägyptische Königstochter an irgend jemanden vergeben worden.« Dagegen kannten sie keinerlei Bedenken, ausländische Frauen an ihren eigenen Höfen aufzunehmen, wenn es ihren diplomatischen Bestrebungen nützte. Eine Eheschließung mit der Tochter eines benachbarten Monarchen machte beide Könige zu Verwandten und somit zu Freunden, festigte Bündnisse und verringerte die Gefahr eines Konfliktes. Folglich kamen seit der Regierungszeit Thutmosis' IV. – im Alten und Mittleren Reich war königliche Heiratspolitik noch unbekannt – vereinzelt ausländische Prinzessinnen nach Ägypten, um Könige zu heiraten. Diese Frauen reisten mit einer beträchtlichen Mitgift und einem vielköpfigen weiblichen Gefolge zu ihren Hochzeiten. Sie wurden mit gebührendem feierlichen Prunk empfangen und anschließend in den Harem eingeführt, wo sie einen ägyptischen Namen und den ehrenvollen Titel einer Nebenfrau[6] annahmen, bevor sie in Vergessenheit gerieten.

Giluchepa, eine Prinzessin aus dem asiatischen Königreich Mitanni, wurde von ihrem Vater nach Ägypten geschickt, um König Amenophis III. zu heiraten. Ihre Ehe war Gegenstand eines langwierigen diplomatischen Briefwechsels, der zufälligerweise auf Tontafeln in den Staatsarchiven von Amarna aufbewahrt wurde, während der oben zitierte Hochzeitsskarabäus an ihre schließlich erfolgte Vereinigung erinnert.[7] Amenophis war über den neuen Zuwachs an seinem Hof offenbar sehr glücklich, denn einige Jahre später begann er um die Hand Taduchepas, einer weiteren Mitanniprinzessin, zu werben. Sie war die Tochter des Königs Tuschratta und eine Nichte Giluchepas. In diesen neuen Hochzeitsverhandlungen verlangte Tuschratta die Anerkennung seiner Tochter als Hauptkönigin und »Herrin von Ägypten«, wobei er den Ansprüchen seiner Tochter durch eine unermeßliche Mitgift Nachdruck verlieh. Als Gegenleistung beschenkte Amenophis seinen zukünftigen Schwiegervater mit einem noch größeren Goldschatz. Leider starb der Bräutigam, der nicht mehr der Jüngste war, kurz nach Abschluß des Ehevertrags, und sein gesamter Harem, samt Taduchepa, Giluchepa und der Tochter des babylonischen Königs, ging an seinen Sohn und Erben, den zukünftigen König Echnaton, über.

Da sah seine Majestät, daß ihr Gesicht schön war, wie das einer Göttin... Die Tochter des Großfürsten von Chatti war schön vor dem Herzen Seiner Majestät. Er liebte sie mehr als alles andere... Er nannte sie Mat-neferu-Re.

König Ramses II. bei der Begegnung
mit seiner Hethiterbraut

Über hundert Jahre später verließ eine Hethiterprinzessin ihre Heimat, um Ramses II., einen König der 19. Dynastie, zu heiraten. Das weit entfernte hethitische Königreich hatte mit Ägypten in Ramses' 21. Regierungsjahr einen Friedensvertrag geschlossen, in dem sich beide Seiten verpflichteten, ihre Landesgrenzen zu respektieren und sich bei Angriffen Dritter gegenseitig beizustehen. Mit persönlichen Briefen an den Hethiterkönig Hattusili und dessen Gemahlin Königin Puduhepa bekräftigte Ramses den Beginn freundschaftlicher Beziehungen zwischen beiden Ländern, während die ägyptische Königin Nefertari offizielle Briefe an den hethitischen Königshof schrieb. Auch Jahre später wurden diese freundschaftlichen Beziehungen noch gepflegt, und um das Bündnis noch zu verstärken, heiratete Ramses die Tochter Hattusilis und Puduhepas, gab ihr den Namen Mat-neferu-Re und erlaubte ihr sogar, den Titel »Große Königsgemahlin« anzunehmen, eine Ehre, die keiner anderen Ausländerin gewährt wurde.

Der beträchtliche Zuwachs an königlichen Frauen und mit ihnen verbundenen Haushalten machte es aus logistischen Gründen unmöglich, daß der gesamte Harem zusammen mit dem Hof im Lande umherreiste. Statt dessen begleitete nur eine auserwählte Schar von Frauen den König, während die überzähligen Damen und ihr Gefolge sich in eigens zu diesem Zweck errichteten Haremspalästen aufhielten, die sowohl räumlich als auch wirtschaftlich von der Hauptresidenz des Königs unabhängig waren. Die archäologische Stätte Medine el-Gurob in der Nähe der Ortschaft Kahun ist das besterhaltene Beispiel eines solchen Haremspalastes. Die in der Antike als *Merwer* bekannte Siedlung wurde unter Thutmosis III. gegründet und blieb bis ins späte Neue Reich ständig bewohnt.[8] Sie bestand aus einer Anzahl von Lehmziegelgebäuden und war von einer Mauer umgeben. Innerhalb der Anlage befanden sich ein zentraler Häuserblock mit Wohnräumen und erhabenen Säulenhallen, verschiedene schmale Vorratskammern und sogar ein kleiner Tempel aus Ziegelsteinen, während in der nahegelegenen Wüste riesige Friedhöfe angelegt wurden. Wenn auch vor allem Frauen mit ihren Kindern und Dienerinnen in *Merwer* lebten, so waren doch Männer keineswegs ausgeschlossen, und solange der Haremspalast bewirtschaftet war, wurden unseres Wissens mindestens elf männliche Verwalter dorthin versetzt. Bei den Verwaltern – normalerweise verheiratete Männer, keine Eunuchen – handelte es sich nicht um Aufseher, sondern um Schreiber und Buchhalter, die mit der Aufgabe betraut waren, die Durchsetzung der beträchtlichen Geschäftsinteressen der königlichen Frauen zu unterstützen. Wie der *Papyrus Wilbour* aus dem Neuen Reich bestätigt, wurde *Merwer* rasch zu einem bedeutenden Wirtschaftsstandort, zu dem das gesamte umliegende Land mit all seinen Erträgen gehörte und für den die ansässigen Bauern arbeiten mußten.

Halte dich fern von deinen Untergebenen, die nichts sind! Denn du kannst ihre Verschwörungen nicht aufdecken. Traue weder einem Bruder noch einem Freund, und schaffe dir keinen Vertrauten, denn es kommt nichts dabei heraus.

Auszug aus den Lehren Amenhemhets I.

Merwer war mit seiner Lage an der Mündung des Faijum eindeutig von den wichtigsten Regierungszentren Ägyptens abgeschnitten. Es ist nicht mit letzter Sicherheit zu sagen, ob den königlichen Frauen und ihren Kindern so ein sicheres Dasein, fern vom höfischen Treiben, ermöglicht werden sollte oder ob wir, weniger wohlwollend, annehmen müssen, daß es sich um den gezielten Versuch handelte, königliche Frauen vom politischen Leben fernzuhalten. Zweifellos barg der Harem, als Wohnsitz ehrgeiziger königlicher Frauen und ihrer noch ehrgeizigeren Söhne, stets die Gefahr in sich, zum Brennpunkt von Bevölkerungsunruhen und politischen Intrigen zu werden. Verrat innerhalb des Königshofs war eine derart ernste Angelegenheit, daß er üblicherweise vertuscht wurde, da er im Widerspruch zur offiziellen Doktrin von der göttlichen Majestät stand. Trotzdem wissen wir von drei Palastverschwörungen, die zu unterschiedlichen Zeiten die Stabilität des Landes bedrohten. Die erste und vielleicht harmloseste von ihnen fällt in die Herrschaft des Königs Pepi I. in der 6. Dynastie. Die ausführliche gemeißelte Autobiographie in der Grabkapelle des Beamten Huni schildert, wie der Verstorbene, ein Günstling des Königs, gebeten wurde, in einem streng geheimen Fall von Aufruhr in den Frauengemächern zu richten. Wir erfahren zwar nicht, wie der Prozeß ausging, wissen jedoch, daß Huni bei der Ausstattung seines Grabes königliche Unterstützung als Belohnung für seine treuen Dienste gegenüber der Krone erhielt:

Als es zu einem Geheimprozeß kam im königlichen Harem gegen Königin Weretchetes, ließ Seine Majestät allein mich das Verhör führen, ohne Beisein eines anderen Richters oder Wesirs, denn Seine Majestät empfand tiefe Zuneigung und Vertrauen zu mir. Ich war es, der es schriftlich niederlegte, obwohl mein Rang nur der eines Aufsehers der Pächter des Palastes war. Nie zuvor hatte jemand in meiner Stellung die Geheimnisse des königlichen Harems erfahren, aber mich ließ Seine Majestät sie hören, weil er allein mich unter all seinen Beamten, all seinen Fürsten und sogar all seinen Dienern dessen für würdig erachtete.

Um einen Mordanschlag auf den König geht es in den *Lehren König Amenhemhets I.* aus der 12. Dynastie für seinen Sohn Sesostris I., in denen der Geist des Königs sich direkt an seinen Nachfolger wendet und diesen eindringlich vor der Gefahr eines Verrats durch treulose Untertanen warnt. Ursprünglich glaubten die Fachleute, das Schriftstück sei unmittelbar nach einem gescheiterten Staatsstreich vom König selbst verfaßt worden, aber mittlerweile wird angenommen, daß es erst nach dem geglückten Mordanschlag auf Amenhemhet in dessen dreißigstem Regierungsjahr vom königlichen Schreiber Cheti zusammengestellt wurde. Die rhetorischen Fragen: »Ließ eine Frau im voraus Truppen aufstellen? Und war zuvor Aufruhr im Palast gestiftet worden?« deuten stark darauf hin, daß es sich um eine innerhalb des Harems ausgeheckte Verschwörung handelte. Aus der genauen Beschreibung des verhängnisvollen Angriffs auf den König geht klar hervor, daß er, allein und unbewacht, von jenen getötet wurde, denen er bis dahin vertraut hatte:

Nach dem Abendessen war es, als die Nacht gekommen war. Ich hatte mir eine Stunde der Erholung gegönnt und lag auf meinem Bett, denn ich war müde geworden. Mein Herz hatte begonnen, dem Schlaf zu folgen. Da wurden Waffen gezückt, die mich beschützen sollten, und auf mich gerichtet … Hätte ich schnell die Waffen mit meiner Hand ergriffen, dann hätte ich die Feiglinge Hals über Kopf zurückgetrieben. Doch niemand ist tapfer in der

Nacht, und man kann nicht allein kämpfen. Keine Heldentat kann ohne Helfer geschehen.

Genauso ernst war jene Intrige in der 20. Dynastie, die das Leben Ramses' III. bedrohte und vielleicht sogar beendete. Die 20. Dynastie war eine Zeit sporadischer Bevölkerungsunruhen. Die hohe Inflationsrate führte zu einer Reihe wilder Streiks in der thebanischen Nekropole. Ständige Unruhen an der Westgrenze und unzählige gescheiterte Invasionen sogenannter Seevölker, die von der Mittelmeerküste her nach Ägypten vorzudringen versuchten, schürten die innere Unzufriedenheit. Angeführt von der königlichen Konkubine Teje und dem höchsten Haremsbeamten Pi-bekek-amun versuchte eine Gruppe von Verschwörern die allgemeine Mißstimmung auszunutzen und die Bevölkerung zu einer landesweiten Erhebung aufzuwiegeln, mit dem Ziel, Penta-Wert, den Sohn Tejes, auf den Thron zu heben. An der Verschwörung, die im »Harem der Begleitenden«, vermutlich also in dem kleinen Harem, der mit dem König reiste, ausgeheckt wurde, waren viele ehemals getreue Beamte beteiligt, darunter der stellvertretende Oberaufseher, sechs Aufseher und sogar die Ehefrauen der Türwächter. Zwar wissen wir nicht, ob es den Verschwörern gelang, Ramses III. zu ermorden[9], wohl aber, daß der geplante landesweite Aufstand scheiterte und der rechtmäßige Thronerbe Ramses IV. der nächste König wurde. Die Drahtzieher der Verschwörung wurden gefaßt, zum Tode verurteilt und hingerichtet oder zum Selbstmord gezwungen, während den Mitläufern Nase und Ohren abgeschnitten wurden.

Dem Fürsten von Naharina war aber nur eine Tochter geboren worden. Er hatte ihr ein Haus gebaut, dessen Fenster siebzig Ellen vom Erdboden entfernt waren. Er ließ alle Söhne aller Fürsten des Landes Syrien holen und sagte zu ihnen: »Wer das Fenster meiner Tochter erreicht, bekommt sie zur Frau.«

Aus der *Geschichte vom verwunschenen Prinzen,*
Neues Reich

Obwohl ägyptische Könige polygam lebten, üblicherweise mehrere Frauen heirateten und eine Reihe königlicher Konkubinen unterhielten, wurde nur eine Ehefrau aus dem Harem zur Königsgemahlin und anerkannten Königin von Ägypten erwählt. Name und Bild dieser Frau tauchen in offiziellen Aufzeichnungen und Kunstwerken in Verbindung mit dem König auf; sie war die Mutter im engsten königlichen Familienkreis, und ihre Kinder waren die rechtmäßigen Thronerben. Nebenfrauen und Geliebte spielten wesentlich unwichtigere Rollen am Hofe; auch wenn ihre Gegenwart das Ansehen des Monarchen steigerte und ihm, wie wir annehmen dürfen, willkommene Ablenkung bot, gewannen sie nur in nationalen Krisenzeiten, wenn die Gemahlin dem König keinen geeigneten Sohn und Erben schenken konnte, an Bedeutung.

Leider haben wir keine Ahnung, nach welchen Kriterien die Hauptkönigin ausgewählt wurde, obwohl diese Ehre fraglos meist Frauen königlicher Geburt zukam. Zumindest in der 18. Dynastie war die Königin sogar häufig Schwester oder Halbschwester des Königs. Wie auch immer sie ausgesucht wurde, die »Große Königsgemahlin« oder »Große Königliche Gemahlin« war zweifellos die bedeutendste Frau, die im königlichen Harem residierte. Im Privatleben war sie wahrscheinlich eine Dame mit beträchtlichem Vermögen und von angesehener Herkunft, die ihren weiblichen Einfluß gegenüber einem der mächtigsten Herrscher im antiken Nahen Osten spielen lassen konnte. In der Öffentlichkeit hob sie sich als Gefährtin und Gemahlin eines gottähnlichen Herrschers und als potentielle Mutter zukünftiger gottähnlicher Könige von anderen Ehefrauen ab. Ihre politische Stellung wurde durch zahlreiche Ehrentitel und erhebliche Privilegien gefestigt, die sonst allein dem König zustanden, wie das Recht, ihren Namen in einer Kartusche[10] zu fassen oder in einer Pyramide beerdigt zu werden. Angesichts der Tatsache, daß der Pharao als lebender Gott anerkannt war, erstaunt es nicht, daß die Königsgemahlin als Personifikation verschiedener Göttinnen galt, vor allem Hathors und Maats, womit auf den göttlichen Ursprung der Königin verwiesen und gleichzeitig eine Verbindung zwischen der weltlichen und der heiligen Sphäre der Monarchie hergestellt wurde.

Es ist tief enttäuschend, daß wir praktisch nichts über das Privatleben oder die öffentlichen Pflichten ägyptischer Königinnen wissen und folglich nicht wirklich begreifen, welche Rolle eine Königsgemahlin ausfüllte. Auch wenn wir erkennen können, daß sich im Lauf der dynastischen Epoche allmählich Titel, offizielle Insignien und sogar die religiösen Zuständigkeiten der Königinnen veränderten, lassen sich aus all diesen Zeugnissen doch nur vorläufige Schlußfolgerungen ziehen.[11] Wir wissen, daß die Königinnen des Alten Reichs, die weder ein Diadem noch eine Krone trugen, oft als Hathor-Priesterinnen fungierten. Der Hathor-Kult starb gegen Ende der 11. Dynastie aus, und die letzten Königinnen des Mittleren Reiches, deren offizielle Aufgaben kaum Erwähnung finden, wurden nur selten mit bestimmten Kulten in Verbindung gebracht. Auf den wenigen erhaltenen Abbildungen tragen diese nur schemenhaft bekannten Frauen einen auffälligen, aus zwei großen Federn bestehenden Kopfschmuck. Erst die Königinnen des Neuen Reiches tauchten wieder aus der Vergessenheit auf, in die ihre Vorgängerinnen geraten waren, und machten als ausgeprägte Persönlichkeiten von sich reden. Sie waren mit den unterschiedlichsten Hoheitszeichen ausgestattet, durch die anscheinend die Verbindungen zwischen der potentiell göttlichen Königin und den Göttern betont werden sollten. Obwohl zu jener Zeit der königliche Titel einer »Gottesgemahlin des Amun« große Bedeutung gewann, war es keineswegs üblich, daß die Königinnen des Neuen Reiches gleichzeitig Priesterinnen waren. In der Spätzeit dagegen übten Königinnen zwar wieder das Amt der Priesterin aus, die Vorstellung einer engen Verbindung zwischen Königinnen und Göttinnen zeichnete sich jedoch nicht mehr so deutlich ab.

Offizielle Darstellungen zeigen die Königin fast immer als pflichtbewußte Ehefrau, die ihrem Mann nach bewährter ägyptischer Tradition treu, aber völlig passiv, buchstäblich zur Seite stand. Königin Meritre, Gemahlin des Herrschers Thutmosis III. im Neuen Reich, erntete sogar ausdrückliches Lob als »diejenige, die nie von der Seite des Herrn der Beiden Länder weicht«. Diese im wesentlichen passive Rolle wird sowohl durch zahllose Szenen, die die Königin als Zuschauerin bei den Ereignissen um ihren Ehemann zeigen, als auch durch Gemälde in Privatgräbern, auf denen noch ergebenere Ehefrauen ihren Männern bei der Arbeit zusehen, zementiert. In der überwältigenden Mehrzahl dieser Szenen ist die Königin völlig untätig. Sie läßt die Arme hängen, und selbst wenn sie das Anch-Symbol, ein das Leben verkörperndes Henkelkreuz, trägt oder ein Sistrum in der Hand hält, um ihre Verbindung mit Hathor zu unterstreichen, spielt sie bei den dargestellten offiziellen Zeremonien keine wesentliche Rolle. Daß eine Königin tatsächlich mit ihrem Sistrum rasselt, sehen wir erst auf Bildern der 18. Dynastie. Und nur in ganz bestimmten, rein weiblich dominierten Szenen wie den Darstellungen königlicher Geburten oder Gemälden, die sich auf ihren eigenen Grabwänden finden, erleben wir die Königin unabhängig von ihrem Ehemann.

Heute erscheinen die einzelnen Königinnen aus der stürmischen und wechselvollen Frühzeit als weit entrückte Figuren, die ihre Bekanntheit eher ihren monumentalen Gräbern als ihren Taten verdanken. Vier berühmte Frauen sind jedoch aus dem Dunkel geschichtlicher Vergessenheit aufgetaucht und zeigen, daß königliche Frauen eine bedeutendere Rolle bei der Einigung ihres Landes spielten, als die spärlich vorhandenen Zeugnisse vermuten lassen würden. Daß drei dieser Frauen (Neithhotep, Her-Neith und Merit-Neith) nach Neith, der Schutzgöttin der im Nildelta gelegenen Stadt Sais, benannt wurden, läßt eindeutig darauf schließen, daß sie Töchter berühmter Familien aus dem Norden waren – eine wichtige Unterscheidung zu einer Zeit, als Ober- und Unterägypten deutlich voneinander getrennte Einheiten bildeten. Eine dieser Frauen, Merit-Neith, war womöglich nicht nur Königsgemahlin, sondern regierte sogar selbst; Argumente, die für und gegen diese Einschätzung sprechen, werden ausführlich im 7. Kapitel betrachtet.[12]

Königin Neithhotep war wahrscheinlich die erste Königsgemahlin des neuvereinigten Ägyptens; in ihrem Grab gefundene Zeugnisse belegen, daß sie im politischen Leben der 1. Dynastie eine bedeutende Rolle spielte. Trotz ihres auf den Norden Ägyptens weisenden Namens wurde sie in der Begräbnisstätte von Nakada im Süden des Landes beerdigt. In ihrem Grab, mit den gewaltigen Ausmaßen von über 53 Metern Länge und 26 Metern Breite, wurden Gegenstände mit den Namen von König Aha und dessen Vorgänger König Narmer entdeckt. Aha könnte identisch sein mit König Menes, der der Überlieferung nach Ägypten vereinigte, während Narmer bekanntlich ein äußerst erfolgreicher Kriegskönig aus dem Süden war. Die Annahme, die aus dem Norden stammende Prinzessin Neithhotep sei mit Narmer, dem König des Südens, verheiratet worden, um dessen Bestrebungen, die Herrschaft über ganz Ägypten zu errringen, zu stützen, ist angesichts der Beweislage vielleicht gar nicht so abwegig. Demzufolge wäre Aha bzw. Menes, der Sohn von Neithhotep und Narmer, ein Mann mit unanfechtbarem Thronanspruch gewesen. Die Vermutung, die Heirat sei aus machtpolitischen Gründen arrangiert worden, wird durch eine in Hierakonpolis gefundene verzierte Prunkkeule gestützt. Auf ihr ist zu sehen, wie der König, der unverkennbar die Krone Unterägyptens trägt, an einer unbekannten Zeremonie teilnimmt, bei der es sich durchaus um seine Hochzeit mit Neithhotep handeln könnte.

Die nächste Königsgemahlin, Her-Neith war vermutlich die Ehefrau des Königs Djer aus der 1. Dynastie, also des Nachfolgers von Aha. Wenn wir auch nur wenig über das Leben Her-Neiths wissen, so ist doch zumindest ihr großes und eindrucksvolles Grab in Sakkara von beträchtlicher architektonischer und historischer Bedeutung, denn es besteht aus einem herkömmlichen rechteckigen Lehmziegelaufbau, der über einem pyramidenförmigen, ebenfalls mit Ziegelsteinen verkleideten Erdhügel errichtet wurde. Zwar streiten Fachleute noch über den tieferen Sinn, ein Grab ausgerechnet im Innern eines ganz andersartigen zu verbergen, aber es ist zumindest möglich, daß dieser Aufbau den nicht ganz gelungenen Versuch darstellt, einen grabhügelartigen Bestattungsort des Südens mit einem rechteckigen Grab des Nordens zu verbinden, was wiederum auf eine aus dynastischen Gründen geschlossene Ehe zwischen den beiden kriegführenden Provinzen verweisen würde. Auch die letzte Königsgemahlin der Frühzeit, Königin Ni-maathap, hinterließ kaum Spuren in archäologischen Aufzeichnungen. Wie wir jedoch wissen, war sie mit Chasechemui, dem letzten König der 2. Dynastie, verheiratet und übernahm zunächst für ihren jungen Sohn Djoser, den ersten König der 3. Dynastie, die Regentschaft. In Anerkennung ihrer Dienste erhielt Ni-maathap den angesehenen Titel einer »Königsmutter« zugesprochen und wurde später als Stammutter der Könige der 3. Dynastie verehrt.

Die Königinnen des Alten Reiches lebten in ruhigeren Verhältnissen und hielten sich in Staatsangelegenheiten erheblich stärker zurück als ihre Vorgängerinnen der Frühzeit. Die berühmteste Gemahlin des Alten Reiches war vermutlich Königin Anchnesmerire, die zweite Frau König Pepis I. aus der 6. Dynastie. Sie übernahm die Regentschaft für ihren Sohn Pepi II., der im Alter von sechs Jahren seinem Halbbruder auf den Thron nachfolgte. Anchnesmerire war übrigens eine Schwester der ersten Ehefrau Pepis I., die ebenfalls Anchnesmerire hieß und die Mutter Merenres, des unmittelbaren Nachfolgers Pepis I., war. Die Schwestern waren Töchter eines Gaufürsten namens Chui, und auch wenn kein königliches Blut in ihren Adern floß, stammten sie doch eindeutig aus einer einflußreichen Familie, und ihr Bruder Djau wurde später Wesir. Der Überlieferung zufolge endete das Alte Reich mit der Herrschaft der Königin Nitokris.

Abgesehen von der Regentin Sobeknofru in der 12. Dynastie wissen wir erstaunlich wenig vom Leben der einzelnen Königinnen des Mittleren Reiches. Das plötzliche Verschwinden von Frauen aus königlichen Kunstwerken, wie beispielsweise der Bildhauerei, geht einher mit einem deutlichen Rückgang hochrangiger weiblicher Ämtertitel und stützt die Vermutung, daß Frauen im Mittleren Reich eine erheblich unscheinbarere Rolle im öffentlichen Leben spielen sollten oder mußten als bisher. Fast alle Informationen über die Königinnen dieser Zeit stammen deshalb aus königlichen Grabstätten. Wie im Alten Reich wurden Königinnen und Prinzessinnen des Mittleren Reiches neben ihrem König begraben; der eindrucksvolle Grabtempel König Mentuhotep Nebhepetres in Der el-Bahari, der nicht nur für dessen zwei Königinnen, sondern außerdem noch für sechs königliche Frauen, darunter ein fünfjähriges Mädchen, ausgestattet war, scheint ein recht typisches Beispiel zu sein. Den in zwei dieser Nebengräber gefundenen Sarkophagen verdanken wir eine Reihe wunderbarer Reliefs mit Ereignissen aus dem Alltagsleben der königlichen Frauen, wie ihrer täglichen Schönheitspflege und Vorbereitungen zu einer Abendgesellschaft.[13]

In der 12. Dynastie wurden den bedeutenderen königlichen Frauen eigene kleine Pyramiden zugeteilt, und der Pyramidenkomplex Sesostris' I. in el-Lischt zeigt auf anschauliche Weise, wie ein König für die angemessene Bestattung hochgestellter königlicher Frauen sorgte. Die Hauptpyramide, eine kleine, ebenfalls dem König gehörende Pyramidenattrappe und ein Teil des Haupt-Totentempels waren von einer Steinmauer umgeben. Neun kleinere Pyramiden, die den weiblichen Angehörigen des königlichen Haushalts zugeteilt waren, standen entlang der Außenseite der Mauer; jede war mit eigenem kleinen Totentempel und Opferkapelle ausgestattet und von Mauern eingefaßt. Die ganze Anlage, zusammen mit dem Eingang zum Haupt-Totentempel und dem von Arkaden umgebenen Hof, wurde von einer soliden Außenmauer aus Lehmziegeln eingeschlossen. Die Namen von sieben Pyramideninhaberinnen sind mittlerweile in Vergessenheit geraten, nur von zwei Gräbern wissen wir, daß sie der Königsgemahlin Nofru und einer Prinzessin namens Itakait gehörten.

Während des Neuen Reiches traten die Königinnen deutlicher als je zuvor in Erscheinung, wobei sowohl die Indivi-

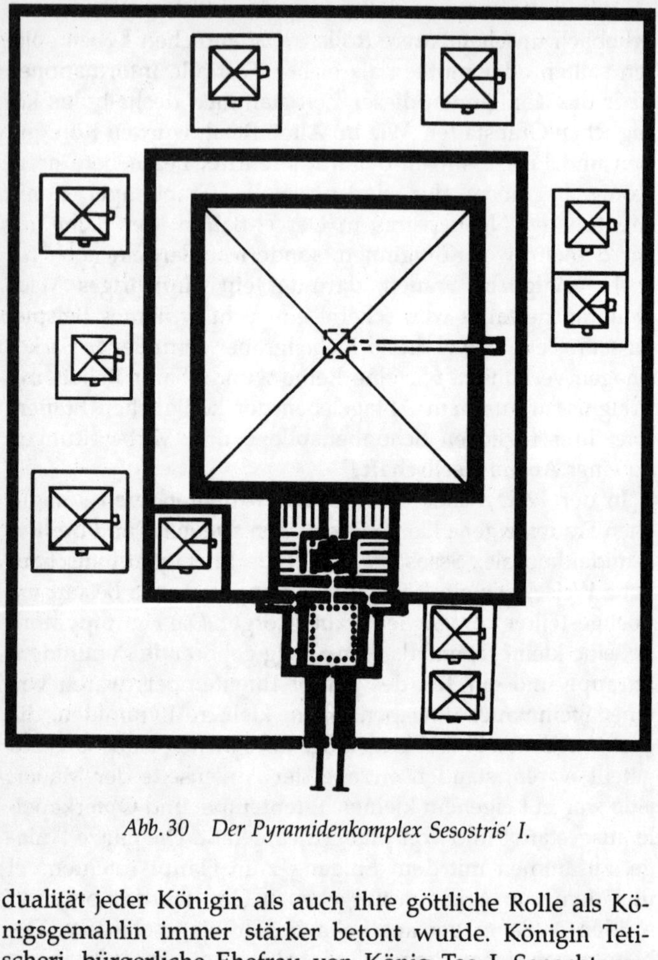

Abb. 30 Der Pyramidenkomplex Sesostris' I.

dualität jeder Königin als auch ihre göttliche Rolle als Königsgemahlin immer stärker betont wurde. Königin Tetischeri, bürgerliche Ehefrau von König Taa I. Senachtenre, war die erste in einer Reihe besonders tatkräftiger Gemahlinnen, denen es gelang, in einer Zeit wirtschaftlicher und militärischer Expansion eine bedeutende Rolle im politischen Leben des Landes zu spielen. Entschiedener denn je wurden die Gemahlinnen der 17. und 18. Dynastie, die reicher mit Titeln ausgestattet waren als ihre Vorgängerinnen, mit der Göttin Hathor in ihrer Funktion als Gottesgemahlin und Königsmutter gleichgesetzt. Zur selben Zeit stellte man Hathor und Isis zum ersten Mal mit Uräusschlange, Doppelfeder und Geierkrone, den traditionellen Insignien der Königinnen, dar und verwischte so bewußt den Unterschied zwischen sterblichen Königinnen und unsterblichen Göttinnen.

Die ersten Ägyptologen, die bereits erheblich durch die abwegige Theorie eines ursprünglich matriarchalischen ägyptischen Staates beeinflußt waren, sahen sich durch die wachsende Bedeutung der Königinnen ermutigt, über eine angeblich in der 18. Dynastie übliche Vererbung des Königsamtes allein entlang der weiblichen Linie zu spekulieren. Danach hätte der rechtmäßige König sogar als Sohn des vorigen Herrschers seinen Anspruch auf den Thron nur geltend machen können, wenn er die Erbin geheiratet hätte, die im Idealfall eine Tochter des verstorbenen Königs und der Königsgemahlin und folglich seine Schwester oder Halbschwester war. Durch eine solche Heirat hätte die Erbin den Thronanspruch auf ihren Bruder-Ehemann übertragen, während sie selbst Hauptkönigin geworden wäre. Diese sogenannte »Erbprinzessinnen-Theorie« räumte nicht nur spitzfindig das komplizierte Beziehungsgeflecht der Königsfamilie aus dem Weg, sondern lieferte darüber hinaus eine Erklärung für den Geschwister- oder Vater-Tochter-Inzest, den die Ägyptologen andernfalls als unnatürlich verabscheut hätten. Heute wird diese Theorie jedoch weitgehend verworfen, da sie auf falschen Voraussetzungen beruht.[14]

Wie wir heute wissen, waren weder alle Hauptköniginnen der 18. Dynastie königlicher Abstammung, noch wurden Söhne aus diesen weniger erhabenen Verbindungen in irgendeiner ersichtlichen Weise benachteiligt. Die aufeinanderfolgenden Könige Thutmosis I., Thutmosis II. und Thutmosis III. hatten sogar alle nichtkönigliche Mütter, und Königin Teje, Tochter bürgerlicher Eltern namens Juja und Tuja und »Große Königsgemahlin« Amenophis' III., war sowohl während der Regierungszeit ihres Ehemannes als auch während der ihres Sohnes im In- und Ausland allgemein geachtet. Blutsverwandtschaft mit der königlichen Familie war also keine unbedingte Voraussetzung für das Amt einer Königin, wurde aber, wie aus allen vorliegenden Zeugnissen hervorgeht, sofern sie bestand, voll ausgenutzt, denn ohne Frage waren Titel wie »Königstochter« oder »Königsgemahlin«, die eine enge Verwandtschaft mit dem König bewiesen, von großer Bedeutung. Jeder zusätzliche Titel erhöhte das Ansehen, und so war eine Frau, die zunächst als »Königstochter« das Licht der Welt erblickte, später »Königsschwester«, »Königsgemahlin« und schließlich »Königsmutter« wurde, zweifellos eine einflußreiche Person. Diese Titel bezeichneten weniger das genaue Verwandtschaftsverhältnis einer Frau zum regierenden König als vielmehr ganz allgemein ihre königliche Abkunft; so wurde die Königinwitwe Ahmose-Nefertari während der Herrschaft ihres Sohnes (Amenophis I.) wegen ihres königlichen Vaters als »Königstochter« bezeichnet.

... Seine Schwester war seine Hüterin ... Die starke Isis, die ihren Bruder schützte, die ihn suchte, ohne zu ermüden, und nicht ruhte, ehe sie ihn fand ... Sie empfing seinen Samen und gebar seinen Erben und zog das Kind in der Einsamkeit an einem unbekannten versteckten Ort auf ... Hymne an Osiris, Neues Reich

Mit den während des Neuen Reiches in königlichen Familien vorherrschenden Geschwisterehen, die in deutlichem Gegensatz zu den im Volk üblichen Heiratsgepflogenheiten standen, sollten anscheinend die Verbindungen zwischen der königlichen Familie und den Göttern, die sich selbst oft Geschwisterehen erlaubten, untermauert werden. Oftmals waren die Götter aufgrund des unbestreitbaren Mangels an geeigneten Ehepartnern gezwungen, inzestuöse Verbindungen einzugehen; als zum Beispiel der Erdgott Geb sich fortpflanzen wollte, war die einzige Frau, die er finden konnte, seine Schwester, die Himmelsgöttin Nut. Ihre gemeinsamen Kinder waren Isis, Osiris, Nephthys und Seth. Auch Isis und Osiris blieb keine andere Wahl, als einander zu ehelichen, und in einigen Legenden wird behauptet, daß auch Nephthys und Seth miteinander verheiratet waren. Und obwohl Osiris Isis vor allem aus rein praktischen Gründen geheiratet hatte, geziemte es sich seit jener Zeit für den König, dem Beispiel der Götter zu folgen und seine Schwester zu ehelichen. Zweifellos hatte dieser Brauch den zusätzlichen Vorteil, den Zugang zur königlichen Familie zu beschränken, wodurch die Reinheit der dynastischen Linie bewahrt, die Zerstreuung des königlichen Vermögens verhütet und die Gefahr von Streitereien über die Nachfolge verringert wurde. Außerdem verhalf er hochrangigen Prinzessinnen, die traditionsgemäß nicht in ausländische Königshäuser einheirateten, sich aber vielleicht auch nicht mit einem weniger edlen Ägypter vermählen wollten, zu einem angemessenen königlichen Gatten.

Vier Königsgemahlinnen der 18. Dynastie verdienen eine nähere Betrachtung, da sie als mächtige Frauen die Entwicklung des ägyptischen Staates entscheidend beeinflußten; mit zwei weiteren Königinnen, Hatschepsut und Nofretete, befaßt sich das 7. Kapitel. Königin Ahhotep war die erste dieser herausragenden Frauengestalten. Sie war Gemahlin und möglicherweise auch Schwester des Königs Taa II. Sekenenre und Mutter des Ahmose, des Kriegers aus dem Süden, der die Hyksos besiegte und die 18. Dynastie begründete. Allem Anschein nach war sie eine kluge und mutige Frau, die starken Einfluß auf ihren Sohn ausübte; auf einer ungewöhnlichen, in Karnak gefundenen Stele forderte Ahmose sein Volk auf, seiner Mutter die gebührende Verehrung zu erweisen, hatte sie doch einst sämtliche Truppen Ägyptens zusammengezogen und damit verhindert, daß das Land von Bevölkerungsunruhen überzogen wurde. Ahhotep wurde immerhin achtzig Jahre alt und erhielt von Ahmose ein prachtvolles Begräbnis. Ihr Grab wurde Ende des 19. Jahrhunderts freigelegt, und ihre Mumie befindet sich heute im Museum von Kairo.

Die folgende Königsgemahlin, Ahmose-Nefertari, »Königstochter« und »Königsschwester«, war Ehefrau und möglicherweise Nichte Ahmoses, Mutter des folgenden Pharaos

Amenophis I. und Enkelin Tetischeris; die mumifizierten Körper der Frauen zeigen, daß beide die in ihrer Familie häufig vorkommenden häßlich vorstehenden Vorderzähne geerbt hatten. Nach ihrem Tod wurde Ahmose-Nefertari Schutzgöttin der thebanischen Nekropole, eine beispiellose Ehre, die ihre erhabene Stellung widerspiegelt. Sie wurde später als »Herrin des Himmels« und »Prinzessin des Westens« verehrt.

Alle Worte, die ich zu deinem Vater sprach, sind deiner Mutter bekannt. Niemand sonst kennt sie, aber du kannst deine Mutter Teje nach ihnen fragen.

Du weißt, daß ich mit deinem Gemahl befreundet war, und daß auch dein Gemahl zu mir Freundschaft unterhielt. Du kennst, wie mein Bote, die Worte, die ich an ihn schrieb und zu ihm sprach, und die Worte, die er mir zurückschrieb. Du selbst weißt am besten, worüber wir gesprochen haben. Sonst weiß es niemand.

Kondolenzbriefe, die König Tuschratta von Mitanni nach dem Tod Amenophis' III. an dessen Nachfolger König Echnaton und die Königinwitwe Teje schrieb

»Wie Maat zum Gefolge Res zählte, gehört sie zum Gefolge Seiner Majestät« – Königin Teje war die Gattin Amenophis' III. und Mutter seines Nachfolgers Amenophis IV./Echnaton. Wenn sie auch nicht königlicher Abkunft war, stammte sie doch aus einer bedeutenden und wohlhabenden ägyptischen Familie, die in Achmim, einer am Ostufer des Nils gegenüber der modernen Stadt Sohag gelegenen Ortschaft lebte. Entgegen den Vorstellungen einiger früher Ägyptologen ist durch nichts belegt, daß Teje keine gebürtige Ägypterin war, obwohl ihr Vater Juja möglicherweise aus dem Ausland stammte. Anhaltspunkt dafür ist sein ungewöhnlicher Name, der in den ägyptischen Zeugnissen verschieden geschrieben wird. Juja trug die angesehenen Titel »Göttlicher Vater«, »Prophet Mins« und »Aufseher der Pferde«, während Anen, der Bruder oder Halbbruder Tejes, ein Zweiter Prophet des Amun und ihre Mutter Tuja eine hochgeachtete Dame war. Juja und Tuja wurden schließlich in einem Felsgrab im Tal der Könige bestattet – eine sehr große Ehre für ein bürgerliches Ehepaar.

Obwohl Amenophis III. in seinem Harem eine beachtliche Zahl von Frauen beherbergte, darunter die bereits erwähnten Ausländerinnen Giluchepa, Taduchepa und die Tochter des Königs von Babylon, blieb Teje über die gesamte Regierungszeit ihres Gatten hinweg sehr einflußreich. Sie genoß ungewöhnlich hohes Ansehen in der Öffentlichkeit und war die erste Königin, die regelmäßig zusammen mit ihrem Mann abgebildet wurde und deren Name auch auf offiziellen Inschriften erschien. Ihr offenkundiges politisches Geschick wurde innerhalb und außerhalb Ägyptens allgemein anerkannt, und die oben zitierten Beileidsschreiben Tuschrattas beweisen, wie weit der Einfluß der Königin reichte. Im Laufe ihres Lebens erwarb Teje zahlreiche Titel, und sie wurde im Grab Cheriufs sogar als weibliche Sphinx dargestellt, die zwei Feindinnen (eine Nubierin und eine Asiatin) unter ihren Füßen zertritt. Der Sphinx war zwar ein bekanntes Motiv in der ägyptischen Kunst, aber hier wurde zum ersten Mal eine Königsgemahlin in einer typischen (männlichen) Rolle des Königs gezeigt, wobei auch die Darstellung weiblicher statt männlicher Feinde höchst ungewöhnlich war. Teje, die immer als Personifikation Hathors galt und als erste Königin deren Attribute – Kuhhörner und Sonnenscheibe – als Kopfschmuck übernahm, wurde allmählich als weibliches Gegenstück zum gottähnlichen König angesehen, bis ihr schließlich im nubischen Sedeinga ein Tempel geweiht wurde, als Ergänzung zu dem ihres Gatten im nahegelegenen Soleb.

Amenophis III. und Teje hatten vier Töchter – Satamun, Henuttaunebu, Isis und Nebetah – deren Bildnisse häufig Seite an Seite mit denen ihrer Eltern zu sehen sind. Satamun wurde sogar der Titel einer »Großen Königsgemahlin« verliehen, und es ist nicht ausgeschlossen, daß ihr Vater sie später zu einer seiner Ehefrauen machte. Dagegen wurden die beiden Söhne aus der Ehe mit Teje, Thutmosis und Amenophis, nur selten zusammen mit dem König abgebildet.

Thutmosis, der ältere Sohn, starb jung, während Amenophis IV. seinem Vater auf dem Thron folgte.

Mein Gatte ist tot, und ich habe keinen Sohn. Die Leute sagen, daß du viele Söhne hast. Wenn du mir einen deiner Söhne schickst, wird er mein Gatte werden, denn ich will keinen meiner Diener (Untertanen) nehmen, um ihn zu meinem Gatten zu machen. Brief der verwitweten Königin Anchesenamun an den Hethiterkönig Suppiluliuma

Die letzte in der Reihe bemerkenswerter Königsgemahlinnen der 18. Dynastie war Anchesenamun, Ehefrau und möglicherweise Halbschwester des Kindkönigs Tutanchamun. Anchesenamun, die ursprünglich Anchesenpaaton hieß, war die dritte von sechs Töchtern König Echnatons und Königin Nofretetes, also eine Enkelin der berühmten Königin Teje. Sie scheint ein sehr glückliches, wenn auch kurzes Leben genossen zu haben und ist in verschiedenen konventionellen Grabszenen als typisches Beispiel für die ergebene, ihrem Ehemann zur Seite stehende Ägypterin zu sehen, die ihrem Gatten entweder dabei zuschaut, wie er die traditionellen Feinde Ägyptens bezwingt, oder ihm bei der Jagd in den Sümpfen die Pfeile reicht. Nach Tutanchamuns frühem Tod sah sich die junge Königin vor eine grundlegende Entscheidung gestellt. Da sie weder Kinder noch einen lebenden Bruder oder Schwager hatte, gab es keinen eindeutigen und unbestrittenen rechtmäßigen Thronfolger. Anchesenamun versuchte gar nicht erst dem Kurs zu folgen, den zuvor Hatschepsut eingeschlagen hatte, und Ägypten allein zu regieren. Statt dessen schrieb sie dem Hethiterkönig Suppiluliuma einen außergewöhnlichen Brief, in dem sie ihre mißliche Lage schilderte und um einen geeigneten Ehemann bat, der durch die Heirat automatisch zum nächsten Pharao werden würde. Dieses beispiellose Ersuchen mußte Suppiluliuma höchst verdächtig erscheinen. Allerdings war das Angebot, die Herrschaft über Ägypten zu erringen, zu verlockend, um es einfach so auszuschlagen, und um herauszufinden, ob das Anliegen Anchesenamuns ernst gemeint war, zog er weitere Erkundigungen ein. Schließlich brach ein junger Prinz auf, um sich zu verheiraten. Unglücklicherweise wurde der Bräutigam auf dem Weg zu seiner Hochzeit ermordet, was einen kleineren Krieg zwischen beiden Ländern auslöste. Die Königin heiratete schließlich doch den bürgerlichen Aja, einen ehemaligen General und »Aufseher aller Pferde Seiner Majestät«, und zog sich mehr und mehr aus dem öffentlichen Leben zurück. Ihr neuer Ehemann wurde der nächste Pharao Ägyptens.

Die Königinnen der folgenden Dynastien blieben erheblich unauffälliger als ihre direkten Vorgängerinnen, und nur den Ehefrauen Ramses' II. in der 19. Dynastie gelang es, die ägyptische Geschichte nachhaltig zu beeinflussen. Ramses hatte zwar viele Frauen, darunter auch seine jüngere Schwester Henutmire, Hauptkönigin war jedoch Nefertari, die an der Fassade des von ihrem Mann errichteten Hathortempels in Abu Simbel verewigt wurde. Allerdings erhielt nicht nur Nefertari, sondern auch Isetnofret den Titel »Große Königsgemahlin«, so daß es zwei Hauptkönigsgemahlinnen gleichzeitig gab, was äußerst ungewöhnlich war. Nefertari war die Mutter von Ramses' ältestem Sohn Amuncherchepeschef und seiner Tochter Meritamun, während Isetnofret seinen zweiten Sohn, Ramses, seine älteste Tochter, Bintanat, und seinen zwölften Sohn, Merenptah, der schließlich seinem Vater auf den Thron nachfolgen sollte, zur Welt brachte. Nefertari und Isetnofret wurden beide im Tal der Königinnen bestattet; das bemalte Grab Nefertaris gilt als besonders prachtvoll.

Im Lauf der Zeit wurden die Verhältnisse im Hause Ramses' II. immer absonderlicher, denn Nachfolgerinnen der beiden Großen Königsgemahlinnen waren deren Töchter Meritamun und Bintanat; bekanntlich schenkte Bintanat ihrem Vater mindestens eine Tochter, der Titel »Große Königsgemahlin« ist also durchaus wörtlich zu verstehen. Eine dritte »Große Gemahlin« wurde im Jahr 34 ernannt, als auch Mat-neferu-Re, die Tochter des Hethiterkönigs, zur Hauptfrau gemacht wurde; ungefähr zur selben Zeit heiratete auch die Schwester Mat-neferu-Res Ramses II. und trat in den königlichen Harem ein. Meritamun starb oder fiel in Ungnade, und ihren Platz nahm Nebet-taui ein, eine weitere Tochter Ramses' – diesmal von einer unbekannten Frau. Sie war die letzte Prinzessinnen-Königin.

Der einzige Königinnentitel, der gegen Ende der dynastischen Epoche wirklich bedeutend werden sollte, war der einer »Gottesgemahlin des Amun«, nicht zu verwechseln mit »Gottesgemahlin«, einer weniger hochrangigen Auszeichnung, mit der während des Mittleren Reiches mehrere königliche Frauen geehrt wurden. Erst im Mittleren Reich erlangten der Gott Amun und seine einflußreiche thebanische Priesterschaft nationale Bedeutung. Indem sie dafür sorgten, daß der triumphale Sieg über die eindringenden Hyksos der direkten Intervention Amuns zugeschrieben wurde, konnten sie zu Beginn des Neuen Reichs ihre Macht festigen und ausweiten. Damals wurde der Titel einer »Gottesgemahlin des Amun« zum ersten Mal verliehen und sollte für ungefähr achtzig Jahre eine beliebte Auszeichnung bleiben. Der Titel spiegelte die mythologische Vorstellung einer Befruchtung der Königsmütter durch Amun wider und bestätigte das Dogma, wonach der König tatsächlich der Sohn Amuns war. Die Gottesgemahlin des Amun war ursprünglich nicht, wie man vielleicht vermuten könnte, eine junge, den Diensten des Staatsgottes geweihte Jungfrau. Statt dessen erhielten hochrangige Frauen der königlichen Familie den Titel – nicht immer Frauen königlicher Herkunft, aber normalerweise Ehefrau, Mutter oder älteste Tochter eines Königs. Die Seltenheit des Titels beweist, daß er als hochrangig galt, und einige Königinnen trugen ihn sogar als einzigen oder Haupttitel. Die erste Titelträgerin der 18. Dynastie war Ahmose-Nefertari, und zeitgenössische Abbildungen zeigen sie mit einer vornehmen, der Mode des Mittleren Reichs entsprechenden Kurzhaarperücke und in altmodisch aussehenden Kleidern bei verschiedenen religiösen Handlungen, darunter auch Prozessionen in der Öffentlichkeit mit Priestern des Amun. Als Gegenleistung für ihre Mühen wurde sie mit üppigen Ländereien bedacht. Gegen Ende der 18. Dynastie verlor der Titel langsam an Ansehen.

Während der unruhigen Dritten Zwischenzeit war Ägypten de facto in zwei unabhängige Provinzen gespalten; ein großer Teil des Nordens wurde von der königlichen Familie regiert, die in Tanis, einer Stadt im Nildelta, lebte, während der Süden unter der Herrschaft der in Theben ansässigen mächtigen Hohepriester des Amun blieb. In einer Neuauflage der Heiratspolitik der Frühzeit heirateten Prinzessinnen aus dem Norden meist Hohepriester des Amun, eine Maßnahme, die den Königen des Nordens zur Oberherrschaft über die wohlhabende und mächtige thebanische Priesterschaft verhalf. Der Titel einer Gottesgemahlin des Amun wurde zu jener Zeit wieder aufgegriffen und unverheirateten Töchtern verliehen, die solchen Verbindungen entstammten und offiziell dem Dienst des Gottes geweiht waren. Da die jeweilige Gottesgemahlin theoretisch über alle Besitztümer Amuns herrschte, war ihre Position von erheblicher politischer Bedeutung; statt die mächtigen Priester zu beseitigen, zielten die Könige darauf ab, ihre Macht durch die Ernennung einer noch hochrangigeren Gottesgemahlin zu übertrumpfen. Daß eine solche Galionsfigur unter allen Umständen Jungfrau bleiben mußte, versteht sich von selbst, konnte doch der König in dieser unsicheren Situation nicht die Gründung einer neuen mächtigen Dynastie riskieren.

4. Tag des 4. Monats Schomu im 4. Regierungsjahr des Apries. Niakin, Gottesgemahlin des Amun und frei von Sünden, wurde in den Himmel gerufen und mit der Sonnenscheibe vereinigt. Das göttliche Fleisch verschmolz mit dem, der es erschaffen hatte.

Stele im Museum von Kairo

Nach dem Abbruch der Beziehungen zwischen Norden und Süden wurde die Heiratspolitik wieder aufgegeben. Der Titel einer Gottesgemahlin des Amun war jedoch zu wichtig, um preisgegeben zu werden, und so wurde er weiterhin an nachfolgende Königstöchter vererbt, wodurch sichergestellt war, daß stets eine Frau das Amt bekleidete, die den politischen Interessen des Herrschers entsprach. Die berühmteste Gottesgemahlin jener Zeit war Nitokris, die Tochter König Psammetichs I. aus der Spätzeit, die über sechzig Jahre lang diese Stellung innehatte und ihren Einfluß im Süden zur Unterstützung ihrer aus dem Norden stammenden Familie nutzte. Damals hatte sich das Wesen des Amtes deutlich gewandelt. Die mit der Uräusschlange und anderen Herrscherinsignien ausgestattete Gottesgemahlin bekam jetzt königliche Titel verliehen, sie durfte sogar ihren Namen in eine königliche Kartusche schreiben. Mit Unterstützung getreuer Verwalter und eines Heeres von Beamten leitete sie eine Regierung von ungeheurem Reichtum und Ansehen und besaß über acht Millionen Quadratmeter (annähernd 810 Hektar) fruchtbaren Landes in Oberägypten und dem Nildelta. Schließlich übernahm die Gottesgemahlin sogar alle Pflichten des Ersten Propheten Amuns, der bis dahin stets männlich gewesen war, und wurde eine der einflußreichsten Frauen des Landes. In manchen Gegenden überstieg ihre Macht die des Königs, der vom Norden aus regierte. Anchnesneferibre, Tochter Psammetichs II. und Nichte der Nitokris, wurde acht Jahre vor ihrem Tod als Nachfolgerin von Nitokris adoptiert. Außerdem wurde sie zur »Höchsten Prophetin Amuns« ernannt, eine Ehre, die keiner anderen Gottesgemahlin gewährt wurde. Leider sollte Anchnesneferibre die allerletzte Gottesgemahlin des Amun sein, denn unter persischer Herrschaft, deren Beginn in ihre »Regierungszeit« fiel, wurde diese Tradition aufgegeben.

Die königliche Thronfolge von Thutmosis I. bis Tutanchamun

Konkubine Mutnofret ∞ Thutmosis I. ∞ Königin Ahmose

Konkubine Isis ∞ Thutmosis II. ∞ Königin Hatschepsut

Neferure

Thutmosis III. ∞ Königin Meritre-Hatschepsut

Königin Tiaa ∞ Amenophis II.

Thutmosis IV. ∞ Konkubine Mutemwia

Königin Teje ∞ Amenophis III.

? ∞ Amenophis IV./Echnaton ∞ Königin Nofretete

Tutanchamun ∞ Königin Anchesenamun

7

Regentinnen

> Die Erbin, groß im Palast, schön an Gesicht, die mit den Doppelfedern geschmückte, Herrin des Glücks, mit Gnaden ausgestattet, deren Stimme mit ihrem Klang den König erfreut, die Hauptgemahlin des Königs, seine Geliebte, die Herrin Beider Länder, Neferneferuaten-Nofretete, möge sie immer und ewig leben.
>
> Titel der Königin Nofretete

Die ägyptischen Theorien über das Königtum blieben vom Beginn des Alten Reiches bis zur Spätzeit, also über eine Zeitspanne von gut zweitausend Jahren hinweg, im wesentlichen unverändert. Der Monarch war das unumschränkte Oberhaupt des Lebens in Ägypten, und sein Wort war Gesetz. Seine offenkundigste Aufgabe als Verwalter und Verteidiger seines Landes bestand darin, sein Volk zu beschützen, die innere und äußere Sicherheit zu gewährleisten, die Ordnung und den allgemeinen Status quo aufrechtzuerhalten. Dieser Aspekt des Königtums kommt unseren eigenen Vorstellungen von diesem Begriff vielleicht am nächsten. In Friedenszeiten trug der König die Verantwortung dafür, daß die Ernte eingebracht und genügend Nahrungsvorräte angelegt wurden, daß die eindrucksvollen Bauvorhaben nicht ins Stocken gerieten, daß die Beamtenschaft effizient arbeitete und die Durchsetzung des Steuersystems und des Rechtswesens beaufsichtigte. In Kriegszeiten erwartete man von ihm, daß er seine Truppen mutig in die Schlacht führte,

Abb. 31 Die Göttin Maat.

sein Land erfolgreich gegen Eindringlinge verteidigte und traditionelle Feinde mit spektakulären Siegen vertrieb. Um diese Ziele zu erreichen, setzte der König eine große und tüchtige Beamtenschaft und eine ebenso große und tüchtige Armee als Helfer ein und umgab sich zudem mit treuen und vertrauenswürdigen Ratgebern, die häufig enge Familienangehörige waren.

Die Bedeutung des Pharao beschränkte sich jedoch nicht auf die Erfüllung seiner säkularen Aufgaben als nominelles Oberhaupt einer gut organisierten Beamtenschaft und Armee; diese Funktion konnte jeder kompetente Hofbeamte übernehmen. Vielmehr gewährleistete schon allein die Tatsache, daß ein anerkannter König auf dem ägyptischen Thron saß, die Stabilität des Landes. Das Wort *maat*, einen weitgefaßten Begriff, den man wörtlich als »Gerechtigkeit« oder »Wahrheit« übersetzen könnte, benutzten die Ägypter, wenn sie vom Idealzustand des Universums sprachen.[1] *Maat* war im Anbeginn der Welt eingesetzt worden, bestand aber nicht auf Dauer und durfte niemals einfach als selbstverständlich vorausgesetzt werden; Chaos und Unordnung lauerten im Hintergrund und bedeuteten eine ständige Bedrohung für die Stabilität. Der König persönlich war für das Wirken und die Aufrechterhaltung von *maat* im ganzen Land verantwortlich, und diese Verpflichtung bildete einen wesentlichen Teil des Vertrages, der zwischen dem König und seinen Gottheiten geschlossen wurde. Die Götter setzten den König auf den Thron des Horus und schenkten ihm »Leben, Beständigkeit und Herrschaft«. Sie kontrollierten auch alle Naturereignisse, sorgten dafür, daß der Nil alljährlich pünktlich über die Ufer trat und daß die Sonne stets zuverlässig ihre Bahn zog. Als Gegenleistung gelobte der König, weise zu regieren, Tempel für die Götter zu errichten und sich darum zu kümmern, daß die Opfertische stets mit Opfergaben überhäuft wurden. So wurde *maat* hergestellt. In gesetzlosen Zeiten oder Zeiten ohne König brachte das Kommen eines Herrschers *maat* oder die Ordnung mit sich, während es andererseits keine *maat* ohne einen Pharao auf dem Thron geben konnte. In der Vorstellung der Ägypter konnte ihr Land ebensowenig ohne einen König fortbestehen wie ihre Landwirtschaft ohne die alljährlichen Überschwemmungen.

Wie die Götter sich freuen – du hast ihre Opfergaben vermehrt. Wie die Menschen sich freuen – du hast ihre Grenzen festgelegt. Wie deine Ahnen sich freuen – du hast ihre Opfergaben reichhaltiger gemacht. Wie Ägypten sich an deiner Kraft freut – du hast seine Sitten bewahrt. Aus der *Hymne an Pharao Sesostris III.* aus dem Mittleren Reich

Der König von Ägypten war kein einfacher Sterblicher, er war ein Fleisch gewordener Gott. Sein Volk erkannte seine Göttlichkeit ebenso unzweifelhaft an wie er selbst und betrachtete ihn als die lebende Verkörperung des Gottes Horus und Sohn des Re oder Amun-Re. Er wurde nach göttlichem Ratschluß von den Göttern ernannt, war der höchste Priester eines jeden Tempels im Lande und stellte, da er täglich die gebotenen Rituale durchführte, ein irdisches Bindeglied zwischen seinem Volk und den schwerer zugänglichen Gottheiten dar. Diese Akzeptanz der göttlichen Natur des Königs war von großer Wichtigkeit für die Stabilität des Staates über die ganze dynastische Zeit hinweg. Die Göttlichkeit bekräftigte einerseits das absolute Recht eines Herrschers auf den Thron und stärkte andererseits die Bedeutung der königlichen Abstammungslinie, weil sie die Notwendigkeit einer korrekten dynastischen Nachfolge unterstrich. Allgemein glaubte man, das Fortbestehen des Königtums sei zentral für die Aufrechterhaltung der guten Beziehung zwischen Ägypten und seinen Göttern, ohne die das Land untergehen würde. Außerdem hatte die göttliche Natur des Herrschers den zusätzlichen Vorteil, daß der König das Oberhaupt aller religiösen Zeremonien war, was verhinderte, daß einzelne religiöse Strömungen allzuviel Einfluß gewannen. Andererseits war aber auch klar, daß die Göttlichkeit des Königs nicht absolut war; er unterstand seinen Mitgöttern und besaß selbst nicht ihre wundertätigen Kräfte. Man erwartete von ihm, daß er ihnen den gebührenden Respekt erwies, und man glaubte, die Frömmigkeit des Königs sei entscheidend dafür, daß seine Herrschaft von Wohlstand und Erfolg begleitet war. So schrieb etwa Königin Hatschepsut in einem Versuch, die göttliche Verbindung zu ihrem Göttervater Amun zu betonen: »Ich bin in Wahrheit seine Tochter, die ihm dient und die weiß, was er gebietet.«

Während der gesamten dynastischen Zeit betrachtete man das Königsamt in Ägypten als Aufgabe eines Mannes. Es scheint kein ausdrückliches Verbot gegeben zu haben, das Frauen von der Thronfolge ausschloß, aber abgesehen von Manetho, der in seinen Aufzeichnungen über einen König Binothris in der 2. Dynastie festhält, daß in dessen Regierungszeit »beschlossen wurde, daß Frauen das Amt des Königs innehaben dürfen«, wird nirgendwo auch nur in knappster Form eingeräumt, daß eine solche Möglichkeit eintreten könnte. Die traditionellen staatlichen Ämter des Diplomaten, Soldaten und Priesters waren nach Brauch und Sitte Männern zugeordnet, jede absichtliche Störung dieser natürlichen Ordnung hätte mit Sicherheit dem Prinzip der *maat* widersprochen. Wenn ein König schon vor seinem Tod seinen Nachfolger zum Mitregenten ernannte, was häufig der Fall war, dann hätte es seine Umwelt für außerordentlich unvernünftig gehalten, wenn er dabei einer Tochter anstelle eines Sohnes den Vorzug gegeben hätte. Zu den praktischen Gründen für die Polygamie im Königshaus zählte der Wunsch, die besten Voraussetzungen dafür zu schaffen, daß ein König zumindest einen männlichen Erben zeugen konnte.

Ich weiß, daß ich den Körper einer schwachen und gebrechlichen Frau habe, aber ich habe das Herz und den Mut eines Königs, und zwar eines Königs von England.

Königin Elisabeth I. beim Herannahen der Spanischen Armada zu ihren versammelten Truppen

Es gab und gibt nur wenige Gesellschaften, die einer Frau gestatten, den Thron zu besteigen, wenn auch ein männlicher Thronfolger verfügbar ist. Die wenigen Frauen, denen ihre Völker das Regieren erlaubten, wurden im allgemeinen geduldet, weil ein geeigneter männlicher Kandidat nicht vorhanden war. Daher regierten sie in den Augen ihrer Untertanen stets im Namen eines männlichen Verwandten. Gewiß gab es in der Geschichte und in den Legenden vergangener Gesellschaften mächtige Frauen – zum Beispiel die Griechinnen Antigone und Klytämnestra und die Römerinnen Livia und Agrippina – aber diese Frauen waren Ausnahmeerscheinungen, die sich häufig aufgrund ihrer besonderen Lebensumstände gezwungen sahen, die Grenzen ihrer normalen Rolle zu überschreiten und in einer atypischen und unweiblichen Weise zu handeln. Selbst in Ländern, in denen der König nur eine Galionsfigur ist und keine wichtigen Entscheidungen zu fällen hat, bleiben Könige die Norm und regierende Königinnen die Abweichung von der Norm. So ist in nahezu allen europäischen Monarchien der erstgeborene Sohn der Thronfolger und hat den Vorrang vor seinen älteren und möglicherweise besser geeigneten Schwestern. Auch wenn manche Menschen diese Regelung als ungerecht ansehen, wird sie dennoch in allen betroffenen Ländern akzeptiert. Die Fähigkeit, zu regieren – und sei es auch nur dem Namen nach –, wird nahezu universell als männliche Eigenschaft eingestuft, und so nehmen Frauen in den Königsfamilien in dieser Hinsicht definitiv einen nachgeordneten Rang ein. Die Erklärung für diese eindeutige Diskriminierung findet sich meist in der Interpretation des Königtums in der jeweiligen Gesellschaft sowie in deren Auffassung von der angemessenen Rolle der Frau.

Im allgemeinen billigen Gesellschaften einer Frau das Recht auf die Regierung in Zeiten zu, in denen kein eindeutiger Thronfolger feststeht. Allerdings tritt diese Situation in lange etablierten Königsfamilien seltener ein, als man vielleicht annehmen könnte: In England haben zum Beispiel in den letzten fünfhundert Jahren nur sechs Königinnen entweder die Krone ihres Vaters oder ihres Onkels geerbt.[2] Auch in Zeiten nationaler Unruhe und Unordnung gesteht man Frauen das Recht auf Führungsrollen zu, wobei sie häufig antreten, um einen abgesetzten oder ermordeten Ehemann, Sohn oder Vater zu ersetzen oder zu rächen. Auch wenn sich die Frauen des Königshauses sonst auf eine passive Rolle beschränken müssen und lediglich auf dem Umweg über ihre Männer Einfluß nehmen dürfen, findet ein solch beherztes Handeln zu einem guten Zweck im allgemeinen die Billigung der Gesellschaft. In beinahe allen Fällen kommen regierende Königinnen aus der bereits etablierten Königsfamilie. Männern nichtköniglicher Herkunft kann es gelingen, sich durch Tüchtigkeit, List oder Gewalt einen Thron zu erobern, aber von Frauen nichtköniglicher Abstammung ist so etwas praktisch nicht bekannt, denn nur äußerst selten besitzen solche Frauen das erforderliche Vermögen oder haben größere Truppenkontingente zu ihrer Verfügung.

Nur von drei bemerkenswerten Frauen wissen wir definitiv, daß sie das dynastische Ägypten als Königinnen regiert haben, und eine jede von ihnen hat den Thron, wie nicht anders zu erwarten, unter höchst ungewöhnlichen Umständen bestiegen. Drei weitere Frauen amtierten vielleicht als regierende Königinnen, allerdings sind die Beweise für ihre Regentschaft in allen drei Fällen dürftig und keineswegs schlüssig. Die Lebensläufe der Königinnen Merit-Neith, Nitokris, Sobeknofru, Hatschepsut, Nofretete und Tewosre werden im folgenden dargestellt.[3] Leider ist unser Wissen über alle sechs Frauen außerordentlich lückenhaft. Nur Hatschepsut regierte so lange, daß sie in archäologischen und historischen Zeugnissen deutliche Spuren hinterließ; allerdings wurden viele Belege für ihre Herrschaft nach ihrem Tod absichtlich getilgt und zerstört. Die erste mutmaßliche regierende Königin, Merit-Neith, herrschte am Anfang der dynastischen Zeit und ist fast nur durch ihre Grabmonumente bekannt. Um ihre Nachfolgerin Nitokris in der 6. Dynastie ranken sich hingegen so viele romantische Mythen und Legenden, daß die Wahrheit über ihre Herrschaft schwer offenzulegen ist. Sobeknofru und Tewosre regierten nur kurz in Zeiten staatlicher Unordnung, und ihrer Herrschaft folgte jeweils eine Periode der Anarchie, so daß wir nur wenige Monumente und Texte besitzen, mit deren Hilfe wir die Ereignisse ihrer Regierungszeit rekonstruieren könnten. Die ägyptischen Königslisten haben die archäologischen Zeugnisse, die diesen Frauen zugeordnet werden, ein Stück weit bestätigt, und auch spätere Historiker wie Manetho, Herodot und Strabo haben interessante, wenn auch teilweise recht unglaubhafte Beiträge zum Verständnis ihrer Regierungszeiten geliefert.

Zwei wichtige Gemeinsamkeiten verbinden alle sechs Königinnen: Sie alle waren Königsgemahlinnen und als solche wahrscheinlich von königlichem Geblüt, und mit der möglichen Ausnahme von Merit-Neith hat keine von ihnen einen Sohn geboren. Alle sechs Frauen müssen von männlichen Mitgliedern des Königshauses unterstützt worden sein, ganz gleich wie charakterstark sie selbst gewesen sein mögen. Drei der Königinnen hatten einen ganz ähnlichen Werdegang: Nitokris, Sobeknofru und Tewosre bestiegen den Thron in Zeiten der Unordnung, in der *maat* nicht im Land wirkte und es keinen eindeutigen männlichen Thronfolger gab. Alle drei regierten weniger als drei Jahre, und dann folgte eine Zeit der Gesetzlosigkeit und ein Wechsel der Dynastie. Die Geschichte hat diese drei Herrschaftszeiten im allgemeinen als mutige Versuche betrachtet, die Königsnachfolge trotz widriger Umstände fortzusetzen. Hatschepsuts lange Regierungszeit gibt mehr Rätsel auf, da sie sich zur Mitregentin des anerkannten Thronerben erklärte, und zwar zu einer Zeit, in der keine deutlich erkennbare Notwendigkeit dazu bestand. Die Gründe für ihr Vorgehen sind heute unklar. Sie ist jedoch die einzige regierende Königin, deren Herrschaft keine Zeit der Gesetzlosigkeit folgte. Königin Nofretete stellt uns vor ein noch größeres Rätsel. Es gibt keinen unanfechtbaren Beweis, daß sie überhaupt jemals über Ägypten herrschte, aber es gibt mehrere interessante Anhaltspunkte dafür, daß sie Mitregentin ihres Ehemannes gewesen sein könnte, entweder unter ihrem eigenen Namen oder unter dem eines jungen Prinzen. Gemeinsam sind den Schicksalen dieser sechs Frauen auf jeden Fall die Elemente Intrige, Geheimnis, Macht und Tod.

Königin Merit-Neith – 1. Dynastie

Wir haben keinen direkten Beweis, daß Merit-Neith jemals als Königin regierte, und sie ist in keiner der erhalten gebliebenen Königslisten aufgeführt. Sie lebte jedoch ganz am Anfang der ägyptischen Geschichte, also zu einer Zeit, von der wir überhaupt nur spärliche und eher unklare schriftliche Aufzeichnungen haben, und es gibt immerhin eine ganze Anzahl von Indizienbeweisen, die darauf hindeuten, daß sie tatsächlich den Thron bestiegen haben könnte, und die man bei einem Mann mit Sicherheit als Bestätigung seiner Herrschaft gelten lassen würde.

Der Name Merit-Neith tauchte erstmals im Jahr 1900 auf, als Flinders Petrie bei seinen Ausgrabungen in der Königsnekropole Abydos auch ein eindrucksvoll geräumiges Grab freilegte, in dem er eine große Grabstele mit dem eingemeißelten Namen »Merit-Neith« fand. Obwohl der sonst übliche königliche Horusname fehlte, wurde sie ohne Zögern als Grabstele eines männlichen Königs akzeptiert, und gestützt auf diese Anhaltspunkte identifizierte man Merit-Neith als den dritten Herrscher der 1. Dynastie. Erst später stellte sich heraus, daß der Name eigentlich ein Frauenname war, der wörtlich »Von der [Göttin] Neith Geliebte« bedeutet, und daß der bislang unauffällige König in Wirklichkeit eine Frau gewesen war. Augenblicklich ordnete man Merit-Neith aufgrund kultureller Erwartungen, nicht etwa aufgrund solider archäologischer Belege, in eine andere Kategorie ein und erklärte sie zu einer ungewöhnlich mächtigen Königsgemahlin.

Inzwischen wissen wir, daß für Merit-Neith noch ein weiteres Grabmonument bei den weiter nördlich gelegenen Königsgräbern von Sakkara errichtet wurde. Dort stand auch eine Sonnenbarke bereit, die es ihrer Seele ermöglichen sollte, mit dem Sonnengott ins Jenseits zu reisen, eine Ehre, die normalerweise Königen vorbehalten blieb. Die seltsame Sitte, zwei Gräber zu errichten, eines in Unterägypten, nahe bei der Hauptstadt des gerade erst geeinten Staates, und eines in Oberägypten, der Heimat der herrschenden Dynastie, war eine Eigenheit der frühen Könige. Zwar sagte ihnen der Verstand, daß sie sich nur in einem Grab beisetzen lassen konnten, aber sie verspürten offenbar dennoch das Bedürfnis, zwei Grabmonumente zu besitzen, das wirkliche Grab und ein Scheingrab, auch Kenotaph genannt.[4] Im Augenblick ist Merit-Neith die einzige Frau, von der wir wissen, daß ihr Gedächtnis in dieser Weise bewahrt wurde, und auch das läßt stark vermuten, daß sie eine Herrscherin oder zumindest Mitregentin und nicht nur Königsgemahlin war. Der Sitte ihrer Zeit gemäß lagen eng um ihre beiden Gräber die Begräbnisstätten von mindestens vierzig Dienern und Dienerinnen, und weitere siebenundsiebzig Bedienstete waren in säuberlicher U-Form – vermutlich an den drei Seiten eines inzwischen verschwundenen Gebäudes entlang – in der Nähe ihres Grabes in Abydos beigesetzt. Die in Sakkara beerdigten Gefolgsleute waren alle mit Gegenständen bestattet worden, die ihren Beruf symbolisierten; so hatte etwa der Schiffbauer ein kleines Modellschiff und der Künstler mehrere Töpfe Pigmentfarbe bei sich.

Königin Nitokris – 6. Dynastie

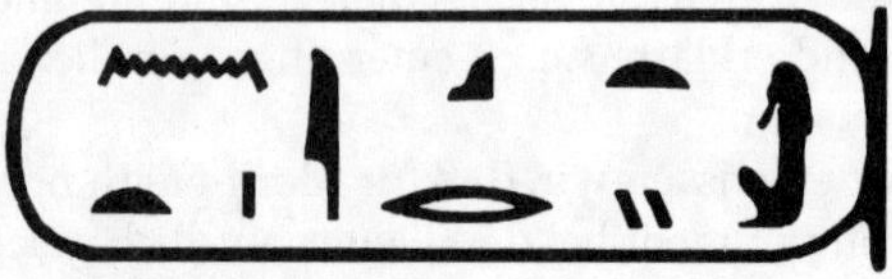

Abb. 32 Kartusche der Königin Nitokris.

Bei Nitokris liegen die Probleme für uns ganz anders als bei Merit-Neith. Nach der Tradition war die gute und schöne Königin Nitokris die erste Frau, die als Königin über Ägypten herrschte, und zahlreiche phantasievolle und romantische Legenden ranken sich um ihren Namen. Obwohl jedoch ein paar Einzelheiten ihres Lebens von den Historikern Manetho und Herodot festgehalten wurden und obwohl ihr Name im *Turiner Königspapyrus* eindeutig unter den Herrschern des Alten Reiches genannt wird, gibt es keine schlüssigen archäologischen Belege dafür, daß je eine Königin Nitokris gelebt hat. Sie hat uns keine Monumente mit Inschriften hinterlassen und besitzt kein uns bekanntes Grab. Die Fachleute sind sich nicht einig: Manche halten sie für eine wirkliche Königin, andere ordnen sie dem Reich der Legende zu.

König Pepi II. aus der 6. Dynastie soll Ägypten angeblich über neunzig Jahre lang regiert haben. In seiner langen Regierungszeit verlor das Land allmählich immer mehr an Stabilität, und als nach seinem Tod kein eindeutiger Thronfolger zur Verfügung stand, begann eine Zeit allgemeiner Unruhen, die schließlich in die Wirren der Ersten Zwischenzeit einmündete. In dieser Phase der Schwäche folgten einander eine ganze Reihe wenig bekannter Könige mit sehr kurzen Regierungszeiten – ein klarer Hinweis darauf, daß es mit Ägypten nicht zum besten stand. Im *Turiner Königspapyrus* heißt es, daß »Nitokerti« an zweiter oder dritter Stelle nach Pepi II. Königin war, und am Ende der 6. Dynastie genau »zwei Jahre, einen Monat und einen Tag« regierte. Manetho bezeichnet Königin Nitokris als »die edelste und lieblichste Frau ihrer Zeit, rosenwangig und mit hellem Teint«. Aufgrund einer Verwechslung seiner Königin Menkare-Nitokris mit König Menkaure aus der 4. Dynastie glaubte er, sie habe den Bau der dritten Pyramide – vermutlich in Gise – vollendet und sei zum entsprechenden Zeitpunkt dort beigesetzt worden. Er schrieb Nitokris eine Regierungszeit von zwölf Jahren zu. Eratosthenes, der den Namen Nitokris als »Athene ist siegreich« ins Griechische übersetzte, maß ihr eine kürzere Regierungszeit von sechs Jahren zu.

Der vielbewunderte rosige Teint der Königin (griechisch *rhodophis*) hat dazu geführt, daß Nitokris wiederholt mit einer schönen, aber berüchtigten Kurtisane aus der Zeit der 26. Dynastie verwechselt wurde. Diese Frau mit Namen Rhodophis oder Dorchia wohnte in der ägyptischen Stadt Naukratis. Viele unglaubhafte Geschichten wurden von Rhodophis-Dorchia auf die »Königin Rhodophis« verschoben. Eine solche Geschichte mit einem Aschenputtelmotiv überliefert Strabo: Eines Tages, als die schöne Rhodophis im Nil badete, habe ein Adler eine ihrer am Ufer abgelegten Sandalen geraubt und sei damit zum Königspalast nach Memphis geflogen. Der König saß gerade in den Gärten des Palastes, der Vogel flog über ihn hinweg, und die Sandale fiel direkt aus der Klaue des Adlers in den Schoß des Königs. Als der König die Sandale näher betrachtete, war er so bezaubert von ihrer zierlichen Form und ihrem Duft, daß er sofort im ganzen Land nach ihrer Eigentümerin suchen ließ. Schließlich wurde Rhodophis in ihrem Haus in Naukratis entdeckt und von einer Eskorte des Königs nach Memphis geleitet. Dort verliebte sich der impulsive König Hals über Kopf in sie und machte sie auf der Stelle zu seiner Gemahlin. Nach ihrem Tod bestattete er sie tieftraurig in einer großen Pyramide. Eine zweite und bedeutend weniger romantische Legende behauptet, daß die böse Königin Rhodophis in der dritten Pyramide von Gise spukt und in nackter Schönheit erscheint, um alle in den Wahnsinn zu treiben, denen das Unglück widerfährt, sie zu erblicken.

Herodot, der in diesem Fall ausnahmsweise realistischer war als Strabo, hatte nur Verachtung für die Dummköpfe übrig, die glaubten, eine Frau mit Rhodophis' Beruf könne jemals soviel Geld verdienen, wie nötig sei, um den Bau einer Pyramide zu finanzieren, aber etwas wehmütig fügt er hinzu, Naukratis sei wohl irgendwie der Ort, an dem solche Frauen am attraktivsten seien. Über Königin Nitokris schrieb er:

Nach Menes kamen 330 Könige, deren Namen mir die Priester aus einer Papyrusrolle vorlasen. Enthalten in diesen Generationsfolgen waren achtzehn äthiopische Könige und eine Königin, eine Einheimische des Landes, alle übrigen waren ägyptische Männer. Der Name der Königin lautete gleich wie der einer babylonischen Prinzessin: Nitokris.

Dann erzählte er eine überlieferte Geschichte vom tragischen und dramatischen Tod der Königin, die zusammengefaßt folgendermaßen lautet:

Nitokris war die schöne und tugendhafte Frau und Schwester von König Metesuphis II., einem Herrscher des Alten Reiches, der am Ende der 6. Dynastie auf den Thron gekommen, später jedoch von seinen eigenen Untertanen auf grausame Weise ermordet worden war. Danach wurde Nitokris die Alleinherrscherin über Ägypten und beschloß, den Tod ihres geliebten Ehemannes und Bruders zu rächen. Sie befahl, heimlich eine riesige unterirdische Halle zu bauen, die durch einen verborgenen Kanal mit dem Nil verbunden war. Als diese Halle vollendet war, veranstaltete sie ein glanzvolles Einweihungsfest, und lud alle ein, die sie persönlich für den Tod des Königs verantwortlich machte. Als die ahnungslosen Gäste beim Festmahl saßen, ließ sie den versteckten Kanal öffnen, und in dem hereinflutenden Nilwasser ertranken alle Verräter. Um der Rache des ägyptischen Volkes zu entgehen, beging sie anschließend Selbstmord, indem sie sich »in ein großes, mit glühender Asche gefülltes Gemach« stürzte, wo sie erstickte.

Königin Sobeknofru – 12. Dynastie

Abb. 33 Kartusche der Königin Sobeknofru.

Das Leben der nächsten regierenden Königin von Ägypten, Sobeknofru, ist weit besser dokumentiert als das der Nitokris, aber leider klaffen trotzdem noch immer große Lücken in unserem Wissen über ihre Regierungszeit. Sobeknofru kam als letzte Herrschergestalt der 12. Dynastie etwa 1789 v. Chr. auf den Thron und regierte nach dem *Turiner Königspapyrus* genau drei Jahre, zehn Monate und vierundzwanzig Tage lang. Die 12. Dynastie, eine der längsten ununterbrochenen Königslinien, die je in Ägypten regierten, hatte dem Land über hundert Jahre lang Frieden und Stabilität beschert. In der kurzen Regierungszeit Sobeknofrus herrschte jedoch ein sehr unsicheres politisches Klima; die darauffolgende wirre und schlecht dokumentierte 13. Dynastie leitete den Niedergang des Mittleren Reiches ein und endete im Chaos der Zweiten Zwischenzeit.

Manetho berichtet uns, daß Sobeknofru als Schwester ihres Vorgängers Amenemhet IV. dem Königshaus entstammte. Vermutlich war sie also eine Tochter des vorhergehenden Königs, Amenemhet III., und wirklich wird auf einem Steinblock, der in seiner Pyramide in Hawara gefunden wurde, diese Tatsache ausdrücklich erwähnt. Es ist unklar, ob sie als Königstochter mit ihrem Bruder verheiratet wurde. Eine »Königin Tanefru«, ebenfalls eine Tochter des Amenemhet III., deren Name in königlichen Kartuschen erscheint und die den Titel »Königsgemahlin« trägt, war möglicherweise die Gattin Amenemhets IV. Da aber die beiden Namen sehr ähnlich klingen, bezeichnen sie vielleicht dieselbe Frau oder zwei Schwestern. Obwohl man Blöcke gefunden hat, auf denen sowohl der Name Sobeknofrus als auch der ihres Vaters steht, ist es unwahrscheinlich, daß diese beiden Herrschergestalten jemals gleichzeitig und gemeinsam regierten. Sobeknofru war auch keine Mitregentin von Amenemhet IV., der selbst Mitregent Amenemhets III. gewesen war und nach dem Tod seines Vaters nur für eine kurze Zeit die Alleinherrschaft innegehabt hatte.

Die Gründe für die Thronbesteigung Sobeknofrus kennen wir heute nicht mehr. Gelegentlich wird vermutet, es habe einen dramatischen Streit in der Königsfamilie gegeben, und Sobeknofru habe erfolgreich ein Komplott geschmiedet, um ihren männlichen Famlienangehörigen die Macht zu entreißen. Es ist jedoch erheblich realistischer, anzunehmen, daß es keinen geeigneten männlichen Thronanwärter mehr gab und Sobeknofru Königin werden mußte, wenn sie versuchen wollte, ihre aussterbende Königslinie zu retten. Auf jeden Fall gibt es keinerlei Hinweise darauf, daß man ihr die Rolle der Pharaonin mißgönnte, und sie wurde von späteren Geschichtsschreibern nie als eine machtgierige oder ränkeschmiedende Königin angesehen, wie das bei Hatschepsut und ebenso bei Tewosre der Fall war. Sobeknofru wurde offenbar vorbehaltlos als Regentin akzeptiert und ist in den großen Königslisten als Herrscherin aufgeführt. Eine Reihe von Statuen aus Tell ed-Daba im Nildelta zeigen sie eindeutig als Frau, in Frauengewänder gekleidet; sie hat – wiederum im Gegensatz zu Hatschepsut – offenbar keine Versuche unternommen, sich symbolisch als Mann darstellen zu lassen. Über das Ende von Sobeknofrus Regierungszeit wissen wir nichts Genaues, es wird aber allgemein angenommen, daß sie als noch amtierende Königin eines natürlichen Todes starb. Möglicherweise gehörte ihr eine der beiden stark beschädigten Pyramiden in Masghuna, nicht weit von den anderen Pyramiden aus der 12. Dynastie entfernt.

Königin Hatschepsut – 18. Dynastie

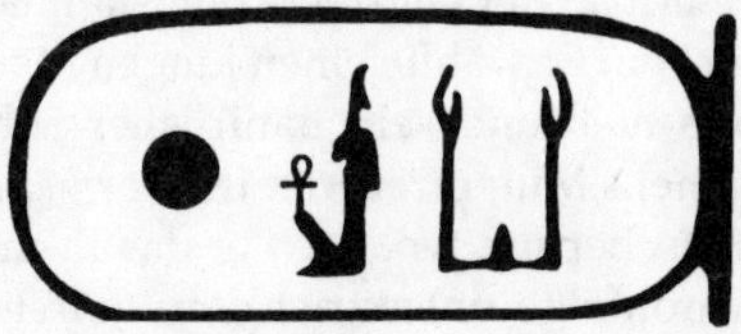

Abb. 34 Kartusche der Königin Hatschepsut.

Amun, der Herr der Throne Beider Länder, veranlaßte, daß ich zur Belohnung das Rote Land und das Schwarze Land regiere. Niemand rebelliert gegen mich in all meinen Ländern ... Ich bin wahrhaftig seine Tochter, die ihm dient und weiß, was er befiehlt. Meine Belohnung von meinem Vater ist Leben-Beständigkeit-Herrschaft auf dem Horusthron aller Lebenden, wie Re auf ewig.

Inschrift Königin Hatschepsuts
auf einem Obelisken

Prinzessin Hatschepsut, die älteste Tochter des Königs Thutmosis I. und seiner Gemahlin, Königin Ahmose, wurde in eine Zeit beispiellosen Reichtums und Wohlstandes in Ägypten hineingeboren. Bedauerlicherweise litt zur selben Zeit die Königsfamilie an einem Mangel an Söhnen. Thutmosis I. war selbst nicht von königlichem Geblüt, und seine Mutter, die Dame Senseneb, trug nur den schlichten, deskriptiven Titel »Königsmutter«. Seinen dramatischen Aufstieg zur Macht verdankte er der Tatsache, daß er es in der Armee seines unmittelbaren Vorgängers Amenophis I. bis zum General gebracht hatte. Amenophis, der keinen geeigneten Erben in der königlichen Familie fand, zeigte sich von den augenfälligen Fähigkeiten dieses Kriegsmannes so beeindruckt, daß er ihn zum nächsten Pharao bestimmte. Um Thutmosis' Position zu stärken, verheiratete er ihn mit seiner Tochter Ahmose und ernannte seinen frischgebackenen

Schwiegersohn formell zum Mitregenten. Später wurde Thutmosis der alleinige Herrscher von Ägypten.

Leider starben die Söhne von Thutmosis und Ahmose alle in früher Kindheit, und wie schon Amenophis mußte auch Thutmosis außerhalb der engsten Königsfamilie nach einem Nachfolger suchen. Er wählte einen jungen Mann, der ebenfalls Thutmosis hieß und sein natürlicher Sohn von einer Konkubine namens Mutnofret war. Ihn vermählte er mit seiner Tochter Hatschepsut, wodurch er das Recht seines Sohnes auf die Thronfolge unterstrich. Mutnofret hatte möglicherweise selbst Königsblut in den Adern, denn sie könnte ebenfalls eine Tochter Amenophis' I. und somit entweder eine Schwester oder eine Halbschwester der Königin Ahmose gewesen sein. Viel später entstellte Hatschepsut die Abfolge dieser Ereignisse und behauptete, Thutmosis I. habe sich in Wirklichkeit mit seiner Tochter zu einer gemeinsamen Regentschaft zusammengetan und gewünscht, daß sie später regierende Königin werde. Es ist höchst unwahrscheinlich, daß das der Wahrheit entspricht, schon deshalb, weil Hatschepsut – wie zeitgenössische Monumente zeigen – auch nach dem Tod ihres Vaters nur die niedrigeren Titel Prinzessin und Königsgemahlin führte. Mit der öffentlich verbreiteten Behauptung, sie habe mit ihrem Vater zusammen regiert, versuchte sie offenbar, ihr Recht auf den Thron zu erklären und zu bekräftigen, und ihre ganze Regierungszeit ist charakterisiert durch die ständige Notwendigkeit, ihre Taten sowohl vor ihrem Volk als auch vor der Nachwelt zu rechtfertigen.

Thutmosis II. folgte seinem Vater auf den Thron, und als seine Gemahlin wurde Hatschepsut Königin. Offenbar verhielt sie sich während der ganzen, allerdings kurzen Regierungszeit des neuen Königs der Tradition folgend sehr bescheiden, akzeptierte die Standardtitel »Tochter des Königs, Schwester des Königs, Gottesgemahlin und Große Königsgemahlin« und ließ sich auch als Ehefrau abbilden, die ihren Mann in gebührender Weise unterstützt. Sie begann sogar, ein dezentes, für eine Königsgemahlin angemessenes Grab in einer abgelegenen Gegend südlich von Der el-Bahari am

Westufer des Nils bei Theben für sich bauen zu lassen. Hatschepsut war eindeutig eine pflichtbewußte Ehefrau und gebar ihrem Halbbruder zwei Töchter, Neferure und Meritre-Hatschepsut, hatte jedoch keinen Sohn. Wieder gab es keinen legitimen männlichen Thronerben, und wie schon sein Vater war Thutmosis II. gezwungen, als Nachfolger den Sohn einer Konkubine zu wählen. Isis, die Mutter von Thutmosis III., wurde später von ihrem Sohn als »Große Königsgemahlin, Herrin des Südens und des Nordens, große Erbin, Gottesgemahlin und Mutter des Königs« bezeichnet, aber es spricht nichts dafür, daß sie jemals eine Hauptfrau des Königs war und den gleichen Status wie Hatschepsut genoß.

Nachdem Thutmosis II. in den Himmel aufgestiegen war, vereinte er sich mit den Göttern. Sein Sohn, der seine Nachfolge als König Beider Länder angetreten hatte, herrschte auf dem Thron seines Vaters, während seine Schwester, die Gottesgemahlin Hatschepsut, Ägypten regierte, und die Beiden Länder unterstanden ihrer Kontrolle. Das Volk arbeitete für sie, und Ägypten neigte das Haupt vor ihr.

Aufgeschrieben vom Regierungsbeamten Ineni

Der noch junge Thutmosis III. folgte seinem Vater auf den Thron unter der direkten Aufsicht seiner Stiefmutter und Tante, der beeindruckenden Königinwitwe Hatschepsut. Er scheint es nicht für notwendig erachtet zu haben, seine Position durch eine Heirat mit einer der beiden Königstöchter zu festigen, und offenbar war sein Recht auf die Herrschaft allgemein anerkannt. Hatschepsut selbst akzeptierte die Thronbesteigung ihres kleinen Stiefsohnes, und das ganze erste Jahr der neuen Regierung hindurch war sie damit zufrieden, die pflichtgetreue und unauffällige »Gottesgemahlin und Große Königsgemahlin« zu sein. Gegen Ende des zweiten Jahres jedoch begann sie sich zu profilieren, und im siebten Jahr hatte sie erhebliche Macht gewonnen, sich zur Mitregentin erklärt und war zur regierenden Königin von Ägypten gekrönt worden. Damals begann sie auch mit dem Bau ihres gewaltigen Totentempels in Der el-Bahari sowie eines angemesseneren Königsgrabes und ließ sich in einzigartiger Weise nicht nur konventionell als Frau, sondern auch als Mann in Männerkleidern und mit allen sonstigen Attributen, bis hin zum künstlichen Bart, abbilden – offensichtlich ein Versuch, ihre Königsrolle symbolisch zu unterstreichen. Ihr Königstitel weist jedoch fast immer die weibliche Endung auf, und es gibt keinen Hinweis darauf, daß sie sich je wirklich wie ein Mann gekleidet hätte. Es herrscht keinerlei Unsicherheit in bezug auf Hatschepsuts Geschlecht wie etwa bei dem häretischen König Echnaton, und nichts spricht dafür, daß sie lesbisch oder ein Transvestit war.

Wir wissen nicht, was Hatschepsut veranlaßte, sich plötzlich über die Konventionen hinwegzusetzen und sich zur regierenden Königin ausrufen zu lassen, obwohl es an Spekulationen zu diesem Thema nicht mangelt. War es einfach die Machtgier der Königin? Wollte sie nicht akzeptieren, daß sie als Tochter, Schwester und Gemahlin eines Königs zugunsten ihres Stiefsohnes bei der Thronfolge übergangen werden sollte? Gab es irgendeinen nicht dokumentierten nationalen Notstand, oder war der junge Thutmosis III. am Anfang zu schwach, um allein zu regieren? Haßte Thutmosis seine Stiefmutter oder begrüßte er ihre Hilfe? Die Tatsache, daß Hatschepsut damit zufrieden war, ihre Herrschaft zumindest nominell mit ihrem Stiefsohn zu teilen, und die Hinweise darauf, daß Thutmosis ihre Mitregentschaft auch dann noch akzeptierte, als er ein Alter erreicht hatte, in dem er hätte allein regieren können, deuten darauf hin, daß die Situation wesentlich komplexer war, als häufig angenommen wird. Die konventionelle Erklärung, daß Hatschepsut einfach eine machthungrige Frau gewesen sei, ist gewiß nicht überzeugend. Wenn dem so gewesen wäre, warum hätte sie dann so lange warten sollen, bis sie nach der Macht griff? Und wie gelang es ihr, sich die dauerhafte Unterstützung zu sichern, die sie ohne Zweifel bekam? Es ist eines der größten Rätsel der ägyptischen Geschichte, warum der rechtmäßige König, Thutmosis, von dem man

Abb. 35 Hatschepsut als Mann.

eine ärgerliche und entsprechend energische Reaktion auf Hatschepsuts beispielloses Handeln hätte erwarten können, die neue Lage allem Anschein nach akzeptierte, sich mit seiner Statistenrolle zufrieden gab und erst nach dem Tod seiner Stiefmutter allein regierte. Zwei vorherrschende, aber widersprüchliche Meinungen seien hier zur Erklärung des Rätsels angeführt, aber die Wahrheit liegt fast sicher irgendwo zwischen diesen beiden Extremen.

Die traditionelle und am häufigsten geäußerte Ansicht ist, daß Thutmosis die Situation zwar nicht gefiel, er aber nichts an ihr ändern konnte. Da er schon als Junge, also ohne jede Erfahrung, den Thron bestieg, brauchte er die Unterstützung und den Rat der Königin wahrscheinlich zunächst dringend, und als er alt genug geworden war, Groll über seinen Autoritätsverlust zu empfinden, lagen die Zügel der Macht fest in Hatschepsuts offensichtlich tüchtigen Händen. Solange Hatschepsut Kontrolle über die Schatzkammer hatte und die volle Unterstützung der Beamtenschaft besaß, war Thutmosis ihr gegenüber machtlos. Die Schändung der Monumente Hatschepsuts nach ihrem Tod wurde oft als indirekter Beweis dafür angesehen, daß Thutmosis seine Mitregentin gehaßt habe. Doch archäologische Funde deuten darauf hin, daß die Verunstaltungen wahrscheinlich erst wenigstens zwanzig Jahre nach dem Tod Hatschepsuts vorgenommen wurden, und das würde bedeuten, daß Thutmosis seinen Groll lange Zeit still mit sich herumgetragen hätte, ehe er zur Tat schritt.

Die zweite Erklärung ist, daß Thutmosis aus seiner Sicht heraus keinen Grund zur Klage über seine Stiefmutter hatte. Vielleicht erbat er Hatschepsuts Führung sogar ausdrücklich, als er noch zu jung war, um allein zu regieren, und wollte seine Dankbarkeit dadurch zum Ausdruck bringen, daß er ihren Tod abwartete und sie nicht absetzte, als er volljährig wurde. Schließlich gab es eine ganze Reihe von Präzedenzfällen für eine gemeinsame Herrschaft, und diese endeten stets mit dem Tod des einen Herrschers, nicht mit seiner Abdankung. Zudem konnte Thutmosis mit gutem Grund erwarten, daß er seine Tante überleben und dann in den Genuß der Alleinherrschaft kommen würde. Hatschepsut unternahm eindeutig keine Versuche, Thutmosis vom Thron zu verdrängen oder ihn aus dem Weg räumen zu lassen, und das deutet darauf hin, daß sie ihn nicht als Bedrohung ansah. Zwar zeigen zeitgenössische Darstellungen Hatschepsut fast immer als dominierende Figur, die Vorrang vor dem Mitregenten hat, aber Thutmosis ist stets sorgfältig mit all seinen königlichen Attributen ausgestattet. Gegen Ende der gemeinsamen Regierungszeit werden die beiden Herrschergestalten als beinahe gleichrangig dargestellt. Gewiß hätte Thutmosis dieser Situation ein Ende machen können, wenn er es gewollt hätte. Er war keineswegs schwach oder unfähig, wie seine späteren Leistungen als Pharao beweisen.

Dann sagte Seine Majestät zu ihnen: »Diese meine Tochter ... habe ich zur Nachfolgerin auf meinem Thron ernannt. Sie soll auf diesem erhabenen Podium sitzen. Sie soll das gemeine Volk in allen Bereichen des Palastes leiten. Sie wird euch führen. Gehorcht ihren Worten und vereint euch auf ihr Geheiß.«

Inschrift an der Wand von Hatschepsuts Totentempel in Der el-Bahari[5]

Eine Reihe von Texten, die man durchaus als Propagandaschriften bezeichnen kann und die Hatschepsuts Regierung rechtfertigen sollen, sind erhalten geblieben und liefern eine offizielle Erklärung für ihren beispiellosen Aufstieg zur Macht. Diese Texte heben einerseits die Beziehung zu ihrem irdischen Vater, dem Pharao, und andererseits ihre überirdische Verbindung zu den Göttern hervor, und sie betonen immer wieder ihr weltliches wie ihr göttliches Recht, zu re-

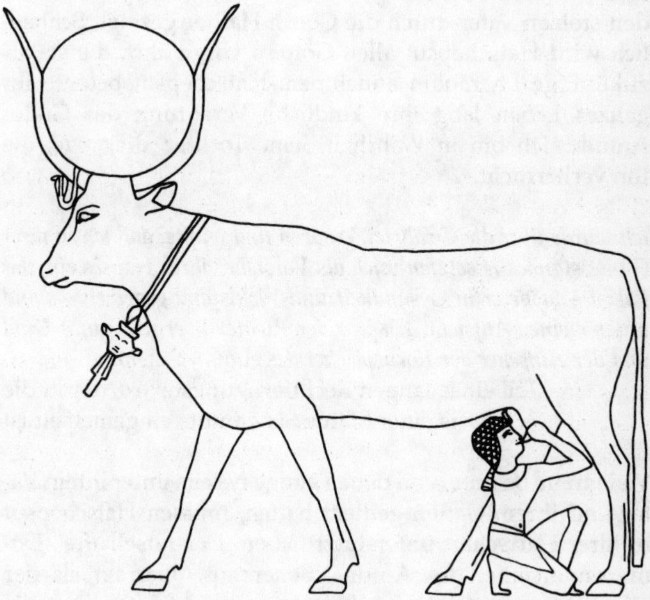

Abb. 36 Hatschepsut wird von der Göttin Hathor gesäugt.

gieren. Am deutlichsten ausgesprochen wird das in der Dokumentation ihrer »göttlichen Geburt«, die sich an der Wand ihres Tempels in Der el-Bahari erhalten hat. Dort offenbart Hatschepsut der Welt in einer Reihe von Zeichnungen mit knappen Untertiteln, daß sie die natürliche Tochter des großen Gottes Amun sei, der seinem Kind die Krone vorherbestimmt habe. Amun, der schlau in die Gestalt von Thutmosis I. geschlüpft ist, wird dabei gezeigt, wie er Königin Ahmose in ihrem Schlafgemach besucht und ihr in einer geziemend dezenten Szene den Atem des Lebens in die Nasenlöcher bläst. Die daraus resultierende Schwangerschaft der Königin wird diskret sichtbar gemacht, und der Gott Chnum ist zu sehen, wie er den Leib und die Seele der kleinen Hatschepsut auf seiner Töpferscheibe modelliert und dabei ihrem besorgten Vater Amun verspricht: »Ich werde deine Tochter für dich gestalten...« Dann werden Hatschepsuts wunderbare Geburt und die Übergabe des Kindes an den stolzen Vater durch die Göttin Hathor gezeigt. Schließlich wird Hatschepsut allen Göttern vorgeführt, die sie als zukünftige Pharaonin annehmen. Hatschepsut betonte ihr ganzes Leben lang ihre kindliche Verehrung des Gottes Amun: »Ich bin in Wahrheit Seine Tochter, diejenige, die Ihn verherrlicht.«

Ich wurde über die Gefährten erhoben und wußte, daß ich in ihrer Gunst stand. Sie setzten mich als Vorsteher ihres Hauses ein; der Palast – möge er in Gesundheit und Wohlstand gedeihen – stand unter meiner Aufsicht. Ich war der Richter über das ganze Land und der Aufseher der Kornspeicher des Amun, Senenmut.

Teil eines langen Rechtfertigungstextes, der in die Basis einer Statue Senenmuts eingemeißelt ist

Viele treue Beamte, von denen einige bereits unter ihrem Vater und ihrem Gatten gedient hatten, müssen Hatschepsut in ihrer Herrschaft unterstützt haben. Der rätselhafte »Domänenvorsteher des Amun«, Senenmut, überragt als der wichtigste und tüchtigste Verwaltungsmann dieser Zeit alle anderen.[6] Er war ein Mann von relativ niedriger Herkunft, der seine Berufslaufbahn in der Armee begonnen hatte, unverheiratet blieb und sein Leben ganz in den Dienst Hatschepsuts stellte. In welcher Beziehung er wirklich zur Königin stand, ist unklar, er scheint jedoch für einen nicht zur Königsfamilie gehörenden Mann ungewöhnlich hohe Privilegien genossen zu haben, und es läßt sich nur schwer ermessen, inwieweit sich sein kometenhafter Aufstieg zu einer solchen Vorrangstellung seiner persönlichen Beziehung zur Königinwitwe verdankt. Er drückte auf jeden Fall der Bürokratie seinen Stempel auf und brachte es fertig, im Laufe seines bewegten Lebens mindestens zwanzig bedeutende weltliche und religiöse Ämter zu bekleiden. Darüber hinaus attestieren ihm seine Titel, daß er ein äußerst tüchtiger Verwalter der Staatsfinanzen gewesen sein muß. Er selbst erhob ganz unbescheiden Anspruch darauf, für den Bau der wichtigsten Monumente der Königin in Theben verantwortlich zu zeichnen, aber es gibt keinerlei Beweise dafür, daß er tatsächlich auch Baumeister war. Am häufigsten wird er in einer Rolle abgebildet, die wahrscheinlich zu seinen prestigereichsten gehörte, nämlich als Erzieher der kleinen Prinzessin Neferure, der voraussichtlichen Erbin des ägyptischen Thrones. Ursprünglich glaubte man, daß Neferure, die »Dame Beider Länder, Herrin von Ober- und Unterägypten« als Kind gestorben sei, aber neuere Funde deuten darauf hin, daß sie wahrscheinlich ihre Mutter überlebt hat und vielleicht sogar die erste »Große Königsgemahlin« ihres Halbbruders Thutmosis III. war.

Senenmut gelang es, so großen Reichtum anzuhäufen, daß er sich zwei teure Grabmäler bauen konnte, ein relativ auffälliges Monument in Abd el-Gurna und eine eher verborgen gelegene und sicherere Grabkammer nahe des nördlichen Randes von Hatschepsuts Tempelhof, in der er sich bestatten lassen wollte. Einige Ostraka zeigen, daß er die Arbeiter sogar zeitweilig vom offiziellen Tempelbau abzog und sie an seiner Grabkammer bauen ließ. Dann aber fiel er in Ungnade, oder er starb vor dem Ende von Hatschepsuts Regierungszeit, jedenfalls wurde er nicht in seinem prächtigen, aber unfertigen Grab beigesetzt. Das Andenken an Senenmut wurde nach seinem Tod ausgelöscht, aus der Mehrzahl seiner Reliefs und Statuen wurde sein Name getilgt, sein Grab wurde geschändet. Diese Zerstörung könnte Königin Hatschepsut als Konsequenz eines erbitterten Streites angeordnet haben, der ihre Beziehung beendete, sie kann aber ebensogut von denen durchgeführt worden sein, die später auch Hatschepsuts Denkmäler beschädigten.

Das Hauptgewicht lag während Hatschepsuts langer Regierungszeit im allgemeinen auf der Verwaltung der inneren Angelegenheiten Ägyptens, besonders auf einem umfangreichen Bauprogramm, das auch die Restaurierung von Tempeln und die Errichtung eindrucksvoller Monumente einschloß; lauter prestigeträchtige Vorhaben, die den alten Glanz des Landes wieder aufleben lassen und dem Volk Vertrauen zur Pharaonin einflößen sollten. Die Götter selbst hatten ja ihre Tochter angewiesen: »Du wirst das Land neu gründen, du wirst wiederaufbauen, was in Ruinen liegt, du wirst deine Kapellen als Monumente für dich errichten.« Die militärischen Aktivitäten gingen in ihrer Zeit zurück, vielleicht weil Hatschepsut rein körperlich nicht in der Lage gewesen wäre, ihre Truppen in die Schlacht zu führen, ohne einen gewissen Vertrauensverlust zu erleiden, aber der Handel florierte, und im neunten Jahr ihrer Regierung fand eine denkwürdige Expedition in das exotische und ferne Land Punt statt. Die Einzelheiten dieser Mission, die erstaunlichen Dinge, die man unterwegs sah, sind in einer Grabszene in Der el-Bahari erhalten geblieben, in der die merkwürdig hohen, runden Hütten der Eingeborenen, die komische Erscheinung des Herrschers von Punt und seiner unglaublich korpulenten Frau sowie die wundersamen Dinge, die man aus Punt nach Ägypten heimgebracht hatte, getreulich festgehalten wurden. Weiterhin gibt es Hinweise auf eine Strafexpedition gegen Nubien am Ende von Hatschepsuts Herrschaft, und es ist gut möglich, daß durch den Mangel an Zeugnissen über weitere Feldzüge ein falscher Eindruck von der Abgeschlossenheit Ägyptens zu jener Zeit erweckt wird.

Wir wissen nicht, wie Hatschepsuts lange Regierungszeit endete, doch es ist wahrscheinlich, daß sie im zweiund-

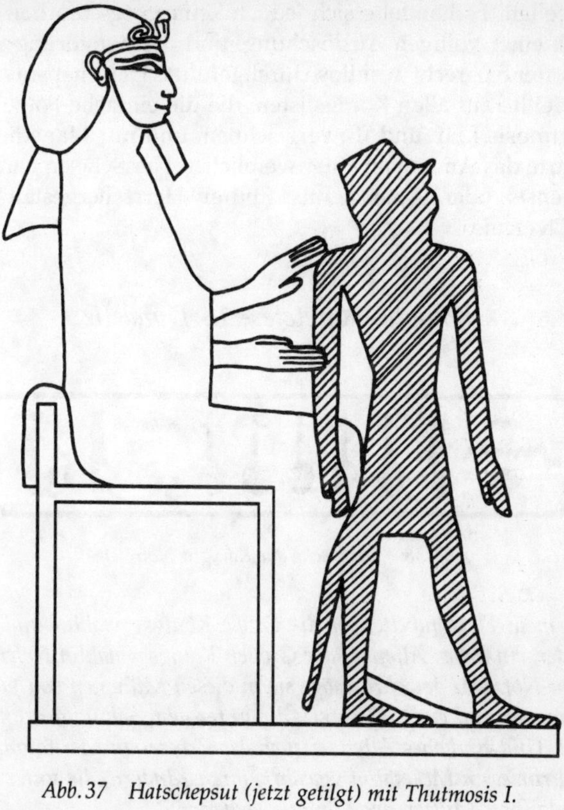

Abb. 37 Hatschepsut (jetzt getilgt) mit Thutmosis I.

zwanzigsten Jahr ihrer Herrschaft im Alter zwischen zweiundfünfzig und zweiundsiebzig Jahren eines natürlichen Todes starb. Es gibt keine Anzeichen dafür, daß sie ermordet oder in irgendeiner Weise von ihrem Mitregenten verdrängt wurde. Die Zeugnisse ihrer Herrschaft wurden nach ihrem Tod zerstört, und man versuchte, ihren Namen und damit auch ihr Gedächtnis zu tilgen, was zu den schlimmsten Strafen gehörte, die man einem verstorbenen Pharao zufügen konnte. Ihre Porträts und Kartuschen wurden ausgemeißelt, ihre Monumente entweder zerstört oder mit neuen Namen versehen. Es handelte sich jedoch keineswegs um den Versuch einer völligen Auslöschung, und die Zerstörung wurde offenbar recht wahllos durchgeführt. Hatschepsuts Name fehlte auf allen Königslisten, die die einfache Folge von Thutmosis I., II. und III. verzeichnen, und nur Manetho bewahrte das Andenken einer weiblichen Herrscherin namens Amensis oder Amense als fünfter Herrschergestalt der 18. Dynastie.

Königin Nofretete – 18. Dynastie

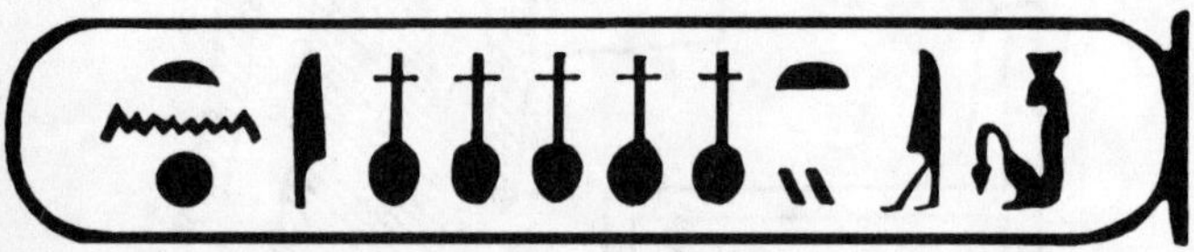

Abb. 38 Kartusche der Königin Nofretete.

Wie mein Herz jubelt über die Große Königsgemahlin und ihre Kinder, ein hohes Alter sei der Großen Königsgemahlin Neferneruaten-Nofretete gewährt, möge sie in diesen Millionen von Jahren für immer und ewig leben, sie, die unter dem Schutz des Pharao steht. Und ein hohes Alter sei auch der Prinzessin Meritaton und der Prinzessin Meketaton gewährt, ihren Kindern, die unter dem Schutz ihrer Mutter, der Königin, stehen.

Grenzstele von Amarna

Nofretete ist die einzige Königin von Ägypten, deren Aussehen uns heute vertraut ist, weil durch einen glücklichen Umstand der bunt bemalte Kopf aus Kalkstein erhalten geblieben ist, der heute das Glanzstück der Ägyptischen Abteilung in den Staatlichen Museen Berlin bildet. So können wir mit eigenen Augen sehen, daß sie, wie ihr Name »Eine schöne Frau ist gekommen« verheißt, eine auffallend attraktive Frau mit einem ruhigen und leicht ironischen Lächeln war. Man kann sich vorstellen, daß Nofretete im stillen über die beharrlichen Versuche der Ägyptologen schmunzelt, zu einem plausiblen Verständnis ihres wirren Lebens und ihres noch rätselhafteren Todes zu gelangen.

Nofretete stieg zur Hauptgemahlin des Pharao Amenophis IV. auf, der zur 18. Dynastie gehört und der fünfte König nach Hatschepsut war. Ihre Herkunft ist unklar; in Anbetracht der Vorliebe der 18. Dynastie für inzestuöse Heiraten ist es wahrscheinlich, aber nicht erwiesen, daß sie einer Nebenlinie der Königsfamilie angehörte. Amenophis IV. folgte seinem Vater etwa 1358 v. Chr. auf dem Thron, und wir besitzen genügend Porträts des neuen Königspaares, um erkennen zu können, daß sie sich ganz dem traditionellen Stil des Königshauses gemäß verhielten, daß also Nofretete ihren Mann nur passiv unterstützte. Aber schon nach kurzer Regierungszeit hatte Amenophis offenbar plötzlich ein tiefgreifendes religiöses Bekehrungserlebnis; er verwarf die altvertrauten Götter seines Landes gänzlich und führte eine obskure monotheistische Religion ein, die die Anbetung der Sonnenmacht, des Gottes Aton verlangte. Amenophis war kein Mann, der halbe Sachen machte, und obwohl das Konzept eines einzigen Gottes als alleinigen Schöpfers aller Dinge für seine Landsleute ausgesprochen befremdlich gewesen sein muß, setzte es sich bald auch beim ganzen Hofstaat durch. Der König selbst unterstrich seine Konversion dadurch, daß er seinen Namen in Echnaton, »Geist des Aton« umänderte, und unter diesem Namen erlangte er schmählichen Ruhm als erster und letzter »ketzerischer« König Ägyptens.

Wir wissen nichts über die Rolle, die Nofretete beim dramatischen Glaubenswandel ihres Gatten spielte, doch wir wissen, daß sie die neue Staatsreligion mit dem ganzen Eifer einer Neubekehrten annahm. Sie erweiterte nicht nur ihren Namen zu der recht schwerfälligen Form Neferneruaten-Nofretete – wörtlich »Schön ist die Vollkommenheit des Aton, eine schöne Frau ist gekommen« –, sondern beteiligte sich auch begeistert an den neuen religiösen Zeremonien, bei denen sie eine außerordentlich prominente Rolle spielte, die eine zurückhaltendere Königin wohl eher bescheiden ihrem Gatten überlassen hätte. Als sich der Aton-Kult weiterentwickelte, rückte das Königspaar selbst allmählich immer stärker ins Blickfeld, nicht nur als Anbetende, sondern auch als Gegenstand der Anbetung, bis die Gläubigen ihre Gebete regelmäßig an alle drei »Götter« richteten, wobei das Königspaar weiterhin die überlegene Macht Atons anerkannte. Der ehrgeizige Bau einer neuen Hauptstadt namens Achet-Aton, »Horizont des Aton« (das heutige Amarna), die fernab von den Kultzentren des Amun und der anderen entthronten Götter lag, stärkte die neue Religion und verringerte die Macht der alten, etablierten Priesterschaft, die ihre Standorte in den traditionell bedeutenden Städten hatte.

Zu dieser Zeit änderte sich auch die Kleidung, die am Hof getragen wurde, grundlegend. In allen vorangegangenen Phasen der ägyptischen Geschichte hatte es eine klare Unterscheidung zwischen männlicher und weiblicher Kleidung gegeben. Während der Amarnazeit trat jedoch eine merkwürdige Vermischung ein, und sowohl Echnaton als auch seine Gemahlin trugen unterschiedslos lange, plissierte Gewänder. Wenn man zeitgenössischen Illustrationen Glauben schenken darf, trug Nofretete ihr Gewand manchmal völlig offen, so daß ihre weiblichen Reize unverhüllt zu bewundern waren. Die Hofdamen, die Wert auf Eleganz legten, setzten als krönenden Abschluß ihrer Toilette noch Perücken mit einem kurzen Haarschnitt männlichen Stils auf, der sich an den Lockenköpfen der nubischen Soldaten orientierte. Diese Veränderung in der Mode wurde von einer radikal veränderten Einstellung zur Kunst begleitet. Die rigiden Konventionen der früheren Jahrhunderte wurden zugunsten eines freieren und naturalistischeren Stils verworfen. Zwanglose Szenen aus der Amarnazeit, in denen sich das Königspaar beim Spiel mit seinen kleinen Töchtern in den Palastgärten entspannt, gehören zu den charmantesten Vignetten ägyptischen Alltagslebens, die die Stürme der Zeit überdauert haben.

In den Kunstwerken dieses neuen Stils wurde die geschlechtliche Identität der Personen weitgehend verwischt. Die Konvention, Frauen mit hellerer Haut abzubilden, ließ

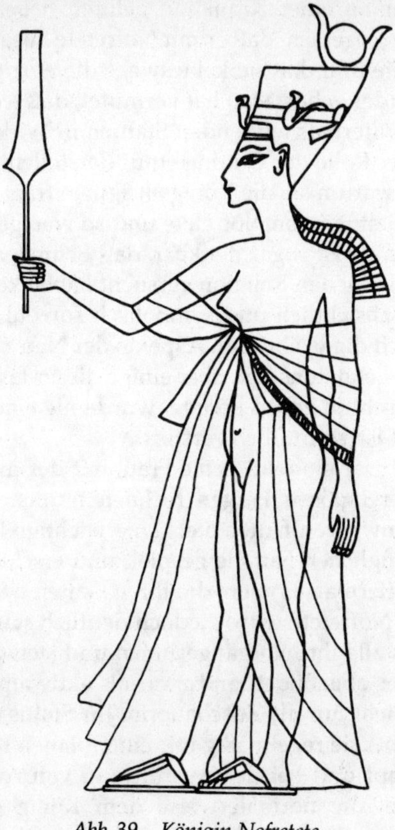

Abb. 39 Königin Nofretete

man fallen, und die formelle Pose des Königs, die den Aspekt der Macht und der Männlichkeit unterstrich, wurde aufgegeben. Viele Statuen Echnatons zeigen diesen mit den traditionellen Attributen des Königs, Hirtenstab und Geißel, Krone und Bart, aber er ist als eine Art Hermaphrodit dargestellt, mit einem merkwürdig weiblich anmutenden Gesicht, gut entwickelten Brüsten und breitem Becken. Warum der König zuließ, daß er so verewigt wurde, ist unklar. Vielleicht sah der arme Mann tatsächlich so aus, und in diesem

Fall muß er an einer Krankheit gelitten haben, aber man sollte nicht vergessen, daß er mit Nofretete zusammen sechs Töchter hatte und daß sie keineswegs die einzige Frau war, die ihm Kinder gebar. Man hat vermutet, daß wenigstens einige der zwitterhaft wirkenden Statuen in Wirklichkeit Nofretete in der Rolle der Göttin Tefnut darstellen, aber das erklärt nicht, warum sie die Königsinsignien trägt und warum es so viele Statuen von Nofretete und so wenige vom König geben sollte. Es ist sogar denkbar, daß Echnaton unter dem Einfluß seiner neuen Religion versucht haben könnte, in seiner Person absichtlich und symbolisch sowohl die männlichen als auch die weiblichen Aspekte der Natur abzubilden. Die Mumie Echnatons, die über einige dieser faszinierenden Fragen Aufschluß geben könnte, wurde nie eindeutig identifiziert und ist vermutlich zerstört.

Nofretete war eindeutig eine Frau, mit der man in politischen und religiösen Fragen rechnen mußte. Königinnen und Königinwitwen hatten stets eine wichtige Rolle im Leben der königlichen Familie gespielt und erschienen häufig auf Denkmälern als Frauen, die ihren Gatten oder Sohn unterstützten. Nofretete wurde jedoch deutlich stärker hervorgehoben als alle ihre Vorgängerinnen und stets an der Seite ihres Mannes abgebildet, und zwar als aktiv am Geschehen Beteiligte, nicht nur als Zuschauerin. Ihr Status stieg Schritt für Schritt, bis sie regelmäßig mit einer blauen Königskrone auf dem Kopf und bei der Ausführung von Aufgaben gezeigt wurde, die normalerweise dem König vorbehalten waren. Sie wurde sogar bei der Teilnahme am Ritual der Niederschlagung der Feinde Ägyptens dargestellt, einer traditionell männlichen Handlung, die bis dahin ausschließlich der Pharao vornehmen durfte. Allem Anschein nach wurde Nofretete in jeder Hinsicht als Mitherrscherin ihres Mannes betrachtet, auch wenn sie formell nie als solche anerkannt wurde. Die Gründe für ihren Aufstieg zu einer so prominenten Stellung sind uns nicht bekannt. War sie eine Intrigantin, die ihrem Mann ihren Willen aufzwingen konnte? Oder verdankt sich ihre einzigartige Rolle mehr der Veränderung des religiösen Denkens, durch die sie als Verkörpe-

Abb. 40 Kartusche des Semenchkare.

rung der Tefnut, der Frau und Tochter des Sonnengottes, besonders wichtig wurde?

Obschon uns bereits das Leben Nofretetes vor einige knifflige Fragen stellt, so ist doch ihr Tod das eigentliche Rätsel. Das letzte deutliche Bild, das wir von der Königin haben, zeigt sie, wie sie über dem leblosen Körper ihrer dreizehnjährigen Tochter Meketaton weint, die im vierzehnten Regierungsjahr ihres Vaters im Kindbett starb. Nach dieser Familientragödie verschwindet Nofretete von der Bildfläche. Der naheliegendste Schluß ist, daß sie kurz darauf starb und in der üblichen Weise beigesetzt wurde, wobei es allerdings überrascht, daß sich in Amarna keinerlei Hinweis auf ihren Tod findet, obwohl doch zu erwarten wäre, daß ihr Tod für ihren Mann, der ihr offensichtlich sehr zugetan war, einen niederschmetternden Verlust bedeutet hätte. Ihr mumifizierter Leichnam wurde nie gefunden. Andererseits könnte sie auch weitergelebt haben wie vorher und sich beim Tod ihres Mannes einige Jahre später aus dem öffentlichen Leben zurückgezogen haben. Eine dritte und etwas weniger plausible Erklärung geht dahin, daß sie aus irgendeinem Grunde in Ungnade fiel und sich zurückzog, um den Rest ihres Lebens in relativer Abgeschiedenheit zu verbringen. Archäologen erwärmen sich jedoch nicht immer für die augenfälligsten Lösungen ihrer Probleme, und es gibt die weitaus aufregendere Vermutung, daß Nofretete von diesem Zeitpunkt an möglicherweise offiziell als Echnatons Mitherrscherin unter dem Namen des rätselhaften Prinzen Semenchkare bekannt wurde.

Es gibt gewisse Hinweise darauf, daß Echnaton gegen Ende seines Lebens der königlichen Tradition folgte und seinen Erben, Semenchkare, zum Mitherrscher machte. Die Identität dieses schattenhaften jungen Mannes ist nicht geklärt, er könnte jedoch entweder der jüngere Bruder des Königs oder dessen Sohn von seiner Lieblingsnebenfrau, der Dame Kija, gewesen sein. Die Identifizierung von Nofretete mit Semenchkare beruht auf der Tatsache, daß letzterer erstmals genau zu dem Zeitpunkt in den archäologischen Zeugnissen auftaucht, zu dem Nofretete verschwindet. Wenn Echnaton seine Frau zur Mitherrscherin machen wollte, hätte er es dann für nötig gehalten, sie zuerst in einen Mann zu »verwandeln«? Es gibt die zweifelhafte Parallele, daß Hatschepsut sich als Herrscherin männliche Königsattribute zulegte; allerdings war das eine symbolische Transvestie, und es gibt keinerlei Hinweise darauf, daß Hatschepsut nicht als Frau angesehen werden wollte. Die greifbaren Fakten bezüglich Semenchkare sind sehr spärlich und unsicher, doch allem Anschein nach hat es eine Person dieses Namens wirklich gegeben. Ein beschädigtes Bildnis, von dem man einmal annahm, es zeige Semenchkare und Echnaton, wird inzwischen fast allgemein als Darstellung Nofretetes mit ihrem Gatten angesehen, wobei die künstlerischen Konventionen der Zeit die genaue Bestimmung der Geschlechter schwierig machen. Semenchkare folgte Echnaton nicht auf den Thron, so daß man annehmen kann, daß er vor seinem Förderer starb. Den Leichnam eines jungen Mannes aus der Königsfamilie, der aus dieser Zeit stammt und in einem Sarg gefunden wurde, der ursprünglich für eine Frau vornehmer Herkunft gedacht war, hat man mit einigen Vorbehalten als den des Semenchkare identifiziert. Allerdings läßt sich ein sicherer Nachweis nicht mehr erbringen, weil die Mumie schon früh geschändet und später unglaublich unsachgemäß ausgegraben wurde. Wie bei vielen Fragen der Ägyptologie gilt auch hier, daß die Theorie, nach der aus Königin Nofretete Prinz Semenchkare geworden sein könnte, einmal hoch und einmal niedrig im Kurs steht, je nachdem, welche neuen Beweisspuren gerade ans Licht kommen.

Königin Tewosre – 19. Dynastie

Abb. 41 Kartusche der Königin Tewosre.

Die letzte Königin, die den Thron von Ägypten 250 Jahre nach Hatschepsut innehatte, war Königin Tewosre (oder Tausret), die eine Zeit nahezu vollständiger Anarchie am Ende der 19. Dynastie dazu nutzte, selbst nach der Macht zu greifen. Die 19. Dynastie war nach den religiösen Bevölkerungsunruhen am Ende der 18. Dynastie zunächst eine Zeit relativ stabiler und umsichtiger Herrschaft gewesen. Unter der gut dokumentierten Regierung Ramses' II., die dem Land Wohlstand brachte, hatte die Dynastie ihre Blütezeit, in der sich durch die Vollendung großer Monumente und den Erfolg umfangreicher Feldzüge in die Nachbarländer die Anwesenheit von *maat* im ganzen Land bestätigte. Nach dem Tod von Ramses und seinem Sohn und Nachfolger Merenptah schwanden Recht und Ordnung, und es gab eine verwirrende Folge von kurzzeitig regierenden und schlecht bezeugten Pharaonen. Zeitgenössische Dokumente verwenden die gebräuchlichen Standardsätze zur Beschreibung einer Zeit der Unordnung und Unruhe, und es gibt vage Anspielungen auf einen Krieg, die sich allerdings auch einfach auf die innenpolitischen Konflikte beziehen können. Probleme in der Nekropole von Theben – ein gängiger Hinweis auf eine schwache Herrschaft – waren damals an der Tagesordnung; Bestechung, Diebstahl und sogar Mord griffen unter den führenden Beamten um sich. Leider blieben aus dieser Epoche des Umbruchs, die die typischen Voraussetzungen dafür schuf, daß eine Herrscherin das Szepter ergreifen konnte, nur wenige königliche Dokumente erhalten, und wir können nur hie und da einen Blick auf Palastintrigen und Verschwörungen werfen, die unsere Neugier reizen, die wir aber wohl nie ganz verstehen werden.

Nach Merenptah bestieg fast sicher sein Sohn Sethos II. den Thron. Sethos regierte lediglich sechs Jahre lang und starb im mittleren Alter. Ihm folgte sein kleiner Sohn Ramses Siptah, der ebenfalls nur sechs Jahre regierte und aus uns unbekannten Gründen im Laufe dieser Zeit seinen Namen in Merenptah Siptah änderte. Obwohl Siptah der Sohn des Sethos und Haupterbe war, war seine Mutter nicht die »Große Königsgemahlin« Tewosre, sondern eine relativ unbedeutende Nebenfrau namens Sutailja, die anscheinend syrischer Abstammung war. Tewosre war also die Stiefmutter des neuen Königs. Es gibt keine Hinweise darauf, daß Tewosre selbst je ein Kind geboren hat, und es ist mit Sicherheit unvorstellbar, daß sie Siptah die Thronfolge gestattet hätte, wenn sie einen eigenen Sohn gehabt hätte. Die Herkunft der Königin Tewosre ist nicht ganz klar, sie trug nicht den Titel »Königstochter« und hatte möglicherweise kein Königsblut in den Adern. In ihrem Grabmal führt sie den Titel »Herrin des ganzen Landes«, eine höfliche Geste, die man ihr wohl als Gemahlin von Sethos II. zubilligte.

Wie bei einem kleinen Jungen nicht anders zu erwarten, war Siptah ein schwacher und untüchtiger Herrscher, der nur wenige Denkmäler hinterließ und bald nach seinem frühen Tod vergessen wurde. Seine Schwäche hatte möglicherweise eine rein körperliche Ursache, denn eine Untersuchung seiner erhalten gebliebenen Mumie, die einen verdrehten Fuß und eine Muskelatrophie an einem Unterschenkel aufweist, legt nahe, daß er entweder an einem Klumpfuß oder, noch wahrscheinlicher, an den Folgen einer Kinderlähmung litt. Während seiner kurzen Regierungszeit wurde Siptah von seiner kraftvollen Stiefmutter geleitet und kontrolliert, die allmählich die Rolle der Königin und Mitregentin übernahm. Ob Tewosre ihren kleinen Stiefsohn sogar heiratete, um ihre Macht zu steigern, ist unklar; Abbildungen in ihrem Grab zeigen sie hinter dem Thron Siptahs stehend, in der typischen Haltung einer Ehefrau, während Siptah dem Erdgott Geb Opfergaben darbringt. Siptahs Name wurde jedoch im ganzen Grab entfernt und dafür der von Sethos II. eingesetzt, und es sieht ganz so aus, als hätte Tewosre es nach dem Tod Siptahs vorgezogen, mit der Erinnerung an ihren angesehenen ersten Ehemann assoziiert zu werden, anstatt mit ihrem weniger eindrucksvollen Stiefsohn.

Noch ein weiterer starker Charakter nahm damals aktiv am Ringen um die Macht teil: Bai der »Große Kanzler des Ganzen Landes«. Er war eine undurchsichtige Gestalt mit einem asiatischen Namen, und sein einzigartiger Titel unterstrich, wie groß sein Einfluß auf den jungen König war. Auf Abbildungen steht er hinter dem Thron seines Herrschers, nimmt also für einen Mann, der nicht zur Königsfamilie gehört, eine ungewöhnlich bedeutende Stellung ein. Außerdem wurde ihm die hohe Ehre zuteil, im Tal der Könige unweit der Grabstätte seines Herrn bestattet zu werden. Ein Beiname, den Bai in zwei Inschriften trägt, »der den König auf den Thron seines Vaters bringt«, deutet seine Rolle an. Er bemühte sich offenbar darum, den kleinen König in seiner etwas unsicheren Autoritätsposition zu stützen und sich dem wachsenden Ehrgeiz der Königin entgegenzustellen. Anscheinend scheiterte Bai letztlich in seiner Mission, die Macht Tewosres einzuschränken, denn im vierten Jahr der Herrschaft Siptahs verschwand er spurlos von der politischen Bildfläche.

Nach Siptahs frühem Tod erfaßte eine Welle der Unruhe das Land. Da es keinen augenfälligen männlichen Thronfolger gab, konnte Tewosre das Chaos ausgezeichnet dazu nutzen, ihre Regentschaft zu erweitern, an der Krone festzuhalten und ihren Herrschaftsanspruch dadurch zu unterstreichen, daß sie die volle Titulatur eines männlichen Königs von Ober- und Unterägypten annahm. Ganz offenkundig erreichte sie ihr ehrgeiziges Ziel und regierte kurze Zeit allein. Dabei zählte sie die Jahre der gemeinsamen Regentschaft mit Siptah zu ihren Regierungsjahren hinzu, während sie die Herrschaft ihres Mannes Sethos II. davon getrennt rechnete. Das höchste von Tewosre erhaltene Regierungsjahr ist das Jahr 8, und Manetho schreibt, daß »ein König Thuoris, der bei Homer Polybus heißt, Ehemann von Alcandara, in dessen Zeit Troja besiegt wurde«, am Ende der 19. Dynastie sieben Jahre lang regierte. Da Siptah mindestens sechs Jahre auf dem Thron saß, konnte Tewosre vielleicht nicht einmal zwei Jahre allein regieren. Es gibt sehr wenige archäologische Zeugnisse für ihre kurze Herrschaft, allerdings wurden Dokumente mit ihrem Namen bis ins Nildelta hinauf gefunden, ebenso in den Türkisbergwerken auf dem Sinai und sogar in Palästina. Ihre wichtigsten Denkmäler sind ihr Grab und ein unvollendeter Totentempel, den sie im Süden des Ramesseums zu bauen begann. Das Ende von Tewosres Herrschaft liegt im dunkeln, und wir wissen nicht, ob sie abgesetzt wurde oder eines natürlichen Todes starb. Ihr Nachfolger war der weitgehend unbekannte Pharao Sethnacht, der die 20. Dynastie begründete.

Tewosre war offenkundig eine kraftvolle Frau mit einem ausgeprägten persönlichen Ehrgeiz, der ihr ermöglichte, aus relativ einfachen Verhältnissen zur höchsten Position im Lande aufzusteigen, trotz des beträchtlichen Handicaps, das ihr Geschlecht bedeutete. Vielleicht erhalten wir den deutlichsten Hinweis auf ihren Charakter, wenn wir ihr prachtvolles Grab betrachten, das die thebanischen Arbeiter am Ende der Regierung von Sethos oder zu Beginn der Herrschaft von Siptah im Tal der Könige anzulegen begannen. Allein schon die Lage des Grabes an sich war eine bisher beispiellose Ehre für eine Königin, die sich eigentlich auf eine Beisetzung im benachbarten Tal der Königinnen hätte einstellen sollen. Das Grab wirkte zunächst relativ bescheiden, aber als Tewosre an Macht gewann, erweiterte und verschönerte sie es, bis es auf dem Höhepunkt ihrer Macht zu einer eines Königs wahrhaft würdigen Ruhestätte wurde. Die Bauarbeiten kamen nie zum Abschluß, aber es ist klar, daß die verschiedenen Bauabschnitte ziemlich genau den verschiedenen Stationen in Tewosres politischem Leben entsprechen. Leider war es Tewosre nicht beschieden, ungestört im Tal der Könige zu ruhen; ihr Nachfolger Sethnacht bemächtigte sich des Grabes und versuchte, sowohl ihren Namen als auch ihr Bildnis von seinen Wänden zu tilgen. Wir wissen nicht, was mit ihrem Leichnam geschah; die Zuschreibung einer Mumie im Museum von Kairo ist unsicher.

8
Religiöses Leben und Jenseitsvorstellungen

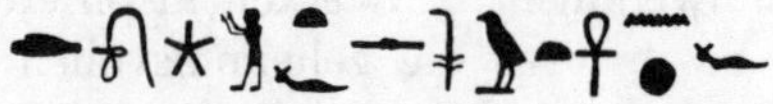

Wer weiß nicht … welche Ungeheuer Ägypten
in seinem Wahn verehrt?
Das Krokodil betet diese Gegend an, jene erbebt
vor dem mit Schlangen gesättigten Ibis.
Golden erglänzt das Bildnis des heiligen
geschwänzten Affen.
…
Lauch und Zwiebel zu entweihen und mit
den Zähnen zu kauen ist Sünde:
Welch religiöses Volk, dem diese Götter in
den Gärten wachsen!
Der wolletragenden Tiere enthält sich jeder Tisch,
Sünde ist es dort, das Junge einer Ziege zu
schlachten:
Menschenfleisch zu essen ist erlaubt.[1]

Juvenal, Satire 15

Die Religion des alten Ägypten mit seinem ehrfurchtgebietenden Pantheon tierköpfiger Gottheiten, seinen eindrucksvollen Tempeln und seinen eigentümlichen Vorbereitungen auf den Tod hat seit dem Ende der dynastischen Epoche Außenstehende in ihren Bann gezogen. Juvenals oben zitierte, größtenteils unzutreffende Religionssatire – die Zwiebel war ganz und gar nicht verboten, sondern ein verbreitetes Nahrungsmittel, und Behauptungen über einen blutrünstigen Kannibalismus der Priester sind durch kein einziges

Zeugnis belegt – zeigt, daß die Götter Ägyptens selbst für Menschen der klassischen Antike ein beunruhigendes und erregendes Geheimnis blieben, um das sich tiefer Aberglaube und nicht versiegende Gerüchte rankten. Zweitausend Jahre später strömen Touristen in Scharen nach Ägypten, bestaunen die Pyramiden und rätseln über einen Glauben, der zu so aufwendigen Bauwerken inspirierte, und auch heute noch beschwören die geheimnisvollen Namen von Isis, ihrem Brudergemahl Osiris und ihrem Sohn Horus Vorstellungen von dunklen, faszinierenden Bräuchen herauf.

Eine glaubwürdige Studie über die ägyptische Gesellschaft muß sich auch mit der Religion befassen, die im altägyptischen Staat eine wichtige Rolle spielte und Denken und Handeln seiner Bevölkerung vermutlich stark prägte. Allerdings müssen solche Überlegungen mit entsprechender Vorsicht angestellt werden. Über eine gewaltige Zeitspanne voller geschichtlicher Ereignisse rückblickend den tatsächlichen Einfluß vergangener Religionen zu beurteilen, ist äußerst schwierig. Auch wenn uns immerhin schriftliche und archäologische Zeugnisse über die unterschiedlichsten religiösen und abergläubischen Bräuche vorliegen, darf niemals vergessen werden, daß wir nur einige äußerliche, greifbare Anzeichen eines inneren Glaubens wahrnehmen können. Unsere eigenen Erwartungen und vorgefaßten Meinungen auf die Ägypter zu übertragen oder uns sogar einzubilden, wir könnten tatsächlich ihre Gedanken und Gefühle verstehen, mag zwar sehr verlockend sein, wäre aber ein großer Irrtum. Wir brauchen uns nur vorzustellen, welche Probleme es einem modernen Archäologen bereiten würde, allein anhand einer archäologischen Untersuchung einiger Kirchen und durch das Bibelstudium sämtliche Aspekte der christlichen Lehre zu verstehen, um zu erkennen, wie schwer es sein kann, vergangene Religionen zu deuten.

Die herkömmliche Bezeichnung »ägyptische Religion«, die wie selbstverständlich von einem einzigen, in heiligen Schriften bewahrten und von allen geteilten Glaubensbekenntnis ausgeht, ist in Wirklichkeit äußerst irreführend. Während der dynastischen Epoche wurde das geistige Le-

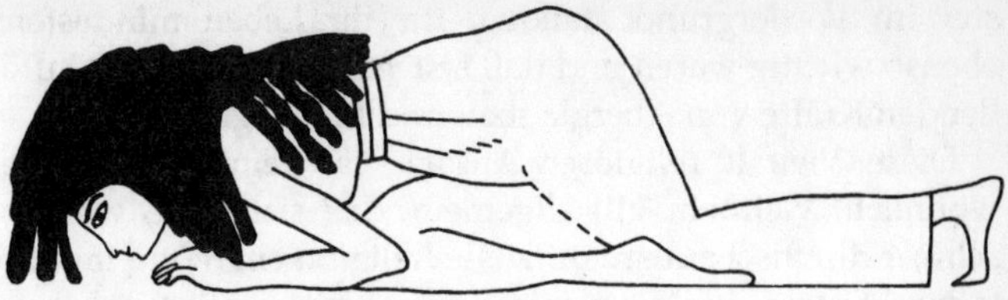

Abb. 42 Betende Frau.

ben Ägyptens von unterschiedlichen, wenn auch verwandten Ansichten beherrscht, die einvernehmlich nebeneinander bestanden und sich im Lauf der Zeit allmählich entfalteten und weiterentwickelten, einander aber auch stets überlappten. Die beiden Gegenpole lassen sich leicht erkennen und unterscheiden. Die amtliche Staatsreligion und ihre Beamten lieferten die offizielle und wichtigere Überlieferung, während die inoffizielle, unbedeutendere Religion, zu der auch weniger angesehene Künste gehörten, häufig unter der Überschrift Magie, Aberglaube und Hexerei zusammengefaßt wurde. Zwischen diesen beiden Polen lagen achtbare halboffizielle Religionen: orts- und familienabhängige Kultgemeinschaften, die für das Leben der einzelnen Haushalte und ihrer Angehörigen von großer Bedeutung, für den Staat hingegen von relativ geringem Interesse waren. Es gab keine eindeutige Trennlinie zwischen all diesen Ansätzen, und jeder von ihnen beeinflußte die Menschen auf seine Weise. So nahmen die Frauen von Der el-Medine, die in der Nähe der wichtigsten Kultstätte des Staatsgottes Amun lebten, zwar an den jährlichen Feiern der Hauptreligion teil, verehrten offiziell aber vor allem die örtlichen Schutzpatrone der thebanischen Nekropole, wie den zum Gott erhobenen König Amenophis I. und dessen Mutter Ahmose-Nefertari sowie die auch als »Bergspitze des Westens« bekannte Mereseger (»Die das Schweigen liebt«), die Schlangengöttin der thebanischen Berge. Die in ihren Häusern gefundenen Zeugnisse lassen jedoch vermuten, daß stärker familienbezogene Kulte, in denen vor allem die mit Schwangerschaft und Geburt verknüpften Götter und Geister im Vordergrund standen, für ihr Leben mindestens ebenso wichtig waren und daß fast jeder an die furchteinflößenden Kräfte von Aberglauben und Magie glaubte.

Diese Vielfalt religiöser Ansätze ist keineswegs ungewöhnlich. Vielmehr gilt allgemein, daß sich dort, wo eine schwer durchschaubare offizielle Religion eindeutig im Mittelpunkt steht, häufig weniger künstliche, volkstümlichere Formen religiöser Verehrung entwickeln, die bestimmte Facetten des vorherrschenden Glaubens aufnehmen und umdeuten, andere dagegen völlig außer acht lassen. Das geschieht vor allem dort, wo sich eine überwiegend männlich geprägte Religion durchgesetzt hat, die von einer Elite aus gebildeten Männern der Oberschicht beherrscht wird und deshalb das Alltagsleben der meisten Frauen kaum berührt. Unter diesen Umständen können Männer ihre religiösen Bedürfnisse oft durch Festhalten an der Staatsreligion befriedigen, während Frauen, die von der uneingeschränkten Teilnahme an den Ritualen ihres offiziellen Glaubens ausgeschlossen sind und häufig die komplizierte Lehre aufgrund mangelhafter religiöser Aufklärung nicht ganz verstehen, ihre geistige Erfüllung in untergeordneten Religionen oder »weiblichem Aberglauben« finden, ohne dabei das Gefühl zu haben, gegen ihre Hauptreligion zu verstoßen.

Diese religiöse Dualität läßt sich auch im heutigen Ägypten noch deutlich erkennen, wo muslimische wie christliche Bäuerinnen einen tiefverwurzelten Glauben an die Bösartigkeit bestimmter Geister und die ehrfurchtgebietenden Mächte des bösen Blicks bewahrt haben. So wird eine Dorfbewohnerin, die sich ein Kind wünscht, kaum zu Allah beten, sondern weit eher die Geister ihres verstorbenen Kindes anrufen oder den ortsansässigen Magier wegen eines Zauberspruches aufsuchen, ohne dies jedoch als Verrat an ihrem »offiziellen« Glauben zu empfinden. Auch heute noch schreiben viele Dorfbewohnerinnen den antiken Baudenkmälern Ägyptens magische oder spirituelle Kräfte zu, und beim Spaziergang über eine archäologische Stätte stößt man in der Nähe antiker Statuen und Bildnisse nicht selten auf Beweise für heutige Fruchtbarkeitsrituale – meistens in

Form kleiner Haufen frisch zerbrochener Tonscherben. Winifred Blackman beobachtete in den zwanziger Jahren dasselbe Phänomen in einem ägyptischen Dorf, wo sie versuchte, kinderlosen Frauen mit Hilfe antiker Fundstücke und moderner, typisch ägyptischer Talismane zu einer Schwangerschaft zu verhelfen:

Das Ritual lief folgendermaßen ab: Zunächst begaben sich die Frauen zu einer der ausgeschmückten antiken Grabkapellen; einer unserer Diener, der den Schlüssel besaß, führte sie dorthin. Beim Eintreten stiegen sie siebenmal vor- und rückwärts über das, was sie für die Öffnung des zu den unterirdischen Grabkammern führenden Schachtes hielten. Danach kehrten sie zu der unbemalten Grabkapelle zurück, die ich bewohnte. Hier fertigte ich die Talismane an, die paarweise auf den Boden gestellt wurden. Dann stieg jede Frau feierlich siebenmal vor- und rückwärts über sie hinweg. Insgesamt vier Talismane wurden benutzt, die einen Isiskopf, eine mumifizierte Gottheit, einen Skarabäus und eine Katze verkörperten. Sobald dies vollbracht war, wurde der Unterkieferknochen eines antiken ägyptischen Schädels auf den Boden gelegt. Die gleiche Zeremonie wurde noch einmal durchgeführt und danach mit zwei vollständigen antiken Köpfen – einem guterhaltenen mumifizierten Kopf und einem Schädel – wiederholt. Anschließend wurde ein Glas mit Wasser geholt, in das die blauglasierten Talismane geworfen wurden. Jede Frau trank etwas von dem Wasser, nahm dann die Talismane heraus und lutschte an ihnen, und einige Frauen rieben ihre Körper mit den magischen Gegenständen und dem Wasser ein.

Glücklicherweise konnte Winifred Blackman berichten, daß mindestens zwei Frauen dank dieser unorthodoxen Behandlungsmethode kurze Zeit später schwanger wurden.

Die Staatsreligion des alten Ägypten entstand mit der Vereinigung des Landes und konnte sich eigentlich die gesamte dynastische Epoche hindurch behaupten, blieb aber stets empfänglich für neue Gedanken und flexibel genug, um fremde Einflüsse aufzunehmen. Vor der Reichseinigung verehrte jeder Ort nur sein eigenes, allmächtiges Totem, das eine sinnvolle Erklärung für die rätselhaften und oft furchterregenden Naturerscheinungen bot, die andernfalls die ganze Gemeinde in Unruhe versetzt hätten. Jeder verstand, daß in benachbarten Gegenden andere Götter verehrt wurden, und die Menschen akzeptierten bereitwillig die Vorstellung, daß es viele Gottheiten nebeneinander gab, bewahrten aber gleichzeitig ihre persönliche Treue einem bestimmten höheren Wesen gegenüber. Nach der Vereinigung rückten allmählich einige besondere Kulte in den Vordergrund, und auch wenn einzelne Gemeinschaften weiterhin ihre lokalen Götter anbeteten, entstanden nach und nach bedeutende nationale Gottheiten. Vor allem die kultische Verehrung für den Sonnengott Re und den mit dem Königtum gleichgesetzten Gott Horus wurde vom König gefördert und damit auch politisch äußerst wichtig.

Du bist Amun, der Gott der Schweigenden, der den Stimmen der Armen Beachtung schenkt. Als ich dich in meiner Verzweiflung anrief, kamst du, um mich zu retten. Du läßt mich atmen in meinem Elend und befreist mich aus der Knechtschaft.

Stele aus Der el-Medine, Neues Reich

Erst im Neuen Reich übernahmen einige bekanntere nationale Götter langsam besondere charakteristische Attribute und Merkmale, eine Veränderung, die unmittelbar zur Entstehung der ägyptischen Mythologie führte. Unterdessen blühten weiterhin die kleineren regionalen Kultformen unter Leitung örtlicher Priesterfamilien. Lokalen Tempeln und Heiligtümern stiftete der König Land und Vermögen, und ihre Götter und Göttinnen, die ebenfalls in das große Staatspantheon aufgenommen wurden, blieben auch künftig allmächtige Ortsgottheiten. Diese Doppelrolle mag für heutige Beobachter verwirrend sein, den Ägyptern dagegen schien sie völlig akzeptabel. So wurde in dem mittelägyptischen Hermopolis Magna der ibis- oder pavianköpfige Staatsgott des Schreibens und der Wissenschaft, Thot, nicht nur wegen seiner außergewöhnlichen Weisheit, sondern auch als höchste Gottheit dieser Gegend verehrt, wobei diese beiden Aspekte des Gottes durchaus nicht als unvereinbar empfunden wurden. Als Ortsgottheiten hatten Götter und Göttinnen im allgemeinen längst nicht so eindeutig festgelegte Eigenschaften wie ihre Pendants im Staatspantheon, sondern wurden stärker mit der Natur und der alljährlichen Nilschwelle in Verbindung gebracht, die das Alltagsleben entscheidend beeinflußte.

Während dieser ganzen Zeit wurde das Verhältnis zwischen einfachem Volk und Hauptgöttern, zumindest theoretisch, vom König gelenkt. Der König, selbst ein Gott, konnte als einzige Person Verbindung zu seinen Götterkollegen aufnehmen und wurde automatisch oberster Priester aller ägyptischen Kulte. Da er jedoch nicht gleichzeitig jedem Gott in allen Tempeln dienen konnte, wurden Priester aus Familien der Oberschicht ernannt, die den König vertraten und alle erforderlichen Rituale ausführten. Gewöhnlich übertrug der Herrscher seinen Stellvertretern die tägliche Arbeit und amtierte nur während der wichtigen jährlichen Feiern für die größten nationalen Götter, vor allem beim Opet-Fest zu Ehren Amuns, des Staatsgottes des ägyptischen Reiches, bei dem die Statuen des Gottes, seiner Gemahlin Mut und ihres gemeinsamen Sohnes Chons in einer langen Prozession vom Luxortempel zum nahegelegenen Tempel von Karnak getragen wurden. Dieser rituelle Zug war ein großes öffentliches Spektakel, und die Nilufer waren von Schaulustigen gesäumt, die zumindest einen flüchtigen Blick auf ihren Gott werfen wollten.

Die altägyptische Staatsreligion unterscheidet sich deutlich von den wichtigsten Glaubensrichtungen heutiger Zeit. Sie war nicht nur polytheistisch, sondern auch ohne Glaubensbekenntnis, ohne konkrete moralische Prinzipien und ohne die uns vertraute kirchliche Seelsorge. Letztendlich diente sie vor allem zur Wahrung von Einheit und Stabilität im Land und nicht so sehr als Weg zu geistiger Erleuchtung. Zwar galt generell, daß Männer und Frauen ein anständiges Leben führen sollten, doch war dieser moralische Grundsatz eher auf gesellschaftliche Konventionen und nicht so sehr

Abb. 43 Die Himmelsgöttin Nut.

auf theologische Notwendigkeiten zurückzuführen. Tugendhaftigkeit erntete nicht unbedingt himmlischen Lohn, und nur vom König wurde angemessenes Verhalten erwartet, um die landesweite Gültigkeit von *maat* zu gewährleisten. Die Götter selbst kümmerten sich auffallend wenig um das Verhalten der einfachen Bevölkerung, obwohl sie durchaus Vergeltung üben konnten, wenn sie unmittelbar herausgefordert wurden. Die aus dem Neuen Reich stammende Zeugenaussage Neferabus, eines Zeichners aus Der el-Medine, der durch einen Meineid den Gott Ptah beleidigt hatte, schildert uns, wie jener für die Lügen, die als mangelnder Respekt gegenüber dem Gott aufgefaßt wurden, mit Blindheit bestraft wurde:

Ich bin ein Mann, der einen falschen Eid vor Ptah, dem Gotte maats, schwor, und da ließ er mich auch am Tage Finsternis sehen. Ich will seine Macht groß und klein verkünden, jenen, die nie von ihm hörten, wie auch jenen, die ihn kennen. Hütet euch vor Ptah, dem Gotte maats, denn er vergibt niemandes Unrecht. Mißbraucht nicht den Namen Ptahs, denn wer ihn mißbraucht, wird untergehen.

Priester wurden nur ernannt, um dem jeweiligen Gott im Namen ihres Königs zu dienen, und kümmerten sich folglich nicht im geringsten um das geistige oder sonstige Wohlergehen der Menschen. Die Tempel Ägyptens dürfen nicht mit Kathedralen oder Moscheen verglichen werden. Sie wurden lediglich als Häuser der Götter errichtet und beherbergten die Kultstatuen, in denen nach allgemeinem Glauben die Gottheiten weilten. Als solche hatten die Tempel keine Gemeinden und durften gewöhnlich vom einfachen Volk noch nicht einmal betreten werden. Zutritt zum hinteren Teil des Tempels, der mit den der Familie vorbehaltenen Privatgemächern an der Rückseite der Wohnhäuser verglichen werden kann, hatten nur Priesterschaft und König, die den Kult versahen, indem sie Speisen, Getränke und Kleidung opferten und Weihrauch verbrannten. Der vordere Teil war mit Szenen ausgeschmückt, die den König verherrlichten, und wurde nur an besonderen Festtagen für die Allgemeinheit geöffnet; insofern kannten die Ägypter nichts, was dem Freitagsgebet in der Moschee, der Samstagsandacht in der Synagoge oder dem sonntäglichen Gottesdienst in der Kirche entsprochen hätte.

Das einfache Volk war zwar als Zuschauer bei den über das ganze Jahr verteilten religiösen Festen zugelassen, jegliche Mitwirkung an den rituellen Handlungen dieser großen Ereignisse blieb ihm jedoch verwehrt. Das während des zweiten Monats der Überschwemmung in Theben veranstaltete Opet-Fest wurde bereits erwähnt. Die Feiern dauerten mindestens elf Tage – staatliche Feiertage – und waren ohne Frage für das ganze Land ein Anlaß zur Freude; die kostenlose Ausgabe von 11 300 Brotlaiben und 385 großen Krügen Bier in Medinet Habu zeigt die Bedeutung des Festes. Später im Jahr erfreuten sich die Einwohner Thebens eines weiteren öffentlichen Feiertages, wenn nämlich die Statue Amuns von ihrem thebanischen Haus aus zur zweiten offiziellen Reise aufbrach und den Nil überquerte, um die Totentempel ehemaliger ägyptischer Herrscher zu besuchen.

In Abydos fand eine mit dem Opet-Fest vergleichbare Prozession statt, bei der die Statue von Osiris von seinem Tempel in Abydos zu seinem Grab in Umm el-Kaab getragen wurde, der traditionellen Begräbnisstätte ägyptischer

Könige der Frühzeit. Ähnlich wie bei mittelalterlichen Passionsspielen scheint bei dieser Prozession alljährlich der Mythos von Tod und Bestattung des Gottes nachgespielt worden zu sein, und die Neuinszenierung endete stets mit der triumphalen Rückkehr des auferstandenen Gottes in seine Heimat. Bestens bekannt wurde die Zeremonie durch die Beschreibung des Beamten Ichernofret aus dem Mittleren Reich, der nach Abydos gesandt worden war, um für den reibungslosen Ablauf der göttlichen Prozession zu sorgen. Ichernofret hinterließ eine Kalksteingedenkstele mit genauen Schilderungen seiner eigenen wichtigen Aufgaben und der Höhepunkte des religiösen Dramas:

Ich folgte den Fußstapfen des Gottes und führte die Prozession an. Ich sorgte dafür, daß die göttliche Barke mit Thot am Ruder segelte ... Geschmückt mit seinen herrlichen Insignien, fuhr er zur Residenz von Peker ... Ich folgte dem König zu seinem Haus.

Zum jährlichen Fest in Edfu gehörte ein Schauspiel, das an Horus' Sieg über Seth, seine Rehabilitation vor dem Göttergericht und die Zerstückelung seines ehemaligen Widersachers erinnerte. Bei der Aufführung wurde besonders der Erfolg des Gottes bei seinem Unternehmen betont, und indem der König dafür sorgte, daß durch das Stück etwas vom Glanz des Horus auf ihn selbst fiel, legitimierte er seine Herrschaft. Allerdings ging es nicht bei allen jährlichen Festen des Reiches derart feierlich zu; das in der Deltastadt Bubastis veranstaltete Fest zu Ehren der katzenköpfigen Göttin Bastet war ein eindeutig fröhlicherer Anlaß. Herodot beschrieb, wie scharenweise begeisterte Pilger mit Booten in die Stadt reisten, unterwegs tranken, sangen, noch mehr tranken, klatschten, wieder tranken und musizierten. Immer wenn sie sich einer Stadt näherten, steuerten sie mit ihrer beschwipsten Fracht auf das Ufer zu und:

Einige Frauen, wie gesagt, klappern mit der Klapper, andere rufen die Frauen jener Stadt an und verspotten sie, wieder andere tanzen, wieder andere stehen auf und entblößen sich. Das wiederholt sich bei jeder am Strom liegenden Stadt. Sobald sie in Bubastis angelangt sind, beginnt das Fest unter großen Opfern, und Wein wird an diesem Fest mehr verbraucht als in dem ganzen übrigen Jahre.

Die Götter und Göttinnen im Pantheon des Neuen Reiches zeigten in ihrem Benehmen auffallend menschliche Züge; so verliebten sie sich, heirateten, stritten und offenbarten sogar viele Eigenarten und Schwächen ihrer menschlichen Pendants. Die Göttinnen spiegelten in gewissem Maße die gesellschaftliche Rolle der Frauen wider, wodurch sich uns eine der seltenen Gelegenheiten bietet, das Verhalten von Frauen außerhalb ihrer häuslichen Umgebung – wenn auch mythologisch verklärt – zu untersuchen. Innerhalb des Pantheons bildete sich eine natürliche Hierarchie heraus, und unter den bedeutenderen Himmelswesen fanden sich auch außergewöhnlich mächtige Göttinnen. Dennoch reichte ihr Einfluß weder an den der mächtigsten Götter Osiris, Re und Amun heran, noch verkörperte ursprünglich eine besondere »Erdmutter« die Geheimnisse von Fruchtbarkeit und Schöpfung. Obwohl alle Göttinnen als in ihrem Denken und Handeln unabhängige Ortsgottheiten entstanden waren, folgten sie als Staatsgöttinnen ägyptischem Brauch, indem sie benachbarte Götter von ungefähr gleicher Persönlichkeit heirateten und in der Ehe die eher passive Frauenrolle übernahmen. Da sie bezeichnenderweise Söhne zur Welt brachten, galten sie zumeist als Verkörperungen bewährter weiblicher Eigenschaften wie Fruchtbarkeit, Mutterschaft und Häuslichkeit.

Isis, die vielleicht bekannteste und stärkste aller Göttinnen, bewies ihre Tatkraft nur beim Versuch, ihren Gatten zu schützen und zu verteidigen – für eine treue ägyptische Ehefrau immerhin schon eine erstaunliche Leistung. Nach Seths Verrat und der Zerstückelung des Osiris reisten Isis und ihre Schwester Nephthys bis ans Ende der Welt, um seine verstreuten Gebeine einzusammeln, so daß er schließlich wieder vollständig zusammengesetzt werden konnte: »Erhebe dich, Osiris, denn Isis hat deinen Arm und Nephthys

Abb. 44 Isis

deine Hand.« Nach dieser ungewöhnlichen Auferstehung empfing Isis einen Sohn, mit dem sie sich in den Sümpfen versteckte, bis sie ihn sicher dem Göttergericht vorführen konnte, das ihn als Erben seines Vaters anerkannte. Die Mutterschaft spielte im Isis-Kult allmählich eine immer wichtigere Rolle, und vor allem in der Spätzeit wurde die Göttin häufig beim Stillen ihres Sohnes Horus abgebildet. Diese Darstellungen kennzeichneten die Verwandlung der Isis von einem eher untergeordneten Mitglied des ägyptischen Pantheons zur allgemein anerkannten Muttergöttin oder Erdmutter. Auch nach dem Zusammenbruch des ägyptischen Reiches blieb Isis eine bedeutende Göttin, denn Seeleute brachten ihren Kult zunächst nach Rom, von wo aus er sich schließlich im ganzen Römischen Reich verbreitete und um geheimnisvolle Riten und Lehren erweitert wurde. Erst durch die allmähliche Ausbreitung des Christentums verringerte sich die Zahl der Isis-Anhänger in

Ägypten; auf der Insel Philae in Oberägypten wurde sie bis ins fünfte Jahrhundert n. Chr. verehrt. Der Kult war vor allem für Frauen wichtig, galt Isis doch unter anderem als Schutzherrin der Ehe, Beschützerin bei Geburten und sogar als Erfinderin des Webens. Die Hauptanziehungskraft ihres Kultes im Römischen Reich scheint jedoch darin bestanden zu haben, daß beide Geschlechter an den Zeremonien mitwirken durften, statt offiziellen Priestern beim Vollzug der Rituale zuschauen zu müssen.

Die andere höchst einflußreiche ägyptische Göttin war Hathor, »Herrin der Sykomoren« und Herrin der Liebe, der Musik und der Trunkenheit. Bereits zu Beginn des Alten Reiches besaß Hathor, wie ihre hervorgehobene Darstellung auf der Schminkpalette des Königs Narmer beweist, einen angestammten Platz als Göttin, und auch während der saitischen Epoche einige tausend Jahre später wurde sie in unterschiedlichen Formen verehrt. Sie erfreute sich großer Beliebtheit bei Frauen und wurde auf vielen Gegenständen des weiblichen Alltags, wie etwa auf Spiegeln, die als Symbole für Fruchtbarkeit und Geburt galten, dargestellt. Die Rolle Hathors als Nahrungsspenderin wurde durch ihre Gleichsetzung mit der Kuh betont; Hathor wurde entweder als Kuhgöttin oder als Frau mit deutlich gerundeten Kuhohren und -hörnern abgebildet. Ihrem in der oberägyptischen Stadt Dendera beheimateten Kult dienten zahlreiche Priesterinnen, oft von hoher Geburt, die von verhältnismäßig wenigen männlichen Verwaltern beaufsichtigt wurden. Hathor von Dendera galt als Ehefrau des aus dem nahegelegenen Edfu stammenden Horus und Mutter des Harsomtus; außerdem wurden mit ihr, als einer Göttin des Todes, die »Sieben Hathoren« verknüpft.

Natürlich entsprachen nicht alle Göttinnen dem Bild einer ganz vom klassisch weiblichen Streben nach Fruchtbarkeit, Geburt, Musik und Liebe erfüllten treuen Ehefrau. Neith, Schutzgöttin der Deltastadt Sais, wies sogar leicht androgyne Wesenszüge auf. Sie wurde zwar stets als Frau abgebildet, aber mit unbestreitbar männlichen Interessen wie Krieg und Jagd verknüpft und oft mit Bogen und gekreuzten Pfeilen dargestellt, was schließlich zu ihrer Gleichsetzung mit der griechischen Kriegsjungfrau Athene führte. Neith läßt sich mit Sachmet vergleichen, der blutrünstigen löwenköpfigen Göttin des Kriegs und der Krankheit, die der Sonnengott Re nur mit knapper Not daran hindern konnte, die ganze Menschheit zu vernichten.[2] In ihren weniger dramatischen Momenten lebte sie als Gemahlin Ptahs und Mutter Nefertems in Memphis und fand ihr mildtätigeres Gegenstück in Bastet, der katzenköpfigen Göttin von Bubastis.

Während des Neuen Reiches gelangten verschiedene kriegerische Göttinnen nach Ägypten, und daß sie ohne viel Aufhebens eine Nische im offiziellen Pantheon fanden, spricht für die Anpassungsfähigkeit der ägyptischen Religion. Die kanaanitische Göttin Astarte, die auch mit der assyrisch-babylonischen Göttin Ischtar gleichgesetzt wurde, ist auf Bildern entweder als löwenköpfige Gottheit, die ihre bezwungenen Feinde mit dem Streitwagen überrollt, oder als bedrohlich Schwert und Streitaxt schwingende, nackte Frau zu Pferde zu sehen; in Gestalt der sanfteren Aschtoreth wurde sie wiederum als schöne Nackte dargestellt und oft mit Hathor in deren Eigenschaft als Göttin der Liebe gleichgesetzt. Die syrische Kriegsgöttin Anat wurde in Ägypten als »Herrin des Himmels« und »Herrin der Götter« verehrt und galt als Tochter Res und Gemahlin Seths. Obwohl sie üblicherweise klassisch weiblich gekleidet ist, trägt sie Streitaxt und Speer als Hinweis auf ihre wahren Interessen.

Hört, was ich allen Anwesenden, groß und klein, verkünden will: Hütet euch vor der Bergspitze, denn in ihr versteckt sich ein Löwe! Zum Sprung bereit wie ein wilder Löwe lauert die Bergspitze und verfolgt jeden, der sie beleidigt.

Stele aus Der el-Medine, Neues Reich

Das alltägliche religiöse Leben kreiste um Kulte aus der Familienvergangenheit und -gegenwart. Beziehungen zu lebenden Verwandten waren für die familienbewußten Ägypter von entscheidender Bedeutung, und zu allen Zeiten empfanden sie eine tiefe und dauerhafte Verbundenheit zu ihren toten Angehörigen, die auf unterschiedlichste Weise weiterhin als Familienmitglieder betrachtet wurden. Die unmittelbaren Vorfahren in Ehren zu halten, galt deshalb als religiöses Gebot. Wer sich den Bau einer eigenen Grabstätte leisten konnte, errichtete auch eine überirdische Kapelle. Der Tote wurde am Boden eines innerhalb oder vor der Kapelle gegrabenen Schachtes bestattet, und die Lebenden konnten das Grab besuchen und dem im Körper des Verstorbenen weilenden Geist Opfer darbringen. Für Ehegatten und junge, unverheiratete Kinder wurden gesonderte Schächte ausgehoben, und jede nachfolgende Generation hoffte, ihren engsten Familienkreis in einer neuen Grabstätte unterbringen zu können.

Da eine solche eigene Grabstätte aber ein Luxus war, der den meisten Ägyptern verwehrt blieb, mußten sie den Verstorbenen entweder am Grab oder – häufiger – am Familienaltar oder -schrein ihre Verehrung erweisen. In ärmeren Häusern bestand dieser Schrein entweder aus einer einfachen geschmückten Nische oder einem Schrank, der in die der Tür gegenüberliegende Wand des wichtigsten Zimmers eingemauert war. Wohlhabendere Familien konnten in den Gärten ihrer ausgedehnten Villen stilvolle freistehende Kapellen errichten. Gewöhnlich enthielt der Schrein ein kleines geweihtes Bild, ein Relief oder eine Statue, die eine Mischung aus Schutzgottheit, König und den Seelen aller verstorbenen Familienmitglieder darstellte. Da Familienschreine oder -kapellen also nicht nur dem Wohl der kürzlich Verstorbenen, sondern auch der Verehrung eines Konglomerats aus verschiedenen Göttern und Göttinnen dienten, erfüllten sie mehr Funktionen als die Grabkapellen. Mit den geweihten Privatkapellen, die am Rand der Handwerkersiedlung von Amarna gebaut wurden, entstand sogar eine eigene Priesterschaft; außerdem gehörte zu jeder Kapelle ein Hüter oder Kurator, der auf dem Gelände wohnte. Viele dieser Kapellen enthielten Bildnisse von Renenutet, der kobragestaltigen Ernte- und Fruchtbarkeitsgöttin, während entsprechende Kultstätten in der Handwerkersiedlung von

Abb. 45 Die Kobragöttin Renenutet.

Der el-Medine neben Renenutet auch den Göttinnen Mereseger und Thoëris geweiht waren. Diese drei Göttinnen gehörten zwar im Staatspantheon nicht gerade zu den bedeutendsten, verkörperten aber Ereignisse und Orte, die im Alltag ihrer Anhänger höchst wichtig waren.

Ein besonders ausgeprägter Familienkult entfaltete sich um die Kobragöttin Renenutet, die fest zu Haushalt und Familienleben gehörte und zugleich Ernte- und Geburtsgöttin war. Die Schlange, ein auf den ersten Blick eher unwillkommener Gast in jedem Haus, schützte Lebensmittelvorräte vor Ungeziefer und galt daher als nützlich und freundlich. Renenutet, Mereseger und die Kobragöttin von Unterägypten und Beschützerin des Königs, Edjo, waren allgemein verehrte weibliche Schlangengottheiten; nur die männliche Schlange Apophis galt als ganz und gar böse und wurde als Feind der Götter verachtet. Als Göttin der thebanischen Berge spielte Mereseger (die »Bergspitze des Westens«) besonders für die Arbeiter von Der el-Medine eine wichtige Rolle und wurde häufig zusammen mit Ptah, dem mumienförmigen Schutzherrn der Handwerker, abgebildet.

Die Verknüpfung von Schlangen mit Frauen, Fruchtbarkeit und Geburt führte sogar dazu, daß Isis mit dem kleinen

Horus auf dem Arm oft unter dem Schutz zweier Schlangen abgebildet wurde. Weitere Beweise einer Verbindung zwischen Schlange und Weiblichkeit liefern uns Fruchtbarkeitsfigurinen aus dem Neuen Reich – Frauengestalten, die auf mit rot- und schwarzgestreiften Schlangen verzierten Betten liegen. Auch in Amarna und Der el-Medine entdeckte Ostraka und Wandgemälde zeigen laub- und blumenumrankte Schlangen zusammen mit tanzenden Bes-Figuren und der Göttin Thoëris.[3] Vielleicht sind diese Szenen getreue Abbildungen der »Wochenlaube«, einer besonderen Kammer oder auch unabhängigen Hütte, die ausschließlich von Frauen während ihrer Entbindung und der anschließenden Läuterungszeit benutzt wurde, oder vielleicht handelt es sich um symbolische Darstellungen, die dem Schutz von Mutter und Kind dienen und den Wohlstand der ganzen Familie sichern sollten. Welchen Zweck sie letztlich auch verfolgten, sie betonen auf alle Fälle die Bedeutung, die der Geburt von der ganzen Gemeinschaft beigemessen wurde.

Die gefahrvollen Geheimnisse, die mit der Schaffung neuen Lebens verknüpft waren, führten zu weiblich geprägten Familienkulten, die um Fruchtbarkeit, Schwangerschaft und, noch ausdrücklicher, um Geburt kreisten. Der gesamte Entbindungsvorgang barg nicht nur Gefahren für Leib und Leben von Mutter und Kind, sondern schien auch die nur indirekt Beteiligten, ja den ganzen Haushalt, in Berührung mit Schöpfungsgewalten zu bringen, die weit jenseits des menschlichen Einflusses lagen. Da die medizinische Versorgung oft mangelhaft war, wandten sich die Frauen instinktiv dem Aberglauben und magischen Ritualen zu, um das Böse abzuwehren und in ihren Wehen Beistand zu erhalten. Ein kleiner Schatz aus geweihten persönlichen Gegenständen, der vor kurzem im Schrank eines verlassenen Hauses in Amarna entdeckt wurde, enthielt neben einer Stele, auf der eine Frau und ein Mädchen die Göttin Thoëris anbeten, zwei zerbrochene Frauenfigurinen und zwei Bettmodelle; diese ergreifende Sammlung, die Hoffnungen und Ängste einer unbekannten Mutter und ihrer Tochter verkörpert, gewährt uns einen flüchtigen Blick auf unbekannte Geburtsrituale. Auch dreitausend Jahre später betrachteten ägyptische Dorfbewohnerinnen eine Niederkunft noch als Angelegenheit, die eher magischen Beistand als ärztliche Hilfe erfordert, und Winifred Blackman bemerkte nüchtern:

Bei vielen verschiedenen Gelegenheiten brachten Frauen ihre Babys mit der Bitte zu mir, ich solle in deren Münder spucken, damit sie lange lebten. Außerdem stellte ich fest, daß viele meiner alten Kleider, die ich weggeworfen hatte, zerrissen und die Fetzen an verschiedene Mütter im Dorf verteilt worden waren, die sie als lebensverlängernde Talismane an ihre Kinder hefteten. Eine werdende Mutter kam zu mir und bat mich um einen meiner alten Röcke, um auf ihm ihr Kind zu gebären! Dem armen Ding wurde die Bitte abgeschlagen, und ich muß leider mitteilen, daß ihr Baby bereits kurz nach der Geburt starb.

Vor allem Talismane und Amulette von Thoëris wurden mit der Geburt in Zusammenhang gebracht. Die Nilpferdgöttin, die stets aufrecht stehend dargestellt wurde, um ihren fülligen und vermutlich schwangeren Bauch zu zeigen, gab den Frauen während Schwangerschaft und Wehen Schutz. Obwohl Thoëris (»Die Große«) eine freundliche Göttin war, durfte man ihre Macht nicht unterschätzen; das Nilpferd ist ein gefährliches Tier, und auch heute noch werden mehr Afrikaner von Nilpferden getötet als von Löwen. Talismane mit Bildern der froschköpfigen Göttin Heket und des häßlichen Zwergengottes Bes wurden ebenfalls mit den Geheimnissen der Geburt in Verbindung gebracht; Thoëris und Bes wurden sogar hin und wieder auf die Zimmerwände gemalt, um der ganzen Familie einen gewissen zusätzlichen Schutz zu bieten.

Alle mit der Geburt verknüpften Gegenstände erhielten allmählich eine bestimmte rituelle Bedeutung und wurden mit besonderen magischen Kräften ausgestattet, so daß schließlich selbst Geburtsstuhl oder Geburtsziegel als Verkörperung der Göttin Mesechenet galten, einer eigenartig aussehenden Person, die manchmal als Kachel oder Ziegel mit Menschenkopf, meistens jedoch als Frau, die als göttliche Kopfbedeckung den Uterus einer Kuh trug, dargestellt wurde.[4] Mesechenet hatte die Aufgabe, das Neugeborene zu schützen, und es ist vielleicht bezeichnend, daß ihr Name häufig mit dem eindeutigen Schlangensymbol endete. Die Geburtsziegel bewachte man mit besonderer Sorgfalt, da der Gott Thot, der die Zukunft des neugeborenen Kindes aufschrieb, sie später als Tafeln benutzte. Im Mittleren Reich spielten bumerangförmige Zauberstäbe oder -ruten eine wichtige, aber für uns leider nicht durchschaubare Rolle während der Entbindung. Mehr als hundert solcher Stäbe wurden gefunden; sie sind fast alle aus Nilpferdzähnen geschnitzt und betonen so die Verbindung zu Thoëris. Manche sind mit eingekerbten Bildern von Schutzgeistern, Thoëris und Bes verziert, einige tragen sogar die Inschrift »Wir sind gekommen, um dieses Kind zu schützen« und den Namen des Kindes oder der Mutter. Diese Gegenstände wurden zunächst für magische Messer gehalten; da sie aber alle stumpf sind, scheinen sie eher einem anderen, weniger eindeutigen Zweck gedient zu haben. Der einleuchtendste Vorschlag zu ihrer Verwendung lautet, daß mit ihnen ein magischer Kreis ums Bett gezogen wurde, um Mutter und Kind zu schützen.

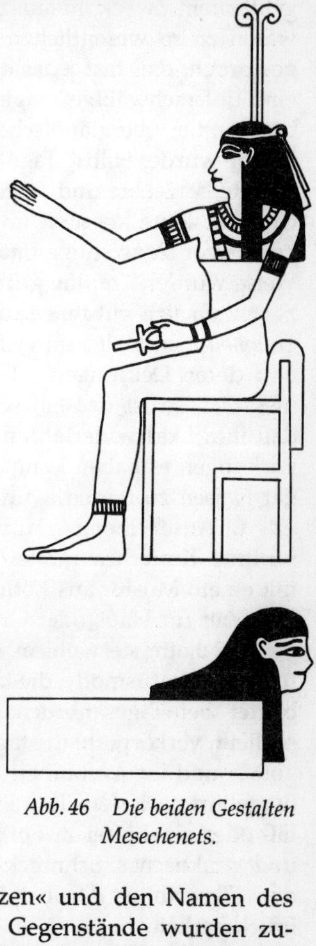

Abb. 46 Die beiden Gestalten Mesechenets.

Nicht nur die mit der Geburt verknüpften Dinge erhielten eine symbolische oder rituelle Bedeutung, die über ihren eigentlichen Zweck hinausging. Religion oder Aberglaube waren zu so wesentlichen Bestandteilen des Alltagslebens geworden, daß fast jeder ägyptische Gebrauchsgegenstand eine unterschwellige magische Bedeutung besaß oder mit bestimmten abergläubischen Bräuchen in Verbindung gebracht wurde. Selbst Tage wurden nach magischen Omen in gute, schlechte und mittelmäßige eingeteilt, und nervöse Geschäftsleute konnten im offiziellen Kalender nachschlagen, bevor sie wichtige Entscheidungen trafen. In ähnlicher Weise wurden Träume gründlichen Untersuchungen unterzogen, da sich mit ihnen die Zukunft vorhersagen ließ; das *Traumbuch* enthielt zahlreiche häufig vorkommende Träume und deren Deutungen: »Träumt ein Mann, er tränke warmes Bier, so ist das ein schlechtes Zeichen und bedeutet, daß ihm Leid widerfahren wird.« Welche nützlichen Auswirkungen es haben konnte, bestimmte Talismane oder sogar Farben zu tragen, wurde bereits im fünften Kapitel erörtert. Anscheinend glaubten die Ägypter auch an die positive Kraft bestimmter Embleme. So mag eine blaue, mit einem Muster aus Lotusblüten verzierte Fayence-Kugel eine Zier für Haus oder Grab gewesen sein, doch für ihren Besitzer hatte sie wohl in erster Linie symbolische Bedeutung. Das Lotusmotiv, die blaue Lotusblüte, die ihre Blütenblätter bei Tagesanbruch öffnet und am Abend wieder schließt, verkörperte die tägliche Wiedergeburt des Sonnengottes, und ihr Aufblühen wurde zum Symbol für die Wiedergeburt nach dem Tod. Ebensowenig war ein Schminkgefäß oder ein Löffel in Form eines Fisches nur ein apartes und praktisches Schmuckstück, sondern verkörperte für den Eigentümer darüber hinaus auch Wiedergeburt und Fruchtbarkeit.

Der Mensch, der seinen Zauber kennt, wird wie Re am östlichen Himmel und wie Osiris in der Unterwelt werden. Er wird in den Feuerkreis hinabsteigen, ohne daß die Flammen ihn jemals erreichen. Teil eines Zauberspruchs aus *Sargtexten* des Mittleren Reiches

Während es nur spärliche Zeugnisse über alltägliche religiöse Bräuche des einfachen Volkes gibt, belegen die archäologischen Funde sehr viele mit dem Tod verknüpfte Rituale. Die Ägypter waren ein frohes und lebenssprühendes Volk, das die Freuden des Lebens aufs höchste genoß und in seinem Glücksstreben unermüdlich war. Aus diesem Grund mutet es fast ironisch an, daß ihre eigentümliche und höchst materialistische Einstellung gegenüber dem Jenseits moderne Beobachter derart gefesselt hat, daß der unkundige Besucher eines ägyptologischen Museums oder einer Fachbuchhandlung beinahe zwangsläufig glauben muß, die Ägypter seien in allen Belangen des eigenen Todes von geradezu krankhafter Besessenheit erfüllt gewesen. Dieses falsche Bild ist in hohem Maße auf die in der Einführung zu diesem Buch erwähnte einseitige archäologische Ausrichtung zurückzuführen, obwohl natürlich auch der Brauch, Grabmäler aus dauerhaftem Stein zu errichten, während die Menschen in relativ vergänglichen Häusern aus Lehmziegeln wohnten, dazu geführt hat, daß Reste von Begräbnisstätten in unverhältnismäßig großer Anzahl erhalten blieben. Das Problem wurde jedoch noch durch die Tatsache verschärft, daß viele Beobachter, auch studierte Ägyptologen, die es vielleicht besser hätten wissen sollen, leidenschaftliches Interesse an der Untersuchung von Bestattungsriten bewiesen und darüber weniger bizarre, aber ebenso authentische Seiten des ägyptischen Lebens faktisch außer acht ließen. Spiegelt dieses fast voyeuristische Interesse an den Bestattungssitten anderer vielleicht unsere eigene tiefverwurzelte Ungewißheit wider, die den Tod zu einem nahezu tabuisierten Thema in der westlichen Kultur gemacht hat? Gewiß findet man nur selten ein Volk, das das Sterben mit der Gelassenheit der alten Ägypter hinnimmt und sogar vorbereitet.

Wenn sich die Ägypter auch ihre Lebensfreude nicht durch ständige düstere Gedanken verdarben, waren sie sich doch durchaus bewußt, daß ihre irdische Existenz von einem Moment auf den anderen beendet sein konnte. Vermutlich verbarg sich hinter ihrer großen Liebe zum Leben sogar eine sehr verständliche Furcht vor dem Tod und dem Unbekannten. Der Mangel an den grundlegendsten medizinischen Kenntnissen und die überall lauernden Gefahren der Natur, wie Überschwemmungen und Hungersnöte, machten den Tod zu einer ständigen Bedrohung für die Sicherheit der Familie, und die meisten Ägypter mußten schon früh den Verlust geliebter Menschen hinnehmen. Die offizielle Staatstheologie versuchte nicht, eine rationale Erklärung oder Rechtfertigung für den Tod zu geben, und Sterben wurde anscheinend als unerklärliches Geheimnis des Lebens hingenommen. Statt die Zeit mit endlosen Grübeleien über den Sinn des Lebens zu verschwenden, trafen die Menschen lieber zweckmäßige Vorbereitungen für ihr eigenes Ende. Umsichtige und wohlhabende Ägypter planten voraus und überzeugten sich mit eigenen Augen davon, daß ihre Wünsche beim Bau ihrer Gräber und der Auswahl an Grabbeigaben erfüllt wurden. Dieses Zukunftsdenken darf jedoch nicht als Todessehnsucht verstanden werden, und erhaltene Schriften lassen nicht erkennen, daß die Planer jemals ihren Tod so erhofft hätten, wie es manche fromme Christen tun, die es kaum erwarten können, das Tal der Tränen zu verlassen und durch die Himmelstore zu schreiten.

Ich bat Seine Majestät um einen weißen Kalksteinsarkophag aus Tura. Seine Majestät veranlaßte den Siegelbewahrer des Gottes und eine Mannschaft unter seiner Leitung, überzusetzen und mir den Sarkophag aus Tura zu bringen. Er kehrte auf einem großen Frachtschiff des Palastes zurück und brachte den Sarkophag samt seinem Deckel mit … Grabinschrift Hunis, Altes Reich

So wie die Hilfe bei der Geburt fast überall in die Zuständigkeit der Frauen fällt, überläßt man ihnen in vielen Ländern auch die Überwachung des Sterbens, während Männer die Leitung der Bestattungsriten übernehmen. Geburt und Tod werden so als gegensätzliche Seiten derselben Medaille unauflösbar miteinander verbunden, wobei eine Seite den Übergang ins Licht und die andere den ins Dunkel verkörpert. Anscheinend betrachtete man das Sterben sogar auf etwas undurchsichtige Weise als Befleckung, und Frauen galten aufgrund ihrer bereits unreinen Körper als das geeignetere Geschlecht, um mit dieser Grenzsituation umzugehen. Allerdings läßt sich diese spitzfindige anthropologische Theorie vielleicht auch auf die Überinterpretation einer im Grunde einfachen Situation zurückführen; mit sicherlich der gleichen Berechtigung läßt sich nämlich feststellen, daß Frauen, da sie sich üblicherweise den ganzen Tag im Haus aufhalten, natürlich zur Pflege unheilbar Kranker herangezogen werden. Was auch der Grund sein mag, es läßt sich nicht bestreiten, daß die meisten Menschen das Sterben als furchterregendes Ereignis ansehen, bei dem sie mit unbekannten und unkontrollierbaren Mächten in Berührung kommen. Selbst heute begegnen wir den Phänomenen von Geburt und Tod trotz aller medizinischen Kenntnisse mit einer gewissen Ehrfurcht, und bis vor kurzen neigten Männer gewöhnlich dazu, direkten Kontakt zu beiden »Geheimnissen« zu meiden. Das bedeutet praktisch, daß die Pflege der Sterbenden im allgemeinen als Frauenaufgabe betrachtet wird. Frauen sollen am Totenbett wachen und vielleicht noch den Leichnam aufbahren, bevor die Männer das eher formale Bestattungsritual übernehmen, das von einer Frau oft nicht angemessen vollzogen werden kann.

Ägypten bildete in bezug auf die Verteilung dieser Zuständigkeiten keine Ausnahme, und es ist kein Zufall, daß die Göttinnen Isis und Nephthys sowohl mit dem Ritual der Geburt (als Hebammen) als auch dem des Todes (als Trauergöttinnen) unauflöslich verknüpft wurden. Da es zu Dynastiezeiten keine Krankenhäuser im heutigen Sinn gab, wurde Krankenpflege zur Aufgabe der weiblichen Haushaltsangehörigen. Unter solchen Umständen blieb es nicht aus, daß jedes Mitglied der Familie mit dem Sterbenden oder kürzlich Verstorbenen in Berührung kam, und die meisten Frauen mußten öfter in ihrem Leben nahen Verwandten am Totenbett beistehen. Deshalb verbanden ägyptische Frauen keine abstrakten Vorstellungen mit dem Tod. Er gehörte einfach zum Leben, obgleich man natürlich versuchte, ihm so weit wie möglich durch angemessenen Einsatz von

Gebeten, Amuletten und Talismanen aus dem Weg zu gehen.

Erhebe dich, o Teti! Nimm deinen Kopf, sammle deine Knochen, raff deine Glieder zusammen, schüttle die Erde von deinem Fleisch! Empfange dein Brot, das nicht schimmelt, und dein Bier, das nicht schal wird! Du stehst an der Tür, die die Menschen fernhält. Der Türhüter kommt zu dir heraus und ergreift deine Hand. Er geleitet dich zum Himmel zu deinem Vater Geb.

Pyramidenspruch des Pharaos Teti, Altes Reich

War der Tod auch unvermeidlich, so war er doch nicht unbedingt endgültig. Während der gesamten dynastischen Epoche bewahrten die Ägypter einen unerschütterlichen Glauben an die Möglichkeit eines Lebens nach dem Tod, einen Glauben, der die Entwicklung von Kunst und Architektur stark beeinflußte. Er entfaltete sich erst allmählich; die Sterbenden der frühdynastischen Zeit hegten in dieser Hinsicht völlig andere Erwartungen als ihre Nachkommen der Spätzeit. Während des Alten Reiches galt allgemein, daß nur der König in eine andere Welt jenseits des Grabes fortschreiten würde, um als Gott unter anderen Göttern zu leben. Er erreichte seine Verwandlung auf einem der drei Hauptwege: indem er zu Re in dessen Sonnenbarke stieg, indem er als unvergänglicher oder Zirkumpolarstern wiedergeboren wurde, oder indem er sich in Osiris, den Gott der Toten, verwandelte. Auch die Geister weniger erhabener Ägypter konnten nach dem Tod weiterleben, waren aber gezwungen, in unmittelbarer Nähe ihres in einem Grab bestatteten Körpers zu weilen; dieser Glaube veranlaßte die oberen Gesellschaftsschichten, möglichst große und bequeme Grabmäler zu errichten, weil niemand Gefahr laufen wollte, für alle Ewigkeit in einem unbequem engen und schmutzigen Grabloch eingesperrt zu sein.

Nach dem Zusammenbruch der Zentralgewalt gegen Ende des Alten Reiches wurden allmählich viele der bis dahin allein dem König zustehenden religiösen Vorrechte auch vom einfachen Volk in Anspruch genommen. Die Folge war, daß im Mittleren Reich das Weiterleben jedes Menschen in der nächsten Welt von der Gleichsetzung des oder der Verstorbenen mit dem toten Osiris abhing. Nur war jeder berechtigt, ein Wesen der Unterwelt zu werden, die man sich als ein direktes Gegenstück zur vom Pharao, dem lebenden Horus, regierten wirklichen Welt vorstellte und die von Osiris beherrscht wurde. Diese recht eingeschränkte Himmelsvorstellung erweiterte sich allmählich zum Jenseits des Neuen Reiches, dem »Binsengefilde« oder »Opfergefilde«, einem Land der Freude und des Überflusses, das ebenfalls unter der Herrschaft des Osiris stand. Dieses Jenseits war fast ein genaues Abbild irdischen Landlebens, wenn auch um ein beträchtliches üppiger. Hier wuchs das Korn höher, wurden die Kühe fetter, und die Fische im Fluß sprangen freiwillig ins Netz. Die Einwohner waren nicht nur jung, gesund und hübsch, sondern in sauberes weißes Leinen gekleidet und mit funkelnden Edelsteinen geschmückt und genossen köstliche Speisen in einem Land, wo Bier und Wein so reichlich flossen wie der Nil. Keine Frage – das Leben im Binsengefilde war höchst erstrebenswert. Leider wurde der Zugang zum Genuß dieser Freuden nicht automatisch oder aufgrund eines besonders tugendhaften oder frommen irdischen Lebens gewährt. Die Aufnahme ins Jenseits erfolgte nur nach bestandener Prüfung, und wer durchfiel, erhielt keine zweite Chance.

»Ich lasse dich erst eintreten, wenn du mir sagst, wie ich heiße«, sprach der Türpfosten.
»Dein Name lautet Lot am Ort der Wahrheit.«

Auszug aus dem *Totenbuch*, Neues Reich

Nach dem Tod schiffte sich der Geist des Verstorbenen zu einer langen und wundersamen Reise ein, die durch ein phantastisches Labyrinth aus Sälen, Gemächern und Toren führte. Bei jedem Tor mußte er eine Reihe komplizierter Fragen beantworten, die entweder die Torhüter oder, noch seltsamer, die Tore selbst stellten. Jene, die sicher die Tücken des Labyrinths überwunden hatten, traten vor ein Göttergericht, wo die Reisenden in einer strengen mündlichen Prüfung ihr Leben mit einer Reihe offizieller Aussagen rechtfertigen konnten: »Den Hungrigen gab ich Brot, und Wasser den Durstigen, Kleider den Nackten und ein Boot jenen, die keines hatten.« Als Abschlußprüfung wurde das Herz des Verstorbenen in eine Waagschale gelegt und gegen die von einer Feder verkörperte *maat* aufgewogen, damit die Götter ermitteln konnten, ob er oder sie reinen Herzens war. Nur wer all diese Prüfungen bestand, erreichte das immerwährende Leben im Binsengefilde. Jene, die es nicht schafften, waren zu einem zweiten, schrecklichen und ewigen Tod verdammt.

Die Aufnahme ins Jenseits hing jedoch nicht nur vom Geschick bei der Prüfung ab. Wie bereits erwähnt, waren die Ägypter ein äußerst praktisches Volk, das nichts dem Zufall überlassen wollte. Deshalb sorgten sie dafür, daß ihre Gräber mit einem vollständigen Satz der bei der Reise nach dem Tod benötigten Fragen und Antworten ausgestattet wurden, und verschafften sich dadurch praktisch einen Paß für die Freuden der künftigen Welt. Da die Götter diesen unverhohlenen Betrug nicht mißbilligten, war für Wohlhabende die Wiedergeburt im Binsengefilde gesichert. Während des Mittleren Reiches nahm dieser Leitfaden fürs Jenseits die Form von Zaubersprüchen und Beschwörungsformeln an, die sich aus den *Königlichen Pyramidensprüchen* des Alten Reiches entwickelt hatten und auf die Seiten der Särge geritzt oder gemalt wurden. Im Neuen Reich wurden die Verstorbenen mit einer persönlichen Ausgabe der *Kapitel für das Herausgehen bei Tage* ausgestattet, einer bebilderten Papyrusrolle, die eine reiche Auswahl an Zaubersprüchen, Ritualen, Fragen und Antworten enthielt und heute besser als *Totenbuch* bekannt ist.[5] Wohlhabende Mitglieder der Gesellschaft besaßen eine persönlich für sie geschriebene Ausgabe des *Totenbuchs,* während Ärmere in Massenproduktion hergestellte Schriftrollen für Männer oder Frauen erwarben, die in angemessenen Abständen Lücken aufwiesen, in die der richtige Name und die entsprechenden Titel eingefügt werden konnten. Manchmal kam es dabei zu einem Durcheinander, so daß einige Frauen mit ursprünglich für Männer geschriebenen Schriftrollen begraben wurden.

Totenklage und Begräbnis gehen folgendermaßen vor sich. Wenn in einem Haus ein angesehener Hausgenosse stirbt, bestreichen sich sämtliche weiblichen Hausbewohner den Kopf oder auch das Gesicht mit Kot, lassen die Leiche im Hause liegen und laufen mit entblößter Brust, sich schlagend, durch die Stadt; alle weiblichen Verwandten schließen sich ihnen an. Auch die Männer schlagen sich und haben ihr Gewand unter der Brust festgebunden. Hiernach schreitet man zur Einbalsamierung der Leiche.

Herodot

Die Ägypter waren keineswegs das einzige Volk der Antike, das sich ein Leben nach dem Tod vorstellte. Beinahe überall stößt man auf die Abneigung, den Tod als das absolute Ende aller Dinge zu betrachten. Allerdings glaubten sie als einziges Volk daran, daß der Fortbestand der körperlichen Überreste des Verstorbenen tatsächlich die Voraussetzung für das Weiterleben der Geister oder den Erhalt der Lebenskraft war. Beim Tod gab der Körper zwei »Geister« frei, den Ka und den Ba; Ka blieb im Grab in der Nähe des Leichnams, während Ba in Gestalt eines menschenköpfigen Vogels das Grab verlassen konnte. Gleichzeitig schiffte sich ein dritter, ganz anderer Teil der Seele zur langen Reise ins Jenseits ein. Ka und Ba waren jedoch darauf angewiesen, zum Körper zurückkehren zu können. Mit der Zerstörung des Leichnams wurden auch diese Geister vernichtet und mit ihnen alle weiteren Hoffnungen auf ein ewiges Leben, wenn sie sich auch notfalls in einem Ersatzkörper, wie einer Statue oder sogar einem Bild an der Grabwand, niederlassen konnten. Dieser tiefverwurzelte Glaube führte zur Entstehung wohldurchdachter Rituale bei der Bestattung, die den Körper für die Ewigkeit erhalten sollten und zu denen auch die Mumifizierung gehörte.

Ironischerweise waren ausgerechnet jene, die weder Kosten noch Mühen scheuten, um ihre Körper zu schützen, nach dem Tod am stärksten von Verwesung bedroht. Die ärmeren Menschen, die während der gesamten dynastischen Epoche stets ohne Sarg in den einfachen Gräbern der Wüstenfriedhöfe beigesetzt wurden, trockneten im heißen Sand auf natürliche Weise aus und blieben in lebensechter, wenn auch etwas zusammengeschrumpfter Form verhältnismäßig gut erhalten. Durch die Einführung des Holzsarges und der mit Holz oder Ziegelsteinen ausgelegten Gräber wurde der direkte Kontakt zwischen Leichnam und Sand verhindert, wodurch der Körper Feuchtigkeit anzog und die Verwesung sich beschleunigte. Leider gehörten sowohl Särge als auch ausgelegte Gräber bald zu jeder vornehmen Bestattung; das Grab diente zum Schutz vor Räubern, als Lagerhaus für Grabbeigaben und vor allem als ständiger Wohnsitz der Seele, während der Sarg die lebenswichtigen Zaubersprüche trug, die die Rückkehr des Verstorbenen ins Leben ermöglichten. Die bei dieser Art von Bestattung einsetzende Verwesung war unübersehbar und führte zu den verschiedensten Versuchen, den Körper annähernd lebensgetreu zu erhalten.

Im Verlauf der dynastischen Epoche verbesserten sich die Mumifizierungstechniken: Während zu Beginn des Alten Reiches der Großteil der einbalsamierten Körper dennoch verweste, waren die meisten Leichenbestatter etwa Mitte des Neuen Reiches imstande, Leichname verblüffend lebensecht einzubalsamieren. Die ersten Anstrengungen in dieser Richtung scheiterten, weil man die Weichteile nicht entfernte; die halbgetrockneten Leichname wurden einfach zusammen mit ihren bereits verwesenden inneren Organen mit Leinenbinden umwickelt. Weil die auf diese Weise behandelten Körper zerfielen, wurden die Bandagen mit Harz oder anderen Bindemitteln gehärtet, so daß – obwohl der Körper in der Umhüllung rasch verfaulte – die harte Außenschale ein recht natürliches Aussehen behielt. Erst während der 4. Dynastie versuchen die Leichenbestatter, die Eingeweide zu entfernen und den ausgehöhlten Körper zu trocknen und auszustopfen. Diese Methoden wurden bis in die 21. Dynastie perfektioniert, als die Kunst der Mumifizierung ihren Höhepunkt erreichte.

Wie Herodot uns berichtet, boten die Leichenbestatter ihren Kunden eine Reihe von Leistungen an. Bei der erfolgreichsten, die natürlich auch die teuerste war, wurden zunächst Gehirn und Eingeweide entfernt, bevor der Körper einer langen Trocknungszeit in Natronpulver unterzogen wurde. Dann wurden die Hohlräume des Körpers mit Lumpen und harzgetränkten Kissen ausgefüllt und der gesamte Körper sorgfältig mit Binden umwickelt. Nach siebzig Tagen war der ganze Vorgang abgeschlossen. Weniger kostspielige Balsamierungsmethoden waren im allgemeinen auch weniger wirkungsvoll. Bei der Behandlung »zweiter Klasse« wurde eine Flüssigkeit in den Körper gespritzt, um die Weichteile aufzulösen, ohne den Bauch aufzuschneiden, und:

die dritte, von den Ärmeren angewandte Art der Einbalsamierung ist folgende. Der Leib wird mit Rettigöl ausgespült und die Leiche dann an die siebzig Tage eingelegt. Dann wird sie zurückgegeben.
Herodot

Nach seinem langen Aufenthalt im Balsamierungshaus wurde der ordentlich eingewickelte und süßlich riechende Körper in einen Sarg gelegt, wo er auf die dem Rang des Verstorbenen angemessene Bestattung wartete. Wie in heutigen Zeiten diente das Begräbnis als unmittelbar erkennbarer Beweis des sozialen Status; ein »schönes« Begräbnis galt nicht nur als Zeichen der Hochachtung gegenüber dem Dahingeschiedenen, sondern verlieh der Familie gleichzeitig großes Ansehen. Aus diesem Grund bestatteten wohlhabende Familien ihre Angehörigen mit dem aufwendigsten und prunkvollsten Ritual, das sie sich leisten konnten, während die einfachen Ägypter nach einer relativ bescheidenen Zeremonie auf dem örtlichen Friedhof begraben wurden. Genau wie das Jenseits ursprünglich allein dem König offenstand, war auch das traditionelle ägyptische Begräbnis ausschließlich für den Herrscher entstanden, bevor es allmählich vom Adel übernommen wurde. Sein königlicher Ursprung geriet aber nie völlig in Vergessenheit, und Gemäldeszenen mit Begräbnisdarstellungen enthalten häufig Bilder, auf denen

Diener königliche Insignien wie Krone und Zepter tragen, die dem Rang des Verstorbenen in Wirklichkeit nicht immer gebührten.

Obwohl örtlichen Überlieferungen zufolge die jeweiligen Begräbnisgepflogenheiten zu unterschiedlichen Zeiten und in verschiedenen Landesteilen voneinander abwichen, blieb der Grundgedanke doch stets derselbe. Der Verstorbene wurde zu seinem neuen Heim geleitet, durch Magie wurde sichergestellt, daß er wiedergeboren werden würde, bevor man das Grab zum Schutz vor Eindringlingen versiegelte. Das vollständige thebanische Begräbnis entwickelte sich zu einem besonders ausgedehnten Ritual mit vier Hauptetappen: Trauern am Ostufer des Nils, Fahrt über den Fluß, Prozession zur Nekropole und Ankunft am Grab. In jedem Stadium wurden verschiedene religiöse Handlungen vollzogen und Zauberformeln gesprochen, wobei jeweils einer von mehreren männlichen Priestern, die unterschiedliche Rollen bei der Gleichsetzung des Verstorbenen mit dem toten Osiris spielten, die Leitung übernahm. Neun männliche Beamte geleiteten die Trauerprozession zum Eingang des Grabes, wo sieben Tänzer in festlicher Kleidung den Zug empfingen. Hier wurde das äußerst wichtige »Mundöffnungsritual« durchgeführt, bei dem der Mund der Mumie oder ihres menschenähnlichen Sarges mit magischen Utensilien berührt wurde, um die Kräfte des Verstorbenen wiederzubeleben, so daß er im künftigen Leben atmen und essen konnte. Die wichtigsten Teilnehmerinnen dieser Zeremonie waren zwei Frauen, *djeryt* genannt, die den Körper auf seiner Reise begleiteten und Isis und Nephthys darstellten – Osiris' treue Schwestern, die die Gestalt von Drachen angenommen hatten, um nach den zerstückelten Überresten ihres Bruders zu suchen. Die *djeryt* scheinen eine völlig passive Rolle gespielt zu haben, und manchmal wurden sie von großen Frauenfiguren aus Holz ersetzt, die an Stelle von Armen schützend ausgebreitete Flügel trugen. Die trauernde Familie, die durch bezahlte Klagefrauen und Hausdiener, die das im Jenseits benötigte Mobiliar trugen, vergrößert wurde, folgte dem Trauerzug zum Grab.

Zeitgleiche Begräbnisfeiern im nordägyptischen Memphis haben uns bedeutend weniger archäologische Zeugnisse hinterlassen. Wie wir jedoch wissen, wurden in der Nähe des Grabes zeitweilig Hütten und Schutzdächer für das von der Trauergemeinde und Priestern besuchte Trauermahl aufgestellt. Dem Festmahl folgte der als »Zerschlagen der roten Töpfe« bekannte Brauch, bei dem, wie der Name sagt, die beim Essen benutzten Gefäße zertrümmert wurden.

Der erstgeborene Sohn mußte beim Begräbnis seiner Eltern eine wichtige Rolle übernehmen. Nach der Legende rächte Horus, der treue Sohn und Erbe des Osiris, den Mord an seinem Vater und vollzog die Bestattungsriten, bevor er den Thron bestieg. Aus diesem Präzedenzfall leiteten die Ägypter ab, daß derjenige, der die Bestattungsriten ausführte, zum anerkannten Erben des Verstorbenen würde, was sogar dazu führte, daß ein Mann mit rechtlich zweifelhaftem Erbanspruch seine Forderung durch den Vollzug der Zeremonie untermauern konnte; »die Besitztümer dem, der bestattet«, scheint gültiges ägyptisches Recht gewesen zu sein. Deshalb sorgten die ägyptischen Könige nicht unbedingt aus einem selbstverständlichen Anstandsgefühl heraus, sondern vor allem auch wegen des eher praktischen Wunsches, ihren Thronanspruch zu bekräftigen, für ein angemessenes Begräbnis ihrer Vorgänger. Obwohl es wünschenswert war, wenn die Bestattungsriten von einem Sohn vollzogen wurden, konnte diese Aufgabe auch ein bezahlter Priester übernehmen, ohne daß der Sohn seinen rechtlichen Erbanspruch verloren hätte; ebenso konnte später ein Stellvertreter beauftragt werden, für das Grab zu sorgen und dem Verstorbenen täglich die erforderlichen Opfer darzubringen.

Im Notfall konnten auch eine Tochter oder die Ehefrau das Begräbnis, bei dem es sich mit Sicherheit um eine kostspielige Angelegenheit handelte, organisieren. Die Bestattung des aus Der el-Medine stammenden Hui finanzierte dessen Frau Ii, die ein Haus verkaufen mußte, um das erforderliche Kapital aufzubringen. Glücklicherweise gewann Ii später ihre Investition zurück, als sie das gesamte Vermögen ihres verstorbenen Gatten erbte. In der römischen Zeit war das herkömmliche Begräbnis, einschließlich der Mumifizierung, so teuer geworden, daß in manchen Familien hart darum gefeilscht wurde, wer eigentlich die Rechnung zu bezahlen hatte. Einige Testamente enthielten Klauseln, die ausdrücklich festlegten, daß Kinder das Begräbnis bezahlen mußten, bevor sie das Erbe antreten konnten, und rechtliche Vereinbarungen zwischen Geschwistern, in denen genau angegeben war, wer wieviel zu den Bestattungskosten eines verstorbenen Elternteils beisteuern würde, waren keine Seltenheit.

Seine geliebte Frau, die ihm ebenbürtig ist, Einziger Schmuck des Königs, die redegewandte Hathorpriesterin Demiosnai. Die weißes Brot opfert, die in jeder Hinsicht gefällt, und die alle Herzenswünsche erfüllt. Demiosnai, Schwester von hohem Rang, von Hathor, der Herrin von Dendera, gepriesen.

Grabstele des ersten Hofdieners Merer, Mittleres Reich

Nur die privilegierteren Gesellschaftsmitglieder konnten sich den Bau aufwendiger Felsgräber leisten, weshalb es nicht überrascht, daß nur die wenigsten Frauen ansehnliche Gräber besaßen. Grabbesitz spiegelte die gesellschaftliche Stellung getreu wider, und die meisten Frauen konnten unmöglich den Reichtum anhäufen, den ein solches Monument erfordert hätte. Königlichen Ehefrauen, Müttern und Töchtern wurde häufig ein gesondertes Grab neben dem des Königs gewährt, aber diese stets im Schatten des Hauptgrabmals stehenden Beisetzungsstätten dürfen eigentlich nur als Anbau an die Grabstätte des Königs verstanden werden. Selbst dort, wo beide Gräber nicht nur völlig getrennt voneinander, sondern auch fern vom königlichen Totentempel errichtet wurden, wie in den Tälern der Könige und Königinnen, fällt es schwer zu entscheiden, ob das Grab der Königin als Ausdehnung der Grabanlage des Königs, als eigenständiges, die Bedeutung der Königin widerspiegelndes Grabmal oder sogar als Beweis für die abnehmende Bedeutung der Königin, die es nicht länger wert war, mit ihrem Gatten bestattet zu werden, interpretiert werden sollte.

Die meisten Frauen wurden als Gattinnen und Töchter in den Felsgräbern beigesetzt, und in diesen Fällen nahm natürlich der jeweilige männliche Grabinhaber die vorrangige Stellung ein, während die Frau wie schon im Haus ihres Ehemannes oder Vaters eine untergeordnete Rolle spielte. Besonders auffällig ist, daß die Wandmalereien in diesen gemeinsamen Gräbern sich fast ausschließlich auf den verstorbenen Mann und dessen Weiterleben im Jenseits beziehen und die Texte auf den Wänden ausführlich Leben und Taten des Mannes beschreiben, während sie die Tätigkeiten der Frau nur beiläufig erwähnen. Allem Anschein nach glaubte man, daß die Frau nicht so sehr als eigenständige Person, sondern als Teil vom Gefolge ihres Mannes ins Jenseits gelangte. Wie wir bereits bemerkten, wurde Frauen in fast allen Grabszenen eine passive Rolle zugewiesen, so daß die Frau oftmals nur dann als von ihrem Mann unabhängig handelnde Person zu sehen ist, wenn sie als Trauernde bei seinem Begräbnis auftritt. Unter den Szenen findet sich keine, die einen um seine verlorene Frau trauernden Witwer zeigt.

Verschiebe nicht den Bau deines Grabes in den Bergen; du weißt nicht, wie lange du noch leben wirst.

Rat eines Schreibers aus der Spätzeit

Die meisten einfachen Frauen wurden in Einzelgräbern beigesetzt, die im Wüstensand des Ortsfriedhofs ausgehoben wurden. Diese örtlichen Friedhöfe dienten ungewöhnlich lange als Begräbnisstätten, wobei sie sich mit der wachsenden Zahl der Beerdigungen langsam ausdehnten und verschoben, so daß die Gräber der Spätzeit manchmal in einiger Entfernung von den ursprünglichen Gräberfeldern des Alten Reiches liegen. Die Gräber der Armen gruppierten sich auf dem Friedhof entweder um die imposanteren Grabmäler der wichtigsten Honoratioren des Ortes oder wurden einfach an der nächsten freien Stelle ausgehoben. Die Position der bürgerlichen Gräber wurde entweder durch eine schlichte Holz- oder Steinstele oder durch einen eindrucksvolleren Grabaufbau gekennzeichnet; die Gräber der des Lesens und Schreibens unkundigen Bauern blieben allem Anschein nach unmarkiert.

Im Lauf der dynastischen Epoche entfalteten sich zwar allmählich lokale Bestattungsriten, Holzsärge und verschiedene Grabbeigaben gehörten aber zu den meisten Begräbnissen. Je nach dem Geschlecht der Verstorbenen finden sich teilweise unterschiedliche Grabbeigaben; zwar konnten sowohl Männer- als auch Frauengräber Gefäße aus Ton oder Stein oder Kopfstützen aus Holz enthalten, aber einige Gegenstände, wie Spiegel und bestimmte Schmuckstücke, wurden nur in Gräbern von Frauen gefunden. Ayrton und Loat, die an der Freilegung der aus dem Alten Reich stammenden Nekropole in Abydos beteiligt waren, hinterließen uns eine genaue Beschreibung eines praktisch unversehrten Frauengrabes, die uns auf anschauliche Weise vermittelt, was alles zum Begräbnis einer einfachen Frau gehörte:

Das Skelett (eine Frau) lag auf der linken Seite, mit dem Kopf in nordwestlicher Richtung, den Armen an der Seite und leicht angewinkelten Knien. Unter der linken Schläfe lagen Reste einer hölzernen Kopfstütze. Vor dem Gesicht stand eine große Alabastervase, hinter dem Kopf eine flache rote Schale aus Ton und in ihrem Genick eine kleine rotglänzende Tonvase.

Vor der Brust lag ein großer Kupferspiegel mit einem lotusförmigen Griff aus Holz, hinter den Knien stand eine große rotglänzende Tonvase, daneben lag eine Nadel aus Kupfer. Den Hals umgaben zwei Perlenketten aus glasiertem Speckstein, eine trug eine große Karneol-Perle in der Mitte und die andere ein rundes Siegel aus Speckstein, auf dessen Vorderseite eine Hornisse eingraviert war.

Auf dem Sargdeckel, auf Höhe der Knie, war eine kleine rote Tonvase aufgestellt, und an der Außenseite am Fußende des Sarges lehnte eine große kugelförmige Vase aus ungebranntem Ton, über deren Öffnung eine rotglänzende Schale mit dem Ausguß nach unten gestülpt war.[6]

Nach dem tiefverwurzelten Glauben der Ägypter an Geister und überirdische Wesen bedeutete der Tod nicht unbedingt das Ende jeder Verständigung zwischen Eheleuten, und oft schrieb der oder die Überlebende seinem oder ihrem verstorbenen Partner und bat um Fürsprache bei verschiedenen persönlichen oder familiären Problemen. Im zweiten Kapitel wurde bereits der Brief eines Ehemannes aus der 19. Dynastie zitiert, der sich von seiner toten Frau verfolgt fühlte. In einem ähnlichen Brief aus dem Mittleren Reich, der auf die Oberfläche einer roten Schale geschrieben wurde, wird Intef, Priester und ehemaliger Ehemann der Witwe Dedi, gebeten, seinen Einfluß geltend zu machen, um die bösen Geister zu verscheuchen, von denen die Dienerin seiner Frau geplagt wird: »Wenn du in dieser Angelegenheit nicht hilfst, wird dein Haus zerstört werden ... kämpfe für sie und wache über sie, rette sie vor allen, die ihr Schaden zufügen.« Die Schale wurde als Opfergefäß im Grab Intefs benutzt. Nicht ganz so kurz angebunden ist die Stele aus dem Mittleren Reich, die Merirtifi für seine verstorbene Frau Nebitef aufstellen ließ und auf der er sie bittet, ihm in einer Krankheit beizustehen. Wenn sie ihm im Traum erscheine, so verspricht er, werde er ihren Totenkult erweitern:

... Sieh doch, da ich dein Geliebter auf Erden bin, so kämpfe für mich und setze dich für meinen Namen ein ... Treib die Krankheit aus meinen Gliedern. Mögest du mir doch als Selige im Traum erscheinen, damit ich sehe, daß du für mich kämpfst.

Die Toten wiederum verständigten sich mit den Lebenden über ihre Grabstelen – Gedenksteine oder -tafeln, die entweder in der Nekropole oder im Tempel aufgestellt wurden und normalerweise neben autobiographischen Angaben die Bitte an Vorübergehende enthielten, für das weitere Wohlergehen des Verstorbenen ein Gebet zu sprechen. Selbstverständlich war es das Vorrecht des Ehemannes, eine Stele für seine verstorbene Frau aufzustellen, und er war es auch, der den Text auswählte. Der Stele Taimhoteps verdanken wir ausnahmsweise Einzelheiten über das Leben und den frühen Tod der Prinzessin, die während der griechisch-römischen Epoche lebte und starb. Die Stele schildert, wie Taimhotep mit vierzehn Jahren heiratete und drei Mädchen und den langersehnten Sohn zur Welt brachte, bevor sie im Alter von dreißig Jahren starb. Die anschließende Klage über das grausame Schicksal, das sie ihrer geliebten Familie entriß, spiegelt die stilisierte pessimistische Einstellung von Spätzeit und griechisch-römischer Epoche gegenüber dem Tod wider:

O mein Bruder, mein Gemahl. Mein Freund und Hoherpriester. Sei es nicht müde, zu trinken und zu essen, einen tiefen Schluck zu nehmen und zu lieben … Der Westen ist ein Land des Schlafes, wo Finsternis auf den Häusern lastet. Die hier leben, schlafen wie Tote. Sie erwachen nicht, um ihre Brüder zu sehen, und erkennen weder Vater noch Mutter. Ihre Herzen vergessen Frauen und Kinder … Dreh mein Gesicht zum Nordwind am Ufer. Vielleicht wird dann die Trauer meines Herzens nachlassen.

Anmerkungen

Die genauen bibliographischen Angaben zu den abgekürzt zitierten Werken finden sich im Literaturverzeichnis.

Einführung: Geographischer und historischer Hintergrund

1 Obwohl Herodot sein Buch zu einer Zeit schrieb, als Ägypten unter persischer Fremdherrschaft lebte, hat er uns eine Fülle von wichtigen Informationen über die vorausgegangene dynastische Ära hinterlassen. Seine Beobachtungen liefern – zusammen mit denen anderer Ägyptenreisender wie des Historikers Diodorus Siculus und des Geographen Strabo – nützliche Informationen, die andernfalls verloren gegangen wären. Trotzdem empfiehlt es sich, all diese Quellen mit einer gewissen Vorsicht zu behandeln. Herodot war kein besonders kritischer Beobachter und setzte stets großes Vertrauen in die Erzählungen anderer. Es ist sogar nicht einmal erwiesen, daß er tatsächlich jemals selbst nach Ägypten gereist ist, und die offensichtlichen Auslassungen in seinen Texten, wie zum Beispiel die relativ kurze Abhandlung Thebens, haben etliche Fachleute vermuten lassen, daß sein Leitfaden möglicherweise auf den überlieferten Beobachtungen anderer beruhe. Wie Strabo selbst erklärte, »reden sowohl Herodot als auch andere viel Unsinn [über Ägypten], indem sie ihre Berichte, so oft es eben geht, mit phantastischen Geschichten ausschmücken«.

2 Heute, wo der einst so beeindruckende Tempel fast völlig dem Erdboden gleichgemacht ist, klingt dieses Zitat beinahe ironisch.

3 Dieses Problem wurde noch dadurch verstärkt, daß viele Ägyptologen nicht willens waren, sich mit der Untersuchung von Wohnstätten abzugeben, sondern es vorzogen, imposante Tempel und Gräber zu entdecken. Allzuoft galt ein Fund nur dann als bedeutend, wenn er sensationell oder kostbar war,

und Ägyptologen sind im allgemeinen nur dann wirklich berühmt geworden, wenn sie das Glück hatten, mit Gold vollgestopfte Grabstätten zu entdecken.

4 Kahun, eine Stadt an der Mündung des Faijum, war nur während der etwa hundertjährigen Bauzeit der Pyramide für Pharao Sesostris II. im Mittleren Reich bewohnt und wurde anschließend wieder verlassen. Die Siedlung bei Amarna (altägyptisch Achet-Aton) wurde ungefähr zwanzig Jahre lang von Arbeitern bewohnt, die für den Bau der neuen Hauptstadt unter Pharao Echnaton im Neuen Reich eingestellt worden waren. Im Unterschied hierzu war die Siedlung von Der el-Medine, eingebettet in ein Tal der thebanischen Hügel gegenüber dem modernen Luxor, vierhundert Jahre lang ununterbrochen bewohnt. Diese Stätte hat uns einen wahren Schatz an Anschauungsmaterial über das Alltagsleben der einfachen Arbeiter beschert, die mit der Anlage und Ausschmückung der Königsgräber in den nahegelegenen Tälern der Könige und der Königinnen beschäftigt waren. Für einen ausführlichen Überblick über das Leben in diesen und anderen Siedlungen siehe Kemp (1989).

1
Frauenbilder

1 Bis in die jüngste Zeit wurde dieses denkbar ergiebige Forschungsgebiet an den Rand archäologischer und historischer Studien gedrängt, die sich auf Kosten des Alltäglichen stärker auf Außergewöhnliches und Spektakuläres konzentrierten. Bedauerlicherweise wird das Spektakuläre in der Regel mit männlichen Heldentaten assoziiert; für das eher Alltägliche interessiert sich nach wie vor fast ausschließlich die Frauenforschung. Dabei geht es durchaus nicht nur um die Frauen. Unser Wissen über die verschiedenen Gesellschaften basiert in erster Linie auf Informationen, die von den ungewöhnlichen Taten namhafter Männer berichten, kaum aber von der täglichen Mühsal der Massen, und so blieb auch das Leben ganzer Heerscharen von Männern in unserem Bild von der Vergangenheit unbeachtet. Während aufsehenerregende Grabstätten und imposante Monumente noch immer das Hauptinteresse beanspruchen, wächst mittlerweile jedoch auch der Bedarf an Informationen über grundlegende Aspekte des Alltagslebens. Außerdem wurde erkannt, daß die sorgfältige Freilegung einer

Wohnanlage oder sogar einer Müllhalde eine Fülle an Informationen liefert und so zwar an sich vielleicht nicht so Wertvolles zutage fördert wie ein sensationeller Schatzfund mit goldenen Kunstgegenständen, für unser Verständnis der Vergangenheit aber ebenso wichtig sein kann.

2 Diese Gräber beweisen nicht unbedingt, daß die ägyptischen Königinnen ökonomisch unabhängig waren. Im Gegenteil, ganz offensichtlich wurden die Pyramiden und Mastaba-Gräber der Königinnen im Alten und Mittleren Reich als Nebengräber zu den erheblich größeren Pyramidenanlagen der Könige gebaut. Und auch bei den Königinnen im Neuen Reich, die so bedeutend waren, daß ihnen eine eigene und aufwendige Bestattung zuteil wurde, war ihre hohe Stellung eindeutig eine unmittelbare Folge ihrer Heirat.

3 Die meisten Gesellschaften, die Frauen normalerweise nur eine passive Rolle zugestehen, billigen im allgemeinen, daß ihre Frauen im Fall eines nationalen oder regionalen Notstandes zu den Waffen greifen. Vgl. Petrie, W. F. M. (1897), *Deshasheh*, London.

4 Getreu dieser Logik wurden auch möglicherweise bedrohliche Nebenfiguren, die in die Grabszenen integriert wurden, zusammen mit den tier- und menschenähnlichen Hieroglyphen der Kommentare häufig entweder ohne Beine oder nur bis zur Taille dargestellt. Diese bewußt herbeigeführte Verstümmelung galt als weise Vorsichtsmaßnahme, um die andernfalls gefährlichen Abbilder daran zu hindern, wieder lebendig zu werden und den Hauptbewohner des Grabes zu bedrohen.

5 Harris, J.E./Wente, E.F. (1980), *An X-Ray Analysis of the Royal Mummies*, Chicago.

6 Hekanacht war Totenpriester des Wesirs Ipi von Theben. Er lebte zu Beginn des Mittleren Reiches, als Ägypten noch unter der Zerrissenheit der anarchischen Ersten Zwischenzeit litt, und war häufig gezwungen, Geschäftsreisen in den Norden des Landes zu unternehmen. Während er fern der Heimat weilte, versuchte er mit Hilfe von Briefen die Kontrolle über seine Geschäftsinteressen und seine streitsüchtige und unzufriedene Familie auszuüben. Diese Briefe wurden von ihren Empfängern aufgehoben und fanden schließlich ihren Weg in den Schacht einer Nebengruft, die im Hof der Grabstätte von Ipi angelegt worden war. Die Briefe des Hekanacht wurden von James (1962) ins Englische übersetzt und veröffentlicht.

7 Christie, A. (1947), *Rächende Geister*, Bern.

8 Wegen der einseitigen schriftlichen Aufzeichnungen haben feministische Historikerinnen vorgeschlagen, klar zwischen »Geschichte«, im Sinn von schriftlich überlieferter Geschichte, und »Geschehen«, im Sinne von tatsächlicher und vollständiger Vergangenheit, unabhängig, ob aufgezeichnet oder nicht, zu unterscheiden. Im »Geschehen« spielten Männer und Frauen eine gleich wichtige Rolle, während die »Geschichte« häufig von einer außergewöhnlichen, gebildeten und privilegierten männlichen Elite dominiert wurde. Für ausführlichere Informationen zu diesem Thema vgl. Lerner, G. (1991), *Die Entstehung des Patriarchats,* Frankfurt/Main.

9 Abana, oder Ibana, ist die Mutter Ahmoses.

10 Eine Ausnahme ist die »Autobiographie« der Taimhotep aus der Spätzeit, die ihr Mann nach ihrem Tod verfaßte. Ein Auszug aus dieser »Autobiographie« wird am Ende des 8. Kapitels in diesem Buch zitiert.

11 Die gegliederte Bibliographie im Anhang des Buches enthält die Übersetzung der medizinischen Papyri von Westendorf (1992).

12 Die griechische und römische Prosa hatte immer schon eine ambivalente Einstellung gegenüber Frauen, und die Intrigen schmiedende Frau war eine verbreitete Erscheinung in der klassischen Literatur.

13 Ägypten wurde auf unterschiedlichste Weise durch seine Nachbarn beeinflußt, und es wäre interessant und informativ, die herrschenden gesellschaftlichen Bräuche jener Länder zu betrachten. Auch wenn Untersuchungen über Frauen in der nahöstlichen Archäologie immer mehr Beachtung finden, gibt es leider nach wie vor nur relativ wenig Veröffentlichungen zum Thema. Dieser Mangel an leicht zugänglichen Informationen fällt besonders ins Gewicht, wenn man ihn mit der Aufmerksamkeit vergleicht, die sich auf die Frauen der Antike konzentriert. Lesko (Hrsg., 1987) hat diesem Problem abzuhelfen versucht und den an nahöstlicher Frauenforschung Interessierten eine nützliche Bibliographie zur Verfügung gestellt.

14 Die Gesetze des Hammurabi dürfen nicht wörtlich ausgelegt werden, denn sie stellten anscheinend eher einen Leitfaden für gutes Benehmen als eine strikte Verordnung dar. Wie wir wissen, haben einige Frauen im eigenen Namen rechtsgültige Geschäfte abgewickelt, und wohlhabende Witwen konnten in beachtlichem Maße über ihr eigenes Leben bestimmen. Trotz-

dem lassen diese Regeln klare Rückschlüsse auf die gesellschaftlichen Werte und die rechtliche Stellung der Frau innerhalb der Gemeinschaft zu.

15 Eine kurze und bündige Erörterung der Rolle der Frau in der Antike findet sich bei Clark (1989).

16 Frazer, J. G. (1989), *Der goldene Zweig. Das Geheimnis von Glauben und Sitten der Völker,* Reinbek bei Hamburg. Erstausgabe London 1890.

17 Zum Matriarchat gehört auch die Abstammungsfolge in der weiblichen Linie, wobei die Herrschaft über die Eigentumsverhältnisse ausschließlich von Frauen ausgeübt wird und von der Mutter auf die Tochter übergeht. Mittlerweile wurde erkannt, daß es niemals ein wirkliches Matriarchat gab. Stichhaltiger ist die Annahme, in Ägypten habe ein matrilineares System existiert, wenn auch ein solches System nicht unbedingt die rechtliche Gleichstellung der Frauen erklären würde. In einem matrilinearen System werden Erbfolge und Verwandtschaftsverhältnisse über die Mutter hergestellt – vom Bruder der Mutter über die Mutter zum Sohn der Mutter – und die Beziehungen zwischen Geschwistern gelten als stärker als die Verbindung der Ehegatten. Männer behalten jedoch die Vormachtstellung in der Gesellschaft, und die Frauen verfügen ebenso wenig über gleiche Rechte wie ihre unter patriarchalischer Herrschaft lebenden Geschlechtsgenossinnen. Auf die oft zitierte Grabinschrift Paheris, in der unter anderem die Abstammung des Verstorbenen entlang der weiblichen Linie zurückverfolgt wird, läßt sich die Theorie einer matrilinearen Gesellschaft nicht stützen; daß Paheri bei der Aufzählung den bedeutenderen Familienzweig dem unbedeutenderen väterlichen vorzog, ist nur menschlich.

18 Der Fall Mose wird ausführlich bei James (1984) erörtert.

19 Mehr zu diesem Thema findet sich bei Pestman, P. W. (1961), *Marriage and Matrimonial Property in Ancient Egypt*, Leiden.

20 Gardiner, A. (1945), Adoption Extraordinary, *Journal of Egyptian Archaeology* 26, S. 23–29.

2
Eheglück

1 Vgl. Lindsay, J. (1963), *Daily Life in Roman Egypt*, London, S. 17.

2 Obwohl die Empfängnisfähigkeit von Frauen im ersten oder zweiten Jahr nach Einsetzen der Menstruation oftmals noch

eingeschränkt ist, müssen Schwangerschaften junger Mädchen häufig vorgekommen sein.

3 Diese Vermutung stützt sich auf einen Text, in dem es um die Vermögensaufteilung des Arbeiters Nechmin geht. Ein sehr wichtiger, aber unvollständiger Satz lautet: »Während sie mit Nechmin ihr … verzehrte.« Das fehlende Wort wurde aus sprachwissenschaftlichen Gründen als »Salz« gedeutet. Bei der Frau, von der hier die Rede ist, handelt es sich um Merut, die zweite Frau Nechmins, und es wird vermutet, daß die Zeilen beweisen sollen, das Paar habe nicht nur zusammengelebt, sondern sei offiziell verheiratet gewesen. Diese Theorie wird bei Janssen, J. J. (1974), An allusion to an Egyptian wedding ceremony?, *Göttinger Miszellen* 10, S. 25–28, näher ausgeführt.

4 Mehr zu diesem Thema bei Pestman, P. W. (1961), *Marriage and Matrimonial Property in Ancient Egypt*, Leiden.

5 Diese Theorie wird sehr viel ausführlicher bei Ward, W. A. (1986), *Essays on Feminine Titles of the Middle Kingdom and Related Subjects*, Beirut, erörtert. Siehe auch Ward, W. A. (1983), Reflections on some Egyptian terms presumed to mean »harem, harem-woman, concubine«, *Berytus Archaeological Studies* 31, S. 67–74.

6 Siehe Janssen, J. J. (1988), Marriage problems and public relations (P.B.M. 10416), in *Pyramid Studies and other essays presented to I.E.S. Edwards*, Baines J. u. a. (Hrsg.), London, S. 134–137.

7 Zitiert aus: Miles, R. (1990), *Weltgeschichte der Frau*, Düsseldorf/Wien/New York, S. 270, wo weitere Beispiele für die Verwendung von Dung als Verhütungsmittel erwähnt werden. Watterson (1991, S. 88) deutet an, daß die vom medizinischen *Papyrus Kahun* als Verhütungsmittel empfohlenen, in saurer Milch eingeweichten Krokodilexkremente eine ähnliche leicht giftige Wirkung hatten wie der mit Essig vollgesogene Schwamm, der bis zu Beginn dieses Jahrhunderts in Westeuropa als gebräuchliches Mittel zur Geburtenkontrolle diente und noch heute von ägyptischen Bauern benutzt wird.

8 Dieser aus dem Neuen Reich stammende Auszug aus einer Unterweisung des Schreibers Ani wurde oft mit den Aussagen eines heutigen ägyptischen Dorfbewohners verglichen, die Winifred Blackman 1927 aufzeichnete:

Meine Frau ist gut, und ich erfreue mich an ihr, aber sie muß dort bleiben [er zeigt auf den Boden]. Meine Mutter ist dort oben [er deutet nach oben]. Hat sie mich nicht neun Monate lang getragen [er legt die Hand auf seinen Bauch]? Hat sie nicht Qualen erleiden müssen, um mich zu gebären, und hat sie mich nicht gestillt? Wie könnte ich sie nicht lieben? Meine Frau mag sich wandeln und aufhören, mich zu lieben. Meine Mutter bleibt immer dieselbe; ihre Liebe zu mir kann sich niemals verändern.

9 *Mammisi* waren kleine Tempel in einem heiligen Bezirk. Sie wurden im Gedenken an die Geburt des im Haupttempel verehrten Gottes errichtet und sind stets mit Geburtsszenen dieses Gottes geschmückt.

10 Baines, J. (1985), Egyptian Twins, *Orientalia* 54, S. 461–482.

11 Weitere Einzelheiten zum Thema Kindheit im pharaonischen Ägypten finden sich bei Janssen, R. M./Janssen, J. J. (1990), *Growing up in Ancient Egypt*, London.

3
Die Herrin des Hauses

1 Die Vergrößerungen und Verkleinerungen von Horis Haushalt sind graphisch dargestellt in Kemp (1989), S. 157 f.

2 Eine Übersicht über alle Aspekte des Wäschewaschens findet sich in Hall, R. M. (1986), *Egyptian Textiles*, Aylesbury.

3 Weitere Angaben über die Speisen, die die alten Ägypter genossen, finden sich in Darby, W. J., Ghaliongui, P., und Grivetti, L. (1977), *Food: the gift of Osiris*, London; Wilson, H. (1988), *Egyptian Food and Drink*, Aylesbury.

4 Emery, W. B. (1962), *A Funerary Repast in an Egyptian Tomb of the Archaic Period*, Leiden.

5 Das Problem beim Verzehr von Schweinefleisch ist die Gefahr des Parasitenbefalls, wenn das Fleisch nicht völlig durchgegart wird. Eine faszinierende Diskussion über das Hausschwein als freilaufenden Abfallvertilger in ägyptischen Städten findet sich in Miller, R. L. (1990), »Hogs and Hygiene«, *Journal of Egyptian Archaeology* 76, S. 125–140. Dieser Artikel ist eine Fundgrube für überraschende Informationen, angefangen vom Prozentsatz schwerer Verletzungen, die freilaufende Schweine in Neuguinea verursachen, bis hin zu den Ritualen des modernen *zabbalin*, der im heutigen Kairo den Müll einsammelt.

6 Man kann natürlich ebenso plausibel feststellen, daß es viel leichter ist, jemanden beim Einschenken eines Getränks abzu-

bilden, als einen vornehmen Mann in würdevoller Weise beim Verspeisen einer Gans zu zeigen.

7 Weitere Angaben über den Konsum von Wein und Bier finden sich in Lesko, L. H. (1977), *King Tut's Wine Cellar,* California.

4
Arbeit und Spiel

1 Die Szenen, in denen Frauen mit der Ausstattung des Schreibers zu sehen sind, sollten jedoch mit einiger Vorsicht als Belege herangezogen werden, da ihre Deutung nicht ganz zweifelsfrei möglich ist. Eine berühmte Grabszene aus dem Alten Reich zeigt beispielsweise Prinzessin Idut in einem Segelboot auf dem Nil mit Schreiberpalette und Pinsel neben sich, ganz so, als sei diese Dame sehr stolz auf ihre Bildung und ihre damit einhergehenden Fähigkeiten. Inzwischen wissen wir jedoch, daß die zentrale Figur in dieser Szene ursprünglich ein Mann sein sollte – ein Wesir namens Ihui aus der 5. Dynastie – und daß das Vorhandensein einer Schreiberausrüstung sehr wohl eine Art »Druckfehler« sein kann und möglicherweise nichts mit der Person der Prinzessin zu tun hat.

2 Janssen, J. J. (1986), A Notable Lady, *Wepwawet* 12, S. 30f.

3 Eine ausführliche Besprechung der Titel von Frauen im Alten und Mittleren Reich findet sich in Fischer, H. G. (1976), *Varia,* New York.

4 Von mindestens einer Frau, nämlich Peschet, die im Alten Reich lebte, ist bekannt, daß sie den Titel »Vorsteherin der Ärztinnen« führte, was darauf hindeutet, daß es damals eine Zunft professioneller Ärztinnen gegeben haben könnte – vielleicht auch Ärztinnen, die sich auf die Behandlung von Frauen spezialisiert hatten. Peschet gehörte jedoch zu einer Priesterfamilie, und ihr Sohn Achethope, der den Titel »Aufseher der Totenpriester der Königsmutter« trug, erbte schließlich den Arzttitel seiner Mutter, was nahelegt, daß es sich dabei um einen reinen Ehrentitel handelte. Wir haben keine weiteren Informationen über die Arbeit von Ärztinnen in Ägypten.

5 Zwar dienten in den Tempeln der Götter im allgemeinen Priester, in denen der Göttinnen Priesterinnen, aber der oberste Kultfunktionär jedes Tempels war im allgemeinen ein Mann, und natürlich war der männliche König der höchste Priester aller Kulte, egal ob sie Göttern oder Göttinnen galten.

6 Es besteht kein Zweifel daran, daß der Titel »Wesir« Nebet und nicht ihrem Mann Hui verliehen wurde. Hui erhält jedoch den Titel »Aufseher der Pyramidenstadt«, der normalerweise im Alten Reich Bestandteil des Wesirtitels war, und es ist wahrscheinlich, daß in Wirklichkeit Hui im Namen seiner Frau als Wesir tätig war. Bei der Besprechung der Informationen über diese ungewöhnliche Dame kommt H. G. Fischer in seinen *Varia* (1976, New York) zu dem Schluß, daß Nebets Titel aller Wahrscheinlichkeit nach eine Ehrenbezeichnung war, um den Status einer Frau relativ einfacher Herkunft zu heben, die eine gute Partie gemacht hatte und später sogar Großmutter eines Pharao wurde.

7 Ward, W. A. (1984), The case of Mrs. Tchat and her sons at Beni Hassan, *Göttinger Miszellen* 71, S. 51–59.

8 Ein Führer zur altägyptischen Musik und altägyptischen Musikern ist L. Manniche (1991), *Music and Musicians in Ancient Egypt*, London.

9 Penelope, die treue Gattin des Odysseus, die ihre Tage am Webstuhl verbrachte, während sie auf die Rückkehr ihres Mannes wartete, erfüllte damit eine sozial anerkannte weibliche Aufgabe, die unterstreichen sollte, daß sie sich wie eine tugendhafte Ehefrau verhielt.

10 In James (1991) wird der Fall des vermißten Dienstmädchens ausführlich dargestellt.

11 Fachleute streiten sich immer noch darüber, welche Bedeutung die Sklaverei im alten Ägypten hatte; es ist aus heutiger Perspektive sehr schwer, zwischen Sklaven und Dienern zu unterscheiden. Sicherlich sorgte die Pyramidenform der ägyptischen Gesellschaft zusammen mit dem gut ausgebildeten Fronarbeitssystem dafür, daß Sklavenarbeit für die ägyptische Wirtschaft von geringer Bedeutung war. Die umfassendste Diskussion dieser Frage findet sich in Bakir, A. M. (1952), *Slavery in Pharaonic Egypt*, Kairo.

12 Weitere Einzelheiten über die Preise in der dynastischen Zeit finden sich in Janssen, J. J. (1975), *Commodity Prices from the Ramessid Period*, Leiden.

13 Janssen, R. M./Janssen, J. J. (1989), *Egyptian Household Animals*, Aylesbury.

5
Eine gepflegte Erscheinung

1 Einen Überblick über die Belege für eine Beschneidung von Männern im alten Ägypten gibt Janssen, R. M./Janssen, J. J. (1990), *Growing up in Ancient Egypt*, London.

2 Die Beschneidung von Frauen wird dort, wo sie gängige Praxis ist, als Notwendigkeit begründet, um einerseits zu verhindern, daß weibliche Geschlechtsorgane sich ähnlich entwickeln wie männliche, und andererseits das Lustempfinden der Mädchen einzuschränken, indem ihnen der Orgasmus erschwert wird; alle vorhandenen Zeugnisse belegen jedoch, daß Frauen im alten Ägypten das gleiche Vergnügen an ihrem Liebesleben zugestanden wurde wie ihren männlichen Partnern, was den Schluß nahelegt, daß keine erkennbare Notwendigkeit für eine Beschneidung bestand.

3 Ausführlichere Einzelheiten zur Herstellung von Perücken finden sich bei Cox, J. S. (1977), The Construction of an Ancient Egyptian Wig, *Journal of Egyptian Archaeology* 63, S. 67–70. Wie es scheint, sahen aber nicht einmal die besten ägyptischen Perücken so natürlich aus, wie die etwas idealisierenden Grabgemälde sie zeigten.

4 Riefstahl, E., An Ancient Egyptian Hairdresser, *Bulletin of the Brooklyn Museum* 13. 4. 1952, S. 7–16; Two Hairdressers of the 11 th Dynasty, *Journal of Near Eastern Studies* 15/1956, S. 10–17.

5 Keimer, L. (1948), *Remarques sur le Tatouage dans L'Égypte Ancienne*, Kairo.

6 Einen umfassenden Überblick über die ägyptische Textilherstellung gibt Hall, R. M. (1986), *Egyptian Textiles*, Aylesbury. Die wechselnden Moden bei Frauenkleidern werden ausführlich bei Riefstahl, E./Chapman, S. (1970), A Note on Ancient Fashions, *Bulletin of the Museum of Fine Arts*, Boston 68, S. 244–259, erörtert.

7 Wenigstens einige in den Gräbern gefundene Kleidungsstücke waren allem Anschein nach ausschließlich als Grabbeigaben bestimmt, da sie zu lang und zu eng waren, um den Grabinhabern tatsächlich zu passen. Die Tradition, die Verstorbenen mit Kleidern zu versorgen, paßt zu der Ausstattung mit besonderem Grabschmuck, die später in diesem Kapitel erwähnt wird; durch magische Einflüsse sollten Kleider und Schmuck im Leben nach dem Tode vollkommen ihren Zweck erfüllen. Einzelheiten zu vorliegenden Kleiderfunden und interessante Erläu-

terungen über die Funktion von Ärmeln bei ägyptischer Kleidung finden sich bei Hall, R. M. (1981), Two linen dresses from the 5 th Dynasty site of Deshasheh, *Journal of Egyptian Archaeology* 67, S. 168–171, und bei Hall, R. M./Pedrini, L. (1984), A pleated linen dress from a Sixth Dynasty tomb at Gebelein, *Journal of Egyptian Archaeology* 70, S. 136–139.

8 Weitere Angaben zur Arbeit des Orakels Amenophis' I. macht McDowell, A. G. (1990), *Jurisdiction in the Workmen's Community of Deir el-Medina*, Leiden.

9 Aus Gold mit einem hohen Silberanteil entsteht eine Gold-Silberlegierung, ein Metall, das leicht mit Silber verwechselt werden kann und von ägyptischen Goldschmieden hoch geschätzt wurde.

6
Der königliche Harem

1 Die richtige Auslegung der normalerweise mit »Harem« oder »königlicher Harem« übersetzten Begriffe wird ausführlich in Ward, W. A. (1983), Reflections on some Egyptian terms presumed to mean »harem, harem-woman, concubine«, *Berytus Archaeological Studies* 31, S. 67–74 erörtert.

2 Ganz anders ist die Situation bei den zur gleichen Zeit entstandenen Grabstätten der Edelleute in Sakkara. Zwar wurden auch sie von ordentlichen Reihen von Nebengräbern umgeben, diese waren aber ausschließlich für Handwerker oder Künstler und unbedeutende Verwalter bestimmt, die mit den Inhabern des Hauptgrabes bei weitem nicht so vertraut waren.

3 Emery, W. B. (1954), *Great Tombs of the First Dynasty*, Bd. 2, London, S. 142.

4 Eine ausführliche und erschütternde Beschreibung der Ausgrabung des Königlichen Friedhofs findet sich bei Woolley, L. (1934), *Ur Excavations*, Bd. 2, London.

5 Vergleiche Ward, W. A. (1983), Reflections on some Egyptian terms presumed to mean «harem, harem-woman, concubine«, *Berytus Archaeological Studies* 31.

6 Zwar gibt es keine Aufzeichnung darüber, welchen Titel die Nebenfrauen eigentlich trugen, aber es steht fest, daß ausländische Prinzessinnen – denen, bis auf eine Ausnahme, nicht der hohe Rang einer »Großen Königsgemahlin« gewährt wurde – nicht als einfache Konkubinen des Königs eingestuft wurden.

7 Gedenkskarabäen mit ausführlichen hieroglyphischen Texten

waren zur Regierungszeit Amenophis III. ein gebräuchliches Mittel, um bedeutende Ereignisse wie königliche Hochzeiten, große Jagdausflüge oder sogar das Anlegen eines Vergnügungssees für Königin Teje bekanntzugeben.

8 Daß die Hethiterkönigin und Gemahlin Ramses' II. mit ihrem Gefolge zumindest zeitweise in *Merwer* lebte, wissen wir dank einer persönlichen Wäschereiliste der Königin, die Professor Petrie bei Ausgrabungen dort fand.

9 Der Körper Ramses' III. wies keine Zeichen von Gewalteinwirkung auf, allerdings hätte Gift, angeblich die Waffe der Frauen, natürlich keine Spuren hinterlassen.

10 Die Kartusche ist ein hieroglyphisches Symbol, mit dem seit den Anfängen des Alten Reichs ein Königsname angezeigt wird. Sie besteht aus einer ovalen Schlinge, die als doppeltes Band den Namen einrahmt und deren Enden eine gerade Linie am Boden des Ovals bilden. In eine Kartusche werden stets beide Namen des Königs, sein Thron- und sein Geburtsname, geschrieben.

11 Das Problem der sich verändernden Rolle ägyptischer Königsgemahlinnen wird in Troy, L. (1986), *Patterns of Queenship in Ancient Egypt Myth and History,* Uppsala, erörtert; das Werk enthält auch ein wissenschaftliches Verzeichnis von Titeln und Beinamen königlicher Frauen.

12 Beweise deuten darauf hin, daß mindestens sechs bemerkenswerte Frauen (Merit-Neith, Nitokris, Sobeknofru, Hatschepsut, Nofretete und Tewosre) auf den ägyptischen Thron gelangten und als Regentinnen oder Königsgemahlinnen die Herrschaft übernahmen. Das Belegmaterial im Zusammenhang mit diesen untypischen Regentschaften untersuchen wir im 7. Kapitel ausführlicher.

13 Szenen, auf denen diese Frauen beim Besuch auf einem Bauernhof frische Milch trinken, während die Kuh und ihr Kalb das Geschehen beobachten, symbolisieren wahrscheinlich eher Ereignisse im bukolischen Jenseits als alltägliche Vorfälle im königlichen Leben.

14 Eine wissenschaftliche Erörterung der Argumente für und gegen die in der »Erbprinzessinen-Theorie« behauptete Erbfolge des ägyptischen Thrones sowie eine ausführliche Bibliographie sachbezogener Verweise findet sich bei Robins, G. (1983), A Critical Examination of the Theory that the Right to the Throne of Ancient Egypt Passed Through the Female Line in the 18 th Dynasty, *Göttinger Miszellen* 62, S. 67–77.

7
Regentinnen

1 *Maat* wurde personifiziert dargestellt durch eine Göttin desselben Namens. Diese Göttin, die Tochter des Re, trug einen unverwechselbaren Kopfschmuck in Form einer einzelnen, hohen Straußenfeder, die mit einem goldenen Stirnband befestigt war. Sie verkörperte die Wahrheit und das Walten der Gerechtigkeit.

2 Diese Diskriminierung der Frauen bei der Thronfolge läßt sich in den europäischen Königshäusern mindestens teilweise durch den Wunsch erklären, eine rein patrilineare Nachfolge zu wahren. Allerdings läßt sich diese Erklärung kaum auf Ägypten übertragen, wo die Pharaonen immer wieder einmal Nachfolger beriefen, die überhaupt nicht mit ihnen verwandt waren, weil sie offensichtlich lieber einen Mann aussuchten, der für das Amt besonders gut geeignet war, als sich durch Familienbande festlegen zu lassen.

3 Die berüchtigte Königin Kleopatra VII., die letzte ägyptische Monarchin, regierte in der griechisch-römischen Zeit, die auf die dynastische Epoche folgte und nicht mehr Thema dieses Buches ist.

4 Eine alternative Erklärung für diese frühen Königsgräber könnte sein, daß sich jeder König nur ein einziges Grab in Abydos errichtete, auf dem Königsfriedhof seines Heimatlandes im Süden. In diesem Fall müssen die größeren Grabstätten in Sakkara den höchstrangigen Hofbeamten und Priestern gehört haben. Leider erklärt das nicht, warum es in Sakkara Sonnenbarken gab; mit Ausnahme von Merit-Neith stattete man nur Könige mit diesen Schiffen aus.

5 Der Text dieser Verkündigung, der in Hatschepsuts prächtigem Totentempel in Der el-Bahari erhalten blieb, ist nahezu identisch mit einem Dekret zur gemeinsamen Herrschaft von Amenemhet III. und Sesostris III. im Mittleren Reich und wahrscheinlich eine direkte Abschrift. Durch die erneute Benutzung eines bereits existierenden Textes unterstrich Hatschepsut in den Augen ihrer Untertanen wahrscheinlich die Wirkung ihrer Botschaft und stellte einen direkten Bezug nicht nur zu ihrem Vater, sondern auch zu den früheren Königen der 12. Dynastie her. Dieser Aspekt der Kontinuität des Königtums war für die Ägypter sehr wichtig, da er die Anwesenheit von *maat* im Land anzeigte.

6 Weitere Angaben über Senenmut finden sich in Dorman, P. F. (1988), *The Monuments of Senenmut*, London.

8
Religiöses Leben und Jenseitsvorstellungen

1 Juvenal, *Satiren*, München 1993, S. 301.

2 Die *Geschichte von der Vernichtung der Menschheit* aus dem Neuen Reich schildert, wie sich Re entschließt, alles menschliche Leben auszumerzen, weil die Menschen sich gegen ihn verschworen haben. Er erschafft Sachmet, das »Auge von Re«, die mit dem Blutbad beginnt. Aber später empfindet er Reue über sein unbesonnenes Handeln. Um Sachmet davon abzuhalten, das Massaker zu vollenden, mischt er Bier mit rotem Ocker. Die Göttin, die die rote Flüssigkeit für Blut hält, trinkt sich satt daran und ist schließlich zu betrunken, um ihre Todesmission fortzusetzen.

3 Mehr zum Thema Familienkult und -religion findet sich bei Pinch, G. (1983), Childbirth and Female Figurines at Deir el-Medina and el-Amarna, *Orientalia* 52, S. 405–412, und Kemp, B. J. (1979), Wall Paintings from the Workmen's Village at el-Amarna, *Journal of Egyptian Archaeology* 65, S. 52–53.

4 Meschenets ausgefallener Kopfschmuck, der an einem Reif auf dem Kopf befestigt war, wurde auch als zwei lange Palmtriebe mit eingerollten Spitzen gedeutet.

5 Budge, W. (1910), *Book of the Dead, Text II*, London.

6 Ayrton, E. R. (1909), Bericht ohne Titel in F. Ll. Griffith (Hrsg.), *Egypt Exploration Fund Archaeological Report 1908–1909*, London, S. 3.

Ausgewählte Bibliographie

Viele ägyptologische Bücher und Artikel enthalten Informationen, die für das Verständnis des Lebens ägyptischer Frauen von Bedeutung sind. Meist finden sich diese Informationen jedoch im Rahmen einer allgemeineren Untersuchung, und es gibt nur ganz wenige Arbeiten, die sich ausschließlich mit frauenspezifischen Themen befassen. Unter den nachfolgend aufgeführten Werken werden einige wichtige und relativ gut zugängliche Veröffentlichungen genannt. Viele dieser Werke enthalten Bibliographien, die detailliertere Angaben zu einzelnen Gebieten liefern. Die Titel speziellerer Veröffentlichungen zu Themen, die im Text angesprochen wurden, sind in den Anmerkungen enthalten. In die Bibliographie der deutschen Übersetzung wurden einige in deutscher Sprache erschienene Arbeiten zusätzlich aufgenommen.

Frauenorientierte Archäologie

Cameron, A./Kuhrt, A. (Hg.) (1983), *Images of Women in Antiquity*, London.

Clark, G. (1989), *Women in the Ancient World*, New Surveys in the Classics 21, Oxford.

Desroches-Noblecourt, C. (1986), *La Femme au Temps des Pharaons*, Paris.

Lesko, B. S. (Hg.) (1987), *Women's Earliest Records from Ancient Egypt and Western Asia: Proceedings of the Conference on Women in the Ancient Near East, Brown University*, Brown Judaic Studies 166, Atlanta.

Moore, H. L. (1990), *Mensch und Frau sein. Perspektiven einer feministischen Anthropologie*, Gütersloh.

Pomeroy, S. B. (1984), *Women in Hellenistic Egypt*, New York.

Schulze, P. H. (1987), *Frauen im alten Ägypten. Selbständigkeit und Gleichberechtigung im häuslichen und öffentlichen Leben*, Bergisch Gladbach.

Watterson, B. (1991), *Women in Ancient Egypt*, Stroud.

Wenig, S. (1967), *Die Frau im Alten Ägypten*, Leipzig.

Zeitgenössische und moderne Beobachter

Assmann, J. (1975), *Ägyptische Hymnen und Gebete*, Zürich / München.

Atiya, N. (1984), *Khul-Khaal: five Egyptian Women tell their stories*, Kairo.

Blackman, W. S. (1927), *The Fellahin of Upper Egypt*, London.

Breasted, J. H. (1930), *The Edwin Smith Medical Papyrus*, Chicago.

Brunner, H. (1991²), *Die Weisheitsbücher der Ägypter, Lehren für das Leben*, Zürich / München.

Diodoros, *Griechische Weltgeschichte*, Buch I–X, Erster Teil (Buch I–III), übersetzt von G. Wirth (1992), Stuttgart.

Diodorus Siculus, *Geschichts-Bibliothek*, übersetzt von A. Wahrmund (1866), Stuttgart.

Ebbell, B. (1937), *The Papyrus Ebers*, Kopenhagen.

Erman, A. (1923), *Die Literatur der Ägypter. Gedichte, Erzählungen und Lehrbücher aus dem 3. und 2. Jahrtausend v. Chr.*, Leipzig.

Griffith, F. Ll. (1898), *Hieratic Papyri from Kahun and Gurob*, London.

Herodot, *Geschichten und Geschichte I*, Hg. C. Andresen / O. Gigon / E. Hornung / W. Rüegg (1973), Zürich / München.

Herodot, *Historien*, Übersetzung von A. Horneffer, Hg. H. W. Haussig, Stuttgart 1971.

Hornung, E. (1978), *Meisterwerke altägyptischer Dichtung*, Zürich / München.

Hornung, E. (1990), *Gesänge vom Nil. Dichtung am Hofe der Pharaonen*, Zürich / München.

James, T. G. H. (1962), *The Hekanakhte Papers and other early middle documents*, New York.

Lichtheim, M. (1973), *Ancient Egyptian Literature I: The Old and Middle Kingdoms*, Los Angeles.

Lichtheim, M. (1976), *Ancient Egyptian Literature II: The New Kingdom*, Los Angeles.

Lichtheim, M. (1980), *Ancient Egyptian Literature III: The Late Period*, Los Angeles.

Parkinson, R. B. (1991), *Voices from Ancient Egypt: an anthology of Middle Kingdom writings*, London.

Rugh, A. B. (1986), *Reveal and Conceal: dress in contemporary Egypt*, Kairo.

Schott, S. (1950), *Altägyptische Liebeslieder*, Zürich.

Simpson, W. K. (Hg.) (1972), *The Literature of Ancient Egypt: an anthology of stories, instructions and poetry*, New Haven.

Strabo, *Erdbeschreibung*, übersetzt und erläutert von A. Forbiger (1855–1911), Berlin.

Strabo, *The Geography of Strabo VII*, translated by H. L. Jones (1932), New York.

Watson, H. (1992), *Women in the City of the Dead*, London.

Westendorf, W. (1992), *Das Erwachen der Heilkunst. Die Medizin im Alten Ägypten*, Zürich (Übersetzung der medizinischen Papyri).

Geschichte und Geographie

Aldred, C. (1973), *Akhenaten and Nefertiti*, New York.

Aldred, C. (1986), *Echnaton. Gott und Pharao Ägyptens*, Bergisch-Gladbach.

Baines, J./Malek, J. (1980) *Weltatlas der Alten Kulturen. Ägypten*, München.

Brovarski, E./Doll, S. K./Freed, R. E. (Hg.) (1982), *Egypt's Golden Age: the art of living in the New Kingdom*, Boston.

Brunner-Traut, E. (1988[2]), *Kleine Ägyptenkunde. Von den Pharaonen bis heute*, Stuttgart.

Eggebrecht, A. (1984), *Das alte Ägypten. 3000 Jahre Geschichte und Kultur des Pharaonenreiches*, München.

Emery, W. B. (1964), *Ägypten. Geschichte und Kultur der Frühzeit 3200–2800 v.Chr.*, München.

Gardiner, A. (1965), *Geschichte des alten Ägypten*, Stuttgart.

Hayes, W. C. (1953), *The Scepter of Egypt Vol. I: from earliest times to the end of the Middle Kingdom*, New York.

Hayes, W. C. (1959), *The Scepter of Egypt Vol. II: the Hyksos Period and the New Kingdom*, New York.

Helck, W./Otto, E./Westendorf, W. (Hg.) (1975 ff.), *Lexikon der Ägyptologie*, Wiesbaden.

Hornung, E. (1990[3]), *Einführung in die Ägyptologie*, Darmstadt.

Hornung, E. (1992[4]), *Grundzüge der ägyptischen Geschichte*, Darmstadt.

Kemp, B. J. (1989), *Ancient Egypt: anatomy of a civilization*, London.

Tägliches Leben

Assmann, J. (1988), *Pharaos and Mortals: Egyptian Art in the Middle Kingdom*, Cambridge.

Donadoni, S. (Hg.) (1992), *Der Mensch des Alten Ägypten*, (dt. Ausgabe, erweitert um das Kapitel »Frauen« von Erika Feucht) Frankfurt/Main.

Feucht, Erika (1995), *Das Kind im Alten Ägypten. Die Stellung des Kindes in Familie und Gesellschaft nach altägyptischen Texten und Darstellungen*, Frankfurt/Main.

James, T. G. H. (1991), *Pharaos Volk. Leben im alten Ägypten*, München.
Janssen, R. M./Janssen, J. J. (1990), *Growing up in Ancient Egypt*, London.
Manniche, L. (1988), *Liebe und Sexualität im alten Ägypten*, Zürich/München.
Morenz, S. (1977[2]), *Ägyptische Religion*, Stuttgart.
Posener, G. (1960), *Knaurs Lexikon der ägyptischen Kultur*, München/Zürich.
Reiser, E. (1972), *Der königliche Harem im alten Ägypten und seine Verwaltung*, Wien.
Spencer, A. J. (1982), *Death in Ancient Egypt*, London.
Stead, M. (1986), *Egyptian Life*, London.
Wilkinson, A. (1971), *Ancient Egyptian Jewellery*, London.

Verzeichnis der Tafeln

Gegenstände, die Professor John Garstang bei seine Ausgrabungen in Beni Hasan und Abydos ans Licht brachte, sind nach den Original-Grabungsfotografien aus den Jahren 1904 und 1907–1909 wiedergegeben. Für die Erlaubnis, die bisher unpublizierten Fotografien hier zu veröffentlichen, danke ich Frau Professor Slater von der Universität Liverpool.

12 a/b Großer Korb, der einen zusammenklappbaren Hocker enthält (Garstang, Beni Hasan).
13 Damen des Neuen Reiches, die einem Musiker lauschen (Grabszene aus Sakkara).
14 Hölzernes Modell eines *djeryt* (Universität Liverpool).
15 Ein Relief vom Sarkophag der Königin Kawit aus dem Beginn des Mittleren Reiches zeigt die Königin bei ihrer morgendlichen Toilette (Ägyptisches Museum, Kairo).
16 Bronzene Rasierklinge mit Griff in Form eines Entenhalses und -kopfes (Universität Liverpool).
17 Bronzespiegel mit einem als Lotosstengel geformten Griff (Universität Liverpool).
18 Sandalen aus einem Grab des Mittleren Reiches (Garstang, Beni Hasan).
19 Armband aus Elfenbein und Schiefer aus dem Grab der Königin Neithhotep in Nakada (Universität Liverpool).
20 Mittel zur Schönheitspflege: Cremetöpfchen, Schleifstein und Applikatoren (Garstang, Beni Hasan).
21 Königin Nefertari als Verkörperung der Göttin Hathor an der Fassade ihres Tempels in Abu Simbel.
22 Der Gott Amun-Re segnet Königin Hatschepsut (Szene aus Hatschepsuts »Roter Kapelle«, Karnak).
23 Der Totentempel Königin Hatschepsuts in Der el-Bahari, Theben.
24 Eine »Gottesgemahlin des Amun«, vielleicht Amenirdis I. (Medinet Habu, Theben).
25 Die Göttin Hathor und der falkenköpfige Gott Re (Grab der Nofretete, Tal der Königinnen).
26 Die Mumie der Prinzessin Rai (aus Elliot Smith, G., 1912, *Catalogue Général des Antiquités d'Archeologie Oriental*, Kairo, Tafel 6).
27 Grab einer reichen Ägypterin aus dem Neuen Reich (Garstang, Abydos).

Verzeichnis der Abbildungen

15 Zwei Damen des Neuen Reiches, denen bei einem Bankett eine Dienerin aufwartet (nach Davies, N. de G., 1963, *Private Tombs at Thebes: scenes from some Theban tombs*, Bd. 4, Oxford, Tafel 6).
16 Dame, die sich bei einem Gastmahl übergibt (nach Davies, N. de G., 1963, *Private Tombs at Thebes: scenes from some Theban tombs*, Bd. 4, Oxford, Tafel 18).
17 Die Göttin Seschat (nach Bonnet, H., 1952, *Reallexikon der ägyptischen Religionsgeschichte*, Berlin, Abb. 399).
18 Primitive Hieroglyphen aus Der el-Medine (nach Bruyère, B., *Rapport sur les Fouilles de Deir el-Medineh*, Kairo, Abb. 32).
19 Musikantinnen spielen beim Gastmahl auf (nach Davies, N. de G., 1963, *Private Tombs at Thebes: scenes from some Theban tombs*, Bd. 4, Oxford, Tafel 6).
20 Gruppe von Schlagzeugerinnen (nach Davies, N. de G., 1933, *The Tomb of Neferhotep at Thebes*, New York, Tafel 18).
21 Klagefrauen aus dem Grab des Neferhotep (nach Davies, N. de G., 1933, *The Tomb of Neferhotep at Thebes*, New York, Tafel 22).
22 Tauschhandel auf dem Marktplatz (nach Scheil, V., 1894, *Tombeaux Thébains; Le Tombeau d'Apoui*, Paris, Tafel 2).
23 Abgerichteter Polizeiaffe, der gerade einen Dieb stellt (nach Moussa, A. M./Altenmüller, H., 1977, *Das Grab des Nianchchnum und Chnumhotep*, Mainz, Abb. 10).
24 Königin aus dem Alten Reich mit einer auffallend rot-gelben Perücke und den vielleicht ältesten Schulterpolstern der Welt (nach Dunham, D./Simpson, W. K., 1974, *The Mastaba of Queen Merysankh III*, Boston, Abb. 7).
25 Mädchen mit fischförmigem Anhänger im Haar (nach Blackman, A. M./Apted, R. M., 1953, *The Rock Tombs of Meir*, Bd. VI, London, Tafel 14).
26 Kleid aus dem Alten Reich (nach Wild, H., 1953, *Le Tombeau de Ti*, Bd. II, Kairo, Tafel 39).
27 Mode im Neuen Reich.
28 Bronzespiegel (nach Hornemann, B., 1951–69, *Types of Egyptian Statuary*, Kopenhagen, 963).
29 Ein Bildhauer bemalt die Statue der Königin Meresanch (nach Dunham, D./Simpson, W. K., 1974, *The Mastaba of Queen Merysankh III*, Boston, Abb. 8).
30 Der Pyramidenkomplex Sesostris' I. (nach Edwards, I. E. S., 1947, *The Pyramids of Egypt*, London, Abb. 44).
31 Die Göttin Maat (nach Montet, P., u. a., 1947, *Les Constructions et le Tombeau d'Orsorkon II à Tanis*, Paris, Tafel 24).
32 Kartusche der Königin Nitokris.

Zusammenschau der historischen Ereignisse

Jahre v. Christi Geburt	*Ägyptische Chronologie*	*Ägypten*
3000	**Frühdynastische Zeit (1.–2. Dynastie)**	Vereinigung Ägyptens Königin Neith-Hotep
	Altes Reich (3.–6. Dynastie)	Stufenpyramide des Djoser in Sakkara Große Pyramide des Cheops in Gise
2500		
	Erste Zwischenzeit (7.–11. Dynastie)	
2000	**Mittleres Reich (11.–13. Dynastie)**	Die thebanischen Könige vereinigen Ägypten wieder unter ihrer Herrschaft Königin Sobeknofru
	Zweite Zwischenzeit (14.–17. Dynastie)	Die Hyksos-Könige erobern Nordägypten
1500	**Neues Reich (18.–20. Dynastie)**	Königin Hatschepsut Königin Nofretete Tutanchamun Ramses II.
1000	**Dritte Zwischenzeit (21.–25. Dynastie)**	BEGINN DER EISENZEIT Könige in Tanis Nubische Könige
500	**Spätzeit (26.–31. Dynastie)**	
	Ptolemäische Zeit	ALEXANDER Ägypten wird Teil des Römischen Reichs
0		

Naher Osten	Europa	Jahre v. Christi Geburt
		3000
Sargon gründet das Akkadische Großreich	Menhir-Reihen in Carnac, Frankreich	2500
Aufstieg der Stadt Ur	Hauptbauphase in Stonehenge, England	
Hammurabi regiert in Babylon	Palastzeit im minoischen Kreta	2000
	Zerstörung des minoischen Kretas Aufstieg der mykenischen Kultur in der Ägäis	1500
IM ÖSTLICHEN MITTELMEERRAUM		1000
Salomo errichtet den Tempel in Jerusalem Assyrisches Reich	Angebliches Datum der Gründung Roms	
Nebukadnezzar und das babylonische Reich	Schlacht bei Marathon Bau des Parthenon in Athen	500
DER GROSSE		
Parthisches Reich in Persien		0

Danksagung

Ich möchte all denen danken, durch deren Mithilfe dieses Buch erst möglich wurde. Paul Bahn, Eleo Gordon und Sheila Watson haben mir Mut zugesprochen und praktische Ratschläge erteilt, wann immer es nötig war. Angela Thomas und die Mitarbeiter und Mitarbeiterinnen des Bolton Museums stellten mir bereitwillig Fotografien zur Verfügung, und Ian Qualtrough und Suzanne Yee von der Liverpool University S.E.S. Fotoabteilung standen mir immer wieder hilfreich zur Seite. Dank gebührt auch Frau Professor Elizabeth Slater für die Erlaubnis, einige bisher unveröffentlichte Gegenstände aus der archäologischen Sammlung der Universität Liverpool zu fotografieren. Und vor allem war Steven Snape ein bemerkenswert geduldiger Ehemann, der niemals daran zweifelte, daß dieses 1986 begonnene Buch irgendwann einmal fertig würde.

Wo immer möglich, habe ich Zitate aus zeitgenössischen Dokumenten aufgenommen, um den Ägyptern die Möglichkeit zu geben, für sich selbst zu sprechen. Wer mit der bereits veröffentlichten ägyptischen Literatur vertraut ist, wird auf der Stelle erkennen, wie unermeßlich viel ich der Übersetzungsarbeit von Miriam Lichtheim verdanke, die vielen der hier eingeflochtenen Zitate zugrunde liegt.

Die Zeichnungen im Text habe ich aus bereits veröffentlichten Werken nachgezeichnet, die genauen Quellenangaben für diese Zeichnungen finden sich im Verzeichnis der Illustrationen auf den Seiten 333 ff.

Register

Fett gedruckte Seitenzahlen verweisen auf Abbildungen.